AF378092

MONUMENTOS

PETER COSSINS

**LIBROS de Ruta**

Ctra. Palma del Río, Km 4.
Parque Logístico de Córdoba.
C/ 8, Nave L2, Módulo 6 y 7, Buzón 3
14005 Córdoba
info@librosderuta.com
www.librosderuta.com

Primera edición: noviembre 2023
Segunda edición: abril 2025
Traductor: David Batres Márquez
Edición: Eneko Garate Iturralde
Ilustración: © Illustration Works / Alamy
Adaptación de portada y maquetación: Amagoia Rekero García

ISBN: 978-84-12905-78-6
Depósito legal: CO-632-2025
Impreso en España por Leitzaran Grafikak

ÍNDICE

INTRODUCCIÓN
CÓMO NACIERON LOS MONUMENTOS

Durante las décadas que pusieron fin al siglo diecinueve llegaría un cambio en la percepción del ciclismo y la bicicleta. Gracias, en parte, a la invención del piñón o rueda libre y a la presentación, en 1888, del primer neumático de aire, inventado por John Dunlop, el uso de la bicicleta como medio de transporte se fue extendiendo, estimulando a su vez el interés del público por la incipiente escena competitiva. En un principio dicho interés se centraba, sobre todo, en los espectáculos celebrados sobre pistas de madera, espectáculos que se extendieron por todo el mundo en desarrollo, a la vez que las ciudades y capitales se esforzaban por demostrar su dinamismo y presentar una oferta de ocio a sus habitantes. Pero, a partir de la década de 1890, sería el ciclismo en carretera el que captaría una mayor atención.

El nacimiento de carreras como la Burdeos-París o la París-Brest-París, en 1891, potenciaría esta disciplina en Europa. La primera de estas dos carreras alcanzaba 560 km, mientras que la segunda duplicaba esa longitud. Con la llegada de los tiempos modernos este tipo de carreras se dividirían en diferentes etapas, disputadas a lo largo de varios días. Pero, por ahora, estos dos leviatanes hechos carrera se disputaban sin descanso alguno, ni tan siquiera paradas para comer o dormir. Su épica resultaba indudable y suscitaron un enorme interés popular en Francia y allende sus fronteras.

Durante la última década del siglo diecinueve y la década que dio la bienvenida al siglo veinte, nacieron cientos de carreras en las que los aficionados al ciclismo intentaban imitar a estas dos grandes carreras francesas. Las ciudades y las capitales se esforzaban por elevar su prestigio mientras que los periódicos intentaban hundir a las publicaciones rivales. La mayoría de esas carreras apenas duraron una o dos ediciones, aunque también hubo otras que lograron afianzarse y establecerse, destacando la París-Roubaix, que fue fundada en 1896.

Como ya sucediera con la Burdeos-París y la París-Brest-París, la presentación del Tour de Francia, en noviembre de 1902, cambiaría la percepción de lo que todo el mundo entendería como carrera ciclista. No por nada fue la primera carrera por etapas. En todo caso, lejos de acabar con las carreras de un día como la Roubaix, el nacimiento del Tour dio pie a una nueva ola de interés e inversión en las carreras ciclistas. Se multiplicaron las fábricas, nacieron los equipos y, durante los años previos a la Primera Guerra Mundial, el calendario competitivo tomaría forma.

Si bien el Tour de Francia era el gran dominador de este calendario, florecerían las carreras de un día, sobre todo en las plazas fuertes para el ciclismo que eran Francia e Italia, a las que se uniría Bélgica poco después. Durante las décadas siguientes carreras como la Milán-San Remo, el Tour de Flandes, la París-Roubaix, la Lieja-Bastoña-Lieja o el Giro de Lombardía se han convertido en la realeza de las «clásicas», como se denomina a las principales carreras de un día desde hace mucho tiempo. De manera más reciente se las ha bautizado como los «monumentos» del ciclismo, carreras que destacan porque todo ciclista profesional que se precie aspira a ganarlas, junto con las grandes vueltas y los mundiales.

No es posible identificar con exactitud el momento en el que se empleó este término colectivo por vez primera como nombre con el que identificar estas cinco carreras, pero en 2005, durante las negociaciones en torno a la introducción del ProTour entre la UCI y la AIOCC, la asociación que representa a los organizadores de carreras, sí fue utilizado de manera inequívoca. Llamado a reemplazar a la Copa del Mundo, una serie de carreras que englobaba a las grandes carreras de un día, la UCI adoptó el ProTour para garantizar que los mejores equipos participaban en las carreras más importantes, incluidas las grandes vueltas y las clásicas de mayor importancia. Para esto se estableció un comité que supervisara la nueva estructura, no siendo los organizadores parte del mismo, lo que llevó al, por entonces, director de ASO, Patrice Clerc, a declarar que «nos disgusta haber sido excluidos del Consejo del UCI ProTour... por lo que en la actualidad, en lo que concierne al ciclismo internacional, las tres grandes vueltas y cuatro de los cinco monumentos del deporte (Milán-San Remo, París-Roubaix, Lieja-Bastoña-Lieja y el Giro de Lombardía), además de otras once grandes carreras, han quedado sin voz». Aunque fueron necesarios varios años para que se solucionara al desencuentro entre la UCI y los organizadores de carreras, el concepto de monumentos fue aceptado de manera más rápida y extendida.

A pesar de que puedan carecer del lustre de los grandes torneos de golf o los *grand slams* del tenis, resultan un desafío muy diferente, mucho más igualado y mucho más directo de lo que puedan serlo el Tour de Francia, el Giro de Italia y la Vuelta a España, en los que prima la resistencia por encima de todo. Puede que estas grandes vueltas cuenten con los esprínteres más veloces, los contrarrelojistas de mayor aguante y los mejores escaladores, pero será complicado ver a un Mark Cavendish, un Filippo Ganna y un Tadej Pogačar luchando a brazo partido entre sí por la victoria. Esa paladeable emoción es lo que suscita el amor de los aficionados por los monumentos, y es justo esa particularidad, además de su rutilante historia, lo que hace tan especiales a estas cinco carreras.

Cada monumento presenta un desafío diferente y, al igual que el Tour, cada uno de ellos tiene sus grandes exponentes, sus leyendas y sus distintivos campos de batalla. Desde las temibles ascensiones adoquinadas como puedan ser el Oude Kwaremont, el Paterberg o el Koppenberg no solo se puede obtener una espectacular perspectiva de lo que es el Tour de Flandes, sino que obtendremos una fascinante muestra de la idiosincrasia de los flamencos, siendo esta carrera y evento una reafirmación de su cultura. Roubaix, a la que

Jacques Goddet —quien fuera su director durante un tiempo— denominó como «la última gran insensatez del ciclismo», cuenta con sus infernales adoquines. Lombardía despliega la mítica ascensión a la capilla de Madonna del Ghisallo, la capilla de los ciclistas, además de presentar el que, sin duda alguna, es el trazado más hermoso del año ciclista.

Durante los últimos cien años —y algo más— los monumentos han parido muchas de las mejores anécdotas del ciclismo, desde la cuarta edición de la San Remo en la que tan solo cuatro ciclistas fueron capaces de completar los 288 kilómetros del recorrido, a la dilatada guerra contra los partidarios del asfalto que quieren alquitranar todo resquicio de pavés del norte de Francia, a la edición de la Lieja de 1980, en la que la nevisca le provocó al vencedor, Bernard Hinault, la pérdida permanente de la sensibilidad en algunos de sus dedos.

De acuerdo con uno de los historiadores más preeminentes del ciclismo, Serge Laget, «estas no son carreras de preparación o relleno; ni tan siquiera de consolación. Más bien todo lo contrario. Tienen su propia existencia, su propia riqueza, una historia legendaria y una legitimidad que se remonta a los orígenes mismos del ciclismo». A diferencia de los 22 días de culebrón que conforma el Tour, en los que suele prevalecer el poderío, los monumentos son los *thrillers* impredecibles del ciclismo, en los que casi cualquier miembro del pelotón puede alcanzar el éxito si se da la necesaria combinación de buen estado de forma, buen hacer táctico y pura buena suerte. Cada ciclista toma la salida en ellos pensando «¿y si fuera mi día...?».

PARTE I

LIEJA-BASTOÑA-LIEJA: LA DECANA

UN COMIENZO TITUBEANTE

«Es la clásica más bonita del calendario», le decía Michele Bartoli, dos veces ganador de la Lieja-Bastoña-Lieja, a *Procycling* a finales de los 90. «Es la única carrera en la que puedes estar bien seguro de que los ciclistas que suben al podio están ahí porque eran los más fuertes. Hay otras carreras en las que la astucia puede suplir la falta de fuerzas, pero no en Lieja. En Lieja, lo más importante es la fuerza bruta, pura y dura. La táctica no importa tanto».

Cuando hablaba de la belleza de esta carrera, Bartoli se refería a la pureza del desafío que plantea la Lieja, no tanto al ondulado paisaje tan típico de las Ardenas belgas en las que se desarrolla, por mucho que sea un marco capaz de quitar el hipo. Para los italianos, así como para muchos otros, Lieja es la única clásica en la que se pueden alinear los mejores expertos en carreras de un día y los mejores vueltómanos sobre un terreno que se amolda a ambos tipos de ciclista, sin favorecer a ninguno de ellos.

Creada en 1892, la Lieja es el monumento de más antigüedad, lo que le ha valido el sobrenombre de «*La Doyenne*», la Decana. La única carrera del calendario actual que goza de una historia más longeva sería la Milán-Turín, prueba italiana que data de 1876, solo que aquella primera edición no tuvo continuidad. Esta hermana de San Remo y Lombardía no se establecería en el calendario, por derecho propio, hasta pasada la gran guerra.

Esto no quita que la Lieja tuviera también unos comienzos erráticos. A diferencia del resto de los monumentos, sería la primera edición de la Burdeos-París y, sobre todo, la París-Brest-París en 1891, lo que impulsaría su creación. Miembros de la recién fundada Liège Cyclists' Union —imposible pasar por alto la influencia británica en el nombre con ese genitivo sajón— tenían en mente una carrera épica que cubriría 845 km, uniendo Lieja y París para regresar después a la ciudad belga. El primer paso hacia esta sería la organización de una carrera de ensayo que cubriría 250 km y uniría Lieja con Bastoña, ciudad francófona del sur de Valonia, desde la que se regresaría a Lieja. La elección de Bastoña como punto de regreso se explicaba porque los organizadores podían llegar a dicha ciudad en tren, asegurándose con ello que los competidores completaban todo el tramo de ida del trazado antes de regresar rumbo norte.

Al final, aquella idea de una Lieja-París-Lieja jamás llegaría a materializarse, mientras que la carrera que había servido como experimento para la misma cobró relativa fuerza. La primera edición, a la que solo pudieron presentarse ciclistas *amateurs*, se celebró el 29 de mayo de 1892. A las 5:39 de la mañana se congregaron unos pocos cientos de espectadores en la Avenue Rogier, en el centro de Lieja, para despedir a los 33 intrépidos ciclistas y sus liebres, cuyo cometido era conseguir que su ciclista mantuviera la velocidad más alta que fuera posible. El trazado llevó a los ciclistas, belgas en su totalidad, por las carreteras principales del valle rumbo norte-sur, por Angleur, Esneux, Aywaille, Barvaux, Hotton, Marche, Bande, Champlon hasta el punto de control en un hotel de Bastoña, desde donde regresarían a Lieja por el mismo camino.

En Marche ya solo quedaban en condiciones de disputar la carrera tres de los treinta y tres ciclistas que habían comenzado: el miembro de la Liège Cyclists' Union Léon Houa, su compañero de club y excampeón belga Léon Lhoest y Louis Rasquinet, subcampeón del campeonato belga *amateur* del año anterior. Houa era el menos experimentado de aquel trío. Pequeño y menudo, era un deportista multidisciplinar proveniente de una acaudalada familia de Lieja. Experto en el boxeo y la esgrima, apenas había comenzado a practicar el ciclismo cuatro meses atrás, siendo este su debut en competición. Con todo, parecía mostrar un talento natural. Cuando Rasquinet perdió comba poco después de Marche, Houa se quedó con la única compañía de Lhoest. El dúo cabecero continuó adelante durante varios kilómetros hasta que Lhoest sufrió un pinchazo. En lugar de continuar en solitario, Houa le pidió a una de sus liebres que le prestase la bicicleta a Lhoest. Pero aquel no parecía ser el día del más experimentado de ambos hombres. La máquina que le habían prestado sufrió un nuevo pinchazo, a su vez, y como Houa no quería que le alcanzasen los participantes que llegarían desde detrás, optó por no detenerse una segunda vez.

Competía sobre una bicicleta que pesaba 11,6 kilos, el doble de las modernas monturas de fibra de carbono de los tiempos actuales. Pero resulta impresionante que, pese a la falta de experiencia del ciclista y las terribles condiciones de las carreteras, no sufriera ni un solo pinchazo. Alcanzó el punto de retorno de Bastoña tres minutos antes de cumplir las cinco horas de carrera. Para la vuelta precisó de una hora más, en parte por culpa de una caída a menos de diez kilómetros de la meta, que le dejó inservible uno de los pedales. Azuzado por los ánimos de los que le habían marcado el ritmo Houa siguió adelante, pedaleando con una sola pierna. Vitoreado por una multitud en la meta, consiguió cubrir los 250 kilómetros del trazado a una media de poco más de 23 km/h. Lhoest llegó veintidós minutos más tarde, mientras que Rasquinet completó el podio llegando a meta con tres cuartos de hora de desventaja respecto a Houa.

Un segundo comienzo

Considerada un éxito, la carrera volvió a celebrarse la siguiente temporada, aunque Houa estuvo a punto de verse excluido. Su victoria en la carrera inaugural no fue recompensada con premio económico alguno, pero sí que recibió apoyo financiero y material de una fábrica de bicicletas belga, con lo que pasaba a ser profesional a todos los efectos, no un ciclista *amateur*. Houa argumentó que había recibido aquel apoyo con la intención de ayudarlo a luchar por la victoria en la Lieja–París–Lieja, carrera que no se había celebrado. Su argumento fue aceptado y, al final, pudo tomar la salida en la segunda edición.

Una vez más lideró la carrera casi desde el inicio. Completaría la parte de ida en menos de cuatro horas, mientras una crónica de la época relataba que «apenas se detuvo durante 56 segundos, obligando al comisario a correr a su lado para poder ponerle el sello de rigor en el brazalete». Durante la vuelta el ritmo decreció. Según recogen las crónicas, el propio Houa declaró en la meta, situada en la Plaza del Teatro de Lieja, que esto fue debido, sobre todo, a la fatiga que se apoderó de sus liebres, y no tanto porque él mismo se estuviera quedando sin fuerzas. En todo caso terminaría con veintiséis minutos de ventaja sobre Michel Borisowski, quien aseguraba ser un príncipe ruso pero que, en realidad, era tan belga como el vencedor.

Esta segunda edición apenas atrajo a veintiséis ciclistas, lo que contribuyó a que, para la tercera, se permitiera la participación de profesionales. También cambiaría el trazado, comenzando y terminando en Spa, ciudad en la que se había inaugurado el velódromo Géronstère a principios de aquel mismo 1894. Como Bastoña continuaba siendo el punto que marcaría el regreso, la distancia a cubrir disminuía hasta los 223 km, solo que eran bastante más escarpados que los de las ediciones anteriores. Pero esto no evitaría que Houa regresara a lo más alto, aunque esta vez el margen de su victoria se redujera hasta unos escasos siete minutos, sobre Rasquinet. Entre los 42 participantes se encontraba la primera gran participación foránea. El francés Maurice Garin terminaría la carrera el cuarto de los catorce hombres que terminaron, tres años antes de alcanzar la fama por su victoria en la segunda edición de la París–Roubaix.

Tras completar el triplete de victorias en 1894 Houa se centró en la floreciente escena del ciclismo en pista. En cierto modo no tuvo otro remedio, dado que la competición belga en ruta desapareció casi por completo durante los últimos años de la década de 1890. El ciclismo en pista era lo que estaba de moda, y los miembros de la Liège Cyclists' Union habían sido unos adelantados a su tiempo. Al igual que sucediera con tantos eventos deportivos y culturales en este país bilingüe, sería la eclosión del ciclismo en ruta en su vecino del oeste, mucho más grande, lo que revitalizase la escena de la ruta belga. Gracias, en parte, al deseo de los fabricantes franceses de bicicletas de ampliar su mercado más allá de sus fronteras, en 1913 se celebraría la primera edición del Tour de Flandes, momento en el que la Lieja había vuelto a levantar cabeza; aunque no sin vacilar.

Después de fusionarse con el Pesant Club Liégeois, que continúa organizando la carrera junto a ASO, la empresa organizadora del Tour de Francia en la actualidad, la Liège Cyclists´ Union había relanzado la Lieja-Bastoña-Lieja en 1908, de nuevo como carrera *amateur*. Sesenta ciclistas formaron en la salida el penúltimo día de agosto para afrontar los 235 kilómetros del trazado. Entre los mismos había un pequeño contingente de ciclistas llegados desde Francia. Apenas uno de ellos terminaría la carrera, pero lo hizo en primera posición, convirtiéndose en el primer vencedor extranjero de la Lieja. Y también resulta un nombre preeminente, a pesar de que André Trousselier jamás llegaría al nivel de su ilustre hermano mayor, Louis «Trou-Trou» Trousselier, quien vencería la Roubaix y el Tour de Francia en 1905.

Para la siguiente temporada la Lieja regresaría al amateurismo, viéndose la primera llegada al esprint en la carrera. El vencedor seria Eugène Charlier, por delante de Victor Fastre, pero sus posiciones fueron intercambiadas cuando quedó patente que Charlier había realizado un cambio de bicicleta que contravenía las reglas, después de que se le rompiera la horquilla de su máquina. Con el beneficio del tiempo transcurrido, resulta más destacable la tercera plaza final de Paul Deman, quien sería el vencedor de la primera edición del Tour de Flandes cuatro años después. Más atrás llegaría un bruselense de 19 años llamado Philippe Thys. El mismo año en que Deman se adjudicaría su primera victoria en Flandes, Thys se convertiría en el segundo belga que se alzaba con el Tour de Francia, título que conseguiría en otras dos ocasiones. De no haberse interpuesto la gran guerra en su camino Thys habría logrado ganar el Tour cinco o seis veces, según Henri Desgrange, director de esa misma carrera.

Pero, una vez más, la Lieja volvía a encallar. Llegados a 1910 tanto la Roubaix como la Milán-San Remo y el Giro de Lombardía eran carreras establecidas que ofrecían grandes recompensas. Pero la escena competitiva de Bélgica se iba quedando atrás, sobre todo por la pujanza de la escena en ruta francesa. Para el cada vez mayor número de ciclistas belgas de competición, tenía más lógica pelear las mucho más lucrativas carreras francesas que competir en casa, jugándose poco más que la honra. Tampoco ayudaba la indecisión de los organizadores de la Lieja sobre el formato que debía tener su carrera.

Ceñida al amateurismo en 1908 y 1909, ausente del calendario en 1910 debido, según parece, a la falta de interés, la Lieja regresaría en 1911, cuando los organizadores decidieron abrirla a independientes (profesionales sin equipo), así como a *amateurs*. El pelotón ascendió hasta los 108 ciclistas, el mayor hasta la fecha, siendo todo ellos independientes, excepto ocho. Joseph Van Daele se adjudicaría la victoria, tras lo que desarrollaría una respetable carrera, haciéndose con etapas del Tour y logrando la segunda plaza de la edición inaugural de Flandes. Tras él llegó un puñado de futuras estrellas belgas, incluidos Jean Rossius, Léon Scieur y Louis Mottiat.

Por fin la Lieja atraía a un buen número de ciclistas de primer nivel, pero se vio supeditada al papel de escaparate para esos talentos. En cuanto demostraban tener algo de clase los equipos franceses corrían a ficharlos con la esperanza de encontrar al nuevo campeón de Roubaix o el Tour. Los equipos franceses JB Louvet y Thomann pescaron, respectivamente, a Van Daele y Mottiat. Un año después Scieur engrosaría el Armor. De vez en cuando, los ciclistas que habían puesto rumbo oeste regresaban a Lieja. Pero, como aquella carrera no era prioritaria para sus equipos en Francia, la mayoría no volvía.

La súbita sobreabundancia de talento llevó a nuevos retoques en el formato de la Lieja de 1912. Hasta entonces, los organizadores habían recibido con los brazos abiertos a los *amateurs*, pero, por primera vez, se redujo la participación a profesionales e independientes, ofreciendo premios para los ciclistas de ambas categorías.

Lo extraño fue que ambas categorías se disputaban por separado. Los 22 ciclistas que tomaron la salida en la carrera para profesionales alcanzaron el punto de regreso de Bastoña con media hora de adelanto, a pesar de la copiosa lluvia. Mientras se esforzaban por regresar al norte, las duras condiciones atmosféricas comenzaron a cobrar su peaje provocando que, al final, fueran apenas dos ciclistas quienes se jugaran la victoria sobre un campo de vuelo de Ans, el barrio de Lieja que alberga la meta en la época moderna.

El flamenco Omer Verschoore vencería al esprint al valón Jacques Coomans tras completar una vuelta al aeródromo. Coomans apeló la resolución, insistiendo en que se suponía que los ciclistas debían completar dos vueltas a la base, aunque sus argumentos cayeron en saco roto. Mientras tanto, a orillas del Meuse, justo a las afueras de la ciudad, la carrera de independientes acababa en empate, con Jean Rossius y Dieudonné Gauthy cruzando la meta cogidos de la mano, al igual que Bernard Hinault y Greg LeMond harían más de siete décadas después en la famosa ascensión al Alpe d'Huez durante el Tour de Francia de 1986.

Es bastante probable que, de no haber estallado la guerra, «Donné» Gauthy hubiera conseguido mayores victorias. Después de pasar a profesionales se alzaría con la Vuelta a Bélgica de 1913, derrotando a un impresionante pelotón entre los que estaban los pasados y futuros vencedores del Tour de Francia François Faber, Lucien Buysse, Firmin Lambot y Léon Scieur. Cuando estalló la guerra fue desplegado en el fuerte de Fléron, cerca de Lieja, donde se presentó voluntario para desarrollar labores de reconocimiento sobre su bicicleta tras las líneas alemanas. Después de varios avisos los alemanes acabarían capturándolo. Permaneció como prisionero de guerra en un campo de concentración hasta comienzos de 1919, cuando contrajo la gripe española que asolaba al mundo. A diferencia de millones de personas, Gauthy pudo con el virus. Aquel mismo año regresaría a la competición, terminando en una impresionante decimoprimera posición en Roubaix poco después de su liberación, tras lo que pasó a disfrutar de un considerable éxito en la pista junto a su buen amigo Rossius, antes de retirarse para regentar una tienda de bicicletas en Thimister–Clermont, al este de Lieja.

Durante el verano de 1914 estaban muy avanzados los preparativos para la novena edición de la Lieja, pero la amenaza de la guerra provocó su cancelación, mientras los ciclistas eran llamados a filas. Bélgica había aspirado a permanecer neutral en caso de que estallara el conflicto, pero, como todo el mundo sabe, tras ser invadida por Alemania en agosto de aquel mismo año se vio inmersa en la contienda. La impresionante resistencia del ejército belga, enfrentado a una fuerza diez veces mayor, capituló un mes después y muchos de los que habían competido en Lieja, Flandes y Roubaix perecerían durante aquella primera campaña, entre ellos el vencedor de la edición de 1909 de la Lieja, Victor Fastre, que fue abatido antes de que la contienda alcanzase su segundo mes.

El pueblo más exitoso del ciclismo

A diferencia de los trazados de la París-Roubaix o el Tour de Flandes, que se desarrollan mucho más al oeste y se encontraron situados en mitad de algunos de los principales campos de batalla de la Gran Guerra, el trazado de la Lieja se libró de la mayor parte de la destrucción. Sin embargo, la escena ciclista valona seguía sin levantar cabeza. Mientras que Roubaix y Flandes florecieron durante los años de entreguerras gracias, en parte, a la determinación de la población local y su intento por revitalizar estas regiones, la Lieja continuó siendo una carrera de segunda línea. Regresó al calendario de carreras en septiembre de 1919, aunque atrajo una participación reducida a la decepcionante cifra de 27 profesionales. A pesar de ello, seguía habiendo calidad en esos pírricos pelotones de la posguerra, sobre todo en 1920, año en el que la carrera contó con tres de los grandes nombres del ciclismo valón: Léon Scieur, Lucien Buysse y Firmin Lambot.

Scieur y Lambot habían nacido y vivían en el pueblo de Florennes, al sur de Charleroi. Ambos pedaleaban, cada día, distancias significativas para acudir a sus trabajos, cubriendo Scieur 40 km sobre su bicicleta para acudir a la fábrica de vidrio de Châtelet, en un extremo de Charleroi, mientras que Lambot realizaba 50 kilómetros diarios para trabajar como talabartero. Así, entrenando juntos, y llegando a ascender la cercana Côte de Gochenée hasta en 14 ocasiones al día, comenzaron a plantearse competir.

Al igual que muchos grandes nombres de los primeros años del ciclismo profesional, la competición les ofrecía un escape respecto a sus monótonos y poco remunerados empleos, con la posibilidad de alcanzar riquezas a las que, de otra manera, jamás habrían aspirado. Lambot fue el primero en triunfar, tomando la salida en cuatro Tours antes de la guerra y trabando amistad con el principal ciclista belga del momento, Philippe Thys. Cuando Thys se adjudicó el Tour por segunda vez, en 1914, también vivía y entrenaba en Florennes junto a Lambot y Scieur. Entre los tres se alzarían con la victoria en las primeras cuatro ediciones del Tour que se celebraron tras la guerra. La racha comenzaría con Lambot en 1919. Thys recuperaría el título en 1920, siendo relevado por Scieur en 1921, consiguiendo Lambot su segundo maillot amarillo en 1922.

Apodado «la Locomotora» —mote habitual en los años de entreguerras y que también recibieron el campeón de la San Remo de 1933 Joseph Demuysere y su sucesor, Learco «la Locomotora Humana» Guerra por su habilidad de mover grandes desarrollos sin flojear jamás—, Scieur se alzó a lo más alto del cajón de la Lieja en 1920. Batiría a otro futuro ganador del Tour al esprint, el flamenco Lucien Buysse, terminando su amigo Lambot en una cercana quinta posición. En 1921 conseguiría el Tour de Francia, aunque tras una competición muy reñida. Tras sufrir la rotura de una de sus ruedas en la etapa final, pudo continuar gracias a que un espectador le prestó una de recambio. En aquellos años el reglamento del Tour especificaba que los ciclistas tenían que llegar a la meta con el mismo equipamiento con el que habían tomado la salida, por lo que Scieur tuvo que cargar con la rueda averiada sobre su espalda, mientras el eje de la misma le iba lacerando la piel según se aproximaba a París. El incidente le dejó una enorme cicatriz que mostraba orgulloso cada vez que se lo requerían.

En 1923 Scieur pasó ocho días en un hospital francés tras ingerir arsénico en una taza de café durante una etapa pirenaica del Tour, taza que le había entregado el que parecía ser un bienintencionado aficionado, pero al que, en realidad, parecía molestar el dominio belga en el Tour y la mayoría de las grandes clásicas, incluidas Roubaix y Flandes. Scieur jamás lograría recobrarse del todo de las consecuencias de aquel envenenamiento y dejó la competición un año más tarde para regentar un taller en Florennes, donde continuó montando en bicicleta hasta los setenta años.

Puede que las gestas de Scieur y Lambot los convirtieran en leyendas del Tour de Francia, pero muchos valones afirman que el mejor ciclista valón de todos los tiempos fue el que sucedió a Scieur como campeón de la Lieja, mientras que otros insisten en que *solo* fue el mejor ciclista en pruebas de un día de aquella región, por lo menos hasta la llegada de Philippe Gilbert en el siglo veintiuno. Scieur pedaleaba por Bouffioulx, el pueblo natal de Louis Mottiat, cuando iba y regresaba de su trabajo en la fábrica de vidrio. Mottiat nunca ganó el Tour, aunque sí se alzó con varias victorias parciales. Pero fue uno de los mejores fondistas de la historia del ciclismo.

Su saltó a la fama llegó tras su victoria en la Burdeos-París de 1913, la clásica de 680 km. En 1920 se alzó con la carrera más larga organizada nunca, el Critérium des As, que cubría 1208 km partiendo desde Burdeos para alcanzar París y regresar, lo que completó (con pequeñas paradas para dormir) en dos días y ocho horas, terminando con casi dos horas de ventaja sobre el segundo clasificado. Apodado «el Hombre de Acero», es bastante probable que Mottiat hubiera ganado el Tour de haberlo preparado como debía y haberlo corrido con más cabeza en determinados puntos clave; solo que ese no era su estilo. Le encantaba estar siempre en cabeza, marcando un ritmo que sabía que sus rivales tendrían problemas para igualar. Su relativa falta de velocidad punta hacía de esta estrategia su mejor arma, aunque también gozaba de la velocidad suficiente como para adjudicarse dos ediciones consecutivas de la Lieja, teniendo lugar la segunda de ellas en 1922, en un día en el que hacía el mismo calor que en un horno, lo que Mottiat supo aprovechar para drenar las fuerzas de sus rivales con repetidas subidas de ritmo.

Tras su primer éxito en Lieja Mottiat tomó la salida como favorito en la París-Brest-París. Puede que esta carrera sea hoy en día un evento *amateur*, pero por entonces era un gran objetivo para los mejores profesionales. Mottiat estaba convencido de que podía ganar. Durante las dos noches de competición solía ponerse a cantar, para mantenerse animado a la vez que desinflaba los ánimos de sus rivales. Tras más de dos días sobre el sillín, a cien kilómetros de la meta de París realizó el ataque que le valdría la victoria. «Los últimos 50 km se me hicieron más cortos que los otros, porque una multitud entusiasmada no dejó de gritarme ánimos y brindarme palmas», escribiría en *Le Miroir des Sports*. «Deseaba ganar la Paris-Brest. Es la carrera que le da la reputación a un ciclista».

Puede que estas declaraciones suenen algo irrespetuosas para con su clásica doméstica, pero la Lieja-Bastoña-Lieja distaba bastante, todavía, de ser la gran clásica que es hoy en día. Continuó siendo una suerte de semiclásica hasta pasada la Segunda Guerra Mundial: era una gran carrera, pero no al mismo nivel que San Remo, Roubaix o Lombardía. Hasta cierto punto seguía siendo tan doméstica como lo era el Tour de Flandes, que antes de la Segunda Guerra Mundial apenas contaba con un vencedor extranjero, además de que los ciclistas de fuera de Bélgica la consideraban una carrera local. Por contra, Flandes, y el ciclismo en general, tenía una importancia cultural y deportiva mucho mayor para los habitantes de la mitad de Bélgica que hablaba neerlandés de lo que la Lieja tenía para la población valona. En Flandes el ciclismo acabó formando parte intrínseca de la identidad flamenca. Era un vehículo mediante el cual los flamencos podían reafirmar su identidad y su lenguaje, cuyo uso había quedado suprimido *de facto* entre las clases profesionales belgas, que en todo momento se aferraban al francés.

Según fue creciendo la importancia de Flandes, al menos a nivel nacional, la suerte de la Lieja siguió fluctuando. Hubo años en los que se permitió la participación de independientes para poder contar con suficiente pelotón. Regresó al profesionalismo —al menos de manera nominal— en 1930, cuando el alemán Hermann Buse se convirtió en apenas el segundo extranjero que se adjudicaba la victoria. Con todo, a pesar de la victoria de Buse, continuó siendo una carrera que apenas contaba con participación de fuera de Valonia.

Su estatus comenzó a crecer, por fin, según se acercaba la Segunda Guerra Mundial. En 1937 se hacía con la victoria Eloi Meulenberg, quien más entrado aquel mismo año se adjudicaría la corona mundial, convirtiéndose en el primer valón que lucía las rayas arcoíris. De hecho, siguió siéndolo hasta 1984, cuando lo emulara Claude Criquielion, uniéndose a ellos Philippe Gilbert en 2012; por su parte, Flandes ha dado 14 campeones del mundo. A pesar de que los padres de Meulenberg fueran flamencos, cuando este nació sus progenitores se habían mudado a Ransart, en el extrarradio al norte de Charleroi. Bendecido con un esprint terrorífico, Meulenberg debió hacerse con la edición inaugural de la Flecha Valona en 1936, que terminaría a orillas del río en Lieja, pero un motorista lo derribó de su bicicleta cuando ya tenía la meta a la vista.

Pero en 1937, en Lieja, lo acompañarían la buena suerte y la fortaleza, dando buena cuenta de Gustaaf Deloor. Meulenberg se adjudicaría cuatro victorias de etapa en el Tour de Francia y lograría el Mundial en Copenhague. Pino Cerami, quien compartiría equipo con Meulenberg al final de su carrera, a finales de la década de los 40, lo recordaba como «un auténtico mujeriego, aunque también era un tipo de lo más popular y contaba con un increíble cambio de ritmo». Tras retirarse montó un café llamado *Au Sprinteur*, en Ransart, y más tarde en Charleroi.

La familia Deloor no tuvo que esperar mucho tiempo para añadir su nombre al palmarés de la Lieja. El honor no sería para Gustaaf, quien se adjudicaría las dos primeras ediciones de la Vuelta a España a mediados de los años 30, sino para su hermano mayor, Alfons, quien terminó segundo tras Gustaaf en la Vuelta de 1936. Ninguno de los dos hermanos esperaba tener una actuación destacada en la Lieja de 1938, todavía menos después de que el pelotón se dividiera y ambos quedaran en el grupo trasero. Alfons fue el único ciclista capaz de alcanzar al grupo de cabeza.

«Se dieron un sinfín de ataques y parecía que Marcel Kint se lo iba a llevar. Pero, a las afueras de Lieja, conseguí ponerme a la altura de Kint junto a otro puñado de ciclistas», recordaría Alfons Deloor en una entrevista con *Ciclismo a Fondo*. «Durante el esprint decidí ponerme a rueda del Águila Negra [Marcel Kint]. Me llevé el pato a la cazuela y logré la mejor victoria de mi carrera, por delante de Kint y Félicien Vervaecke».

El estallido de la guerra truncó las carreras de ambos hermanos. Gustaaf fue llamado a filas y se unió a la defensa de la fortaleza de Eben-Emael, que había sido construida a lo largo de los años 30 con la intención de defender el Meuse en caso de invasión alemana. La mayor fortificación de este tipo en todo el mundo, se consideraba que era impenetrable, pero cayó tras apenas un día de lucha tras un intrépido ataque de paracaidistas alemanes lanzados desde planeadores. Deloor pasó un año como prisionero de guerra en el Stalag 11B de Alemania, aunque su fama como ciclista le permitió gozar de un trabajo relativamente cómodo en las cocinas de la prisión. Tras su liberación abrió un negocio de fabricación de neumáticos para bicicleta, mudándose después a Francia para evitar ser enviado a Alemania para realizar trabajos forzados. Tras el final de la guerra emigró a los Estados Unidos y trabajó como mecánico. A mediados de los cincuenta un amigo consiguió que lo contrataran en el centro aeroespacial de Cabo Cañaveral, donde puso sus habilidades al servicio de la fabricación y reparación de cohetes. En cuanto a Alfons, se convirtió en gruista, especializándose en la construcción de diques diseñados para contener inundaciones.

Los nazis le ponen la zancadilla

Cuando Albert Ritserveldt se adjudicó la edición de 1939 de la Lieja, la guerra parecía a la vuelta de la esquina. El éxito de Ritserveldt le procuró la selección para el equipo B que Bélgica llevaría al Tour de Francia, donde terminaría noveno de la general con su carrera profesional en clara línea ascendente. Por desgracia, menos de dos meses más tarde estallaba la Segunda Guerra Mundial. En sus primeros meses el conflicto se limitó, sobre todo, a Polonia y el este de Europa, con lo que se pudo continuar con las carreras de la Europa Occidental durante el comienzo de 1940. Esa misma primavera Ritserveldt lideraba la Volta a Catalunya cuando Alemania invadía Bélgica, por lo que tanto él como el resto del equipo belga abandonaría la carrera para regresar a casa, a un país que se veía rápidamente desbordado por la *blitzkrieg* alemana.

A diferencia de lo que ocurrió en Flandes, donde las fuerzas de ocupación alemanas apoyaron el ciclismo de competición y facilitaron la celebración del Tour de Flandes y otra serie de grandes carreras, como parte de su política para fomentar las disensiones entre las regiones francófonas y neerlandófonas de Bélgica, la competición en Valonia fue mucho más residual. Los ocupantes aplastaron una y otra vez los planes para la celebración de la trigésima edición de la Decana, que no volvería a celebrarse hasta 1943 ante la negativa de los alemanes a permitir que la meta de la carrera estuviera situada en el centro de Lieja.

Ante la imposibilidad de plantear la tradicional llegada en el centro de la ciudad, el Pesant Club Liégeois acabaría encontrando una nueva ubicación para la meta en una pista de atletismo que rodeaba el terreno de juego de un campo de fútbol del distrito industrial de Seraing, en Lieja. El 27 de junio 63 ciclistas partirían de Lieja en dirección a Bastoña, incluido el último campeón, Ritserveldt, muchos de los mejores ciclistas flamencos de la época —con la notable presencia de Alberic «Briek» Schotte, Stan Ockers y Maurice De Simpelaere— y un joven y desconocido valón que vivía cerca de la nueva llegada, Joseph Didden.

Durante la carrera Richard Depoorter realizó tres ataques. El último de ellos, en la Côte de Rotheux-Rimière, le hizo abrir hueco con Schotte y Joseph Somers. Depoorter pedaleó los últimos 5 km hasta la meta sobre la pista de Seraing en solitario, que era lo mejor que le podía pasar si se piensa en la masacre casi segura que esperaba a la carrera de haberse dado un esprint sobre una superficie de ceniza, más adecuada para una pista de atletismo que para una carrera de ciclismo en ruta. La multitud que lo vitoreó al llegar al estadio se volvió loca cuando el joven Didden, de 20 años, entró en segunda posición, unos segundos más tarde.

A medida que la guerra se volvía en contra de los alemanes y la invasión aliada sobre Francia parecía cada vez más probable, hubo que posponer los planes para la Lieja de 1944, sobre todo tras los bombardeos aliados sobre, y alrededor del crucial centro industrial que servía de acería para los fabricantes de armamento alemanes. A finales de aquel año las colinas densamente pobladas de vegetación situadas en el sur de Lieja cobraron fama por motivos que nada tenían que ver con el ciclismo de competición. En diciembre de 1944, con la derrota casi segura, los alemanes lanzaron una última y desesperada contraofensiva sobre las Ardenas a través de las muy dispersas e inconsistentes líneas aliadas, con el objetivo de dividirlas y, después, rodear a los aliados para negociar un acuerdo de paz. La Batalla de las Ardenas, que acabó siendo conocida sobre todo por el sobrenombre de Batalla de la Bolsa por la profundidad de la incursión de las tropas alemanas en territorio aliado, duraría seis semanas, extendiéndose hasta comienzos de 1945 y convirtiéndose en la batalla más sangrienta en la que tomarían parte los americanos en cualquiera de los escenarios de la guerra. Casi 70 años después todavía son visibles muchas de las huellas que dejó esta batalla. El trazado de la Decana pasa frente al Museo de la Batalla de las Ardenas, en la pintoresca ciudad de La Roche-en-Ardenne, enclavada bajo un castillo medieval. Un tanque Sherman M4A1 americano y otro Aquiles SP17 británico permanecen allí como homenaje a la liberación de la pequeña ciudad. En la carretera que lleva a Bastoña una torreta de tanque y una ametralladora situadas frente al cuartel de la ciudad marcan el punto en el que da comienzo el tramo de vuelta a Lieja. Regresando al norte de nuevo, la carrera pasa sobre la Côte de Wanne, donde un monumento recuerda a los hombres del 517° Equipo de Combate Regimiento de Paracaidistas del Ejército de los Estados Unidos. Poco después, a los pies del temido muro Stockeau, en Stavelot, una colección de reliquias de la Segunda Guerra Mundial permanece junto al puente que lleva a la ciudad, de tremenda importancia estratégica y que en un principio fue tomado por los alemanes, quienes no lograron mantener la posición.

La trigésimo primera edición de la Decana se celebró en agosto de 1945, apenas dos meses después de la rendición incondicional de los alemanes. Entre los 43 ciclistas que se presentaron estaba Émile Masson hijo, vencedor de la París-Roubaix de 1939 y quien había pasado cuatro años en un campo de prisioneros alemán. Masson, cuyo padre había logrado la Burdeos-París y algunas etapas del Tour de Francia, fue liberado de su cautiverio por el avance del Ejército Rojo en mayo de 1945, volviendo, de inmediato, a los entrenamientos. A pesar de que más tarde admitiría que la guerra le había arrebatado sus mejores años, conseguiría alzarse con el campeonato nacional belga en dos ocasiones y, en 1947, emularía el éxito de su padre en la Burdeos-París, con padre e hijo disfrutando de una vuelta de honor conjunta. Masson se convertiría en periodista deportivo y fue presidente del Pesant Club Liégeois durante 18 años, a partir de 1968, jugando un papel clave en la organización de la Lieja.

Masson moriría en 2011 a la edad de 95 años. Achacaba su longevidad al hecho de tomarse una copita o dos cada día. «Durante el desayuno bebo un poco de *whisky* mezclado con el zumo de dos naranjas y, luego, durante la tarde, me bebo otro *whisky*; también me tomo una copa de vino, Château Beauval para ser exactos, a mediodía. Además, fumo mucho en pipa, una cantidad de 50 gramos de tabaco cada tres días», le contaría a *La Dernière Heure*.

En 1945 Masson no conseguiría completar la distancia, abandonando en Marche durante el regreso a Lieja, aunque puede que no deba sorprender dadas sus peripecias más recientes. Tampoco es de esperar que las condiciones de las carreteras le hubieran ayudado demasiado, ni a él ni a sus compañeros. Muchas de ellas seguían mostrando los efectos de la ofensiva de la Batalla de la Bolsa, mientras que Bastoña estaba reducida a ruinas. Poco después de dejar atrás tanta devastación tres ciclistas marcharon en solitario, siendo Jan Engels el que más peleó por el ataque. A pesar de que un pequeño pelotón los neutralizase Engels mantuvo su agresividad, atacando durante la ascensión al Gros-Chêne, luego en la Côte d'Esneux y, una vez más, en la ascensión de 4 km de la Côte de Tilff. Con un último acelerón en la Colline de Cointe abrió el hueco por el que tanto había peleado. Alcanzó la meta con 47 segundos de ventaja sobre un pequeño grupo liderado por Edward Van Dyck.

Fuera de Valonia fueron muy pocos los que se enteraron del éxito de Engels. Sin embargo, después de sobrevivir a dos guerras mundiales y a la indiferencia de los ciclistas de fuera de Bélgica, la Lieja-Bastoña-Lieja estaba a punto de entrar en su época dorada, en la que reclamaría el sitio que le pertenecía entre las grandes carreras de un día del calendario internacional.

EL AUGE DE LA DECANA

Después de la Segunda Guerra Mundial la Lieja-Bastoña-Lieja seguía estando muy lejos de ser una de las carreras más importantes del calendario ciclista. Desde luego que no podía compararse con otros monumentos, y con la súbita ascensión de la Flecha Valona justo antes y después de la guerra, momento en el que atraía gran número de competidores a su trazado entre Mons y Charleroi, la Lieja podía no ser, ni tan siquiera, la carrera valona más importante.

La Flecha Valona, fundada en 1936 por el diario deportivo valón *Les Sports*, unía, en un principio, las localidades de Tournai y Lieja, las ciudades francófonas belgas más distantes. Pasando por Mons, Charleroi, Namur y Huy tenía como objetivo darle un empujón a la cada vez más menguante suerte del ciclismo en Valonia, aunque fuera a expensas de la Lieja-Bastoña-Lieja, que una y otra vez fracasaba en su empeño de atraer el interés extranjero. El joven equipo directivo y editorial de *Les Sports* apenas contaba con experiencia en organizar carreras ciclistas, y ninguna respecto a la organización de carreras a nivel profesional, pero se pusieron manos a la obra con tal empeño que la Flecha se convirtió en un éxito inmediato. Uno de los que formaban parte del equipo organizador, Alban Collignon, llegaría a presidir el organismo regulador del ciclismo, la UCI, apenas tres años más tarde, manteniendo el puesto hasta 1947.

La nueva carrera logró capturar el interés del público como la Lieja casi nunca pudo hacerlo. Enormes multitudes acudían a su paso, incluso en el acortado trazado que se corrió durante la guerra y en el que el reinado de Marcel Kint fue casi absoluto. Conocido como el Águila Negra por su nariz aguileña y su maillot negro Kint había logrado el Mundial de 1938, y dado que no se había vuelto a celebrar, seguía siendo el vigente campeón. De no haber sido por la guerra, su carrera pudo ser excepcional; pero, pese a la contienda, todavía fue capaz de sacar provecho de aquellos años. «Jamás fui una persona exaltada, nunca fui un ciclista de muchas palabras. Es más, ¿qué podía decir? Me subía a la bicicleta para tener una vida mejor, ni más ni menos», declaraba sobre una carrera que lo llevó a ganar dos títulos mundiales, la edición de 1943 de la París-Roubaix y tres victorias consecutivas en la Flecha. También disfrutó de algunos éxitos en el Tour de Francia, y se rumoreaba que se había preparado para el sofocante calor veraniego comiendo enormes cantidades de pescado salado.

Era tal la fama, casi mítica, de la que disfrutaba Kint en Flandes por ser uno de los ciclistas más duros y fuertes de la región, que su triplete en la Flecha entre 1943 y 1945 ayudó, sin ningún género de dudas, a elevar la consideración de la carrera. Y eso que, a diferencia del típico ciclista flamenco, le encantaba correr en Valonia, comenzando su idilio en 1938, cuando terminó en segunda posición de la Lieja tras Alfons Deloor.

Kint, quien se mantuvo fiel durante toda su carrera profesional al fabricante francés Mercier, llegando a vender más adelante las bicicletas de esta marca en su tienda de Kortrijk antes de comenzar con la venta de bicicletas bajo su propio nombre, insistía en que sus éxitos en la Flecha dejaban patente que, si la suerte hubiera estado de su parte, habría ganado en Lieja. Pero su peor recuerdo de aquel periodo fue la calamitosa actuación en los Mundiales de Zúrich de 1946, donde se infiltró en la fuga ganadora acompañado de su compañero de selección Rik Van Steenbergen, con quien acordó que, fuera quien fuera el que se hiciera con el título entre ambos, el otro recibiría 25 000 francos belgas, una suma muy importante en aquella época. Pero aquel trato no tuvo en cuenta dos factores: el primero fue la presencia del ciclista zuriqués Hans Knecht en aquella fuga de tres hombres; el segundo fue la fatiga de Van Steenbergen, de la que Kint tuvo noticia apenas cuando vio a su compañero perder comba más adelante, dejando a Kint a solas con Knecht para jugar al gato y el ratón antes de la llegada, situación en la que no estaba muy versado.

«La organización dejaba mucho que desear, porque lo único que nos separaba del público era una simple cuerda», recordaría Kint más tarde. «Cuatro aficionados suizos pasaron por debajo de esa cuerda. Los tres primeros comenzaron a jalear a su compatriota, animándole para que esprintara. Pero el cuarto me agarró del sillín, de lo que Knecht se aprovechó para comenzar con su embalaje hacia la victoria».

En los años posteriores a la guerra la Flecha fue ganando más y más terreno a la Lieja, puesto que cada vez atraía a más ciclistas extranjeros. En 1948 conseguiría la victoria Fermo Camellini, a consecuencia de que la Flecha fuera incluida entre las carreras que formaban la Challenge Desgrange-Colombo, torneo que fue la primera piedra que condujo al actual WorldTour, que encapsula a las grandes carreras ciclistas. Junto con *L'Équipe, La Gazzetta dello Sport* y *Het Nieuwsblad-Sportwereld, Les Sports* estableció la primera competición de ciclismo en ruta que se desarrollaba a lo largo de toda una temporada, lo que estructuraba de manera clara el calendario europeo. Pero la Lieja quedó fuera de esta competición.

A partir de 1946 la Lieja comenzó a atraer a un puñado de ciclistas extranjeros, en su mayoría de Luxemburgo, que está a unos pocos kilómetros de Bastoña. En la salida de la edición de 1946 formaron media docena de ciclistas del Gran Ducado, entre los que estaba Jean Kirchen, primo de otro profesional luxemburgués, Erny Kirchen, cuyo hijo, Kim, portó el maillot amarillo del Tour de Francia durante seis días en 2008. Aquella carrera de 1946 supuso el regreso al trazado previo a la guerra, comenzando en la Plaza St Lambert de Lieja y afrontando varias ascensiones escarpadas, entre las que está la que recibe el curioso nombre de Côte de la Queue de Vache (Alto del Rabo de Vaca), además de otros desafíos en Sinsin, My, Florzée y Hornay. La victoria cayó en manos de Prosper Depredomme, quien se convertiría en leal gregario de Fausto Coppi y, más adelante, de Rik Van Steenbergen. Tal fue su compromiso para con las aspiraciones de otros que Depredomme no volvería a disfrutar de otra gran victoria hasta 1950, cuando consiguió su segunda victoria en Lieja.

Entre medias de estas dos inesperadas victorias de Depredomme, Raymond Impanis comenzó una racha de poco envidiables segundos puestos, la más extensa hasta la fecha. Entre 1947 y 1955 este ciclista flamenco de origen italiano terminaría segundo en cuatro ediciones de la Lieja. Conocido como el Panadero de Berg, el primer contacto que Impanis tuvo con la bicicleta fue como recadero en la panadería familiar. Se convirtió en profesional en 1947, consiguiendo la contrarreloj final de la edición de aquel año del Tour de Francia, crono que, con sus 139 km, sigue siendo todavía la más larga disputada en la historia del Tour; pero no aumentaría esa temprana racha de victorias hasta comienzos de los 50, sobre todo por culpa de las persistentes secuelas que le dejó la colisión contra un poste eléctrico que sufrió durante una carrera júnior en tiempos de guerra.

Aquel incidente le provocó parálisis en el brazo derecho. A pesar de no ser una parálisis total, Impanis solo conseguiría recobrar el 20% de la movilidad de su dañada extremidad, y siempre insistió en que aquella lesión le costó «millones». Resulta una aseveración de lo más exagerada sobre las cifras que los ciclistas ganaban en aquella época, pero no podemos dejar de preguntarnos qué logros podría haber alcanzado Impanis si tenemos en cuenta que consiguió vencer en Flandes, Roubaix y la París-Niza en una misma temporada, y que en Lieja demostró siempre gran fortaleza.

Su racha comenzó en una edición que presentó la mayor participación que jamás había alcanzado la carrera, con 168 ciclistas presentes tras la cuerda frente al café Le Stop, a orillas del Meuse. Impanis parecía el más rápido de un grupo de seis ciclistas que llegó cerca de la meta, pero se quedó con la miel en los labios cuando el campeón de 1943, Richard Depoorter, se marchó en solitario durante el kilómetro final. Impanis regresó a la segunda posición en 1948, cuando Fausto Coppi atrajo multitudes a la salida de la carrera pese a la lluvia que caía. Coppi abandonó junto a su hermano, Serse, poco después del giro en Bastoña, y mucho antes de que se hiciera la selección en la Queue de Vache. Solo quedaban en cabeza cinco ciclistas cuando se llegó a la meta, incluidos los franceses Louis Caput y Camille Danguillaume, quien pinchó en cuanto comenzó el esprint. Caput lideró la aceleración, Impanis la igualó, pero la perfecta ejecución del esprint por parte de Maurice Mollin prevalecería frente a ambos hombres.

Ingreso en la élite

La edición de 1948 supuso un punto de inflexión para el futuro a largo plazo de la Decana. *Les Sports* se unió al Pesant Club Liégeois en la organización, potenciando un equipo organizativo que pudo negociar la presencia de los hermanos Coppi y varios ciclistas franceses de renombre. En 1949 sería uno de esos ciclistas franceses, el hasta entonces poco afortunado Danguillaume, quien se convertiría en el primer vencedor foráneo de la Lieja desde la poco recordada victoria de Hermann Buse en 1930.

La influencia de *Les Sports* se hizo todavía más patente cuando la Lieja-Bastoña-Lieja fue incluida en la Challenge Desgrange-Colombo en 1951. Esta decisión puso, con efecto inmediato, a la Decana a la altura de los mayores eventos del calendario en términos de importancia, dados los puntos que ponía en juego para ese torneo que se disputaba durante todo el año. A pesar de que todavía carecía del prestigio de los otros cuatro monumentos, formar parte de la Challenge Desgrange-Colombo le garantizaba una participación importante y, por fin, la adquisición de un estatus superior para una carrera de ya casi sesenta años de antigüedad.

Además de juntar bajo el mismo paraguas por primera vez a las carreras que conformarían los cinco monumentos, la inclusión de la Lieja en la Desgrange-Colombo marcó una edad dorada para las clásicas. Esta competición aglutinaba otra media docena de carreras, incluidos el Tour y el Giro, con lo que no solo aseguraba la presencia de los grandes nombres del ciclismo, sino que estos acudían, además, para ganar. En las últimas décadas la UCI ha intentado en varias ocasiones promover un regreso al espíritu de esta época, pero el ProTour y el subsecuente WorldTour han llegado a alcanzar una cantidad de hasta 29 carreras, demasiadas como para garantizar que las estrellas más importantes se enfrenten entre sí de manera regular. El éxito de la Desgrange-Colombo sugiere que, para que una competición basada en una serie de carreras que se disputan a lo largo de toda una temporada, menos, es más.

La apuesta de *Les Sports* por consolidar la importancia de la Lieja se extendió, también, al hecho de pasarla del verano a finales de la primavera. En 1951 la organización fue incluso un paso más allá, optando por celebrar la Lieja y la Flecha durante el mismo fin de semana, con la Flecha recorriendo 220 km preñados de adoquines y colinas el sábado, mientras que la Lieja llegaría a unos ondulantes 211 km durante el domingo. Fue un movimiento atrevido que resultó en una actuación excepcional.

El suizo Ferdi Kübler se aseguraría la victoria en la Desgrange-Colombo de 1950 gracias a su victoria en la general del Tour de Francia, donde sus excentricidades y su estilo competitivo llamaron mucho la atención. A diferencia de su elegante compatriota Hugo Koblet, con su suave pedaleo y perenne peine en el bolsillo para asegurarse de que su pelo engominado estaba en las condiciones que él deseaba mientras se hacía con la victoria, Kübler era el desaliño hecho persona. Contorsionándose sobre la bicicleta, refunfuñando y con mirada salvaje, mascullaba entre dientes amenazas en un *pidgin* del francés mientras se iba de sus rivales: «Ferdi ataco pronto, ¿preparado tú?». O, sobre todo, tras encarar el Mont Ventoux con demasiadas ansias durante el Tour de Francia de 1955, acabando con sus opciones de victoria: «¡Quitar! ¡Ferdi explota!».

Con una nariz que rivalizaba en su perfil aguileño con la de Kint, Kübler también recibiría el apodo de Águila; en su caso Águila de Adiswil, su ciudad natal de Suiza. Durante la primera mitad de los 50 también fue uno de los ciclistas con actuaciones más impresionantes, lo que demostraría, sobre todo, durante aquel primer fin de semana de las Ardenas. En la Flecha lideró en meta a un grupo de cuatro hombres que, o bien eran vencedores del

Tour de Francia o acabarían ganándolo: Gino Bartali, Jean Robic y Louison Bobet entraron en meta tras el suizo.

Kübler se había erigido en el favorito para la Lieja, pero ahora había quienes dudaban de que pudiera igualar las expectativas apenas 24 horas después. Y estas dudas parecieron confirmarse cuando Germain Derycke encaró el descenso a Lieja con un hueco claro sobre el francés Pierre Barbotin. Pero la primera señal de que el pescado no estaba vendido llegó cuando los conductores de los coches de equipo, prensa, comisarios y pilotos de motocicletas que seguían a Derycke vieron cómo una centella con aspecto de estar perturbada, a tenor de sus muecas y sus casi incomprensibles gritos, además de su más que patente desdén por su propia seguridad, pasaba por su lado. Kübler se abalanzó sobre Derycke cuando el belga atravesaba el Meuse, con la meta casi a la vista. Tras aquello, el esprint fue una mera formalidad para Ferdi, quien se convertiría en el primer ciclista en conseguir el doblete Lieja/Flecha.

Kübler conseguiría después el doble doblete. Mantuvo su corona en Flecha tras vencer a Ockers e Impanis en el esprint, y tomó la salida en la Decana como gran favorito, a pesar de que el trazado había sido modificado para que fuera considerablemente más duro, sobre todo con la entrada de la carretera de tierra que ascendía y bajaba la Còte de Wanne, a 60 km de la meta. Cuando Louison Bobet atacó sobre esta ascensión, con el polvo elevándose por acción de los coches y motocicletas de los comisarios y prensa que se arremolinaba sobre el francés, Kübler salió en su persecución, con su característica gesticulación dejando patente el gran estado de forma en el que se encontraba. El francés Jean Robic y el belga Henri Van Kerckhove alcanzarían también al francés. Mientras descendían dando tumbos entre baches y agujeros, Bobet pinchaba. A solas con Robic y el joven Van Kerckhove, Kübler se encargó de acabar con todas las fuerzas que estos tuvieran en sus piernas de cara al esprint.

Raymond Impanis completaría su propio doble doblete tres años después de Kübler, añadiendo otras dos segundas plazas consecutivas a las que ya consiguiera en 1947 y 1948. No tuvo reparos en reconocer la derrota ante el luxemburgués Marcel Ernzer en

1954, quien le dio un revolcón precediéndolo en meta por casi tres minutos. Sin embargo, un año más tarde Impanis no sintió lo mismo cuando su compañero Stan Ockers lo derrotó sobre la misma línea de meta. «Él había conseguido la victoria en la Flecha el día anterior, y habíamos acordado que yo sería quien ganara en Lieja. Me aproximé a la meta con bastante calma y, entonces, Stan me atacó a doscientos metros. Era demasiado tarde como para reaccionar», recordaría, aunque no hizo extensible su amargura contra la Decana. «Creo que es la carrera más bonita, la que más a prueba nos pone y la más complicada de ganar», afirmó.

Mientras que Impanis jamás lograría la victoria, Fred de Bruyne sería apodado Míster Lieja-Bastoña-Lieja gracias a tres victorias en cuatro participaciones a finales de los 50. Debido al colaboracionismo de su padre con las fuerzas de ocupación durante la Segunda Guerra Mundial, lo que pagó con siete años de encarcelamiento, De Bruyne pasó una dura infancia en Berlare, justo al este de Gante. Electricista de profesión, Dolf de Bruyne se convertiría en oficial de policía durante la guerra y se vería involucrado en el arresto de miembros de la Resistencia que serían ejecutados. Bajo el estigma de los crímenes de su padre, Fred de Bruyne encontró la motivación para alcanzar el éxito y lograr la aceptación de la gente a través de sus logros sobre la bicicleta.

Al convertirse en profesional centró sus esfuerzos en las grandes vueltas, y durante un tiempo fue señalado como el ciclista que pondría fin, de una vez por todas, a la sequía belga en el Tour de Francia, que databa ya de 1939. Pero pronto comprobaría que le faltaban las cualidades para competir en la alta montaña. Por esto, a partir de 1956 y en adelante, se centró en las carreras por etapas cortas y en las clásicas, dando lugar a una rivalidad extrema con su compatriota Rik Van Looy y consiguiendo la Challenge Desgrange-Colombo durante tres años consecutivos. Su gran amigo Raphäel Geminiani lo describía como «un maestro de las clásicas: inteligente, hábil, taimado, pero fortísimo y excelente en la táctica. No era un velocista como Van Looy o Van Steenbergen, pero contaba con una buena y rápida llegada, lo que se tradujo en buenos resultados en las grandes clásicas».

Comenzó la temporada de 1956 con la victoria en la París-Niza y la Milán-San Remo, éxito que llegó tras dejar atrás a Van Looy en el Poggio, la crucial ascensión que hay a apenas unos kilómetros de la meta. Segundo en la París-Roubaix después de preparar la victoria de su compañero en el Mercier-BP Louison Bobet, De Bruyne regresó a Bélgica para encarar el fin de semana de las Ardenas. Una insólita peculiaridad en las reglas que por aquel entonces estaban en vigor, y que tenían que ver con los patrocinadores de los equipos ajenos al mundo del ciclismo, le dejó fuera de la Flecha Valona porque el patrocinador del equipo Mercier era BP. Sin embargo, un tecnicismo le permitió presentarse un día después en Lieja como «independiente». Al no contar con el apoyo de un equipo era consciente de que, en caso de sufrir cualquier problema mecánico podría verse fuera de carrera, incluso quedarse tirado en las profundidades de las Ardenas. De Bruyne se mantuvo lejos de todo percance mecánico y supo reconocer su oportunidad cuando, a 20 kilómetros de la meta, Richard Van Genechten, el vencedor de la Flecha, saltó del grupo. De Bruyne no tardó en unirse a él. El diminuto Van Genechten era capaz de escalar como los mejores, pero tenía muy poca capacidad para el esprint, por lo que De Bruyne no se sorprendió cuando vio al coche del equipo de su compatriota ordenar a este que no colaborara en la escapada, protegiendo con ello los intereses de Stan Ockers, líder de su equipo Peugeot. Contando en su zurrón con la victoria en San Remo, y tras quedar muy cerca tanto en Flandes como en Roubaix, De Bruyne era consciente de que estaba en el mejor momento de forma de toda su vida, y no tuvo ningún reparo en llevar a su rueda a Van Genechten hasta la meta, donde lo derrotó por una distancia de varias bicicletas.

Las siguientes victorias de De Bruyne en Lieja, 1958 y 1959, tendrían un guion similar: esperar hasta el momento oportuno para atacar y hacerlo acompañado de los ciclistas adecuados, aprovechando su velocidad punta final para cerrar la victoria. La única edición que se le escapó en aquellos años fue la de 1957, que en los anales ciclistas aparece como una de las clásicas más memorables de todos los tiempos, y no solo porque acabara con la victoria de dos ciclistas.

Horrible, pero épica

Cuando Louison Bobet regresó al hotel del equipo Mercier en Lieja tras completar la carrera, Antonin Magne, su director, se dirigió a los compañeros del ciclista: «Caballeros, levántense y aplaudan. Ante ustedes hay un hombre, ¡un hombre de verdad!». Bobet había terminado en novena posición, casi un cuarto de hora más tarde que el vencedor, pero el francés se encontraba entre los apenas 27 hombres, de 107 que habían tomado la salida, que completaron la distancia bajo un clima apocalíptico. No cabe duda de que la mayoría de estos 107 hombres hubieran preferido seguir los pasos de los otros 135 que se inscribieron, pero ni tan siquiera se presentaron en la salida.

Podemos hacernos una idea de la extrema climatología que puede llegar a sacudir las Ardenas, incluso una vez que el invierno ha quedado atrás, si vamos a la cima de la Côte de Wanne. Frente al monumento a la memoria de los hombres del 517º Equipo de Combate del Regimiento de Paracaidistas hay una señal que dirige a la «Piste de Ski, Val de Wanne». Un poco más adelante están los brazos del remonte. La «estación de esquí» está situada a apenas 484 metros, pero si se mira a las laderas que mueren en el valle a sus pies es fácil comprender por qué atrae a tantos entusiastas de los deportes de invierno. Puede que las pistas no sean rivales para las del Hahnemkamm en Kitzbühel, en cuanto a distancia o dificultad, pero cuentan con la suficiente inclinación como para garantizar velocidades de vértigo. Y tampoco es difícil encontrar la nieve.

Los montes de las Ardenas comienzan siendo poco más que pequeñas ondulaciones en el paisaje al sur del Río Meuse, pero no tardan en ganar importancia, alcanzando una altura de 694 en el Signal de Botrange, el punto más alto de toda Bélgica. Las carreteras de esta región suben y bajan por estos montes, atravesando densos bosques que alcanzan las calvas altiplanicies por donde el viento puede soplar con la más intensa ferocidad. Quitando los parches creados por los leñadores y que aparecen de vez en cuando, este bosque recuerda al de Hansel y Gretel: es profundo, oscuro y muy intimidante. No es el típico lugar en el que uno se aventuraría sin un cordel o un puñado de piedras que lo guiasen de vuelta. Al adentrarse en el bosque no resulta complicado comprender lo mucho que el huraño vencedor del Tour de Francia de 1956, Charly Gaul, consiguió aislarse durante tantos años sin que nadie pudiera dar con él, mientras luchaba contra la depresión que le sobrevino tras divorciarse de su segunda esposa.

Estos montes atraen el doble de lluvias que las tierras bajas del norte de Bélgica, y en las alturas se producen heladas hasta en 130 ocasiones al año. La nieve cae durante más de 30 días al año, también, aunque solo en muy raras ocasiones suceda más allá de finales de marzo. En 1957 la Decana se celebró cuando el mes de mayo contaba ya con cinco días, apenas 24 horas después de que Raymond Impanis se alzara con la Flecha en un frío, pero seco y soleado día. Cuando los 107 ciclistas salieron de Lieja en un trazado que se extendía en esta ocasión hasta alcanzar los 256 km, lo hicieron bajo una incesante lluvia y frío que retrotrajeron a algunos observadores hasta la edición de 1919, cuando la carrera tuvo que ser neutralizada durante dos horas en Bastoña para que los ciclistas pudieran reanimarse con una comida caliente. Y los que todavía tenían recuerdos más pretéritos evocaron la edición de 1910 de la San Remo, cuando apenas cuatro ciclistas, cubiertos de barro hasta las orejas, consiguieron completar la carrera.

La densa niebla se convirtió en otra complicación, sobre todo durante los descensos, en los que los ciclistas tenían apenas unos metros de visibilidad. Todo esto se complicó todavía más cuando la temperatura cayó en picado y la lluvia se convirtió en nieve. La organización reaccionó telefoneando para pedir que hubiera disponibles bebidas calientes en la zona de avituallamiento a los pies de la estación de Houffalize, poco después del giro que marca el regreso en Bastoña. Además de humeantes tazas de café y té los locales aparecieron con ropa de abrigo para los ciclistas, aunque esto no evitaría que 51 de los corredores abandonaran en Houffalize o antes, cuando todavía quedaban por cubrir 120 km. Según ganaba intensidad la nieve y los vientos eran cada vez más fuertes llegó la noticia de que la carretera en la Côte de Rosiers contaba ya con una capa de 5 cm de nieve. En Vielsalm y el arranque de la Côte de Wanne los ciclistas se vieron obligados a orinar en sus manos para calentarlas siquiera un poco. Un ciclista abandonó ahogado en lágrimas, mientras el vigente campeón, De Bruyne, cayó a plomo incapaz de liberar sus pies de los rastrales por lo heladas que tenía las manos. Su compañero Désiré Keteleer intentó hacer que volviera en sí, pero De Bruyne le dijo: «Da igual. Déjame aquí». Keteleer se mantuvo a su lado y ambos subieron al furgón de cola.

Entre todo esto todavía seguía disputándose una carrera. Según se acercaba el paso a nivel de Cierreux un grupo de cuatro ciclistas compuesto por Bobet, Sante Ranucci, Angelo Miserocchi y Germain Derycke perseguía a los primeros líderes de la carrera. Cuando estaban cerca de atraparlos, cayó la barrera. Los tres primeros se la saltaron, maniobra que en Francia e Italia estaba permitida, a diferencia de Bélgica. Derycke dudó y los imitó. Cuando el siguiente grupo de perseguidores alcanzó la barrera un tren de mercancías comenzó su desfile frente a ellos, deteniéndolos durante más de dos minutos. En la Côte de Wanne los ciclistas que todavía continuaban en carrera se adentraron en un mundo blanco, mientras la nieve y la neblina los cubrían con un manto gélido. El cuarteto de Bobet cerró el hueco con respecto a los líderes, entre los que estaba el británico Brian Robinson, natural de Yorkshire, y cuya morada en Mirfield, en lo alto de los páramos de los Peninos, no es ajena al mal tiempo.

Tras los líderes había varios grupos más pequeños de perseguidores. Raymond Impanis, vencedor un día antes de la Flecha, se encontraba en uno de ellos, aunque desmoronándose a marchas forzadas. Extendió sus manos en dirección al coche de su equipo, suplicando: «Por favor, quitadme los guantes. Ya no puedo soportarlo...».

En la ascensión de Haute Levée, saliendo de Stavelot, Derycke se dio cuenta de que Bobet comenzaba a languidecer y aumentó el ritmo, con el italiano Ranucci tras él. En la Côte de Rosiers Derycke aumentó de nuevo el ritmo, dejando atrás a Ranucci. Continuó luchando contra los elementos en solitario, acabando al final la carrera con casi cuatro minutos de ventaja sobre Frans Schoubben, segundo, y Marcel Buys, tercero. La cuarta plaza fue para Martin Van Geneugden, quien corrió gran parte de la carrera cubriéndose con la distintiva boina de su director, Antonin Magne, sin guantes y con manga corta. Bobet, quien había liderado el salto a la barrera en Cierreux perdería diez minutos durante los últimos veinte km, pero su orgullo personal no le permitía abandonar. «Es mi trabajo», les diría el galo a los periodistas aquella misma tarde.

Poco después de que un aterido Derycke posara en el podio con la azafata Miss Remington se anunció que Schoubben había presentado una protesta por el incidente en el paso a nivel. Derycke defendió sus actos insistiendo en que se había limitado a imitar a Bobet. «Le grité que no saltara, pero no me escuchó. No había ningún comisario. Me la estaba jugando. Los otros tres habían saltado, así que me limité a seguirlos», explicó. Sin embargo, los comisarios se vieron obligados a descalificarlo y le adjudicaron la primera plaza a Schoubben.

A pesar de haber contravenido las reglas estipuladas en Bélgica, Derycke pudo señalar el precedente del Tour de Flandes de 1955. En aquella ocasión Louison Bobet, quien acabaría alzándose como ganador, y los tres miembros restantes del grupo de cabeza pasaron por un paso a nivel cerrado, y los comisarios de carrera, o jueces, optaron por no descalificarlos, debido a la ventaja que tenían sobre sus perseguidores. Yendo más atrás en el tiempo, hasta 1919, el vencedor en Flandes Henri Van Leerberghe atravesó un tren que estaba detenido en el paso a nivel.

Pero el sentido común acabaría prevaleciendo. Unos días más tarde, ante la presión ejercida por el director de Léon Van Hulst, su director en el Peugeot-BP, Schoubben retiró su reclamación, provocándole un tremendo dolor de cabeza a la federación belga de ciclismo. Derycke les ofreció una salida, escribiéndoles para solicitarles que la carrera fuera para ambos ciclistas, Schoubben y él mismo. «Ante condiciones excepcionales hay que adoptar medidas excepcionales», diría el presidente de la federación, Arnold Standaert, al anunciar que aceptaba la petición de Derycke.

Durante los días siguientes afloraron las historias de incidentes y gestas que se dieron durante aquella edición de la carrera. Jean Bobet, hermano de Louison, admitiría que la parada en el paso a nivel de Cierreux estuvo muy lejos de ser el único parón que realizó antes de abandonar. «Era todo un placer bajarse de la bicicleta y poner los pies en el suelo», le contaría al periodista Georges Pagnoud. «El casco me estaba congelando la cabeza. A mi lado, Gérard Saint imitó a un flamenco. Se meó en las manos para hacer que volviera la circulación a sus dedos... En la escuela nos enseñaron que Bélgica es un país llano, de clima templado. Me hubiera encantado ver la cara de mi maestro de geografía en la escuela en un día como aquel», diría Bobet, quien acabaría siendo recogido de la cuneta de la carretera por un aficionado que lo llevó de vuelta a Lieja.

René Van Damme, un liejense, admitió que si hubiera sido cualquier otra carrera habría abandonado, pero que no podía hacerlo en la Decana. «Sobre la Côte de Wanne le di a mi compañero Schoubben un buen empujón, así que, en cierto modo, tuve algo que ver en su victoria», le dijo a *Coups de Pédales*. A Van Damme se le congelaron los dedos hasta tal punto que no fue capaz de alcanzar la *mussette* en Houffalize y casi no podía sacar la comida que llevaba en los bolsillos. «En el famoso paso a nivel de Cierreux, donde yo me detuve, al igual que casi todo el mundo, volver a subir a la bicicleta resultó todo un suplicio y algunos de los ciclistas maldecían sus agarrotados miembros», dijo, añadiendo que unos pocos se habían subido a los coches un rato para poder calentarse y adelantar unos pocos kilómetros. »Necesité ocho días para recuperarme y apenas gané 400 francos por mi decimonovena posición, una miseria si se considera que yo mismo tenía que comprar parte de mi equipo y no contaba con un sueldo fijo. La expresión que se usaba por entonces era que corríamos *«à la musette»* [sin sueldo y con la única recompensa de la comida].

La tercera victoria de De Bruyne puso un bonito epílogo a una carrera de leyenda. El ciclista con el que llegó a la meta, y al que derrotó en un esprint cara a cara, no sería ni más ni menos que Frans Schoubben. Sería la última gran victoria de De

Bruyne. El mismo día de 1961 en el que su gran rival Rik Van Looy se alzaba con su segundo Mundial, De Bruyne se caía y se rompía la clavícula durante un critérium en pista en Burdeos. Su amigo y compañero Willy Vannitsen se ofreció a llevarlo de vuelta a Bélgica. Según pasaban por París, Vannitsen y otro conductor se distrajeron al ver a Brigitte Bardot caminando por la calle, colisionando ambos vehículos de frente. De Bruyne se dislocó el hombro y se destrozó la rótula A pesar de regresar a la competición, jamás volvió a ser el mismo. Acabaría convirtiéndose en director de equipo, comentarista de televisión y relaciones públicas antes de retirarse a Seillans, en el sur de Francia, con cincuenta y muchos años. Allí moriría en 1994, tras una larga batalla contra el cáncer. Tenía 63 años. La ciudad bautizaría una plaza en su honor.

«Elegante, educado hasta el extremo, no le costó dejar el mundo del ciclismo. Puede que en la actualidad no signifique gran cosa, pero por entonces las costumbres eran diferentes: un flamenco siempre será un flamenco. Pasamos diez buenos años juntos», diría Geminiani de su amigo y vecino de Seillans, cuyo amor por la bebida dejó algunos momentos desternillantes durante sus años como comentarista. «Muchas veces, cuando comenzaban las carreras, parecía estar borracho, y te aseguro que, cuando terminaban, había veces en las que tenían que sujetarlo para mantenerlo en pie», diría Les Woodland, estudioso del ciclismo y alguien que ha vivido durante mucho tiempo en Bélgica. «Cuando lo dejaban suelto entre los ciclistas era como ver a un borracho entrando a trompicones en una iglesia».

La última floritura de Anquetil

La desaparición de la Challenge Desgrange-Colombo en 1958 —a consecuencia de desencuentros entre los periódicos organizadores— no afectó al prestigio que la Lieja-Bastoña-Lieja había adquirido durante la década de vida de esa competición. Sin embargo, sí se tradujo en un momentáneo cambio en el orden de disputa del fin de semana de las Ardenas, pasando la Lieja a disputarse el sábado hasta 1964, momento en que la Flecha pasó a su actual y afianzada posición, unos pocos días antes de la Decana. Durante aquellos años se pudo asistir a un dominio belga, consiguiendo los ciclistas nacionales cuatro victorias consecutivas tras la del holandés Ab Geldermans en 1960. La más significativa fue la victoria de Rik Van Looy en 1961, con la que se convertía en el primer ciclista de la historia en conseguir los cinco monumentos. En cuanto Van Looy se escapó acompañado por su compañero en el Faema Armand Desmet y el escalador francés Marcel Rohrbach, no cupo duda alguna de cuál sería el resultado. Conducido por Desmet, Van Looy ganó sin forzar, sin tener que desplegar su velocidad máxima durante el esprint para vencer a Rohrbach.

En 1965, el fin de semana de las Ardenas regresó al formato con el que se había celebrado durante la Desgrange-Colombo, cuando Theo Van Griethuysen, director de carrera de la Flecha, decidió darle mayor independencia a su carrera. Aquel año también supuso el final de la racha victoriosa del país anfitrión, después de que Italia alcanzara su primera victoria en la Decana. Por lo menos Bélgica pudo presumir por la gran influencia ejercida por este país en la carrera profesional del vencedor de 1965, Carmina Preziosi. Nacido en Sant'Angelo all'Esca, en lo más profundo de la Campania rural del sur de Italia, Preziosi se mudó a Bélgica a los 14 años de edad junto a sus padres, quienes, al igual que decenas de miles de compatriotas tuvieron que poner rumbo al norte en busca de empleo.

Su padre encontraría trabajo en la mina de Farcienne, inmediatamente al este de Charleroi. Por este motivo Preziosi conocía las carreteras de las Ardenas como la palma de su mano. Durante su paso por las categorías *amateur* belgas trabajó como chófer y camarero, antes de firmar por el equipo francés Pelforth en 1963, con apenas 19 años.

En 1964 llegaría en segunda posición por detrás de Willy Bocklant en la primera ocasión en que la Lieja terminó en el Stade Vélodrome de Rocourt, un estadio polideportivo de 40 000 localidades que albergó los Mundiales de Atletismo en numerosas ocasiones. Un año después Preziosi sería uno de los doce ciclistas que disputó la victoria sobre esa misma pista, anegada por la lluvia. Vittorio Adorni sería quien liderase el esprint, seguido por el holandés con gafas Jan Janssen, quien iba a su rueda enfundado en el maillot arcobaleno. Cuando se lanzó el esprint, Janssen pisó con fuerza los pedales pasando por fuera a Adorni... solo que con demasiado ímpetu. Su rueda perdió agarre y se fue al suelo, llevándose consigo a otros siete ciclistas, incluidos los británicos Michael Wright y Tom Simpson. Adorni salió ileso de aquella caída y parecía tener la victoria en sus manos, hasta que Preziosi se puso a su lado y lo empujó con la mano izquierda. No se sabe cómo, Adorni consiguió mantenerse sobre la bicicleta, pero su joven compatriota consiguió pasar por la meta en primera posición.

Nadie parecía dudar de que Preziosi sería descalificado, pero después de que Adorni presentara una queja, el juez de meta dijo que no había visto el empujón. Se mantuvo la clasificación, a pesar de que Preziosi tuvo que pagar una multa por realizar maniobras peligrosas durante el esprint. A pesar de que su carrera profesional se extendió hasta 1972, el italiano nunca volvió a alcanzar resultados como estos. «La gloria me llegó cuando era demasiado joven. No es difícil convivir con la victoria, pero saber gestionarla durante el resto de tu carrera puede ser complicado. A poco que uno se deje influenciar por la opinión pública, el sino de su carrera puede cambiar», le contaría más tarde a *Le Soir* recordando aquel día tan especial.

Tres días antes de que Preziosi se abriera camino a manotazos hasta la parte más alta del podio de Lieja, el belga campeón del mundo *amateur*, Eddy Merckx, pasaba a profesionales, consiguiendo su primera victoria apenas ocho días más tarde de la controversia en Rocourt. Merckx no debutaría en Lieja hasta 1966, terminando en octava posición, aunque a unos siderales 5 minutos y 24 segundos detrás de otro gran nombre que resultó un sorprendente vencedor.

El cinco veces campeón del Tour de Francia, Jacques Anquetil, apenas consiguió la victoria en tres clásicas: la Gante-Wevelgem de 1964, la Burdeos-París de 1965 y la Lieja de 1966, su único monumento. Ya por 1958, este archicalculador había descrito a las clásicas como meras «rifas». Pero es que el magistral rodador y contrarrelojista no tenía las armas necesarias para luchar por este tipo de carreras. Carecía de la fuerza explosiva de un *puncheur*, capaz de acelerar cuesta arriba y durante un espacio de tiempo considerable hasta que logra abrir un hueco. Esa misma falta de explosividad le ponía en aprietos durante los esprints. A pesar de que Anquetil consiguió ganar unos cuantos embalajes en grupos reducidos, estos solían llegar como resultado de haber sostenido un ritmo muy alto durante los últimos cientos de metros, para que nadie fuera capaz de pasarle. Y las carreras de un solo día tampoco premian la capacidad de resistencia y recuperación que hicieron del francés del suave pedaleo un actor tan impresionante en las grandes vueltas.

En 1966 Anquetil se acercaba al final de su carrera. Ganador de dos Giros y la Vuelta, además de cinco Tours de Francia, se encontraba en un momento en el que buscaba nuevos desafíos, sobre todo si estos le proporcionaban la oportunidad de fastidiar a su viejo rival, Raymond Poulidor. En 1965 optó por no tomar la salida en el Tour para enfrentarse a un reto descomunal sugerido por su director, Raphaël Geminiani. «Gem» le propuso participar y ganar el Critérium de Dauphiné y la Burdeos-París. La mayor dificultad que esto entrañaba, más allá del mero hecho de participar en ambos, estaba en que la Burdeos-París daba comienzo en la misma tarde en que terminaba Dauphiné, y en la otra punta del país. Anquetil cumplió, cosechando más aplausos por esta gesta de los que jamás había cosechado hasta aquel punto de su carrera.

La siguiente primavera Raymond Louviot, codirector con Geminiani en el equipo Ford-Francia, cayó en la cuenta de que Anquetil iba a participar en dos critériums en Holanda durante los días que separaban la Flecha y la Lieja, y sugirió al ciclista que incluyera ambas carreras en su calendario. «Es una idea, aunque ni me lo había planteado», respondió Anquetil cuando se le hizo la sugerencia, añadiendo «¿participará Poulidor en Bélgica?». Una vez que le confirmaron que participaría, Anquetil respondió: «Vale, entonces yo también».

Puede que también lo espolease el súbito aterrizaje en la escena ciclista de Felice Gimondi, quien se había convertido en la nueva sensación italiana creando gran expectación tras conseguir el Tour en 1965, tras lo que se adjudicó durante el arranque de la primavera de 1966 la París-Roubaix y, después, la París-Bruselas, tan solo ocho días después. A Gimondi se lo comenzaba a comparar con Fausto Coppi, además de con Anquetil, solo que de una manera mucho menos halagadora puesto que el palmarés del francés en las clásicas, sobre todo en Roubaix, resultaba paupérrimo.

El temperamental y, a menudo, quisquilloso francés no viajó a Lieja en su mejor estado de ánimo. En la llegada de la Flecha Valona, en la que acabaría decimotercero y en el mismo grupo que Gimondi y Poulidor, llegando todos ellos a tres minutos de Michele Dancelli, el vencedor, declaró que no tenía más intención en la Decana que cubrir, tan solo, los primeros 100 km. Puede que fuera por la súbita e inesperada llegada del sol, el caso es que Anquetil llegaría hasta la pista de Rocourt, y lo hizo con toda elegancia.

El trazado incluía ahora 13 ascensiones, el doble que en las primeras ediciones de la Lieja. La mayoría de esas ascensiones planteaban, además, esas pendientes tan pronunciadas que el francés aborrecía con tanto odio, al romper su cadencia de pedaleo. Una de ellas era la Côte de la Bouquette. Al llegar a ella en el grupo de los máximos favoritos, y con otro grupo un minuto por delante, Anquetil aceleró, dejando de rueda a Merckx, Gimondi y muchos de los otros grandes nombres. En el Mont Theux, que arranca con suavidad para alcanzar después rampas del 12% según asciende hasta alcanzar la colina rumbo a Remouchamps, Anquetil alcanzó el grupo de cabeza, formado por tres hombres, entre los que estaba Johny Schleck, padre de los profesionales de las primeras dos décadas del siglo XXI Fränk y Andy. Anquetil secó a este trío y pedaleó los últimos 45 kilómetros en solitario, en modo contrarreloj, terminando con una renta de 4:53 sobre el segundo clasificado, Vic Van Schil.

La prensa francesa se volvió loca. La reacción de *L'Équipe* fue típica: «Hemos esperado doce años para ver una gesta como esta por parte de Anquetil: que consiguiera una carrera de un día. Y ha sido en la Lieja-Bastoña-Lieja, la más dura y exigente de todas, donde ha rellenado ese vacío en su palmarés, y frente a una serie de impotentes rivales entre los que se encontraba Merckx, quien ha expresado su asombro por la manera en que Anquetil ha conseguido su ventaja».

Aunque su éxito se vio enturbiado por su negativa a facilitar una muestra de orina en el control antidopaje posterior a la carrera. «Demasiado tarde. Si quiere, puede buscarla entre todo ese caldo de la letrina. Soy una persona, no una fuente», le dijo a un comisario que tenía listo un tubo. En apenas unos minutos Anquetil había partido rumbo a Holanda para cumplir con sus obligaciones en los critériums. A pesar de ser descalificado en primera instancia por la federación belga, la UCI le devolvió la victoria bajo la premisa de que el reglamento en cuanto a los controles antidopaje no estaba lo suficientemente claro.

Aquel éxito en Lieja fue la última gran victoria en la gloriosa carrera de Anquetil. En 1969 se retiró a su posesión en Normandía para dedicarse a las labores de granja y a una vida familiar de lo más estrambótica e intrincada. Tras casarse con la esposa de su doctor, con la que es tan posible que tuviera un hijo como que no lo tuviera, acabó teniendo una relación a tres con su esposa y la hija de esta, con la que acabó teniendo descendencia. Después tuvo una aventura con la esposa de su hijastro, de la que nació otro bebé. Solo por esto, la extraordinaria biografía sobre el campeón francés que escribió Paul Howard, *Sexo, mentiras y cintas de manillar*, es de obligada lectura.

Mientras Anquetil iba desapareciendo, su importancia como figura dominadora del deporte sería usurpada por el ciclista más grande que ha visto este deporte. La Lieja-Bastoña-Lieja no tardaría en convertirse en uno de los cotos de caza favoritos para Eddy Merckx.

¿LA MEJOR CLÁSICA DE LA HISTORIA?

Puede que la fama de Eddy Merckx en las clásicas naciera, cimentándose más adelante, en la Milán-San Remo, carrera que además de ser su primer monumento ganó hasta en siete ocasiones; pero no cabe duda de que la Decana le otorgaba al belga el terreno ideal sobre el que desplegar todo el arsenal con el que contaba. Campeón del mundo *amateur* en 1964, el belga Eddy Merckx pasó a profesionales a mediados de la temporada de 1965. Atractivo y de pelo negro, con patillas y el cabello engominado y peinado hacia atrás, Merckx tenía toda la apariencia de un líder. Bruselense, no era ni flamenco ni valón, lo que facilitaba que pudiera caerle bien a cualquier belga, y su fama no pudo más que acrecentarse al mismo ritmo con el que amontonó sus éxitos.

Lejos de ser el único gran nombre al que Jacques Anquetil puso en su lugar durante su canto de cisne de 1966, Merckx regresaría a la Lieja en 1967, contando ya dos victorias en San Remo y su reputación como clasicómano todoterreno alimentada, todavía más, por una impresionante victoria en solitario en la Flecha de tres días antes. Pero algunos, sobre todo el extrovertido experto en clásicas Rik Van Looy, consideraban a Walter Godefroot un talento que aventajaba a Merckx, aunque hasta aquel momento no tuviera ninguna clásica en su palmarés, pese a ser dos años mayor. Y lo que sucedió en Lieja parecía apuntalar esta opinión.

Junto al postulante, y más experimentado, Willy Monty, los dos lobeznos del ciclismo belga dejaron atrás al resto del pelotón durante un día de frío polar. Godefroot se mostró de lo más activo, neutralizando a Ferdinand Bracke, compañero de Merckx, para después responder a todos los ataques del bruselense durante los kilómetros finales. Cuando Monty perdió comba antes del esprint final Godefroot y Merckx quedaron cara a cara, siendo el mayor de los dos el que se llevó el gato al agua, apoyándose en esa velocidad punta final tan superior que Van Looy, y muchos más, señalaban como crucial en el futuro.

Las quejas de Merckx de que sus ruedas habían resbalado sobre los charcos que había en la pista de cemento de la pista de Rocourt fueron consideradas mero lloriqueo. Para los detractores de Merckx Godefroot había ganado de manera limpia y clara. Aunque la prensa lo veía de otra manera, achacando la derrota de Merckx a su falta de experiencia sobre la pista de Rocourt. En cuanto a Merckx, consideró aquella derrota como «una terrible humillación». Hasta la más mínima derrota era un abismo para el ciclista que muy pronto sería conocido por el apodo del Caníbal, dado su insaciable hambre de victorias. Y las derrotas que más le dolían eran las que llegaban en las grandes carreras.

La duda sobre cuál de los dos ciclistas era el mejor seguía flotando en el ambiente en 1968. Godefroot, cuya agresividad y talento le valieron el apodo del Bulldog flamenco —apodo que ya le había sido impuesto a Gaston Rebry, un duro flamenco de la época de preguerra— conseguiría la victoria en Flandes en una llegada grupal, con su rival justo a su rueda. Días más tarde Merckx ganaba en Roubaix, mientras que Godefroot tenía que conformarse con una tercera posición. Lieja no despejó las dudas, puesto que Merckx optó por no correrla para preparar su segunda justa en el Giro de Italia, mientras que Godefroot se quedó con las manos vacías tras un retorcido esprint ganado por el neoprofesional Valère Van Sweevelt.

La segunda posición de Godefroot quedó bastante ensombrecida por un acalorado debate en torno a si Jacques Anquetil había intentado lanzar a su enemigo íntimo, Raymond Poulidor.

Anquetil precedía a su compatriota por la pista y, después, aceleró en la contrarrecta con Poulidor a su rueda, pillando dormido a Godefroot al hacerlo. El que sí estuvo alerta fue el joven belga Van Sweevelt, quien consiguió adelantar a la dupla francesa. No conseguiría ninguna otra victoria de importancia.

Merckx y Godefroot llegaron a la edición de la Lieja de 1969 con una victoria en clásicas cada uno, tras intercambiarse la primera posición de Flandes y Roubaix. El momento clave en Lieja llegó sobre la Côte de Stockeu, una rampa que propulsa a los ciclistas hacia arriba desde el puente que las tropas americanas pelearon con tanta bravura, neutralizando el intento alemán de hacerse con Stavelot en 1944. La aproximación desde la Côte de Wanne resulta rapidísima hasta el mismo momento final, en el que los ciclistas tienen que negociar una cerradísima curva de 180 grados «a ciegas», desde la que arranca, sin solución de continuidad, un ascenso de tremenda inclinación. Dado que todos los que no vayan en la misma cabeza de grupo pierden todo el empuje con el que llegan por el descenso, entrar bien posicionado resulta vital. En cuanto se encare con poco más de cinco ciclistas por delante, las rampas de hasta el 24 por ciento que esperan unos metros más adelante pueden convertirse en una auténtica tortura.

Merckx y Vic Van Schil, su compañero en el Faema, llegaron a esa curva en cabeza y aceleraron Stockeau arriba. A pesar de ser una de las ascensiones más cortas del trazado de la Lieja, el descenso que lleva hasta Stavelot aparece de manera tan súbita como lo ha hecho la subida, y casi con la misma inclinación. Cuando el dúo del Faema se lanzó colina abajo contaban con una ventaja de 100 metros. Después de pasar por el puente a toda velocidad, y de que los sacudieran las calles adoquinadas que se entrelazan hasta el centro de la pintoresca Stavelot, Merckx y Van Schil se encontraron, rápidamente, con la mucho más larga Haute Levée, un ancho bulevar en subida. Trabajando de manera conjunta conseguirían abrir un impresionante hueco.

En el grupo que los perseguía el británico Barry Hoban acompañaba a Felice Gimondi y los belgas Jos Huysmans y Herman Van Springel. El británico se dio cuenta de que el dúo de belgas no mostraba gran inclinación por colaborar, pese a que ninguno vistiera los colores de Faema. El hecho de que sí los vistieran una temporada después podría explicar esta reticencia. Sea como fuere, Hoban no podía sino mostrar su asombro. «En pocas palabras, Merckx estaba haciendo lo que le placía». Y lo que le placía a Merckx aquel día era hacer una demostración, dejar claro que podía realizar actuaciones que ni tan siquiera los más fuertes entre sus rivales podían considerar. Después de trabajar de manera conjunta durante 100 km, entre Stockeau y la meta, Merckx y Van Schil entraron a la pista de Rocourt con ocho minutos de ventaja, con el autoritario Merckx liderando la dupla. Hoban se hizo con el esprint por la tercera plaza, convirtiéndose en el primer británico que terminaba en el podio de la Lieja.

A pesar de que el propio Merckx admitiría que jamás volvería a estar tan fuerte como en aquel día por culpa de una terrible caída en el velódromo de Blois a finales de 1969, en la que el piloto que le marcaba el paso fallecería y el propio ciclista quedaría inconsciente, el incidente no pareció socavar sus fuerzas durante la siguiente temporada de clásicas primaverales. Su victoria por cinco minutos en Roubaix dejó a todo el mundo impresionado; todo el mundo excepto Roger De Vlaeminck. Señalado como el nuevo Van Looy, y compartiendo con este ciclista estelar su alta estima ante sus habilidades y la misma negación a inclinar la cabeza ante Merckx, De Vlaeminck insistió en que, de no haber pinchado, él habría sido capaz de igualar a Merckx en Roubaix. De hecho, este incidente fue lo que animó a Merckx a atacar. De Vlaeminck aseguró que probaría sus palabras aguantando con Merckx en Lieja, y cumplió con su promesa. Mejor todavía, pasaría en primera posición sobre la meta del Rocourt, aunque todavía sigue viva la controversia sobre lo que sucedió en el túnel que pasaba bajo las gradas y que conducía hasta la pista.

Lo único seguro es que media docena de ciclistas entraron juntos al túnel, mientras que De Vlaeminck salió del mismo en solitario y a gran velocidad. De Vlaeminck sigue insistiendo todavía en que aceleró entrando en la curva a derechas que sale del túnel, mientras que su hermano Eric se abría a la izquierda bloqueando, sin pretenderlo, a Merckx, lo que imposibilitó al bruselense responder a la aceleración de De Vlaeminck. Tras este obligado titubeo Merckx no pudo hacer mejor puesto que un tercero, dado que Frans Verbeeck quedó primero del quinteto que llegaría a una docena de segundos por detrás de De Vlaeminck.

Esta derrota escoció a Merckx, más aún cuando la prensa belga comenzó a cuestionar su relativa falta de éxitos durante la primavera siguiente. Parece que una cuarta victoria en San Remo no era suficiente para ellos. «Si gano demasiado a menudo se cansan de mis victorias, pero a la que no gano en tres carreras comienzan a hablar de que estoy en declive», se quejaba Merckx después de dejar pasar Flandes y Roubaix y verse obligado a no correr la Flecha Valona por problemas estomacales. A pesar de que este problema lo hubiera debilitado y que la Lieja diera comienzo en unas condiciones de frío tan intensas que el Caníbal llevaba puestos dos maillots y unos gruesos guantes de lana, les pidió a sus compañeros del Molteni que endurecieran la carrera casi desde la misma salida, con el claro objetivo de evitar una repetición del atraco que sufriera doce meses atrás.

Básicamente, su estrategia fue la misma que en 1969. Ordenó a su leal lugarteniente en el Molteni, Jos Bruyère, que pedaleara tan fuerte como pudiera hasta el pie de Stockeau. En *Carnets de Route* Merckx contaría cómo se desarrolló la carrera a partir de Stockeau. «Joseph se puso *á bloc* [pedalear lo más fuerte que podía, a menudo descrito en la actualidad como ir a tope o *full gas*] y tras cincuenta metros me puse en pie y lo pasé. Cuando me giré unos momentos después, me sorprendí muchísimo de ver el caos que se había creado detrás. Nadie fue capaz de seguirme, ni tan siquiera Roger De Vlaeminck. Estaba solo. ¡A noventa kilómetros de Rocourt! Pero ya era demasiado tarde como para pensarlo dos veces. Si dejaba que mis rivales me atraparan, su moral se pondría por las nubes. Al contrario, tenía que noquearlos ¡y de inmediato!».

A pesar de admitir que había cometido su «primer gran error» de la carrera, Merckx continuó su ataque, cerrando en apenas veinte kilómetros los seis minutos de desventaja que tenía con respecto a los dos ciclistas que iban en cabeza, Yves Hézard y su compañero en el Molteni Jos Spruyt. Después de pedalear con estos dos hombres durante otros diez kilómetros, Merckx se marchó en solitario con 60 km todavía para meta. «Aquel fue mi segundo error del día. Fue un momento de auténtica locura. Spruyt no estaba *muerto*, a pesar de que llevaba una escapada muy larga. Habría sido capaz de ayudarme durante unos cuantos kilómetros. De haberme quedado con él, habría llegado a Rocourt con diez minutos de ventaja. Pero preferí hacer las cosas a lo grande y entrar en solitario. Y a punto estuvo de terminar de manera desastrosa».

Sobre la Côte des Forges y, de manera más dramática, en el Mont Theux, Merckx comenzó a acusar los efectos de sus problemas estomacales. Sus piernas se convirtieron en leños y el dolor de sus pulmones lo llevó a la agonía. Su ventaja de cinco minutos comenzó a evaporarse. Al escuchar que George Pintens —quien brillaba en las carreras más largas bajo el clima más adverso, pero cuyo único objetivo al atacar en esta ocasión era asegurarse la segunda posición— estaba reduciendo la desventaja con gran rapidez, Merckx se dio cuenta de que tenía que pasar por la ascensión adoquinada de la Côte de Thiers en solitario. Llegando al llano que lleva a Rocourt tendría la oportunidad de ganar a Pintens. Al alcanzar la cima del Thiers su ventaja se había reducido a apenas 30 segundos. Merckx se dejó ir por el llano, mientras se comía un par de sándwiches. Imaginaba que Pintens lo atacaría en cuando llegara a su altura, así que se preparó para el contraataque. «Era consciente de que si conseguía mantenerme a su lado, podía contar con que la carrera era mía».

Llegando a la altura del líder Pintens aceleró, pero vio cómo Merckx se soldaba a su rueda. El bruselense se negó a relevar cuando Pintes le indicó con gestos que lo hiciera. «Por muy fatigado que me encontrara, podía seguir a rueda de Pintens durante horas. Y apenas habían pasado tres kilómetros desde que me puse a su rueda, antes de llegar al velódromo, cuando comencé a encontrarme mucho mejor. Pintens era del todo consciente de lo que iba a suceder. Sabía que no podía ganar. Lideró el esprint, pero no tuve problema alguno para adelantarlo en la penúltima curva».

Ambos hombres terminaron felices, Pintens por haber recuperado una desventaja de 5 minutos en apenas 45 kilómetros al mejor ciclista del mundo, estando a punto de vencerle, y Merckx porque Pintens no logró vencerle, a pesar de admitir que estaba tan agotado que apenas fue capaz de sonreír. «Jamás he sufrido tanto. No hace falta decir que aquella fue la carrera más complicada de toda mi trayectoria, y puede que sea una de mis victorias más bonitas», dijo. Admitiría que sobreestimó sus propias fuerzas, pero, como explicó: «tampoco importaba. Había ganado. Si Pintens hubiera ganado, me habría venido abajo y habría vuelto sobre mis errores una y otra vez. Pero había ganado, así que podía olvidarlo, tanto los errores como el sufrimiento».

Al igual que sucedió en otras ocasiones, que Merckx ganara pese a todo, cuando estaba claro lo mal que lo estaba pasando, le granjeó todavía mayores aplausos que sus mayores gestas en solitario. La prensa celebró a Merckx por esta victoria, insistiendo en su determinación a no darse por vencido, y que haber cometido unos errores tan obvios no hacía sino engrandecer su victoria.

Defendiendo el título en 1972, el Caníbal volvería a atacar en Stockeau. En esta ocasión, con la meta situada apenas a 45 km, en Verviers, su ataque fue más razonable que temerario; al menos para un ciclista con la incomparable calidad de Merckx. Terminaría con una ventaja de 2:40 sobre el segundo, Wim Schepers, con sus principales rivales por detrás. La Decana regresaría a la meta de Rocourt por última vez en 1973, con Merckx consiguiendo una tercera victoria consecutiva, a pesar de que hubiera que recurrir a la *photo-finish* para confirmar que había vencido a Frans Verbeeck por escasos milímetros.

Más dureza para la Decana

Una neumonía viral impidió a Merckx defender su título en 1974, dejándole sin victorias en la temporada de clásicas primaverales por primera vez en su carrera. Esto también le hizo perderse dos innovaciones que trajo la edición de ese año. Tras diez años de idilio con la pista de Rocourt, la llegada fue trasladada desde el ruinoso estadio —demolido en la actualidad— al bulevar de la Savenière, en el centro de Lieja. Pero antes de ello, los ciclistas tendrían que enfrentarse a una nueva ascensión, la Côte de la Redoute, situada en el extremo norte de Remouchamps y que avanzaba en paralelo a la autopista E25, que había sido abierta al tráfico hacía poco con el objetivo de unir Lieja con Luxemburgo.

La aproximación a esta ascensión no deja lugar a las dudas sobre la dificultad del desafío que espera al ciclista. Tras una fulgurante bajada desde el Mont Theux hasta entrar en Remouchamps, el trazado continúa por el lado este del Amblève y serpentea por las calles secundarias de la ciudad hasta una cerrada bifurcación en la que una ceñidísima curva a derechas da paso a las primeras rampas de la ascensión. Los ciclistas se encontrarán las secciones más duras de la ascensión solo cuando la calzada vuelve a girar a la derecha tras pasar bajo la autopista, que se extiende entre Hoek van Holland y la ciudad siciliana de Palermo. La Redoute tiene una pendiente media del 9,5% durante 1,7 km, con una media del 12 durante los últimos 700 metros, cuando la carretera pasa junto a un memorial que marca el lugar en que sucedió la Batalla de Sprimont, en la que el ejército francés derrotó a los austriacos el 18 de septiembre de 1794, marcando el final del dominio austriaco sobre la parte occidental del Rin.

Sin Merckx como favorito a vigilar, sus rivales acabarían marcándose unos a otros sin atacarse, lo que propició que fueran los actores de segunda fila quienes disfrutaron de todos los focos. Georges Pintens volvió a tener una gran actuación, aunque una vez más su ausencia de *rush* final le penalizó y el ciclista del Flandria Ronald De Witte se hizo con la victoria. Sin embargo, en cuanto se supo que De Witte había dado positivo, junto a otros dos de los diez primeros clasificados, Pintens consiguió el título por el que tanto había peleado y se merecía.

Merckx regresaría en 1975 como campeón del mundo y tras ganar en San Remo y Flandes. A pesar de añadir estas nuevas cabezas a su espectacular colección de caza, comenzaban a verse señales de que sus actuaciones eran, cada vez, menos *canibalescas*. Cada vez dependía más de su buen hacer en carrera y su coraje, y no tanto de los increíbles despliegues de fuerza de sus primeros años. Su ya archiconocido ataque en Stockeau no hizo saltar por los aires al grupo en el que se encontraban los favoritos, como sí sucediera apenas un par de años atrás. Cuando alcanzó la cima de la ascensión, en la que se erigiría después un monumento con el que dar cuenta de sus logros —y en el que logran capturar de manera perfecta la fuerza de Merckx, que aparece a punto de salir de su soporte de bronce— al girarse se encontró a Godefroot, Roger De Vlaeminck y Bernard Thévenet entre los ciclistas a su rueda.

Con otro trío precediéndoles en cabeza, Merckx comenzó la caza mientras se dedicaba a drenar el vigor de las piernas de sus acompañantes. A falta de 15 km y con el francés Jean-Pierre Danguillaume, —sobrino de Camille, vencedor de la edición de 1949— con una cómoda ventaja a su favor, De Vlaeminck y Frans Verbeeck añadieron más leña a la caldera. Gracias a ellos morirían las opciones de victoria de Danguillaume, cuando apenas faltaban 8 km. «Los descensos eran demasiado largos y las rectas interminables», se quejaría el francés, aunque le darían la posibilidad a Merckx de dejar atrás a los ciclistas más rápidos en las llegadas. Realizó varios ataques, cada uno de ellos encontrando la réplica en De Vlaeminck, para después contraatacar cuando Thévenet abrió hueco en el «circuito» final que ascendía por un lateral del Bulevar de la Sauvinière, luego giraba 180° y regresaba por el otro lateral. A falta de varios cientos de metros Merckx sobrepasaba a Thévenet, con lo que no tuvo tanta necesidad de esprintar sino, más bien, imponer un ritmo constante que nadie pudo neutralizar. Bajo los ánimos de una multitud incondicional, pasó la meta con varias bicicletas de distancia sobre Thévenet.

Merckx conseguiría, apenas, un monumento más, aumentando su cosecha en San Remo hasta las 7 ediciones durante la siguiente primavera. Pero, a pesar de no lograr subir al podio de Lieja en 1976, jugó un papel crucial en la emotiva victoria de su leal lugarteniente Jos Bruyère. Nacido en la cercana Maastricht, junto a la frontera con Holanda, pero criado en Lieja, Bruyère era más conocido por aquel entonces por haber sido el compañero de habitación de Merckx durante años, además de ser el único ciclista que había portado el maillot amarillo del Tour en Inglaterra, durante la breve incursión de la carrera en Plymouth en 1974.

Robusto, fuerte y leal hasta el punto de saberse que llegó a darle puñetazos a los ciclistas que intentaban saltarse el control que en ocasiones imponía el Molteni, Bruyère fue uno de los seis ciclistas que se marcharon en solitario a falta de 100 km. Ascendiendo La Redoute se libraría de la compañía del último de ellos, Herman Van Springel, coronando con una ventaja de dos minutos sobre un grupo perseguidor de diez hombres, entre los que se encontraba Merckx. En esta ocasión el líder del Molteni realizaría el papel de gregario leal, abortando todo intento de salir tras Bruyère, quien terminaría con una ventaja de casi cinco minutos y recibió el abrazo de un Émile Masson, organizador de la carrera, deshecho en lágrimas. Las victorias valonas en la Decana son infrecuentes, pero que además lleguen gracias a un ciclista de la propia Lieja es todavía más difícil.

Dos años después, en 1978, Bruyère lograría una segunda victoria, esta vez en ausencia de Merckx, quien había disputado su última carrera a mediados de marzo de aquel año pero no anunció su retirada hasta dos meses después. La segunda Decana de Bruyère siguió el mismo patrón que la primera. Se infiltró en un pequeño grupo a bastante distancia de meta, librándose de su último acompañante, Michel Pollentier, sobre La Redoute.

El Tejón sucede al Caníbal

Mientras se apagaba la luz de Merckx y Bruyère sacaba oro del corto periodo de tiempo en que pudo correr buscando su propia gloria, los ciclistas franceses resurgían como potencia en las clásicas. Desde que Jacques Anquetil se retirara a finales de 1969, Raymond Poulidor se vio, a menudo, como único representante galo en las carreteras de la Decana. Pero, a partir de mediados de los 70, el eterno veterano vio cómo se le unía Thévenet, el ciclista que acabó con Merckx en el Tour durante la edición de 1975, además de jóvenes prometedores como Jean-Pierre Danguillaume, Michel Laurent y Régis Ovion. Pero el mejor de aquella hornada era el bretón Bernard Hinault, quien pasó a profesionales en 1975 y casi desde el principio se granjeó fama de ser un ciclista cuyo talento igualaba su terquedad. Impulsado por la llegada de Cyrille Guimard a la dirección del equipo Gitane en 1976 tras su retirada como ciclista, Hinault tenía algunos parecidos con Merckx. Se le apodó el Tejón, y compartía con este animal la fiereza que muestra cuando se ve acorralado, aunque el mote derivaba del uso común de esta palabra entre la juventud bretona de los 70 para decir *amigo* o *colega*. A pesar de mostrar inclinación por permitir que los demás disfrutaran de los focos en carreras menores, Hinault solía competir con extrema fiereza en las carreras que tenía como objetivo.

Al igual que a Merckx, le encantaba el desafío que presentaba la Lieja, y desde su debut, en 1977, esta se convertiría en su clásica favorita. Debutó cuando comenzaba ya a ser una estrella ascendente, cimentando su fama sobre una victoria en solitario durante la Gante-Wevelgem cinco días antes, y manteniéndose al frente del pelotón mientras un feroz vendaval azotaba las abiertas planicies pasado el cambio de sentido en Bastoña. Nada más pasar Houffalize el pelotón se dividió en cinco grupos. El grupo cabecero contaba con alrededor de 40 hombres, entre los que estaba la mayoría de favoritos. Para todo aquel que no estuviera en este grupo, la carrera se había acabado.

Freddy Maertens, vigente campeón del mundo, acababa de imponerse en la Flecha Valona gracias a una actuación en el Stockeau digna de todo un Merckx, y en Lieja repetiría el movimiento, diezmando el grupo delantero hasta dejarlo en apenas 11 hombres, incluidos Merckx, De Vlaeminck, Verbeeck, el alemán Didi Thurau e Hinault. Maertens, moviendo esos muslos que parecían un jamón ibérico, daría un nuevo giro de tuerca sobre las últimas rampas de Mont Theux, las más duras, con lo que se despidió de otra media docena de hombres. Sobre la Côte des Forges, a las afueras de Lieja, Thurau se evadió de la vigilancia del campeón. Merckx y De Vlaeminck conseguirían echarle el lazo tres kilómetros más tarde, momento en el que André Dierickx contraatacó.

Hinault saltó tras el belga, siguiendo a su rueda mientras el hueco entre ambos y las tres superestrellas belgas —y Thurau— se estancaba en cinco segundos. «Cyrille Guimard se puso a mi lado para preguntarme qué tal iba, y le respondí que parecía volar, que apenas sentía la cadena. Guimard me dijo entonces que si las cosas seguían así y aquello acababa en esprint, que me pusiera en cabeza, aflojase un poco el ritmo y volviera a acelerar», le contó Hinault a *International Cycle Sport*.

«No di ningún relevo al belga durante varios kilómetros, hasta llegar a los límites de Lieja; yo pensaba que él era mucho más fuerte que yo, había ganado ya la Flecha en dos ocasiones. Pero cuando me convencí, por fin, de que nos habíamos quedado solos de manera definitiva, apreté al máximo.

»Mi corona más pequeña me daba un desarrollo más corto que el de Dierickx: yo tenía que mover un 53x14 mientras que el belga podía bajar hasta un 13. No obstante, para cuando Dierickx quiso bajar a esta corona, yo ya me había marchado. No pude ver ninguna pancarta, solo vi que el pasillo por el que yo iba era cada vez más estrecho, y que al fondo del todo estaban los fotógrafos... ahí supe que la carrera era mía. ¡Gracias a Guimard!».

Al escoger participar en la Vuelta a España durante la primavera de 1978, consiguiendo su primera victoria en una gran vuelta, Hinault no defendería su victoria en Lieja. En 1979 regresaría como vencedor del Tour de Francia, finalizando segundo detrás de Thurau, que entró en solitario. Un año después, el 20 de abril de 1980, tomaría parte, junto a otros 173 ciclistas, en la que se convertiría en la edición más famosa de la Decana; puede que esta sea la clásica de la que más se haya escrito y hablado en la historia.

Cuando los 174 que tomaron la salida abandonaron Lieja, nevaba y hacía frío. Ya incluso cuando subían a la cresta de la parte sur de la ciudad, comenzaron a producirse los primeros abandonos. El escalador belga Lucien Van Impe salió de la carretera y le suplicó al conductor de un coche que iba dirección norte que lo devolviera a Lieja. Otros buscaron el refugio de los cafés. Con el pelotón descendiendo desde la cresta rumbo Aywaille, la fuerza de la nevada aumentó, lo que hizo que grupos más numerosos de ciclistas se bajaran de sus monturas y abandonaran. El director del Renault-Gitane, Guimard, señalaría este como uno de los momentos clave de la carrera, puesto que la ventisca cesó unos minutos después, pero para entonces ya solo quedaban 60 ciclistas dirigiéndose rumbo sur, camino de Bastoña.

La nieve cesó poco a poco, pero el frío todavía era terrible. Hinault le propuso a su compañero Maurice Le Guilloux abandonar al llegar a Bastoña, pero Le Guilloux le convenció para seguir. El sol hizo un breve acto de aparición cuando lo que quedaba del pelotón se acercaba a la ciudad. Al verlo, Hinault se convenció de que había pasado lo peor y perseveró. Pero las dudas regresarían cuando la nieve volvió a aparecer al cruzar la parte abierta que hay sobre la ascensión de St-Roch, en Houffalize.

«Como siga nevando cuando lleguemos al avituallamiento, me bajo», le dijo Hinault a Le Guilloux, mientras su compañero manejaba la bicicleta con una mano y se quitaba la nieve de los ojos con la otra. El avituallamiento estaba situado en Vielsalm, justo antes de la ascensión a la Côte de Wanne, donde daría comienzo la carrera de verdad. «Creo que, si no llego a estar yo, el Tejón habría abandonado», le contaría unos años después Le Guilloux a Philippe Bouvet, de *L'Équipe*. «Me da la sensación de que quería ser el último del equipo en carrera, el último en abandonar el barco».

Al igual que sucediera en Bastoña, el sol reaparecería unos minutos en Vielsalm. Guimard llevó su coche hasta donde estaba su líder. «Quítate el chubasquero», le dijo. «Ahora es cuando comienza la carrera». Hinault se negó en primera instancia, pero ante la insistencia de Guimard, la prenda terminó en el coche. «Hasta aquel momento no me había importado demasiado cómo iba la carrera, pero ahora me castañeteaban los dientes y no tenía nada con lo que protegerme. Así que decidí que lo único que podía hacer era pedalear lo más fuerte que pudiera para calentarme», contaría después.

Hinault se dirigió a la Côte de Wanne, donde había 20 cm de nieve amontonada en las cunetas. Debido al paso de los primeros vehículos del convoy de la carrera la superficie estaba cubierta de una aguanieve que era más incordio que peligro. Dirigiéndose a esa colina y directo a los pies de Stockeau, Hinault estaba a poco más de dos minutos respecto al belga Rudy Pevenage, con un puñado de ciclistas más entre ambos. Y es aquí donde Hinault sacó la épica.

Pasó disparado sobre Stockeau, deshaciéndose del grupo que perseguía a Pevenage. Sobre el Haute Levée, que se alza de manera continua dejando atrás Stavelot, enlazó con Ludo Peeters, Henk Lubberding y Silvano Conti, llevándolos a su rueda hasta Pevenage. Hinault se mantenía al frente, elevando un poco el ritmo en un intento de abrir hueco entre el grupo y cualquier ciclista que pudiera llegar desde atrás. Tras unos cientos de metros miró atrás para ver si alguno de sus compañeros de fuga estaba en condiciones de compartir la carga del avance del grupo; estaba solo. Le quedaban 80 km hasta la meta. La nieve había dejado de caer, al fin, pero el gélido frío no.

Al paso por Rosiers, Redoute y la Côte des Forges Hinault aumentaba el hueco cada vez más y más. Cuando le preguntaron qué sentía al verse solo bajo aquel frío, admitió que fue muy duro: «No miraba a ningún lado. No veía nada. Solo podía pensar en mí mismo». Después matizaría sus palabras, señalando que sí se había dado cuenta de la presencia de los aficionados, que llevaban todo el día esperando a ver el paso de los ciclistas y soportando las mismas condiciones que ellos. «Han debido de pasarlo extremadamente mal», dijo.

Hinault entró en el Bulevar de la Sauvenière ante el reconocimiento de docenas de ciclistas, que habían abandonado en algún punto de la carrera, y cientos de aficionados; pero apenas correspondería a sus ánimos. Hay quien sugirió que estaba furioso porque los ciclistas tuvieran que soportar un calvario como aquel, pero el propio Hinault daba otra explicación a la ausencia de muestras de júbilo al cruzar la meta: «Si no levanté los brazos fue, en parte, porque todo el mundo sabía que yo había ganado, pero sobre todo por lo destrozado que estaba. Si llego a levantarlos me habría ido de cabeza contra el suelo», dijo.

Pasarían más de nueve minutos antes de que Hennie Kuiper y Ronny Claes aparecieran para hacerse con la segunda y tercera plaza. Veintisiete minutos después de que Hinault cruzase la meta, el noruego Jostein Wilmann pasaría sobre la misma, en vigesimoprimera y última posición.

Hinault regresó a su hotel, donde sus compañeros le habían preparado un buen baño caliente. En lugar de meterse en la bañera, la vació y la llenó de agua fría, entró y comenzó con el proceso de descongelarse. Necesitó tres semanas para que sus manos recuperasen la sensibilidad, pero incluso en la actualidad, más de cuarenta años después, continúa sufriendo las consecuencias de aquella carrera. «Mis dedos siguen teniendo una gran sensibilidad ante el frío. A la que la temperatura baja de tres o cuatro grados tengo que ponerme guantes», le contaría a *La Dernière Heure* en el trigésimo aniversario de una carrera que ningún otro francés ha vuelto a ganar desde entonces.

«Sigo teniendo buenos recuerdos de aquel día, a pesar de que no podía sospechar el daño que aquel frío le haría a mis dedos. Sufrí, pero no fue un sufrimiento físico. Tenía buenas piernas. Había ido a vencer en una carrera que me gustaba mucho, no como el Tour de Flandes o la París-Roubaix. Casi todos los años corría la Lieja-Bastoña-Lieja», recordó. Cuando se le pregunta sobre el momento en el que estuvo a punto de abandonar, respondió: «Cuando uno se ve en una situación como aquella, pero va en cabeza, se olvida del frío, de la nieve y de esa lluvia tan helada. No se abandona. Cuando se está en buena forma se aguanta cualquier cosa. Tanto el frío como el calor son muy duros, pero si tienes la cabeza en su sitio, los soportas. Desde el punto de vista deportivo, lo cierto es que fue una victoria muy sencilla, gracias a las condiciones en las que se desarrolló».

En una entrevista con la revista francesa *Vélo* durante su quincuagésimo cumpleaños, después de que los lectores de la misma escogiesen su segunda victoria en la Decana como la más memorable de su carrera, Hinault, cómo no, le quitó importancia. «Fue un momento de mi carrera muy bonito. Pero, quitando el asunto de la nieve, aquel día estaba en una forma sensacional, así que lo lógico era que ganase; por mucho que no fuera sencillo. La lucha fue más contra el frío que contra mis rivales...».

Una nueva fuerza emerge

Durante los primeros años de la década de los 80 los ciclistas angloparlantes comenzaron a luchar, con asiduidad, por la victoria tanto en Lieja como en el resto de monumentos. Hasta aquel momento el único ciclista anglosajón capaz de conseguir alguna de las grandes clásicas había sido el británico Tom Simpson, quien a principios de los sesenta se alzó con Flandes, San Remo y Lombardía. Dos décadas después llegó a la escena una camada de ciclistas anglófonos de gran talento y competitividad, liderados por los irlandeses Stephen Roche y Sean Kelly, quienes terminarían entre los diez primeros clasificados de la edición de Lieja de 1982. Un año después quedaría cuarto el australiano Phil Anderson. Por eso no resultó tan sorprendente que un angloparlante consiguiera, por fin, la victoria en 1984, siendo el honor para Sean Kelly, quien vencería a Anderson y al estadounidense Greg LeMond en el esprint por el Bulevar de la Sauvinière.

Llegando a La Redoute, la última gran ascensión de la carrera, Anderson atacó junto al vigente vencedor del Tour de Francia, Laurent Fignon, quien se mostró reticente a trabajar a pleno rendimiento hasta que no estuvieron más cerca de la meta. A pesar de que Anderson había dejado a Fignon en La Redoute, el francés alcanzó de nuevo al australiano en el llano que venía después. Recibiendo los ánimos de Peter Post, el duro director del equipo Panasonic, quien se acercaba una y otra vez a la altura de Anderson para darle instrucciones, el australiano siguió atacando, frustrado ante la falta de colaboración de Fignon. Pero lo que esta táctica de continuos ataques y parones propició fue que, desde atrás, llegara un pequeño grupo liderado por el gran favorito, el valón Claude Criquielion, junto con Kelly, LeMond y el vigente campeón, Steven Rooks.

Para Criq, cuyas prominentes y oscuras cejas siempre hicieron que fuera muy sencillo reconocerlo antes de la época en que los cascos y las gafas de sol fueron obligatorios, el día en que se corría la Lieja era el día más importante del calendario. A pesar de haber nacido a apenas unos kilómetros de Geraardsbergen, uno de los puntos míticos del Tour de Flandes, tenía su casa al otro lado de la frontera entre Valonia y Flandes, en Lessines. Cuarto en 1982, Criquielion contaba con la resistencia y la explosividad cuesta arriba que resultaban tan necesarias para ganar en Lieja, pero una y otra vez se vio superado por ciclistas que tenían una velocidad punta mucho mayor que él en el esprint. Y en 1984 este hombre sería el número uno del mundo, Sean Kelly. Después de que el brioso valón intentara marcharse en solitario, sin éxito, como también sucedería con otros ataques por parte de Fignon y Madiot, miembros del equipo Renault, siendo abortado el de Madiot a apenas 100 metros de la meta, Kelly salió como una centella junto a las barreras que había en el lado derecho, con Anderson y LeMond intentando ponerse de acuerdo. Pero en ningún momento hubo dudas sobre cuál sería el resultado. Kelly lanzó al aire su brazo derecho, como siempre solía hacer.

Durante toda su carrera el *Rey* Kelly siempre tuvo una gran relación con la Lieja. A diferencia de Roubaix y Flandes, a las que consideraba carreras complicadas en las que era muy fácil caerse y la mala suerte está siempre a la vuelta de la esquina, consideraba que la Decana era una carrera mucho más simple y justa, pero para nada menos dura que las clásicas de adoquines. «Es la clásica más bonita. Al igual que sucede en el Giro de Lombardía, si estás en buena forma estarás en cabeza. Eso no significa que vayas a ganar, pero cuando estás fuerte en una carrera de este tipo sí que resulta más fácil», explicaría durante su carrera posterior como comentarista en Eurosport. «Comparada con el Tour de Flandes o la Milán-San Remo, también se corren bastantes menos riesgos. En esas carreras, cuando estás a 80 km de meta, si miras a tu alrededor verás que todavía te rodea la mayoría de los grandes nombres. En Lieja, cuando un ciclista pierde comba sabe que ya no podrá abrirse paso hasta el frente».

Kelly repetiría victoria en Lieja cinco años después, momento en el que Criquielion ya se iba dando cuenta de que, en la Decana, parecía que siempre habría al menos un ciclista mejor que él. Y casi siempre ese hombre sería Moreno Argentin, quien se convirtió en el mejor campeador de las Ardenas desde Eddy Merckx, aunque la controversia siempre estuvo muy cerca de un italiano al que, puede que, de manera muy acertada, se referían con el mafioso apodo del Capo.

MAS DURA QUE NINGUNA

Cuando Claude Criquielion se retiró a finales de 1991, al recordar las 13 temporadas que disputó como profesional, no regresaría tan a menudo a las carreras que había ganado —que fueron numerosas, incluido el Mundial de 1984 y el Tour de Flandes tres años más tarde— como a aquellas en las que no logró la victoria. La carrera sobre la que más se le suele preguntar son los Mundiales de Ronse 1988, a apenas ocho kilómetros de su casa, en Deux Acren. Llegando al kilómetro final junto a Maurizio Fondriest, Criquielion parecía contar con la velocidad y, sobre todo, la experiencia como para ganar al joven italiano. Pero a falta de 700 metros el dúo pasó a ser un trío, cuando el canadiense Steve Bauer se aprovechó del juego del gato y el ratón que estaban llevando a cabo los dos hombres de cabeza para llegar hasta ellos.

Los tres cruzaron de lado a lado la calzada que ascendía hasta la meta, pero a 250 metros Bauer aceleró, atravesando de nuevo la calzada de izquierda a derecha. Criquielion se puso a su rueda con facilidad y vio que el canadiense había dejado un hueco libre junto a las vallas. Con el belga zambulléndose en ese hueco, frente a una afición que lo animaba enloquecida, Bauer llevó una mano al cambio, situado en el tubo diagonal del cuadro de su bicicleta, y miró abajo durante un instante, momento en el que se tambaleó hacia la derecha, cerrando a Criquielion contra la barrera, derribándolo y dejando expedito el resto de la calzada para Fondriest, quien pedaleó rumbo a su victoria más sencilla. Bauer sería desposeído de su medalla de plata por esta maniobra, además de ser demandado por daños por un Criquielion que le exigió un millón de libras. El caso coleó durante tres años. Pero, además de perder sobre el asfalto, el belga perdería también en los juzgados.

La otra pregunta a la que Criquielion suele enfrentarse es por qué razón no consiguió ninguna victoria en la Lieja, la carrera que persiguió con más ansias. «No puedo negar que estaba obsesionado con ganarla, y es posible que esto me llevara a cometer muchos errores, como el de no llegar a creer nunca en mis posibilidades durante el esprint final, cosa que sí hice en 1991», le confesaría a *La Dernière Heure* tras su retirada. «Pero me tocó formar parte de la generación de Argentin, y el italiano se convertiría en uno de los grandes especialistas en la carrera valona».

Sean Kelly describiría a Argentin como un ciclista que no contaba con demasiado talento como escalador, lo que lo penalizaría en las grandes vueltas. Lo que sí que atesoraba, como bien sabía Kelly, era fuerza bruta. Especialista en persecución por equipos cuando era joven, Argentin estaba bendecido con lo que suele llamarse un «enorme motor». Cuanto más complicada era la carrera mejor lo hacía, por lo que la Decana le venía como anillo al dedo. Pero, en 1985, Criquielion era el claro favorito para la victoria, en parte por ser el vigente campeón del mundo, pero, sobre todo, gracias a una devastadora victoria en la Flecha Valona apenas cuatro días antes, cuando Argentin entró segundo a casi dos minutos.

Sin embargo, en aquel momento la Flecha finalizaba en la parte alta del Muro de Huy. A pesar de ser más larga y dura, la Lieja no tenía, todavía, ninguna gran ascensión cerca de la meta, que se situaba en el centro de la ciudad. Por eso, a pesar de que Criquielion hizo prevalecer su estado de forma en las subidas, sobre todo en La Redoute, no pudo deshacerse de todos sus rivales. Llegando a la meta, seguía sin librarse de la compañía de Argentin y el irlandés Roche. Trazando la curva de 180 grados que hay a unos cientos de metros de la meta, por el Bulevar de la Sauvenière, Criquielion se encontraba en una posición ideal, el último del trío, pero echó por tierra esta ventaja al atacar demasiado lejos de meta, con una aceleración que lo único que consiguió fue lanzar a Argentin para que este llegara a la meta por delante de Roche. Doce meses después Criquielion reviviría aquel fatídico incidente casi movimiento por movimiento, bajo un diluvio. Se marchó en solitario en La Redoute, pero durante el tramo llano que prosigue fue neutralizado por Argentin, Adrie van der Poel y Dag-Erik Pedersen; Criquielion realizó el último kilómetro en una posición inmejorable para alcanzar la gloria, pero terminaría último en el esprint, con Argentin manteniendo su corona. Si quería conseguir esta carrera, Criquielion tenía que llegar a la meta en solitario; de no hacerlo, necesitaba sacudirse como fuera a Argentin. En 1987 lo conseguiría, al fin, pero saldría más escaldado que nunca.

Resulta curioso que Criquielion tomara la salida en aquella edición de la Decana insistiendo en que sus opciones de victoria habían quedado comprometidas por un cambio obligatorio en el trazado, que hizo que la ascensión a Haute Levée quedara fuera de la carrera durante varias ediciones. Por lo general, los vehículos de siete toneladas o más tenían prohibido circular por el largo descenso que llevaba a Stavelot, pero durante el mes de agosto del año anterior se había levantado dicha prohibición, porque la ruta alternativa para llegar a la ciudad formaba parte del trazado del circuito que se utilizaría para la carrera automovilística de resistencia de las 24 horas de Francorchamps. Descendiendo por las secciones de mayor inclinación, el conductor de un camión perdió el control de su vehículo tras un fallo en el sistema de frenada. El camión se precipitó sobre la congestionada intersección a los pies de Haute Levée volcando sobre una zanja al otro lado de la autopista. Morirían ocho personas y otras 42 resultaron heridas, lo que provocó que se construyeran salidas de contención de emergencia por todo Haute Levée.

Por desgracia, una docena de años después quedó claro la ineficacia de estas salidas, tras otro accidente similar. Un conductor ignoraría la prohibición de circular para vehículos pesados, perdiendo tras ello los frenos y empotrándose contra la fachada de un hotel en el arranque de Haute Levée. El camión, que transportaba metilbenceno, una sustancia altamente inflamable que se utiliza para la señalización de carreteras, explotaría con el impacto, matando a dos personas e hiriendo a muchas más. El fuego resultante arrasaría una docena de edificios en la parte vieja de Stavelot. Este incidente provocaría la introducción de nuevas medidas de seguridad en la ascensión, incluyendo la construcción de una mediana de hormigón en mitad de la calzada en la parte baja de Haute Levée, diseñada para desviar el curso de todo vehículo fuera de control y que no se adentre en Stavelot.

En 1987, la supresión de Haute Levée acabó beneficiando a Criquielion, dado que, en lugar de buscar la gloria con su acostumbrada aventura en solitario de larga distancia, se contuvo, permitiendo que el inmisericorde trazado de la Lieja se cobrara su peaje. Encararía la ascensión final, la Côte des Forges, con la única compañía de Argentin y Roche. Allí, la aceleración del belga demostró ser demasiado para el italiano, quien perdió terreno hasta ser alcanzado por el escocés Robert Millar y el francés Yvon Madiot, quedando a un minuto de la dupla de cabeza de carrera mientras estos entraban en el Bulevar de la Sauvenière para jugarse la victoria.

Pese a todo, Criquielion y Roche habían llegado a aquella Lieja con un pesado fardo sobre los hombros. Por mucho que el belga acabara de vencer en Flandes, sus continuos fracasos en Lieja —y cómo hacer para revertir la situación—, se habían convertido en todo un quebradero de cabeza. Por su parte, el irlandés Roche estaba a punto de entrar en el mejor momento de forma de su carrera, uno que le llevaría a conseguir un triplete de victorias con el Giro de Italia, el Tour de Francia y el Mundial en la misma temporada, algo que solo Eddy Merckx había logrado con anterioridad. No obstante, pese a haber corrido con gran clase durante el arranque de la temporada, Roche no había logrado el número de victorias que se merecía. Después de terminar la Flecha Valona en cuarta posición, Davide Boifava, director de su equipo, el Carrera, le dijo: «Stephen, estás corriendo muy bien este año, pero no has conseguido ninguna gran victoria todavía. Te quedas siempre a las puertas, corres con agresividad, te metes en los movimientos clave, pero no terminas de conseguirlo. Antes de ganar tienes que aprender a perder».

Cuatro días después, mientras entraba en Lieja acompañando a Criquielion, las palabras de Boifava resonaban en la cabeza de Roche. En su autobiografía, *Born To Ride*, Roche recordaba: «Pensé que, si comenzaba el esprint por delante de Criquielion, era bastante probable que este me venciera, mientras que si era él quien lo lanzaba sería yo quien podría ganar. Sin embargo, por alguna razón imposible de comprender, ambos nos olvidamos de que todavía quedaban otros muchachos en carrera, que el resto del pelotón no había abandonado.

Estaba tan centrado en lo que me había dicho Boifava que no pensaba más que en Criquielion. Llegando a la última parte del Bulevar de la Sauvenière rodeamos una rotonda y comenzamos a subir por la parte contraria a la que acabábamos de venir. En esta situación lo normal es que cualquier ciclista hubiera echado una mirada para ver qué sucedía por detrás. Incluso hoy en día sigo preguntándome: «¿Por qué no miré atrás? Habría visto que nos alcanzaban los que venían por detrás». No me extraña que haya quien que no me crea cuando digo que no vi venir a Moreno Argentin antes de que lanzásemos el esprint.

A falta de 200 metros comencé a acelerar desde la rueda de Criquielion y *¡zasssss!* Argentin pasó volando por mi lado, llegando a la línea con media bicicleta de ventaja, con Criquielion tercero. Han pasado 25 años desde aquello y todavía se me eriza el vello cuando lo recuerdo». Durante el largo regreso a su casa en París, Roche siguió dándole vueltas una y otra vez a lo sucedido en la meta. «Me preguntaba a mí mismo: «¿He estado a punto de ganar la Lieja-Bastoña-Lieja? ¿He sido tan estúpido como para no darme cuenta de que Argentin llegaba desde atrás? ¿Por qué no miré? ¿Cómo he podido ser tan imbécil de centrarme tan solo en Criquielion? ¿Cómo ha podido suceder? ¿No será una pesadilla? ¿Voy a despertarme y no habrá sucedido?». Pero, por supuesto, cuando me desperté a la mañana siguiente seguía siendo segundo, y es algo que todavía me persigue. Creo que ha sido la única vez en la que he llorado tras una carrera».

Criquielion estaba igual de hundido, sobre todo después de conseguir lo que hasta ahora le había resultado un imposible: dejar atrás a Argentin. «No sé si es usted capaz de comprender lo que significa para un ciclista que acaba de completar 260 km tan duros como los de Lieja, que está seguro de que por fin va a ganar, darse cuenta en el último instante de que a su rueda viene un esprínter», le contaría a Philippe Bouvet, de *L'Équipe*.

Un año más tarde Argentin terminaría por detrás de un vencedor que llegó a la meta en solitario, pero serían los alemanes quienes celebraran la victoria cuando Rolf Gölz se convirtió en el primer alemán en ganar la Decana. Pero su triunfo se vio ensombrecido por la horripilante caída que tuvo lugar mientras el pelotón descendía a gran velocidad camino de Houffalize, donde está la primera gran ascensión de la carrera, la Côte de Saint Roch. Encontrándose, de repente, con unas obras en la margen izquierda de la carretera, docenas de ciclistas se vieron obligados a virar de manera repentina hacia la derecha, provocando, sin querer, un efecto dominó que acabó con 50 ciclistas en la cuneta. Y lo que fue peor, cuando el convoy de coches que iba justo por detrás de los ciclistas clavó sus frenos, el ciclista estadounidense Davis Phinney colisionó contra la ventana trasera del coche del equipo Isoglass, por lo que sufrió profundos cortes en el rostro que precisaron de 150 puntos de sutura.

Después de un incidente tan terrorífico el Pesant Club Liégeois, que llevaba organizando la carrera casi desde su fundación, le propuso a la Société du Tour de France, que también forma parte de la organización de la París-Roubaix, compartir las tareas organizativas de la Lieja. En diciembre de 1989 las negociaciones desembocaron en un acuerdo formal entre ambas partes, lo que condujo a varios cambios radicales en el trazado. Después de que, a partir de 1990, una sustancial remodelación del centro de Lieja hiciera obligatorio encontrar una nueva localización para la meta, el nuevo equipo organizativo la llevó a Quai Mativa, en el extremo del rio Meuse más alejado del centro de la ciudad. Pero más controvertida resultó la exclusión de la Côte de Stockeau, que saltó a la fama en primera instancia por las gestas de Eddy Merckx, pero que ahora no gozaba de popularidad tras lo ocurrido en 1985, cuando el excesivo número de coches y motocicletas obligaron a los ciclistas a echar pie a tierra. No obstante, serían muy pocos los que se manifestaron en contra de la necesidad de los cambios, y menos todavía cuando la edición de 1990 regaló una victoria local.

Por fin, un belga moreno y con llamativas cejas terminaría la Lieja en solitario, acabando con una sequía de victorias locales que se extendía hasta la segunda corona de Jos Bruyère, en 1978; solo que este hombre sería el flamenco Eric Van Lancker y no el valón Claude Criquielion. Su victoria en 1990 fue una sorpresa para todo el mundo excepto para el propio belga, quien había conseguido la Amstel Gold Race, la clásica holandesa, un año antes. Formando parte del poderoso equipo Panasonic, todavía bajo la estricta batuta de Peter Post, Van Lancker no se encontraba en el grupo de grandes favoritos que pusieron tierra de por medio en La Redoute; entre los que sí estaban se podía enumerar a Argentin, Criquielion y el dúo del Panasonic formado por Steven Rooks y Gert-Jan Theunisse. Sin embargo, contando con estos dos compañeros por delante, Van Lancker no tuvo la obligación de colaborar en la caza que llevó a cabo el segundo grupo que había en carrera, por lo que, cuando ambos grupos se fusionaron cerca de la Cóte de Hornay, a 20 km de meta, el belga se encontraba relativamente fresco.

«Al darme cuenta de que Argentin estaba en el grupo me di cuenta de que él sería el hombre a batir, como siempre. Teníamos que intentar lo que fuera, por todos los medios, para evitar que ganara, así que, mientras todo el mundo se miraba entre sí, yo ataqué», explicaría Van Lancker tras la carrera. Dos décadas después, visionando con *Procycling* las imágenes de su ataque, Van Lancker señala una gasolinera Q8 con un significado especial para él: «Cuando llegué a la altura de esa gasolinera estaba completamente convencido. Esa carretera sigue siendo muy especial para mí. Jamás podré olvidarlo. Puede que suene estúpido, pero cada vez que veo una gasolinera Q8 —aunque esté en el centro de Bruselas— me acuerdo de aquel día».

Bajo la sombra del dopaje

Durante la siguiente década hubo un hombre que demostró conocer la clave para ganar en la Decana. Antiguo gregario de Felice Gimondi durante los 60, aunque nunca lograría ninguna victoria de renombre en su tiempo como profesional, Giancarlo Ferretti pasó a ejercer labores de dirección de equipo en 1973, con el Bianchi, y durante las siguientes tres décadas se estableció como uno de los directores más exitosos de la historia del ciclismo. Apodado el Sargento de Hierro por la disciplina que imponía sobre sus ciclistas, además de ser conocido también por el apodo de Ferron, el italiano y sus equipos demostraron tener una afinidad especial con las clásicas de las Ardenas.

La racha de éxitos comenzaría para Ferretti en 1982, cuando Silvano Contini venció al esprint al belga Fons De Wolf y al suizo Stefan Mutter para otorgarle el título a Bianchi. Sin embargo, Ferretti cimentaría su reputación cuando pasó a dirigir el equipo Ariostea en 1986. Con Ferron a la batuta el Ariostea no tardó en conseguir las prestigiosas victorias que los anteriores directores no habían sido capaces de conseguir. En 1990 Argentin se unió al equipo, formándose una férrea dupla entre el ciclista, sobre el asfalto, y el director dentro del coche. Sería en las Ardenas donde esta nueva sociedad demostró su mayor potencial, sobre todo, con Argentin consiguiendo su primera Flecha Valona aquella misma primavera y completando el doblete en las Ardenas un año más tarde, relegando a Criquielion a la segunda plaza en Lieja, una vez más.

Cuando se unió al Ariostea, Argentin llegó con un aliado que resultaría crucial. Tras una temporada de 1988 plagada de enfermedades y lesiones comenzó a trabajar con el médico deportivo italiano, y consultor en planes de entrenamiento, Dr. Michele Ferrari.

Reconocido por casi todos como el mejor preparador físico de ciclistas, Ferrari pasaría después a trabajar con muchos de los ciclistas punteros, granjeándose, más tarde, una reputación bastante menos favorable al recetar y aconsejar sobre el uso de productos dopantes, entre los que estaba la hormona estimulante de la sangre conocida como EPO. Sin embargo, al menos hasta finales de los 80, no hay evidencias de que Ferrari hiciera nada más que ofrecer a los ciclistas a los que tutelaba los consejos de entrenamiento más punteros que había por entonces.

En la crónica de *Le Soir* sobre la edición de la Lieja de 1991 se describe a Argentin como un ciclista «pleno en su plenitud» gracias al trabajo llevado a cabo junto a Ferrari. Desde luego, estaba más que contento de permanecer en cabeza de un grupo de cuatro hombres que se marchó carretera adelante en La Redoute, bajo la aceleración de su compañero en el Ariostea Rolf Sørensen. Coronando la ascensión el danés vio cómo se le unían Argentin, Criquielion y el español Miguel Indurain, quien meses más tarde conseguiría la primera de sus cinco victorias consecutivas en el Tour de Francia. Frente a dos ciclistas del Ariostea, el belga y el español no parecían tener demasiadas opciones de victoria. A pesar de que Criquielion hizo que Argentin se empleara a fondo durante el esprint, entre ambos había una bicicleta de distancia al paso por meta, sobre el que Sørensen pasó agitando el puño en tercera posición, celebrando la victoria de su compañero.

Este éxito llevó a la prensa italiana a bautizar a Ferrari como el Brujo de la Lieja-Bastoña-Lieja. Ferrari rebajaría su importancia diciendo «he perdido más Decanas de las que he ganado. Así que no soy ningún mago». Aunque las sospechas de que sí había algunos hechiceros trabajando con algunos de los miembros más importantes del pelotón profesional eran cada vez mayores. Esto se hizo más que evidente durante la primavera de 1994, cuando Argentin precedió sobre la meta a sus compañeros de equipo Giorgio Furlan y Evgeni Berzin durante la Flecha Valona, después de que el trío se marchara en solitario durante el segundo de los tres pasos por el Muro de Huy, a falta de 70 km para la meta. Como resultado de la victoria en la Decana del hasta entonces poco conocido Berzin, quien terminaría con casi dos minutos de ventaja sobre un pequeño grupo liderado por el campeón del mundo Lance Armstrong, muchos comenzaron a sospechar.

En una entrevista con el diario *L'Équipe* publicada un día después de la Flecha, Ferrari, quien había fichado por el equipo Gewiss como doctor junto con Argentin, no se molestó demasiado en atajar las sospechas de dopaje. A pesar de que negó suministrarles EPO a los ciclistas del Gewiss, el galeno declaró: «Pero cualquiera puede comprar EPO sin necesidad de una receta, en Suiza, por ejemplo, y si un ciclista lo hiciera, tampoco me parecería un escándalo. La EPO no transforma, de manera sustancial, el desempeño de un ciclista».

Entonces, Jean-Michel Rouet, de *L'Équipe*, le comentó: «¡Pero es peligrosa! En los últimos años han muerto diez ciclistas holandeses», a lo que Ferrari respondió: «La EPO no es peligrosa, lo peligroso es abusar de ella. También sería peligroso beberse diez litros de zumo de naranja al día». La polvareda que levantaron aquellas declaraciones haría que Ferrari fuera despedido de Gewiss. Sin embargo, lejos de dañar la reputación del médico, aquello pareció catapultarle.

En 1995 comenzaría a trabajar con Lance Armstrong, quien se convertiría en su cliente más famoso y, sin duda, el más notorio después de ser despojado de sus siete victorias en el Tour de Francia tras confesar que comenzó a usar EPO a partir de aquel año, y que siguió haciéndolo hasta su primera retirada del ciclismo, en 2005. Entre los numerosos ciclistas que trabajaron con Ferrari hay varios que consiguieron vencer en algún monumento, como Alexandre Vinokourov, Gianluca Bortolami, Mario Cipollini, Claudio Chiappucci, Tony Rominger y Tyler Hamilton. En julio de 2012 la Agencia Antidopaje de los Estados Unidos acusó a Ferrari de tráfico y suministro de sustancias prohibidas. Como Ferrari no refutó la acusación, la USADA le sancionó de por vida a no poder trabajar de nuevo en el mundo del deporte profesional. En una entrevista con Al Jazeera en diciembre de 2012 Ferrari mantenía que Armstrong había corrido limpio a lo largo de toda su carrera, afirmación que el propio americano se encargó de desmentir cuando, un mes después, confesó en una entrevista con Oprah Winfrey que se había dopado.

En marzo de 2013, el vencedor de la edición de la Lieja de 1993, Rolf Sørensen, quien había sido uno de los ciclistas más fuertes en el Ariostea, primero, y luego en el equipo holandés Rabobank, admitiría haber usado EPO «de manera periódica, durante los noventa». El danés se negó a facilitar fechas y dijo que si se dopó, fue por iniciativa propia, exclusivamente. «No hay excusa alguna más allá de que hice lo que consideraba que me ponía al mismo nivel que mis colegas», afirmaría.

¡Más ascensiones, más dureza!

Cuando la Flecha Valona se unió a la batería de carreras de la Societé du Tour de France en 1993 el director del Tour, Jean-Marie Leblanc, recuperó el fin de semana de las Ardenas, que no se celebraba desde 1964. La SDTF, que más tarde sería renombrada como el departamento ciclista del grupo de eventos y medios de comunicación ASO, siguió retocando el trazado de la Decana, sustituyendo la llegada de Quai Mativa por otra en el nada llamativo barrio de Ans, al noroeste de la ciudad.

En un principio esto apenas afectaba a la parte final de la carrera, más allá de hacerla mucho menos visual dado que ahora terminaba junto al aparcamiento de un supermercado; aunque esto tenía una serie de ventajas desde el punto de vista logístico, al menos. Nuevas y viejas ascensiones entraron y salieron del trazado. Para deleite de la mayoría de aficionados a la carrera el «triplete de ascensiones» que incluía la Côte de Wanne, Stockeau y Haute Levée han aparecido en más ocasiones de las que hayan estado ausentes. No obstante, para muchos aficionados y ciclistas hay una nueva ascensión que ha cambiado la fisonomía de la carrera por completo, y no para bien.

En 1998, con la intención de ponerle algo de pimienta a un final que ahora era bastante insulso, Leblanc y su equipo organizativo incluyeron la Côte de Saint Nicolas en el trazado. Situado en el extremo occidental de Lieja, es una ascensión durísima: no presenta una pendiente tan acentuada como Stockeau o La Redoute, pero su dureza resulta similar, puesto que llega a apenas cinco kilómetros de la meta. Para encarar esta ascensión hay que pasar por la zona industrial de Lieja, entre la ciudad y Seraing, zona que, en tiempos pasados, fuera la gran generadora de riqueza belga. Durante los últimos años del siglo veinte y los primeros del veintiuno las gigantescas acerías, hornos e industrias asociadas a su alrededor fueron cerrando, lo que provocó un declive industrial que tuvo un severo impacto en la economía de la región. Aunque en su momento fuera toda una potencia, Lieja y el resto de la francófona Valonia se han quedado bastante retrasados con respecto a Flandes, mucho más avanzado tecnológicamente.

Una vez que se llega al Meuse, el trazado rodea los rojos graderíos de aspecto industrial del estadio en el que juega el equipo de fútbol Standard de Lieja, pasa por un polígono industrial y varias calles de aspecto infame hasta llegar a la rue du Bordelais, que asciende entre casas con jardín hasta llegar a un zigzag de gran inclinación bajo la mirada de varios bloques de pisos de aspecto mugriento. Allí se pueden ver numerosas banderas italianas, resultado de una iniciativa bautizada como «Des Hommes contre le Charbon» (Hombres contra el Carbón), establecida por Bélgica e Italia tras la Segunda Guerra Mundial. En esta época miles de italianos emigraron a Valonia, estableciendo su residencia en lo que se convertiría en una «Pequeña Italia», en la parte occidental de Lieja.

Son muchos los que opinan que el problema de esta ascensión es que su dureza provoca que los favoritos guarden fuerzas hasta el final de la carrera, lo que neutraliza, *de facto*, la importancia de las anteriores ascensiones, incluidas el triplete y La Redoute. Como argumento señalan la ausencia de gestas merckxianas en los últimos años, esos ataques desde gran distancia que se daban en Stockeau, Haute Levée o La Redoute, que se beneficiaban de una aproximación relativamente sencilla al centro de Lieja. Añadamos la aproximación final a la meta de Ans, bastante dura de por sí, y las llegadas que obtenemos serán muy diferentes a aquellas que había antes de la década de los 90.

«Está tan cerca de la meta que los favoritos esperan hasta llegar a ella», diría Laurent Jalabert, segundo clasificado tras el italiano Michele Bartoli en 1997 y 1998. «Tampoco es que sea muy larga, pero sí lo suficiente como para marcar diferencias. A la vez, la importancia de La Redoute es ahora mucho menor. La tendencia entre los ciclistas es retrasar todo lo que pueden sus ataques. Prefieren mantener su posición entre los veinte de cabeza que intentar un movimiento lejano».

Para ser justos con los organizadores de la carrera, Bartoli, quien ganaría tanto la última edición de la carrera antes de la inclusión de Saint Nicolas como la primera con esta ascensión, mantenía que la importancia de La Redoute continuaba tan vigente como antes de la introducción de esta nueva ascensión, argumento que reforzaba con su victoria en 1998. Con un Evgeni Berzin escapado en solitario, Bartoli asumió la responsabilidad de la persecución al paso por La Redoute, llevando a un grupo de grandes nombres hasta la rueda del ruso durante la penúltima ascensión, la Côte du Sart-Tilman, donde el italiano aumentó el ritmo de nuevo y se marchó en solitario rumbo a la victoria.

Pero la edición de 1999 sería una muestra mucho más óptima para dejar claro el cambio que Saint Nicolas ejercía en la carrera, además de poner de manifiesto el talento de la nueva superestrella belga, y su ciclista más controvertido. Comenzó en La Redoute, donde un grupo de casi 50 ciclistas acabó casi hecho jirones tras un ataque aniquilador, tanto en fuerza como en el modo de alardear de su protagonista. Esta actuación surgió de las piernas de Frank Vandenbroucke, un ciclista de 24 años con el pelo rubio oxigenado y perilla, quien por entonces estaba en el tercero de la gran cantidad de equipos por los que pasaría durante una carrera tan errática como, finalmente, trágica.

El ataque llegó después de que Bartoli tratara de marcharse en las rampas de La Redoute por tercera vez consecutiva en los últimos tres años. Vandenbroucke alcanzó, sin esfuerzo aparente, al italiano y le puso media rueda por delante, avanzando junto a él pero un poco adelantado, sugiriendo con bastante insolencia que aquel ataque no le había puesto en el más mínimo aprieto, mientras parecía preguntarle, a la vez, si no podía hacerlo mejor. Picado por el engreído belga, Bartoli atacó con todas sus fuerzas durante unos segundos más, hasta que se quedó sin empuje, momento en el que VDB le pasó como una exhalación. A pesar de que Bartoli pudo quedarse con el grupo principal y seguía en disposición de disputar la carrera a los pies de Saint Nicolas, ni él ni nadie tuvieron fuerzas para reaccionar cuando Vandenbroucke salió tras Michael Boogerd, antes de dejar atrás al holandés y al resto del grupo.

La victoria de Vandenbroucke fue la primera para Bélgica desde que Dirk De Wolf se convirtiera en el primer vencedor de la Lieja sobre la meta de Ans, en 1992. Pero a diferencia de De Wolf, Vandenbroucke tenía, todavía, la mayor parte de su carrera por delante, una carrera que casi todo el mundo aseguraba que sería brillante. Sin embargo, tras una excelente actuación en la Vuelta a España de aquel mismo año, VDB no conseguiría ninguna otra victoria de renombre. Eso no quitó, sin embargo, que durante los siguientes más de diez años fuera un asiduo generador de titulares, dando bandazos entre cada nueva crisis y cada nuevo regreso.

Hijo de un notable ciclista *amateur* que había sido mecánico del equipo Lotto, y sobrino de Jean-Luc Vandenbroucke, quien conseguiría más de 70 victorias como profesional y dirigiría ese mismo equipo, Frank respiró ciclismo desde su más tierna infancia. Con apenas cuatro años daba una y mil vueltas alrededor de un circuito que rodeaba la iglesia de su pueblo natal, Ploegsteert, cerca de Mouscron. Con cinco años fue atropellado por un coche de *rally* que estaba efectuando un reconocimiento de tramo, lo que le produjo la rotura de una de sus piernas. A Chantal, su madre, le encantaba contar a los periodistas que el niño nunca lloró, no hasta que el doctor tomó un par de tijeras para cortarle su equipación.

A pesar de que aquel incidente provocara que una de sus piernas creciera un poco menos con respecto a la otra, lo que a su vez desembocaría en una serie de lesiones recurrentes cuando pasó a profesionales, Vandenbroucke se convirtió en una celebridad desde el principio, y no siempre por los mejores motivos. Pasó a profesionales con el Lotto de su tío Jean-Luc en 1994, corriendo con la suficiente solidez como para ganarse un puesto en los Mundiales de aquel mismo año. Catapultado por su éxito y una desmesurada confianza en sí mismo, intentaría provocar, casi desde el primer momento, un cambio de equipo para fichar por Mapei, escuadra que contaba por entonces con el mayor presupuesto y el mejor plantel de ciclistas. A pesar de la determinación de su tío por frustrar ese fichaje, lo que provocaría un enorme cisma familiar, Vandenbroucke se unió al superequipo ciclista a mediados de 1995.

Su camino hacia la cima del deporte fue firme. Se adjudicó la París-Niza de 1998 con apenas 23 años, lo que hizo pensar que podría pelear por las grandes vueltas. Esto convenció también al equipo francés Cofidis para que le ofrecieran un contrato por más de 600 mil euros anuales para liderar su plantilla, tan llena de talento como de resultados decepcionantes. La victoria en la Lieja-Bastoña-Lieja parecía indicar que la inversión de la empresa crediticia Cofidis había sido un acierto. Sin embargo, el belga acabó sucumbiendo a la atmósfera permisiva que se respiraba en el equipo francés. Descrito por el periodista belga Philippe Van Holle como «alguien que vive la vida a 200 por hora y que se corre las fiestas más salvajes después de una victoria», VDB protagonizaría una descomunal caída a los infiernos. Apenas unas semanas después de su victoria fue suspendido por el equipo Cofidis tras ser relacionado con el homeópata francés Bernard Sainz, conocido como Doctor Mabuse, quien sería condenado a un año de prisión en 2010 por recomendarle a varios ciclistas el uso de sustancias dopantes durante los 90.

Tras dos años en las sombras, VDB se reunió de nuevo con su director en Mapei, Patrick Lefevere, solo que esta vez en el Domo-Farm Frites, en 2002. «Hay que aceptar las pocas carencias que tiene, igual que se aceptan sus enormes cualidades», había dicho con anterioridad Lefevere sobre su nuevo fichaje. «No es alguien al que resulte sencillo dirigir. Hay que tener en cuenta su psicología, no prestar importancia a sus caprichos». Pero los continuos caprichos de VDB no dejaban de pesar cada vez más. A los pocos meses la policía registró su casa y encontró EPO, clembuterol y morfina. Vandenbroucke se defendió diciendo que algunas de esas sustancias no eran suyas, insistiendo en que eran para su perro. Aquello acabó en juicio y, en diciembre de 2004, el ciclista confesaría haber consumido tanto estos como otros productos prohibidos. Durante el verano de 2006 se daría el que puede que fuera el momento más estrambótico de todos, cuando se presentó en una carrera *amateur* en Italia con una licencia en la que aparecía el nombre de Francesco Del Ponte, una traducción aproximada al italiano de su nombre, y una foto del campeón del mundo, Tom Boonen.

En agosto de 2009, apenas unas semanas después de anunciar que había dejado atrás todos sus problemas y que volvía a disfrutar de la nueva vida, Vandenbroucke moriría como resultado de una embolia pulmonar durante unas vacaciones en Senegal. Tenía 34 años.

Tras el triunfo de Vandenbroucke en la Decana de 1999 la carrera tuvo una suerte dispar. Las ediciones de los años 2000 y 2002, en las que se impuso Paolo Bettini, fueron recibidas con una gran alegría entre la comunidad italiana de la Côte de Saint Nicolas. Cuando le preguntaron unos años después dónde le gustaría que le pusieran un monumento, en caso de que algo así sucediera alguna vez, Bettini indicó que el lugar perfecto para ello sería en la cima de Saint Nicolas, por el inmenso apoyo que recibió allí y por el enorme significado que tuvieron sus victorias para los italianos que residían en Bélgica.

Sin embargo, la mayoría de vencedores de la Decana durante la primera década del siglo veintiuno acabaron salpicados por escándalos de dopaje, pese a que ninguno de estos se diera en la propia carrera Los vencedores de la Lieja Oscar Camenzind (2001), Tyler Hamilton (2003), Davide Rebellin (2004), Alexandre Vinokourov (2005), Alejandro Valverde (2006 y 2008) y Danilo Di Luca (2007) serían sancionados en algún momento por estar relacionados con el dopaje. Quitando a Bettini, el único ganador de la Lieja que tiene su historial libre de manchas es el luxemburgués Andy Schleck, cuya victoria en 2009 era, apenas, la segunda para el Gran Ducado tras la de Marcel Ernzar en 1954.

Otro coletazo

El ataque con el que el esbelto Schleck se llevó la victoria comenzó con la última añadidura a la lista de ascensiones. Localizada a 19 km de la meta, la Roche-aux-Faucons sería introducida en 2008. Para explicar que la ascensión a Sart-Tilman fuera sustituida por otra ascensión más nueva y de mayor dureza Christian Prudhomme, el director de la carrera, diría: «Nuestra intención es la de introducir pequeños cambios en cada edición para ir perfeccionando el trazado. Veremos si la Côte de la Roche-aux-Faucons introduce nuevos escenarios en la carrera, ya sea por su dificultad o porque rompa los hábitos establecidos. No me resultaría nada desagradable ver que llega un hombre en solitario».

A pesar de que, por lo general, los datos de esta ascensión establecen que cubre 1,3 km de longitud con una pendiente media del 10 por ciento y rampas de hasta un 15, lo cierto es que la subida se extiende hasta el doble de esa longitud si incluimos el largo tramo que parte desde «la roca de los halcones». Los ciclistas suelen coincidir en que es esta segunda sección la que marca la diferencia, ya que los ciclistas más enteros pueden aumentar la ventaja que hayan conseguido sobre las primeras rampas, como demostraría Schleck cuando neutralizó el ataque con el que el héroe local Philippe Gilbert se dirigía rumbo a la gloria, para marcharse en solitario y terminar con más de un minuto de ventaja en Ans.

Muy diferente a la mucho más larga Sart-Tilman, la Roche-aux-Faucons es una prima hermana de la Côte de Stockeau. Comienza en la carretera que sale de Méry junto al río Ourthe. Tras una curva muy cerrada que pasa sobre un duro paso a nivel los ciclistas se encuentran un «muro» de gran dureza que asciende sin apenas darles tiempo a pensarlo dos veces. La carretera se eleva a través de un barrio de lujo —lo que marca un acusadísimo contraste con respecto a la localización de la última ascensión de la carrera— baja después por un portillo y sube, de nuevo hasta la Roche-aux-Faucons propiamente dicha, un promontorio que presenta una inmensa vista que produce vértigo, sobre un giro de 180 grados del Ourthe, que queda a 130 metros casi directamente por debajo. A partir de ahí sigue ascendiendo por la carretera principal de manera más contenida, aunque durante una distancia considerable.

En un principio Gilbert fue uno de los que no se mostraron demasiado contentos por la inclusión de este ascenso, quejándose al declarar «no comprendo qué necesidad había de seguir endureciendo el trazado. Ya es demasiado. Va a ser una carrera muy diferente... El que se consiga marchar en este punto podrá cubrir todo lo que quede hasta la meta, aunque solo se vayan dos o tres». Dos años más tarde se demostró que Gilbert sabía muy bien de lo que hablaba, aunque él mismo sería el beneficiado, ya que consiguió ganar, por fin, la carrera que más codiciaba después de responder a un ataque de los dos hermanos Schleck sobre la Roche-aux-Faucons, venciendo a ambos en el esprint.

Nacido en Verviers y criado en Remouchamps, la ciudad que se asienta a los pies de La Redoute, Gilbert ya parecía destinado a ser uno de los grandes cuando todavía era un *amateur*, pues ya en esa categoría era capaz de derrotar a gente como Tom Boonen, Nick Nuyens y otras estrellas incipientes de las clásicas. Cuando en 2003 decidió pasar a profesionales de la mano del equipo francés FDJ, fueron muchos los que se extrañaron en Bélgica, pero aquel demostró ser un movimiento de lo más acertado, ya que consiguió librarse de la tremenda presión que se ejerce en su país natal sobre los ciclistas, con una prensa en perpetua búsqueda del nuevo Merckx, el nuevo Van Looy o el nuevo De Vlaeminck. En 2009 regresaría a Bélgica tras fichar por el Silence-Lotto, el equipo más antiguo del país, que estaba copatrocinado por una empresa que fabricaba un espray nasal contra los ronquidos.

Dirk De Wolf, director del equipo y vencedor de la Decana de 1992, además de haber dirigido a Gilbert cuando este corría en el equipo sub-23 ABX-Go Pass, no tenía la más mínima duda de que no pasaría mucho tiempo antes de que Gilbert comenzara a cosechar grandes triunfos. En referencia a la ética del trabajo de su nuevo líder, De Wolf declaró: «Si tuvieras diez ciclistas en tu equipo que fueran como Philippe Gilbert, no necesitarías ningún otro corredor». De Wolf fue incluso más allá, al sugerir que el valón podía ganar cualquiera de los cinco monumentos, además de poner su nombre junto a los de Merckx y Van Looy, que son los únicos que han conseguido tal gesta. «Philippe es rápido. Es capaz de imponerse en esprints de grupos reducidos, además de esprints en subida. Es duro y sabe cómo pasar las pequeñas ascensiones. Es un todo terreno. La única duda que me surge estaría en la Lieja–Bastoña–Lieja».

De Wolf consideraba que los cambios efectuados en el trazado de la Lieja jugaban en contra de las esperanzas de Gilbert de conseguir su carrera favorita, afirmación con la que el propio ciclista estaba de acuerdo. No obstante, el nivel de forma que el valón alcanzó durante finales de 2010 y comienzos de 2011 alcanzó unas cotas vistas muy pocas veces desde los tiempos de Merckx. Tras mantener la corona en el Giro de Lombardía a finales de 2010 demostró ser casi imbatible en las carreras de un día de la siguiente primavera, consiguiendo la Strade Bianche, la Flecha Brabanzona, la Amstel Gold Race, la Flecha Valona y, por fin, la Decana.

Repasando su victoria en Lieja, y muchas de las que la habían precedido durante la década anterior, Gilbert declaró que la mala publicidad a la que el ciclismo se había enfrentado, y que llevó a que, por fin, la UCI y el resto de organismos tomaran acciones en contra del dopaje, acabaron beneficiándole, tanto a él como a otros ciclistas que se habían visto ensombrecidos de manera ilegítima: «Mi explosión coincidió con el aterrizaje del pasaporte biológico. Creo que en mi generación somos muy afortunados, porque pasamos controles muy a menudo», le contaría a *Procycling*. «Hay veces en las que se convierte en todo un martirio —hoy, por ejemplo, se suponía que teníamos el día libre, no teníamos que entrenar, pero me han despertado a las 7:00 para pasar un control— aunque me digo a mí mismo que es necesario».

En 2013, mientras Gilbert peleaba por una segunda victoria en Lieja, se vio superado por otro ciclista que ha dejado más que patente su compromiso con un ciclismo limpio: el irlandés nacido en Birmingham Daniel Martin, hijo del exprofesional inglés Neil Martin y de María, hermana del vencedor del Tour de Francia Stephen Roche. Pequeño y de una aparente fragilidad que casi provocaba miedo, Martin se encontraba en su salsa en las ascensiones. Después de escoger Irlanda como nación a la que representar, en lugar de Gran Bretaña, pasó a profesionales en 2008 enrolado en el equipo Garmin, una estructura que ha mostrado un compromiso inapelable a la hora de asegurarse de que tanto sus ciclistas como su equipo siguen las reglas antidopaje.

Al escribir su columna para *Procycling* en 2009 en la que comentaba su segunda participación en Lieja, el irlandés explicó la gran prueba que le supone esta carrera a los ciclistas menos experimentados, señalando la falda de la Côte de Wanne como un momento crítico «que apenas se ve en televisión, salvo en raras ocasiones. Como no estés cerca de cabeza es bastante probable que te veas fuera de carrera cuando llegues a Wanne, Stockeau y Haute Levée, que se suceden una detrás de la otra». Después señaló la dificultad de la Roche-aux-Faucons, describiéndola como «el lugar en el que hay que estar», aunque admitiendo que su única intención cuando llegó a la misma era limitarse a sobrevivir hasta la meta. Llegaría en 99ª posición.

En 2012 Martin había progresado lo suficiente como para ser considerado uno de los tapados para la victoria. A pesar de que casi nunca se vio envuelto en las grandes escaramuzas, terminaría quinto tras Maxim Iglinskiy, el sorprendente vencedor kazajo, demostrando lo mucho que el trazado moderno de la Decana recompensa a los ciclistas que saben gestionar sus fuerzas de cara al duro final, en lugar de atacar en La Redoute. En 2013 la estrategia de Martin acabó obsequiándole con una plaza por encima de su tío Stephen, convirtiéndose en el primer irlandés que conseguía la victoria desde Sean Kelly en 1989.

Con la Roche-aux-Faucons fuera de combate por culpa de unas obras, la carrera estalló en la Côte de Colonster, la subida que reemplazaba a Faucons. En la larga e insulsa carretera de dos carriles que llevaba hasta allí Ryder Hesjedal, compañero de Martin en el equipo Garmin, atacó saliendo de un pequeño grupo que se había marchado durante la ascensión y había alcanzado la cima. El canadiense descendió hasta Seraing tan rápido como si fuera una piedra en caída libre, y seguía en solitario cuando alcanzó Saint Nicolas. Allí llegaría a su rueda media docena de ciclistas, pero Hesjedal siguió apretando duro, decidido a mantener la fuga con vida para intentar que su compañero irlandés tuviera opciones de victoria. Cuando el liviano escalador español Joaquim Rodríguez saltó a un kilómetro de meta parecía que las esperanzas del Garmin se habían evaporado. Pero en la drenante arrancada hacia la curva a izquierdas que lleva a la recta de meta Martin cerró el hueco con el español, recibiendo los ánimos de un aficionado disfrazado de oso panda que corría tras ellos, y después salió en solitario.

«Esta mañana me he despertado y he llamado a mi padre para decirle que esta es una de las ocho ocasiones que me quedan para lograr esta carrera», dijo un Dan Martin de 26 años que pasaría después a reconocer el trabajo de su equipo —«los chicos no hacían más que repetirme que esta era la mía, que podía ganar hoy, y esa fe extra que he conseguido gracias a ellos me ha dado un poco de ventaja»— y a su director Eric Van Lancker, que terminó en 1990 con una larga sequía de victorias belgas en Lieja. «Conoce la Lieja como nadie, su experiencia me ha resultado de gran ayuda y, siendo alguien que ama tanto esta carrera, tenerlo a mi lado ha apuntalado todavía más mi propia motivación», dijo Martin.

También tuvo palabras de alabanza para la decidida lucha contra el dopaje que su equipo lideraba, al decir: «Esto demuestra lo mucho que están cambiando las cosas, a mejor. La resuelta filosofía de plantarle cara al dopaje es uno de los principales motivos por los que estoy en este equipo. Es un equipo de lo más abierto, que corre de corazón».

En su autobiografía, *Chased By Pandas*, publicada en 2022, Martin reflexionaba sobre el debate que había surgido a raíz del final de la Lieja, y que había dividido a los aficionados e incluso a los propios organizadores de la carrera. Cada vez era mayor el número de los que opinaban que la carrera se había convertido en una espera de seis horas hasta que comenzaba la acción. Por su parte, los ciclistas que aspiraban a la victoria veían la Lieja como una de las fechas más exigentes de todo el año, tanto física como tácticamente. Para estos se convertía en una tensa partida de 250 km en la que había que mantener los nervios bajo control, pues el más mínimo error estratégico resultaba fatal. «Daba la sensación de que muchos aficionados quedaron satisfechos con el cambio. Para ellos, esta ascensión [a Ans] bloqueaba la carrera, pues esta acababa desembocando en un esprint final sobre la cima en muchas más ocasiones de las que un rematador conseguía atacar», comentó Martin sobre el cambio, «la falta de respeto que se le tenía a esta ascensión y la enorme atención táctica que nos exigía eran algo que me dejaba consternado. El nuevo trazado borró Ans del mapa, y lo mismo sucedió con Saint-Nicolas».

La Decana se había convertido en un juego de paciencia que incluía complicaciones, trampas y emboscadas de todo tipo, y había que sortearlas y evitarlas todas antes del kilómetro final en Ans. Para aspirar a la victoria los favoritos tenían que estar bien posicionados durante una serie de puntos clave: en la violenta ascensión a la Côte de Saint Roch poco después del cambio de sentido en Bastoña, en el que los ciclistas que estuvieran a la cola del pelotón se verían ralentizados a paso de peatón, incluso teniendo que echar pie a tierra para progresar; al acercarse a la Côte de Wanne, no porque sea una ascensión de una dureza particular, sino porque al descender se llega, sin casi solución de continuidad, a una serie de ascensiones más duras, que comienzan con Stockeu y siguen con Haute Lévée; en el rapidísimo descenso que llega a Remouchamps y, al salir de allí, a La Redoute, una ascensión en la que se pueden dar cortes críticos y en el que los favoritos se ven obligados a estar cerca de la cabeza para asegurarse de que están en el lugar correcto del corte; en la Roche-aux-Faucons, donde es probable que se forme el grupo que se disputará la victoria; en Saint-Nicolas, donde las posibilidades de que ocurra este corte son, todavía, mayores... Al igual que en una etapa de montaña decisiva en una gran vuelta, la victoria pasaba porque alguno de los ciclistas hiciera su ataque definitivo en el lugar en el que este resultara más efectivo: en Ans, para los más valientes y con la confianza necesaria como para no salir detrás de sus rivales antes.

La tercera victoria de Alejandro Valverde en Lieja, en 2015, fue el claro ejemplo de la manera en la que había que correr si se aspiraba a la victoria. El Movistar controló la carrera de manera perfecta, manteniendo siempre a su líder lo más cerca de la cabeza que era posible, pero manteniéndolo tan a salvo del viento como eran capaces. En la Roche-aux-Faucons, Roman Kreuziger y Giampaolo Caruso pusieron tierra de por medio, no tardando Jakob Fuglsang en unirse a ellos. Los perseguidores se mantuvieron en todo momento a una distancia adecuada, neutralizando a los tres escapados antes de Saint-Nicolas, donde Vincenzo Nibali atacó provocando una algarabía en las aceras a su paso por el distrito italiano de Lieja.

Su ataque diezmó el grupo, pero no fue tan duro como para dejar atrás a los favoritos. Llegando a la Côte d'Ans Caruso marcó el ritmo como preludio al ataque de su compañero en el Katusha Dani Moreno, quien logró lo que parecía una ventaja válida mientras el resto de ciclistas esperaba a que fuera Alejandro Valverde quien comenzara con la caza. El español se quedó quieto, en un principio, seguro de que todavía tenía los recursos y la planificación correcta para ganar. Esperó a que fuera otro quien se moviera y, como nadie más lo hizo, desencadenó una aceleración que le llevaría hasta Moreno sobre la última curva a izquierdas, superando después a su compatriota en el esprint sobre la misma línea, en donde el joven francés Julian Alaphilippe sería segundo por delante de Joaquim Rodríguez.

La edición de 2016 siguió el mismo patrón, pero bajo una nevada que fue diezmando al pelotón hasta que cuatro ciclistas acabaron jugando al gato y el ratón sobre la Côte d'Ans, con Wout Poels sobrepasando a sus rivales con un cambio de ritmo decisivo cuando salía de la última curva a izquierdas, dejando a su rueda a Michael Albasini y Rui Costa, siendo la victoria del holandés la primera que conseguía el Team Sky en un monumento, tras siete temporadas como equipo en el pelotón. Un año después Valverde triunfaría por cuarta vez gracias a su ya muy afinada estrategia, con su equipo manteniéndolo a salvo del viento y del peligro hasta la larga tirada que llevaba al Carrefour en Ans. En esta ocasión Dan Martin sería la presa de la que el murciano daría buena cuenta llegando y negociando la curva final.

Cuando tuvo lugar la edición de 2018 ya se escuchaban algunos rumores que anticipaban un cambio drástico en la carrera. Acabaría convirtiéndose en un regreso al futuro, con la prueba volviendo al centro de Lieja. Pero, antes de ello, Ans tuvo su canto de cisne, y no respondió al patrón tan sobado ya. El otrora campeón Philippe Gilbert se marchó en solitario en la Roche-aux-Faucons. Cuatro ciclistas llegaron a rueda del belga: Sergio Henao, Michael Woods, Jakob Fuglsang y Bob Jungels.

El último, un contrarrelojista excepcional, atacó en el falso llano que conducía hasta la cima, sin tardar en abrir un hueco válido ante la vigilancia a la que se entregaron sus rivales, que esperaban a que fuera otro quien persiguiera. Cuando Alaphilippe, compañero de

Jungels en el Quick Step lideró a otro grupo hasta el titubeante cuarteto la persecución sobre el luxemburgués perdió todavía más brío, pues nadie quería llevar a la bala francesa hasta Ans. Con su maravilloso pedaleo sobre la bicicleta Jungels aumentó su ventaja hasta el minuto sobre la ascensión a Saint-Nicolas, manteniendo gran parte de esta ventaja al cruzar la línea de meta, en la que Woods y Romain Bardet completaron las plazas del podio con un postrero ataque, y un Alaphilippe que lideró al resto al paso de meta señalaba su maillot, celebrando la victoria de su compañero.

El cambio a la nueva llegada, en el Bulevard d'Avroy, en el centro de Lieja, supuso la desaparición de la Côte de Saint-Nicolas, así como la Côte d'Ans, dejando a la Roche-aux-Faucons como última gran ascensión. Al igual que un año atrás acabó siendo tan crucial como lo fuera para Jungels. En esta ocasión Jakob Fuglsang emergió de la escapada de tres cerca del «sencillo» falso llano que hay en la parte más alta de esta ascensión, dejando atrás a Michael Woods y Davide Formolo antes de afrontar, sin pestañear, el rápido descenso que conduce a Lieja, con la única preocupación del momento en que, a cinco kilómetros de meta, su bicicleta perdió algo de agarre al negociar una curva en la que el suelo estaba húmedo. Aquello lo convertía en el segundo danés que se alzaba con la Decana, tras Rølf Sørensen en 1993.

Como no pudo ser de otra manera la epidemia de la COVID 19 tuvo un gran impacto en la Lieja. Viéndose desplazada desde la primavera hasta el primer fin de semana de octubre coincidiría con la disputa del Giro de Italia, celebrándose una semana después de los Campeonatos del Mundo en ruta, en los que venció Julian Alaphilippe, y dos semanas después del Tour de Francia, que cayó en las inesperadas garras del debutante Tadej Pogačar, quien de manera formidable le robó la victoria a su compatriota Primož Roglič en la contrarreloj final del penúltimo día. Estos tres ciclistas, junto al joven suizo Marc Hirschi, otra de las revelaciones del Tour, realizaron un ataque fabuloso en la Roche-aux-Faucons. Mientras el cuarteto pedaleaba frente a la orilla del río Meuse para adentrarse en el kilómetro final Matej Mohorič, demostrando su fabulosa habilidad para los descensos, alcanzó y dejó atrás a los cuatro de cabeza. Alaphilippe no dudó en responder, saltando a rueda del tercer esloveno en cabeza antes de acelerar y rebasar a Mohorič y comenzar con el esprint.

Pero, llegado a este punto, la sangre fría del recién proclamado campeón del mundo se evaporó. Primero giró con brusquedad a la izquierda para cerrar la trayectoria de Hirschi, después siguió de frente pensando que tenía ganada la carrera y alzando los brazos al aire, momento en el que Roglič se escurrió por su derecha y le arrebató la victoria. Después de una rápida revisión por parte del jurado de la carrera Alaphilippe fue relegado a la quinta posición, lo que hacía ascender a Hirschi y Pogačar a la segunda y tercera, respectivamente. «Creo que es la primera vez en toda mi carrera en la que me sucede algo así, y será la última», declararía Alaphilippe antes de confesar que había cometido un error de pardillo.

Siete meses después, con la carrera de regreso a sus habituales fechas en abril, Alaphilippe y Pogačar volvían a verse inmersos en otro final apasionante. Junto a Alejandro Valverde, quien buscaba su quinta victoria para igualar a Eddy Merckx en el palmarés de la carrera, Mike Woods, que fue quien desencadenó el ataque, y David Gaudu se marcharon en la Roche-aux-Faucons. El español lideró el esprint y Alaphilippe le pasó, solo para ver a Pogačar sobrepasarlo por su derecha en los metros finales, con lo que el campeón del Tour conseguía su primer monumento.

Se podría argumentar que estas dos ediciones tan apasionantes, en las que se pudo ver competir a varios de los ciclistas más laureados del pelotón, subrayaban la decisión de ASO y su colaborador, el RC Pesant Club Liégeois, de abrazar una llegada más tradicional en Lieja. Pero lo que en realidad dejaron patente fue el completo cambio en la dinámica competitiva que había provocado la llegada de ciclistas como Alaphilippe, Pogačar, Wout van Aert y Mathieu van der Poel, quienes asumían gustosos grandes riesgos y tenían, también, el prodigioso talento necesario como para que esta actitud agresiva prevaleciera. Y lo que es más, la edición de 2022 confirmó que había llegado otro joven ciclista más que no encajaba en molde alguno.

Remco Evenepoel, de veintiún años, había demostrado en numerosas ocasiones que sus rivales estarían cometiendo una locura si le dejaban demasiada rienda suelta cuando se escapaba en solitario. Ahora, debutando en la Decana, se lució frente a un pelotón en el que corría lo más granado de los escaladores y vueltómanos. Acercándose a la cima de La Redoute aceleró con brusquedad, dejando atrás al resto de favoritos. Durante los siguientes kilómetros atrapó a los supervivientes de la fuga del día, dejándolos atrás y atrapando a Bruno Armirail, el último de ellos, justo antes de la Roche-aux-Faucons. La mayoría de los ciclistas habrían colaborado con el trabajador francés, por lo menos para recuperar algo de resuello, pero Evenepoel siguió martilleando mientras Armirail no tardaba en perder metros. Acabaría cruzando la meta con 48 segundos de ventaja sobre Quinten Hermans y Wout van Aert, completando el primer triplete de belgas en el podio desde 1976.

Al igual que el resto de monumentos, la solvencia de la Decana, que al menos para el público se había visto deslucida por la predictibilidad de las llegadas en Ans, se ha visto resucitada. Aunque estas grandes carreras de un día jamás podrán rivalizar con el Tour de Francia en cuanto a impacto y atractivo para el gran público su revitalización, consecuencia de volver a formar parte de los objetivos de las estrellas más rutilantes del deporte y, sobre todo, por la agresividad y esa actitud de *¿y qué más da si la cago?* que han adoptado los ciclistas, han elevado su estatus, convirtiéndolas en referencias cada vez más significativas del calendario competitivo. Se podría aseverar que la Lieja ha sido la más beneficiada de todos los monumentos, porque atrae a muchos de los ciclistas importantes en el Tour, enfrentándoles a un desafío que los llevará a afrontar más de 4000 metros de desnivel positivo, además de todo tipo de trampas que obligan a los ciclistas a desplegar todo su arsenal. Considerada desde hace mucho tiempo como la clásica más dura del calendario, pero con un final tan eficiente como lo fue en su momento el oxidado paisaje industrial que lleva a Ans, se ha reinterpretado de la misma manera en que lo ha hecho la propia ciudad de Lieja, siendo ahora más vibrante y vital, una vieja conocida que ha renacido.

PARTE II

PARÍS-ROUBAIX:

EL INFIERNO DEL NORTE

CABEZAS DE BEBÉ, SOMBREROS
DE BOMBÍN Y *BARNUMS*

La París-Roubaix es la carrera de un día más famosa del ciclismo, puede incluso que la carrera ciclista más grande tras el Tour de Francia y uno de los mayores anacronismos del deporte moderno. Al igual que pilotar un Fórmula 1 por las estrechas calles de Mónaco, la París-Roubaix es una vuelta a los primeros días del deporte organizado, una carrera que proporciona a aquellos que toman parte en ella un desafío de una espectacularidad única. De acuerdo con Jacques Goddet, quien fuera director de la carrera, «la París-Roubaix es la última gran insensatez que el ciclismo plantea a sus participantes».

Situada junto a la frontera francesa con Bélgica, a un puñado de kilómetros al sudeste de Lille, a finales del siglo XIX Roubaix se había afianzado como el centro textil del país, lo que le hizo ganarse el apodo de «la Mánchester francesa». Los molinos y su tejido empresarial asociado daban empleo a decenas de miles de trabajadores, cuya única válvula de escape de la suciedad, el ruido y la monotonía de las fábricas llegaba los domingos, cuando muchos se dirigían al Parque Barbieux de Roubaix para jugar a los bolos, asistir a peleas de gallos y pasear.

A comienzos de la década de 1890 los eventos ciclistas eran cada vez más comunes en el Barbieux gracias, en parte, a la invención del neumático intercambiable por parte de los hermanos Michelin, quienes dirigían una fábrica de caucho en Clermont-Ferrand y, en parte, por el éxito de las carreras de larga distancia, sobre todo la París-Brest-París y la París-Burdeos, que comenzaron su andadura en el año 1891. Sin embargo, este tipo de carreras eran casi anecdóticas debido al pésimo estado de las carreteras francesas, y la competición solía recluirse en los velódromos, que florecieron por toda Francia durante la última década del siglo XIX.

La pista de Roubaix fue construida gracias al empuje y la financiación de dos de los grandes magnates textiles de la ciudad, Théodore Vienne y Maurice Perez, quienes compraron una parcela de terreno en la que construir el velódromo, en un margen del parque Barbieux, con la vista puesta en potenciar la vida cultural y deportiva de la ciudad. Abriría sus puertas en 1895, cuando 8000 espectadores le dieron una entusiasta bienvenida a muchos de los mejores ciclistas franceses, incluido el futuro ganador de la edición inaugural del Tour de Francia Maurice Garin. Durante los siguientes años casi todas las grandes estrellas de la época compitieron en el Vélodrome Roubaisien, incluido otro futuro vencedor del Tour de Francia, Octave Lapize, y el revolucionario ciclista afroamericano Marshall «Comandante» Taylor, quien se convertiría en el segundo atleta de color en cualquier disciplina deportiva en conseguir un título mundial (tras el boxeador canadiense del peso gallo George Dixon).

Tras haber convertido su velódromo en todo un éxito Vienne y Perez idearon una carrera que comenzaría en París y terminaría en aquel velódromo, aumentando todavía un poco más el prestigio de la ciudad. Se dirigieron a Louis Minart, editor del diario deportivo *Paris-Vélo*, quien les sugirió que se pusieran en contacto con su jefe, Paul Rousseau. Los dos hombres escribieron a Rousseau presentándole su idea, una «carrera de preparación para la Burdeos-París, que tenga lugar cuatro semanas antes que esta», y sugiriendo que los 280 km que cubriría serían «un juego de niños», en comparación con los 560 de la siguiente carrera. Le pidieron a Rousseau que su periódico apoyara la carrera y ayudara en su organización.

Rousseau envió a su corresponsal especializado en ciclismo, Victor Breyer, para reconocer la ruta entre la capital y Roubaix. Breyer se llevó consigo a un compañero para llevarlo a él y a su bicicleta en coche hasta Amiens, durante el primer día del reconocimiento. El día siguiente nació soleado, pero Breyer no tardaría en verse pedaleando bajo un diluvio. Se esforzó durante horas antes de llegar al Vélodrome Roubaisien, embarrado, exhausto y de un humor de perros. Estuvo a punto de enviar un telegrama a Minart para recomendarle que no se embarcara en aquel proyecto diabólico, pero decidió esperar hasta haber cenado con Vienne y Perez. A la mañana siguiente, gracias a la hospitalidad y generosidad de sus anfitriones, Breyer veía el proyecto bajo otra óptica.

Paris-Vélo anunció que la primera edición de la París-Roubaix se celebraría el 19 de abril de 1896. Cuenta la historia de la carrera que la Iglesia protestó contra la celebración de la misma, dado que caía en el día de la Pascua de Resurrección, lo que impediría que los ciclistas fueran a misa. Se dice de Vienne aplacó el temor eclesiástico asegurando que organizaría una misa a primera hora de la mañana en una capilla cercana a la salida, en el Café Gillet del Bulevar Maillot, en el extremo superior de Bois de Boulogne. De acuerdo con algunas declaraciones, incluida la de Breyer, aquella misa no llegaría a celebrarse por tener que cantarse demasiado temprano. Aunque es más que probable que el motivo por el que no se celebró fuera que el Domingo de Resurrección había sido dos semanas atrás. No obstante, en años siguientes, la carrera sí se celebraría el día de Resurrección, lo que provocó que se la conociera con el nombre de la *Pascale*, la carrera de Pascua.

Había dos categorías para participar en ella: «internacionales» y «ciclistas del área de Lille». Un suculento primer premio de 1000 francos franceses —en un tiempo en el que el salario medio era de apenas 4 francos diarios— provocó que 118 ciclistas se apuntaran a la carrera, que se anunció como la perfecta preparación para la Burdeos-París que se correría un mes después. Sin embargo, en la mañana del 19 de abril, en el Café Gillet se presentaron menos de la mitad de los que se habían preinscrito. Entre los ausentes estaba Henri Desgrange, quien se encargaría de la dirección de la

París-Roubaix a partir de 1901 y fundaría el Tour de Francia dos años después.

A las 5:30 de la madrugada Paul Rousseau, de *París-Vélo*, bajó la bandera con que dio la salida a la carrera, y 51 ciclistas partieron rumbo a Roubaix, a 280 km. Como sucedía en la mayoría de carreras en ruta de aquel periodo los ciclistas se ponían a rueda de sus propias liebres, quienes, a menudo, pedaleaban sobre tándems, en ocasiones tándems triples. El primero en dejarse ver fue el escocés Arthur Linton, cuyo hermano menor, Tom, le hacía de liebre. A pesar de haber nacido en Somerset, en el pueblo de Seavington St Michael, la familia Linton se mudó a la villa minera de Aberaman cuando Arthur tenía tres años. Comenzaría a trabajar en la mina de carbón de Treaman, en el valle de Aberdare, cuando tenía 12 años, pero comenzó a hacerse un nombre como ciclista de competición durante su adolescencia. Descubierto por el entrenador de ciclismo y atletismo James «Choppy» Warburton, Linton y su hermano Tom comenzaron a ser asiduos de las carreras del continente. Al igual que la mayor parte de los grandes nombres que participaron en aquella primera Roubaix, el objetivo primordial de Linton era la Burdeos-París de unas semanas después.

Al llegar al punto de control de Amiens el alemán Josef Fischer se había unido a Linton, y el francés Garin marchaba con cinco minutos de retraso, reservándose para la segunda mitad del recorrido que estaba a punto de comenzar y que era más dura. Mientras los líderes salían de Amiens un perro cruzó la calzada y se interpuso en el camino de Linton, enviando al escocés al suelo y destrozando de manera irremediable su máquina. A pesar de que pudo continuar sobre otra bicicleta tras unos minutos, Fischer ya había volado y con él las opciones de Linton. El alemán también tuvo sus propias escaramuzas con animales durante el trazado, pero consiguió esquivar a un caballo al galope y rodear a un rebaño de vacas que se habían escapado y se interponían en la carretera.

A las 14:47 Josef Fischer completaba la última de las seis vueltas al Vélodrome Roubaisien, firmó en la hoja de llegada y se bebió una copa de champán. Pasarían veintitrés minutos antes de que el danés Charles Meyer llegara en segunda posición, un minuto y medio por delante de un ensangrentado Garin, quien había quedado inconsciente y fue atropellado por dos bicicletas cuando el trío que le marcaba el ritmo colisionó con la bicicleta de un rival en la última parte de la carrera. El desafortunado Arthur Linton terminaría cuarto.

La velocidad media que empleó Fischer fue de 31 km/h, la más alta que se había registrado hasta entonces en una carrera de esta distancia, lo que, sin duda, animó a Vienne y Perez a prorrogar su carrera. Durante el banquete de aquella tarde anunciaron que la carrera se convertiría en un evento anual y que la segunda edición se celebraría el Domingo de Resurrección de 1897.

Por desgracia, Arthur Linton no la vería. A pesar de que, tras lo sucedido en la Roubaix, su salud no estaba en las mejores condiciones, tomaría la salida en la Burdeos-París cuatro semanas después, terminando la carrera victorioso, aunque fuera de manera conjunta con el francés Gaston Rivière. Pero la carrera, o tal vez lo que se tomara durante la misma, tuvo unas consecuencias fatales para él. Víctima de fallos mecánicos, caídas, de perderse cuando se acercaba el fin de la prueba y del cansancio, del que intentó zafarse con lo que fuera que hubiera dentro de una botella que *Choppy* Warburton le hizo beber, Linton sería declarado vencedor en primera instancia, pero luego se vio descalificado cuando quedó demostrado que no había seguido el trazado oficial. Tras recurrir la decisión, acabó siendo declarado vencedor conjunto con Rivière.

Los ciclistas y espectadores que se encontraban en la meta aseguraron que Linton se encontraba en un estado lamentable. En lugar de presentarse a otros compromisos competitivos optó por regresar a Aberaman para recuperarse, pero su estado no hizo más que empeorar. Moriría el 23 de julio. Se achacó su muerte a complicaciones de salud a consecuencia de las fiebres tifoideas. Sin embargo, un informe del Comité Olímpico Internacional en 1997 sugería que Linton fue el primer deportista que murió como resultado del dopaje en competición, identificando la estricnina como la sustancia que Warburton le habría hecho beber. Warburton se enfrentaría a la prohibición de volver a entrenar a nadie más y moriría por un ataque al corazón en 1897[1].

La reducida participación de la segunda edición de la París-Roubaix da buena idea de la dificultad del trazado. A los ciclistas que tomaron parte en la edición inaugural les había sorprendido el estado del pavés que cubría la totalidad de los 60 km finales. Los adoquines tenían un tamaño tan exagerado que se los bautizó como «cabezas de bebé», «bombines» o «barnums», esto último en referencia a las maniobras casi acrobáticas que había que llevar a cabo para negociarlos[2]. Los ciclistas tenían que pasar por encima con cierta velocidad para reducir la posibilidad de meter las ruedas entre los bordes de los adoquines.

No hay duda de que la climatología también jugó un papel decisivo a la hora de convencer a muchos ciclistas profesionales para que se mantuvieran alejados de la carrera. En su crónica, Victor Breyer describe que los competidores se refugiaron bajo los árboles que rodeaban al Café Gillet, y cuenta que las carreteras

---

[1] N del T: por aclarar este párrafo que puede llevar a equívoco, a Warburton se le había prohibido entrenar a ningún deportista ese mismo 1896, tras un encuentro denominado Catford Chain Matches, en el que se hizo pública su costumbre de administrarle a sus ciclistas determinadas sustancias vigorizantes. La decisión por la que la National Cyclist Union comunica la prohibición se justifica, además, en otras trampas, como la compra y venta de carreras. No obstante, Warburton hizo poco caso y siguió entrenando a deportistas hasta su muerte, solo que estos no disputaban carreras de la NCU.

[2] N. del T: En la Tesis Doctoral de Ángel Javier Herráez Pindado LA LENGUA DEL CICLISMO EN FRANCÉS. ANÁLISIS SEMÁNTICO Y LEXICOLÓGICO, encontramos el siguiente párrafo en la página 235: «Del circo procede el término barnum (grandes adoquines, abundantes en los caminos norteños por donde transita la París-Roubaix), que procede del circo Barnum (director americano). En los años 20 se llamó derviches tourneurs a los corredores en pista, por comparación con los religiosos musulmanes que danzaban girando sobre sí mismos y que formaban parte del espectáculo del circo Barnum en aquellos años: los ciclistas de pista también dan vueltas y vueltas al anillo del velódromo. En alguna ocasión se compara a los esprínteres con los funambules circenses, por las especiales dificultades del esprint final, en donde deben actuar casi como equilibristas para no caer en medio de tantos corredores juntos rodando a altísimas velocidades».

estaban «cubiertas de un barro amarillento, en un lastimoso estado líquido». El ciclista a batir era el holandés Mathieu Cordang, a pesar de que la mayoría esperaba que Garin, nacido en el Valle de Aosta, en Italia, pero que residía en Roubaix, donde regentaba una tienda de bicicletas junto a sus dos hermanos, fuera quien se impusiera. Pequeño y delgado, Garin había trabajado antes como deshollinador, empleo para el que tenía un físico inmejorable. Sin embargo, no parecía que ese cuerpo atesorara la fortaleza necesaria para pelear contra las carreteras más duras ni los adoquines sobre los que los ciclistas más ligeros tienden a rebotar en lugar de deslizarse, como es preferible. Pese a todo, contaba con una resistencia y unas ganas increíbles, cualidades a las que recurrió durante la carrera, permitiendo a Cordang que marcara el ritmo antes de cerrar, poco a poco, la desventaja con el holandés durante la parte más dura del recorrido.

Cuando ambos hombres se acercaban al velódromo para dar las seis vueltas a la pista intercambiaron unas palabras. Al girar para entrar en la pista, la bicicleta de Cordang resbaló y este cayó. Cuando pudo regresar a su montura y arrancar, Garin ya llevaba cubiertos más de la mitad de los 333,33 metros de la cuerda. «Y con esto dio comienzo una espléndida batalla. Fue como una maravillosa carrera de hándicap», escribiría Paul Rousseau. «El público contiene la respiración. No se oye nada. Durante las dos primeras vueltas Garin es capaz de mantener su ventaja, pero entonces Cordang comienza a ganarle terreno, demostrando quién es el más fuerte. ¡Solo queda una vuelta! ¡Suena la campana! ¡Apenas 30 metros distancian a ambos hombres! Cordang se levanta del sillín; Garin, pedaleando con gran energía zigzaguea por la tremenda fuerza que está imprimiendo a su máquina y pasa el primero sobre la línea, batiendo a Cordang por apenas dos metros».

Rousseau señaló al desafortunado holandés como el vencedor moral, pero aplaudió a Garin por una actuación tan sorprendente como maravillosa. Garin, por su parte, se mostró de acuerdo con Rousseau y el resto de testigos, reconociendo: «Yo he ganado, pero Cordang ha sido el más fuerte. La próxima vez ganaré por una ventaja mayor…».

Optando por ir a peor

Con apenas dos ediciones de vida la París-Roubaix comenzaba a salir de la sombra de la Burdeos-París. A diferencia de la Lieja-Bastoña-Lieja, que había desaparecido en 1894 tras apenas un triplete de ediciones y no regresaría hasta 1908, el de Roubaix no tardó en convertirse en un trofeo que los ciclistas anhelaban. Pese a ello, y en una decisión carente de toda lógica, los *messieurs* Perez y Vienne decidieron que había que salpimentar un poco el formato: anunciaron que, el mismo día de la carrera ciclista, se celebraría también una carrera para vehículos a motor. Además, introdujeron una norma por la que se permitía que un vehículo a motor, fuera coche o moto, les marcara el ritmo a los ciclistas. En primera instancia, la Union Vélocipédique de France no estaba dispuesta a aprobar la carrera; anunció que «toleraría» la innovación, pero que no reconocería los tiempos en meta. Pero la policía de París no se mostró tan complaciente, negándose a que una carrera así partiera de la capital y obligando a los organizadores a trasladarla a Chatou, en el margen noroeste de la ciudad. Como muchos se esperaban, la carrera fue todo un caos. Se dieron numerosos accidentes, aunque el peor ocurrió en Roubaix, cuando se vino abajo el techo de un pequeño edificio sobre el que se habían subido un buen número de aficionados. Siguiendo el ritmo de dos tándems con motor a gasolina Garin, el defensor del título, surgió de entre las nubes de polvo y la melé de vehículos para retener la corona con todo merecimiento, derrotando a Auguste Stéphane por casi media hora. Con el tiempo que invirtió habría conseguido el tercer tiempo en la carrera de motocicletas.

Durante los siguientes dos años quedaron más que patentes las debilidades de ese formato, siendo los ganadores ciclistas especializados en la pista. Estos ciclistas estaban acostumbrados a seguir el ritmo que les marcaba una motocicleta, lo que les proporcionaba una ventaja casi imposible de conjugar incluso para los ciclistas de carretera más experimentados. El primero de estos especialistas en pista es el más reconocido de todos ellos, aunque no por su éxito en Roubaix, ni tampoco por los muchísimos éxitos que consiguió sobre los velódromos de Europa y Norteamérica.

Albert Champion ya había dejado patente su reputación como «resistente», palabra con la que se denominaba a los ciclistas que son capaces de cubrir largas distancias durante muchísimas horas en la pista. A pesar de estar más que acostumbrado a seguir el ritmo que le marcaban las motocicletas sobre la tarima, era consciente de que Garin, doble vencedor de la carrera, era el favorito. Por desgracia, Garin cayó víctima de la más obvia carencia del formato motorizado: se quedó tirado cuando se averió el vehículo que le marcaba el ritmo. Mientras Garin aflojaba su ritmo Champion conminó al piloto del vehículo que le precedía a aumentar la velocidad. Fue un movimiento de lo más atrevido y, desde luego, prematuro. Pero Champion aguantó hasta hacerse con el título, ayudado, también, por un accidente que sufrió su perseguidor más cercano, Émile «Adonis Rubio» Bouhous, quien se accidentó cuando su vehículo esquivó a un espectador que se encontraba en la calzada.

La otra pasión de Champion era la competición y el mantenimiento de motocicletas, llegando al punto de fabricar sus propias bujías, que resultaban de lo más fiables. Después de dirigirse al otro lado del Atlántico para conseguir un contrato en las carreras a motor, en 1900 se establecería en Boston, donde abrió una fábrica en la que manufacturaba bujías para coche. La Champion Spark Plug Company floreció a la estela de la explosión de la industria automovilística norteamericana. En 1908 se mudaría a Flint, Michigan, tras desavenencias con sus socios capitalistas; Flint se había convertido en el epicentro de la industria norteamericana del motor y Champion fundó allí una nueva compañía, la Champion Ignition Company.

Champion murió de un ataque al corazón en 1927. Una noticia sugería que el infarto fue consecuencia de un altercado que había tenido en un club nocturno de París con un púgil profesional, de quien se rumoreaba que tenía una aventura con la esposa de Champion. Se cuenta que el púgil le dio tal paliza a Champion que este no volvió en sí. A pesar de que General Motors comprara todas las acciones de su floreciente marca, su nombre continúa vivo en las dos marcas de bujías que desarrolló: AC Spark Plug y Champion Spark Plug.

Frustrado por la mala suerte al caer derrotado ante Champion en 1899, el campeón en pista Bouhours relegó a los dos primeros vencedores de la prueba, Fisher y Garin, quienes lo acompañarían en el podio en la edición de 1900. Su actuación, completando los 269 kilómetros del trazado en poco más de siete horas, a una velocidad media de 37 km/h fue impresionante, pero los dueños de la carrera, Perez y Vienne, no parecieron inmutarse. Se cuestionaban el futuro de su prueba, viendo que Bouhours fue uno de los apenas 19 participantes en la misma, además de percatarse de la ira de Garin, quien se sentó enojado en mitad de la pista tras negarse a dar las seis vueltas que debía completar al velódromo, alegando que no veía razón para hacerlo. Las noticias de un accidente entre dos motocicletas que dejó tras de sí un balance de 20 heridos no hicieron más que subrayar la necesidad de un cambio en el formato.

En 1901 Vienne y Perez anunciaron que la carrera regresaría a su formato original, permitiendo la presencia de liebres únicamente si estas eran impulsadas por la fuerza humana. Y lo más inesperado, confirmaron que la dirección técnica de la carrera pasaba de *Le Vélo* (anteriormente *Paris-Vélo*) a un nuevo diario deportivo, *L'Auto-Velo*. Esta cabecera acababa de ser fundada en 1900, con el antiguo ciclista Henri Desgrange como editor, quien fue uno de los que se apuntaron a la edición inaugural de la Roubaix, aunque no llegó a tomar la salida.

El periódico recibía el apoyo financiero de unos cuantos empresarios de renombre, incluyendo a los fabricantes de neumáticos Adolphe Clément y Édouard Michelin. Su primera intención no era la promoción del deporte, en sí misma, sino acabar con la publicación de un antiguo colaborador. Con anterioridad habían invertido gran parte de su presupuesto publicitario en la cabecera líder del mercado, *Le Vélo*, pero quedaron defraudados ante la deriva progresista de su editor, Pierre Giffard. La gota que colmó el vaso fue el enfoque contestatario que Giffard adoptó durante el Caso Dreyfus, un escándalo político que dividió la Francia de la época cuando un oficial judío del ejército, el capitán Alfred Dreyfus, fue acusado de alta traición de manera injusta, siendo condenado. Giffard apoyaba la posición proDreyfus adoptada por intelectuales como el novelista Émile Zola, lo que provocó que varios de sus anunciantes, contrarios a Dreyfus, dejaran de apoyar a *Le Vélo*. Desgrange recibiría instrucciones de sacar a Giffard de la circulación. El *L'Auto-Vélo* de Desgrange, cuyo nombre sería acortado a *L'Auto* después de que Giffard defendiera en los juzgados el nombre de su publicación, no cerraría *Le Vélo* hasta 1904, tras la primera edición del Tour de Francia, pero demostró su talento en la organización de carreras al conseguir que 60 ciclistas tomaran la salida de la París-Roubaix, que regresaba al Café Gillet. Su ayudante, Alphonse Steinès, quien más tarde estaría a punto de perder la vida durante el reconocimiento de las montañas de los Pirineos para su inclusión en el Tour de Desgrange, realizaría el reconocimiento del trazado unos días antes de la prueba, alertando de que las condiciones del mismo no eran nada buenas. «Necesitamos que luzca el sol entre hoy y el domingo», escribiría en *L'Auto-Velo*. Por contra, diluvió.

La carrera se convirtió en un duelo entre el ciclista suizo nacido en Cannes Jean Gougoltz y Lucien Lesna, quien había descubierto el ciclismo de competición a una edad avanzada —en aquella edición de Roubaix tenía 37 años— y destacaba incluso en los días de más barro gracias a su bigote en forma de manillar. Preguntado sobre las condiciones climáticas, despachó la cuestión encogiéndose de hombros: «¿Barro? Bah, no le temo al barro. Para nada es la primera vez que veo el barro». Lesna contaba con un as bajo la manga en la persona de su liebre, Alphonse Naugé, un ciclista de talento que se convertiría en uno de los grandes directores de equipo del Tour de Francia, y que ya estaba bendecido por un enorme talento para leer las tácticas y la psicología de los ciclistas.

Mientras Gougoltz y Lesna se acercaban a Amiens el suizo intentó escaparse de su rival en varias ocasiones, pero lo único que logró fue derrochar sus fuerzas. Al presenciar este duelo desde un coche que iba tras ellos Baugé se dio cuenta de que Gougoltz comenzaba a renquear. Considerando que aquel era el momento adecuado en el que su velocidad como liebre beneficiaría más a Lesna, Baugé saltó sobre su bicicleta y se puso al frente para encargarse del ritmo. Gougoltz comenzó a ceder casi desde el primer instante. Gritó a Lesna pidiéndole algo de comida, pero el francés siguió adelante sin responderle, ignorando los gritos que les dedicaba el suizo desde atrás: «¡bandidos! ¡Mañana os mataré!». A pesar de que la sangre no llegó al río, el suizo no se recobraría de aquel *pajarón* y Lesna voló para conseguir la victoria, recorriendo los 140 km restantes a ritmo cómodo.

En 1902 el francés repetiría su éxito, mientras el prestigio de la carrera seguía aumentando bajo la muy eficaz dirección de Desgrange. Durante los primeros años del siglo XX los ciclistas y los equipos ya no consideraban la París-Roubaix como una carrera de preparación para la Burdeos-París, sino como la prestigiosa carrera de apertura de la temporada. Además, los fabricantes aceptaban gustosos el desafío que les presentaba la carrera, porque una victoria o una buena clasificación se traducía en un incremento en las ventas de bicicletas. Los especialistas en la pista también se beneficiaban al incrementarse la demanda de buenos ciclistas capaces de marcar un ritmo alto, aumentando el dinero que podían ganar y alcanzando cifras que sobrepasaban, con mucho, lo que podían obtener en la mayoría de carreras en pista. Este fue uno de los primeros indicios de que los eventos en carretera comenzaban a ser más importantes que los de pista.

El traspaso de poderes fue todavía más palpable cuando, en enero de 1903, *L'Auto* anunció la creación de un «Tour de Francia». Maurice Garin, el vencedor de la Roubaix, sería uno de los primeros en comprometerse con la nueva carrera, renunciando a la París-Roubaix para entrenar de cara a este nuevo objetivo. Pero la ausencia de Garin no fue ningún contratiempo para la Roubaix, dado que una nueva generación de ciclistas provocó la llegada más emocionante que se había vivido hasta entonces.

Durante la segunda mitad de la carrera seis ciclistas forzaron el ritmo. Aproximándose a la llegada apenas había diferencias entre cuatro de ellos, a pesar de que Hippolyte Aucouturier parecía tener la carrera en el bolsillo. Luciendo un bigote en forma de manillar con las puntas untadas en cera, a la moda más pícara, y llevando un maillot a rayas rojas y azules, Aucouturier parecía la viva personificación de los malos de las comedias mudas de Buster

Keaton. Su apodo, el Terrible, parecía afianzar esta impresión, aunque estaba más relacionado con su habilidad para hacer sufrir a sus rivales con repetidas y sostenidas aceleraciones que por ninguna trampa que utilizara sobre la bicicleta.

Acercándose a Roubaix, Aucouturier se sorprendió al comprobar que su compatriota Claude Chapperon seguía soldado a su rueda trasera. Al entrar al velódromo la pareja corrió para tomar las bicicletas de pista sin frenos sobre las que los ciclistas solían completar las últimas seis vueltas de la carrera al velódromo. Con las prisas, Chapperon salió con la bicicleta de su rival, mientras que Aucouturier trataba de quitársela. Chapperon no tardó en darse cuenta de su error, pero ya había perdido 100 metros y toda opción a la victoria.

Puede que a Chapperon le faltara algo de suerte, pero tampoco se puede decir que Aucouturier fuera manco. Conseguiría dos victorias de etapa en la edición inaugural del Tour de Francia antes de ser expulsado de la carrera por avanzar siguiendo el rebufo de un coche. En 1904 demostró que tampoco necesitaba la ayuda de ningún coche, liebre o similar, ya que mantuvo la corona de Roubaix cuando, por primera vez, la carrera se celebró sin la presencia de liebres. Tal y como sucediera el año anterior Aucouturier se vio envuelto en una pelea cara a cara con otro ciclista, en esta ocasión el favorito local César Garin, el más joven de los tres hermanos Garin. Aucouturier terminaría a dos bicicletas de distancia tras un esprint presenciado por una *multitud* que alcanzaba la deprimente cifra de apenas un par de docenas. Empujados por un continuo viento a favor los dos líderes llegaron al velódromo con 90 minutos de adelanto sobre el horario previsto, mientras los espectadores no habían llegado, todavía, al recinto de meta.

Juego sucio

Avanzado aquel mismo año, la «terrible» fama de Aucouturier alcanzó una nueva dimensión. El Tour de Francia de 1904 se convirtió en toda una exhibición de tácticas de lo más taimadas. Cuatro meses después de concluida la carrera la federación francesa descalificó a los primeros cuatro clasificados, incluido Aucouturier, quien había acabado cuarto y se había alzado con cuatro victorias de etapa de seis posibles. A pesar de que la federación nunca desveló la verdadera naturaleza de sus faltas, los rumores hablaban de haber seguido el rebufo de vehículos a motor —incluso de que los ciclistas llegaran a subirse a dichos vehículos— y de aficionados —incluso algunos ciclistas— llenando los caminos de tachuelas.

Este tipo de episodios no eran nada nuevo en el Tour. La presencia de tachuelas sobre el trazado había sido un problema inherente a la existencia de la propia París-Roubaix, mientras que los aficionados italianos tardaron muy poco tiempo en ganarse la fama de dificultar el avance de los rivales de sus ciclistas favoritos, incluso de llegar a agredirles, durante el Giro de Lombardía. La elevada cantidad de liebres que rodeaban a los ciclistas propiciaba, también, que quedaran impunes todo tipo de jugarretas, puesto que no había suficientes comisarios, o no tenían la posibilidad de locomoción necesaria, como para vigilar toda la acción. Por esto resulta incomprensible que en 1905 volvieran a ser permitidas las liebres, aunque parece ser que esta decisión se debe más a la demanda de los ciclistas, quienes habían corrido con sus ayudantes durante toda la temporada invernal y volverían a hacerlo en la Burdeos-París.

Todo esto no quita para que los comisarios de carrera, o los jueces, no actuasen con la mayor de las premuras cada vez que presenciaban alguna infracción. Henri Cornet, sobre quien recayó el título de la edición anterior del Tour tras la descalificación de los cuatro primeros, sería multado por presentarse en la salida sin calcetines, infringiendo una de las numerosas reglas que el entrometido Desgrange imponía en todas sus carreras. Pero aquello sería el menor de los males para Cornet aquel día. Comenzaría como uno de los favoritos, pero echó por tierra todas sus opciones al atacar una y otra vez durante la primera mitad de la carrera, lo que le pasaría factura después, cuando no pudo responder al ataque de Louis «Trou-Trou» Trousselier, quien se convertiría en el popular vencedor del Tour de Francia de 1905. Trousselier, otro ciclista que lucía un cuidado bigote en forma de manillar, con las puntas enceradas y apuntando de manera despreocupada hacia arriba, gozaba de una merecida reputación de *playboy*. Perdería todo el dinero ganado gracias a su éxito en el Tour jugando a los dados durante una sola tarde en el velódromo Buffalo de París, y más tarde se supo que era uno de los ciclistas envueltos en un timo que se perpetró en varios restaurantes de Fontainebleau, al sur de la capital. Trousselier se sentaba a cenar, acompañado de dos o tres compañeros de entrenamiento, en un lujoso establecimiento. Cuando terminaban de cenar daban comienzo a una discusión que cada vez sería más acalorada, hasta que llegaba un momento en que el dueño se veía obligado a intervenir. Entonces explicaban que la discusión giraba en torno a cuál de los hombres era el más rápido, y le pedían al anfitrión que actuara de juez indicando algún punto de la calle hasta el que tenían que esprintar, para luego regresar. El dueño tenía que darles la salida agitando una servilleta, momento en el que los ciclistas esprintaban a toda velocidad... sin dar la vuelta en ningún momento.

Después de que Cornet se viera superado por Trousselier en 1905, insistió en que había aprendido la lección y, un año más tarde, llegaría triunfante a meta, aunque su éxito se vio ensombrecido por el desastre minero de Courrières, que les costó la vida a 1099 mineros y sigue siendo el peor accidente minero en la historia de Europa. Un mes después de la tragedia que sucedió un 10 de marzo y apenas un día antes de la carrera, Desgrange introdujo un cambio radical en el trazado para no pasar por los pueblos de la margen sur de Lens, que habían sido más afectados por la tragedia, puesto que comenzó a correr el rumor (que nunca fue confirmado al cien por cien) de que cuadrillas de personas enfurecidas estaban atacando a los vehículos que formaban parte de la Roubaix. Los ciclistas celebraron el cambio, no por miedo a que los asaltasen, sino porque las peores secciones de adoquín estaban, cómo no, en las ciudades y pueblos de la región minera que se extendía entre Arras y Roubaix. Además de que el constante paso de vehículos pesados maltratase estas calzadas, las mismas estaban llenas de baches y eran propensas a los hundimientos, provocados por la industria que se desarrollaba bajo las mismas.

Gran Bretaña se acoge al aislacionismo

Después del éxito de Josef Fischer durante la Roubaix inaugural, la carrera estuvo dominada por los ciclistas franceses, lo que da una pista de la velocidad a la que el ciclismo de carretera se extendía a lo largo y ancho del Hexágono. Había tal talento en Francia que los nuevos nombres no tardaron en emerger para darle el relevo a los pioneros como Maurice Garin e Hippolyte Aucouturier. Por otro lado, si se echa un vistazo a los nombres británicos que jalonaron el palmarés de las carreras de larga distancia en las últimas décadas del siglo XIX, lo lógico hubiera sido que los ciclistas británicos aspiraran a las victorias. Sin embargo, tras el infausto Arthur Linton no emergió ningún nuevo ciclista desde las islas.

Esto es consecuencia de la prohibición total impuesta por la Unión Nacional de Ciclistas Británicos sobre el ciclismo de carretera en 1890. La NCU [por sus siglas en inglés] insistió en que todo tipo de competición debía llevarse a cabo en velódromos y, algo más tarde, circuitos cerrados. Lo normal sería pensar que esta prohibición, que siguió vigente hasta entrada la década de 1950, entró en vigor con la mente puesta en imponer medidas de seguridad que salvaguardasen a las enormes cantidades de personas que se habían interesado por el ciclismo de competición durante las décadas finales del siglo XIX. Por el contrario, el motivo era mucho más malintencionado.

Así como la bicicleta acabaría siendo identificada como el medio de transporte de las clases trabajadoras, con el ciclismo de competición comenzaba a suceder lo mismo. La libertad que la bicicleta le ofrecía a las clases trabajadoras británicas desentonaba con los deseos de las clases superiores, que se mostraban contrarias a que la bicicleta —en concreto, las personas que las montaban— pudieran campar por la campiña. La página web de British Cycling mantiene que la decisión de prohibir las carreras ciclistas sobre las carreteras «tenía, en realidad, cierto sentido», pero no deja claro a quién pudo beneficiar este *apartheid* ciclista, más allá de a las clases pudientes.

Tendrían que pasar más de 70 años para que Barry Hoban se convirtiera en el primer ciclista británico que terminaba en el podio de la Roubaix, aunque Gran Bretaña podría argumentar su derecho a compartir la victoria de Georges Passerieu, en 1907. Nacido en el andrajoso distrito de Islington, en el norte de Londres, en 1885, hijo de un francés y una inglesa, la prohibición de la NCU no coaccionó a Passerieu, ya que se crio en Francia. Se convirtió en profesional en 1906 y consiguió un éxito inmediato al terminar segundo en el Tour de Francia, actuación que le llevó a firmar de inmediato con el poderoso equipo Peugeot.

La llegada de Passerieu al Peugeot coincidió con la implementación de nuevos métodos de entrenamiento por parte del director del equipo, Norbert Peugeot. Hasta entonces, los equipos giraban en torno a un ciclista estrella que se ocupaba de sus propios entrenamientos. Sin embargo, Peugeot había tomado nota de que el Alcyon, el equipo rival, sacaba partido al hecho de contar con varios grandes ciclistas entre sus filas que entrenaban de manera conjunta de cara a determinados objetivos. Peugeot llevó esto un paso más allá haciendo que sus ciclistas, entre los que estaban Passerieu, Cornet y el emergente Gustave Garrigou, entrenaran sobre el propio trazado de la Roubaix. Al igual que Alcyon, también contrató a las mejores liebres: muchos ciclistas se dieron cuenta de que podían ganar más dinero alquilando sus servicios como mercenarios del ritmo que el que ganarían corriendo para sí mismos.

La estrategia de Peugeot funcionó, puesto que sus ciclistas acabarían dominando la *Pascale* gracias a un Passerieu que atacaría en solitario a falta de 50 km, terminando en solitario la carrera. El único momento de preocupación llegó justo antes de entrar al velódromo, cuando un entrometido gendarme le dio el alto y le exigió que le demostrase de alguna manera que había pagado la tasa por ser propietario de una bicicleta. Sabiendo que tenía ciclistas tras él, Passerieu acabó echando a un lado al policía y pedaleó rumbo a una emotiva victoria. «Me gustaría anunciar que el maillot que llevo puesto es el del desafortunado René Pottier. Fue mi mentor y mi amigo», diría el vencedor sobre el campeón del Tour de Francia de 1906, que acababa de ahorcarse apenas dos meses atrás al descubrir que su esposa había tenido una aventura mientras él estaba ganando el Tour. «Si Pottier hubiera estado aquí, su maillot habría sido el primero en entrar al velódromo. Así la cosa, ha sido el primero en todo caso».

Mientras que Passerieu ponía el afecto, el furor vendría de mano del segundo, Cyril Van Hauwaert, un robusto granjero belga que debutaba con el equipo La Française. Natural de Moorslede, en la parte occidental de Flandes, había sido descubierto por un agente belga de La Française, quien lo envió a la central del fabricante en París con una carta de recomendación. El director deportivo de La Française, Pierre Pierrard, recordaría después la llegada de Van Hauwaert a su oficina: «Era un tipo corpulento, vestido de campesino, con unas enormes botas con clavos y que cargaba con una caja llena de ropa y traía una carta de nuestro agente en Ypres. Como no podía ser de otra forma, este coloso, que venía para participar en la París-Roubaix, no hablaba ni una palabra de francés. Yo no dejaba de preguntarme qué hacer con él».

Pierrard les pidió a los mecánicos que le montaran una bicicleta a Van Hauwaert, mientras el «tímido y modesto» campesino se mantenía «más callado que una carpa», en un rincón. Aquella tarde Pierrard lo llevó a un hotel a cenar. «Resultaba evidente que era la primera vez que comía en un restaurante, y su ingenuidad resultaba conmovedora. Incapaz de expresar lo que quería se limitó a observar lo que estaban comiendo el resto de comensales y, señalando con el dedo, balbuceó: "¡Cocinar eso, cocinar eso!"». Van Hauwaert se comió todo lo que le pusieron por delante, regándolo con leche y vino tinto. Ahí comenzó la leyenda de *Ventr'ouvert* (Tragaldabas).

Pensando que el belga no tenía opción alguna, y no quedándole nadie más que pudiera hacer de liebre para el belga, Pierrard le entregó una bicicleta y le instruyó para que siguiera al resto de ciclistas como pudiera. Y eso fue lo que hizo Van Hauwaert, pero lo hizo tan bien que fue capaz de mantenerse entre los favoritos. Avanzada la carrera, viendo que sus líderes comenzaban a flaquear, Pierrard ordenó a algunas liebres que trabajaran para el incansable belga, quien respondería escapándose del pelotón hasta quedar a un minuto de Passerieu.

Los muchísimos aficionados belgas que habían pasado la frontera para presenciar la carrera estaban extasiados porque uno de los suyos terminara, por primera vez, en el podio. Acostumbrados a que sus compatriotas acabaran a la cola, ahora contaban con un abanderado, y uno inconfundible. Sus éxitos marcaron un punto de inflexión para la fortuna del ciclismo belga. El vecino de Francia no había adoptado con tanta pasión la bicicleta como modo de transporte, por lo que su escena deportiva se desarrolló con mayor lentitud. Pese a ello, la topografía y las carreteras de la Bélgica flamenca eran muy similares a las del norte de Francia, lo que hacía esperar que los flamencos se convirtieran en una fuerza a tener en cuenta en Roubaix.

Desde luego, Van Hauwaert demostró ser imparable durante los siguientes meses, consiguiendo la Burdeos–París y, tras firmar con Alcyon, la segunda edición de la Milán–San Remo antes de regresar a la París–Roubaix. Henri Desgrange había vuelto a modificar las reglas, prohibiendo el uso de liebres y cualquier asistencia externa a los ciclistas una vez pasado Beauvais, estableciendo puntos de control secretos a lo largo del trazado. Y el más beneficiado por la ausencia de liebres era Van Hauwaert. Un año después de terminar segundo entraría victorioso en Roubaix. Gran parte de su éxito se debe a la suerte, dado que el luxemburgués François Faber, estibador parisino que recibía el apodo del Gigante de Colombes, atropelló a un niño no muy lejos del velódromo, cuando lideraba la carrera.

El éxito de Van Hauwaert y la brillante actuación de Faber llevaron a muchos a pensar que la París–Roubaix sería pasto para hombres de gran tamaño, pero todo esto quedaría desmentido por la irrupción de un pequeño francés de 1,65 de estatura que se haría con las siguientes tres ediciones. Octave Lapize pasó a profesionales a comienzos de 1909, tras ganar la medalla de bronce en la carrera de los 100 km celebrada en los Juegos Olímpicos de Londres del verano anterior. Para el editor jefe de *L'Auto* y director de la Roubaix, Desgrange, Lapize era el perfecto espécimen ciclista. «Cuenta con un aspecto de lo más enérgico, una mandíbula firme, una mirada centrada y un bigote puntiagudo, y todo esto le confiere el aspecto de ser todo un auténtico ciclista», escribiría Desgrange, añadiendo: «su tórax es firme, las piernas bien proporcionadas, con unos muslos poderosos, y las manos son las de un ciclista capaz de destruir cualquier manillar del mundo haciendo fuerza sobre el mismo mientras asciende por alguna colina». También pudo añadir que Lapize estaba parcialmente sordo, lo que propiciaba que no perdiera la concentración mientras competía, y que recibió el apodo de Ricitos por sus bucles.

A pesar de ser más recordado como vencedor de la edición de 1910 del Tour de Francia, edición famosa porque, coronando la cima del Col du Tourmalet, Lapize les gritó a los directores de carrera «¡son ustedes unos asesinos!» durante la primera aparición de la alta montaña en la carrera, sus gestas en Roubaix son igual de impresionantes, sobre todo porque se le consideraba, básicamente, un escalador. Durante su debut en la *Pascale* de 1909 decidió prescindir de liebres, considerando que su manera de maniobrar aumentaba el riesgo de caída, y se limitó a seguir a los grandes favoritos hasta Beauvais, cuando estos ya no podían usar apoyo de nadie.

Lapize se mantuvo en todo momento con los líderes, hasta que la dureza de la carrera redujo el grupo cabecero hasta dejarlo en apenas tres hombres —Ricitos, Trou-Trou y el belga Jules Masselis— quienes entraron a un velódromo en el que una cantidad de asistentes que ascendía a las 10 000 personas había pagado unos precios récord para asistir al desenlace. Trousselier fue quien lideró el esprint, tal vez confiado en que su joven compatriota no sería capaz de igualar su velocidad tras una carrera de tanto desgaste. Pero había subestimado al hombrecillo. Llegando a la recta final Lapize se escabulló para hacerse con la victoria, ante el desconcierto de la mayoría de los asistentes, que desconocían quién era ese.

Cuando regresó para mantener su corona, Lapize se había convertido ya en un héroe nacional gracias a su victoria en el Tour. Pese a un nuevo cambio de reglas con el que Desgrange prohibía la presencia de liebres, lo cierto es que el mayor beneficiado de dicho cambio sería el propio Lapize, pues doce meses antes no había confiado en la utilidad de estos asistentes. El otro gran cambio tuvo lugar en Roubaix, donde se había instalado una nueva pista de madera y las gradas habían sido cubiertas. Hasta 12 000 personas se apretujaron en el reacondicionado estadio, mientras que miles de personas más se apelotonaron en los márgenes de la carretera que conducía al mismo. Muchos habían llegado desde Bélgica, país que todavía no contaba con una carrera de renombre a pesar del relanzamiento de la Lieja, pero que sí tenía muchos ciclistas de talento de los que presumir, en especial de Van Hauwaert.

Animaron y agitaron sus sombreros de paja cuando cuatro ciclistas cubiertos de polvo entraron a la pista. Van Hauwaert lideró el paso durante las primeras cinco vueltas, pero no pudo responder al cambio de ritmo final de Lapize en la última curva. Tras conseguir un doblete de victorias consecutivo gracias a su velocidad en la llegada, Lapize confesó que le gustaría completar el triplete con una victoria en solitario. Y no solo lo conseguiría, sino que terminó con tal ventaja en 1911 que aquello no fue una victoria, sino que fue una masacre. Se puso en primera posición en la ascensión de Doullens, consiguiendo esquivar poco después las tachuelas que habían sido arrojadas al paso de la carrera. Acercándose a Roubaix, el único que lo acompañaba era Van Hauwaert, cuyas esperanzas se esfumaron cuando pinchó a las afueras de la ciudad.

A pesar de que la situación política se deterioraba en Europa, la París-Roubaix continuaba en ascenso. En los años inmediatamente previos a la guerra, miles de personas se acercaban a Chatou a primera hora de la mañana para presenciar la salida, y después eran decenas de miles quienes se amontonaban en los márgenes de las carreteras. En 1912 llegarían a contarse 100 000 espectadores durante los kilómetros finales, la mayoría de ellos estupefactos al principio, y luego eufóricos, al ver a Charles Crupelandt y Maurice Léturgie, naturales de la propia Roubaix, en el trío de cabeza. Gustave Garrigou parecía a punto de batir a ambos, y es posible que hubiera sido así de no haber mediado la intervención de «Ricitos» Lapize. El vigente campeón entró a la pista apenas seis segundos por detrás de los líderes, pero dejó que el trío lo doblara. Consciente de que se había evaporado la posibilidad de una cuarta victoria, trabajó para que Crupelandt, su compañero en La Française, obtuviera la victoria al lanzarlo durante el esprint.

Es probable que Crupelandt hubiera mantenido su corona de no haber sido por una caída que le produjo una gran lesión en una rodilla. Pero tampoco le importó demasiado perderla ante su buen amigo François Faber durante el esprint, con el belga Charles Deruyter entre ambos. Crupelandt recuperaría el título en 1914, apenas diez semanas antes de que el asesinato del archiduque Francisco Fernando de Austria condujera al estallido de las hostilidades en Europa.

EL NACIMIENTO DE UNA LEYENDA

La descripción de Infierno del Norte no nació por lo pésimas de las condiciones de las carreteras sobre las que la París-Roubaix se ha disputado a lo largo de los años, como suele pensarse, sino por la devastación que arrasó el norte de Francia durante la Gran Guerra. Las batallas en Verdún, el Somme, Arras, Cambrai y otros muchos escenarios redujeron la Picardía y Pas-de-Calais a las ruinas. Como Les Woodland, el historiador del ciclismo, apuntaría: «Murieron nueve millones de personas, poniendo Francia más muertos que cualquier otra nación. Avanzando hacia el sur, escaseaban las noticias provenientes de los escenarios de guerra. Las comunicaciones estaban interrumpidas. Por supuesto que habría una nueva edición de la carrera, ¿pero podía alguien asegurar que todavía hubiera alguna carretera que llegara a Roubaix? Es más, ¿seguía Roubaix en pie?».

Cuando Eugène Christophe decidió realizar un reconocimiento de la París-Roubaix a comienzos de 1919, Henri Desgrange, el director de la carrera, envió al corresponsal de *L'Auto* Victor Breyer a acompañar al ciclista, para cerciorarse de que existía la posibilidad de celebrar una vigésima edición de la *Pascale*. Al principio, el pequeño comando de reconocimiento se sorprendió por la relativa normalidad en que se encontraban las poblaciones y campos por los que pasaban. Pero el mundo que fueron descubriendo según llegaban a Amiens era muy diferente. En *L'Auto*, Breyer escribió:

«Nos adentramos en el mismo corazón del campo de batalla. No queda un solo árbol. ¡Está todo arrasado! No queda un solo metro de terreno que no esté levantado. No se ve más que un cráter tras otro. Lo único que queda en pie en esta masa de tierra removida son las cruces con las franjas azules, blancas y rojas. ¡Esto es un infierno!».

Las carreteras habían desaparecido bajo el fango, del que apenas sobresalían tocones ennegrecidos. El aire hedía a muerte y putrefacción, la pestilencia de las aguas residuales se combinaba con el hedor del ganado en descomposición. Parecía el mismo infierno, aunque no lo sería por mucho tiempo. Lo que sí prevaleció sería la descripción de lo que Breyer había visto. La París-Roubaix se convirtió en el Infierno del Norte, para gran consternación de los habitantes, a los que no agradaba que la tierra en la que habían nacido fuera calificada de tal manera.

Además de la devastación de las tierras del norte, el ciclismo sufrió otras pérdidas irreparables. Los vencedores de Roubaix Octave Lapize y François Faber no fueron más que dos de las docenas de importantes ciclistas de los años previos a la guerra que perecieron durante el conflicto. Muchos más sufrieron heridas que les imposibilitaron para regresar a la competición, mientras que otros eran demasiado mayores ya como para pensar en ganarse la vida con las carreras, sobre todo porque los premios por los que se competía en los primeros años tras la guerra apenas resultaban trascendentes. El conflicto también le pasaría factura al velódromo de Roubaix, puesto que los soldados alemanes, desesperados por encontrar algo con lo que calentarse, lo habían despojado de su tarima de madera.

Durante la guerra, la mayor parte de fabricantes de bicicletas tuvieron que adaptar su maquinaria para producir cañones para armas y rifles, en lugar de las tuberías con las que se fabricaba el cuadro de una bicicleta. Readaptar dicha maquinaria de nuevo tampoco resultó sencillo, sobre todo por la falta de materiales y la ausencia de mano de obra cualificada. Para superar esta dificultad, al menos hasta el incierto momento en el que miles de hombres en edad de trabajar serían liberados del servicio militar, los principales fabricantes formaron el consorcio La Sportive, compuesto por Alcyon, Peugeot, La Française, Automoto y Gladiator. Aunaron recursos, tanto en términos materiales como de personal. Los ciclistas más importantes, incluido Christophe y su compatriota Henri Pélissier, recibían de este consorcio una suma de hasta 300 francos, el doble del salario medio. Quedaba lejos de igualar los ingresos que muchos habían alcanzado antes de la guerra, pero seguía siendo una suma nada despreciable en un periodo en el que muchos no contaban con ingreso alguno.

Desgrange cumplió con la tradición al anunciar que la París-Roubaix se celebraría durante el día de Resurrección de 1919. Planeó un recorrido que sortearía los principales campos de batalla, pero que seguía presentando un imponente desafío para los 130 ciclistas que se presentaron en la salida. Antes de salir, los ciclistas realizaron un minuto de silencio en memoria de sus camaradas caídos.

La mayoría de los competidores apenas habían tenido la oportunidad de retomar sus entrenamientos, por lo que no resultó nada sorprendente que el pelotón se mantuviera casi intacto durante los primeros 200 km de los 280 a cubrir. Los hermanos Pélissier, Henri y Francis, fueron los que provocaron el movimiento ganador, a pesar de que Francis, el más joven de los dos hermanos, pagaría el precio de no comer lo suficiente durante la carrera y de sufrir tres pinchazos en rápida sucesión. Se quedaría retrasado después de que el belga Philippe Thys cerrara el hueco con los hermanos y aumentara el ritmo. Cuando los dos líderes se vieron obligados a detenerse ante un paso a nivel en el que se había detenido un tren, Honoré Barthélémy se les unió.

Conocido por su falta de paciencia y consciente de que no pasaría mucho tiempo antes de que llegaran más ciclistas al paso a nivel Henri Pélissier imitó lo que había hecho apenas cuatro semanas antes Henri Van Leerberghe, el vencedor del Tour del Flandes. Se puso la bicicleta al hombro, saltó la barrera, subió al vagón más cercano, cruzó la puerta al otro lado, se bajó del tren y salió a toda velocidad sobre su bicicleta. Ni Thys ni Barthélémy dudaron en seguir sus pasos, y el trío puso rumbo a Roubaix.

Dado que el velódromo se encontraba todavía sin reparar, la meta fue trasladada a la Avenue des Villans, en el centro de la ciudad. El observador Pelissier fue el primero en ver el banderín de meta, acelerando antes de que sus rivales pudieran responder. Rodeado de prensa y público, sus primeras palabras fueron para su hermano. Declaró estar feliz por su victoria, pero afirmó que tampoco fue una «victoria total», dado que Francis no lo había acompañado sobre la meta. Ese sería un escenario que tendría que esperar.

La velocidad media de Pélissier apenas alcanzó los 23 km/h, siete menos que la media conseguida por Charles Crupelandt en 1914 y muy por detrás de los 12 más con los que François Faber logró completar el recorrido en 1913, lo que resulta un buen indicador tanto del paupérrimo estado de las carreteras como del bajo nivel de forma de los propios ciclistas, incluso teniendo en cuenta el mal tiempo que hizo. Un año después los ciclistas estaban en mejor estado de forma, pero muchas de las carreteras seguían siendo una ruina. Como medida temporal se habían esparcido pequeñas cantidades de grava sobre muchas de las enfangadas arterias del noreste de Francia, lo que provocó un caos mecánico. Las pesadas lluvias hicieron que el barro se convirtiera en fango, y la gravilla que este escondía en su interior provocó incontables roturas de cadena. Paul Deman, el flamenco que se hizo con la edición inaugural del Tour de Flandes en 1913, sobreviviría a todo el caos, consiguiendo una victoria en solitario.

Si esta edición no tuvo mucha historia, la del año siguiente sería todo lo contrario. Casi todos los ciclistas de renombre seguían compitiendo bajo el paraguas de La Sportive, pero los Pélissier, sobre todo el cascarrabias y controvertido Henri, no quisieron extender el acuerdo por dos años más. El director de La Sportive, Alphonse Baugé, quien durante sus tiempos de ciclista demostró ser de lo más astuto, y ayudó a Lucien Lesna a vencer la edición de la Roubaix de 1901, les dijo a los hermanos que, de no firmar, no volverían a competir. Para Henri Pélissier, quien ya de antemano consideraba que los fabricantes esquilmaban a los ciclistas, aquello supuso la gota que colmó el vaso. Acudió al antiguo ciclista

Jean-Baptiste Louvet, quien por entonces estaba a la búsqueda de ciclistas para dar forma a un equipo que compitiera con sus bicicletas, J.B. Louvet. «Ganaremos la París-Roubaix para usted», le aseguró Pélissier. Louvet no lo tenía tan claro, dado que Baugé, cuyas formas autoritarias le habían valido el apodo de Mariscal, dio instrucciones claras a sus ciclistas de que hicieran lo posible porque los hermanos no lograran ninguna victoria, «y en especial, la Roubaix». Louvet no daba a los Pélissier ninguna posibilidad de victoria, pero sí era consciente de la publicidad que serían capaces de originarle. Tras pensarlo un poco, los fichó.

En la salida, un periodista aseguró que escuchó a Henri decirle a Francis: «Atacaremos en Doullens. Yo aceleraré y tú solo tienes que preocuparte de ponerte a mi rueda. Ya veremos quién queda con nosotros en Arras…». No parece muy probable que hablaran de sus tácticas de manera tan abierta, pero cuando el grupo de cabeza alcanzó los pies de la ascensión a Doullens, esta fue la estrategia. Al coronar solo aguantaban otros tres ciclistas con ellos, aunque no tardarían en sumárseles dos más. Los pinchazos eliminarían a tres de ellos, dejando al antiguo aprendiz de carnicero bruselense René Vermandel como única compañía de los hermanos. Estos trataron de quitárselo de encima durante varios kilómetros, en vano. Cuando Henri atacó en la ascensión final a Hem, el belga fue incapaz de seguirlo.

Francis esperó hasta que su hermano tuvo una buena ventaja antes de lanzar su propio ataque, aunque un pinchazo le haría aminorar la marcha. Vermandel lo adelantaría, solo que también sufrió la misma avería. Sin tiempo para cambiar de cubiertas, ambos hombres esprintaron por la segunda plaza sobre las llantas de madera de sus ruedas. Francis se impondría, dándole a los Pélissier y a J.B. Louvet un impresionante doblete. Al igual que en 1919 Henri se lamentó de que ambos hermanos no hubieran podido cruzar la meta pasando el brazo sobre el hombro de cada uno. Al escucharlo, un comisario le dijo: «debería estar usted agradecido a ese pinchazo. De haber cruzado la meta con los brazos alrededor de su hermano, me habría visto obligado a descalificarlos por dar asistencia ilegal durante la carrera». Lo extraño es que no se tomara esta medida cuando Jean Rossius y Dieudonné Gauthy hicieron lo mismo cuando consiguieron la victoria conjunta en la Lieja-Bastoña-Lieja de 1912, corriendo como independientes. En cuanto a la actitud a la hora de cruzar los pasos a nivel, parece ser que las reglas cambiaban de un país a otro.

A pesar de que *L'Auto* celebró el éxito de Henri Pélissier, con un titular que afirmaba «triunfan los purasangres, el mejor hombre vence», Henri Desgrange no podía estar menos contento con el resultado. De acuerdo con la detallada crónica de Pascal Sergent en *Chronique d'une Légende: París-Roubaix*, Desgrange les había dicho a varios de sus colaboradores más cercanos apenas unos días antes lo siguiente: «Estos Pélissier comienzan a exasperarme. Espero no tener que poner sus nombres en el titular de mi periódico nunca más».

Para ser justo con Desgrange, estaba lejos de ser el único que no soportaba a los hermanos, sobre todo a Henri, quien era el más alborotador de los dos y el que solía tener los desencuentros con la prensa y sus patrocinadores, así como con organizadores de carrera como Desgrange. A pesar de que Henri Pélissier buscaba que sus colegas corrieran por cantidades de dinero superiores y en mejores condiciones, también menospreciaba a muchos de ellos con sus arrogantes comentarios.

Su relación con Desgrange alcanzó el punto más bajo durante el Tour de 1924, tras una entrevista con Albert Londres en la que se quejó de que los ciclistas no dejaban de ser unos meros «forzados de la ruta». Estaba resentido porque un comisario intentó comprobar si llevaba por los menos los dos maillots que estipulaban las reglas de la carrera. «Ellos me pueden obligar a vestir 15, pero yo no puedo comenzar la carrera con dos y terminar solo con uno», le dijo a Londres, antes de comenzar a describir y mostrarle las diferentes sustancias que los ciclistas utilizaban para soportar las tres semanas de la carrera, y que iban desde ungüentos para caballos a toda suma de pastillas. «Corremos con dinamita», interrumpió Francis.

En todo caso, Henri Pélissier tenía dos cosas a su favor: una enorme clase sobre la bicicleta y el enorme apoyo de la afición francesa. Era toda una estrella, tal vez a la altura de lo que llegó a ser Muhammad Ali en su momento: alguien al que era fantástico ver y que nunca defraudaba. Desde luego, Desgrange no tardaría en rezar porque hubiera más ciclistas franceses con su habilidad, confianza y determinación. Sin embargo, los belgas estaban a punto de llegar y de imponer un dominio casi férreo sobre la *Pascale*.

Toma de poder flamenca

Desde 1922 hasta el comienzo de la Segunda Guerra Mundial Bélgica celebraría ni más ni menos que catorce victorias en la París-Roubaix, siendo Albert Dejonghe quien diera comienzo a la racha. Tras no tomar parte en el Tour de Flandes, en marzo, por culpa de una enfermedad, Dejonghe no se sentía del todo recuperado como para ir a Roubaix. Pero el despótico Alphonse Baugé, su director en La Sportive, decidió lo contrario. No estaba dispuesto a dejar que una de sus mejores bazas se perdiera las dos clásicas del norte de Europa.

Henri Pélissier y su equipo J.B. Louvet salieron a la carga casi desde la salida. Cuando se llegó a la cima de la colina de Doullens apenas quedaban nueve ciclistas en cabeza. Mientras se acercaban a Arras para enfrentarse a las peores secciones del trazado, Pélissier perdió comba, víctima de un desfallecimiento. Quedó atrás suplicando a los espectadores que le dieran algo de comer.

Mientras Pélissier perdía sus opciones Dejonghe aceleró sin que nadie pudiera seguirlo. Muy pronto se vio pedaleando con una enorme ventaja sobre el pelotón, y a una velocidad tal que apenas había aficionados en las cunetas. Preocupado ante la falta de espectadores, desaceleró un poco para preguntarle a uno si se había equivocado de carretera. Terminaría seis minutos por delante del segundo, Jean Rossius, mientras que las cuatro primeras posiciones eran para belgas.

Apenas un puñado de ciclistas fueron capaces de romper el dominio belga sobre Roubaix durante aquellos años, controlando la carrera casi con el mismo puño de hierro con que dominaban el Tour de Flandes. Ambas carreras tenían características muy similares, siendo las mayores dificultades lo descarnado de las carreteras, la climatología y la distancia a cubrir. Habría que esperar todavía mucho para que Flandes comenzara a introducir numerosas ascensiones cortas y de gran inclinación en su trazado, mientras que Roubaix iría perdiendo las pocas con las que contaba. Uno de los pocos que consiguieron doblegar a los belgas fue una figura con la que estos estaban muy familiarizados.

En marzo de 1923 el suizo Henri «Heiri» Suter se convirtió en el primer extranjero en hacerse con el Tour de Flandes, una gesta considerable si se tiene en cuenta que la siguiente victoria foránea no llegaría hasta 1949. Dos semanas después de ese éxito el suizo tomaba la salida en Roubaix como uno de los grandes favoritos, acompañado de un enorme pelotón entre los que había 200 ciclistas profesionales y casi tantos «independientes» y *amateurs*. En total, 389 ciclistas tomarían la salida con el objetivo de alcanzar la Avenue des Villas de Roubaix.

Como ya era tradición, los hermanos Pélissier, esta vez más enardecidos, si cabe, con la presencia de Charles, el hermano menor, hicieron saltar el pelotón en pedazos en Doullens. Sus aceleraciones redujeron el grupo cabecero hasta dejarlo en ocho ciclistas, pero el entonadísimo Suter comenzó una larga persecución, en la que se llevaría consigo a otros 14 ciclistas. No se puede decir que un solo suizo tuviera muchas oportunidades de ganar a una docena de belgas y casi tantos franceses, pero por pírricas que fueran no eran para nada tan pocas como cuando, catorce días antes, Suter hizo hincar la rodilla a un pelotón compuesto por duros flamencos, en su casi totalidad.

Mientras la multitud jaleaba a los Pélissier, Suter salió de detrás de la rueda de Marcel Huot para convertirse en el primer ciclista que completaba el doblete Flandes/Roubaix. «No ha sido tampoco muy complicada. Tenía confianza y estaba casi seguro de que ganaría», dijo en la meta, mientras la banda de música, que no conocía el himno nacional suizo, tocaba *La marsellesa*. Suter formaba parte del gran grupo que se disputó la victoria la primavera siguiente, pero los belgas no estaban por la labor de permitirle imponerse por segunda vez. Jules Van Hevel, vencedor de Flandes cuatro años atrás, sería quien pasaría primero por meta.

Como cada vez había más talento, los grandes esprints en grupo se fueron convirtiendo, poco a poco, en la norma. Desde mediados de la década de los 20, estrellas italianas como Costante Girardengo, Ottavio Bottecchia, Pietro Linari y Alfredo Binda aparecieron de manera regular en Roubaix, siendo siempre considerados como favoritos. Sin embargo, la ausencia de ascensiones era todo un hándicap para ellos, si comparamos la carrera con clásicas como Milán-San Remo o el Giro de Lombardía, en las que todos ellos solían jugarse la victoria. La colina en la carretera que salía de Doullens significaba el mayor obstáculo, pero a mediados de la década de los 20 lo único que conseguía era estirar el grupo cabecero, que más tarde volvía a fusionarse sobre la planicie de Arras. Los belgas continuaron con su dominio, aunque los franceses creyeron tener al sucesor de Henri Pélissier en 1927, cuando el marsellés Joseph Curtel estuvo a punto de superar a George Ronsse, de Amberes, sobre la Avenue des Villas. Un sobreexcitado aficionado francés le dijo al director de la banda que comenzaran con las notas de *La marsellesa*; pero, con la marcha sonando, el juez de meta, André Trialoux, insistió: «Yo nunca he pronunciado el nombre de Curtel. Ronsse ganó, por muy poquito, es cierto, pero aun así ganó, y de manera correcta».

Vencedor de la Lieja-Bastoña-Lieja de 1925 cuando apenas era un adolescente, Ronsse debutaría en la Roubaix la temporada siguiente, terminando muy por detrás del vencedor, Julien Delbecque. Durante la mañana de la siguiente edición, el joven belga de 21 años entabló conversación con otra estrella francesa en ciernes, André Leducq, quien diría de aquel encuentro más tarde: «Siempre me provocó curiosidad el nuevo contingente de ciclistas belgas que mostraban sus habilidades por primera vez en Francia. Antes de la salida intercambié unas palabras con uno de esos "debutantes": parecía muy educado, sincero, y hablaba quedo, pero de manera muy correcta, mientras trataba de alisar, con todo cuidado, las arrugas de su maillot púrpura. Desde luego, jamás pensé que fuera a ganar la carrera y convertirse en uno de los mayores campeones que ha visto el ciclismo».

Las propias opciones de victoria de Leducq desaparecieron cuando pinchó a cinco kilómetros de meta. A pesar de que el grupo de cabeza no avanzaba con demasiada velocidad, y ser capaz de sacarse de los hombros el tubular de repuesto a toda velocidad para ponerla en la llanta, se vio frustrado por un aficionado demasiado impaciente que tomó su bomba de aire y giró el calibrador, liberando con ello todo el aire que necesitaba para inflar la rueda con rapidez. Sus esperanzas se desvanecieron junto con aquel aire. Pero el francés era consciente de que tenía piernas para haber ganado, y se encontraba en un estado de forma igual de bueno cuando se enfrentó a Ronsse y el resto del contingente belga un año después.

En *La Fabuleuse Histoire des Grandes Classiques,* de Pierre Chany, Leducq da una fascinante explicación de sus preparativos para la carrera, describiendo cómo se pasó la semana anterior a la carrera entrenando con Paul Ruinart, su mentor, en el famoso Vélo-Club Levallois. Sobre el día de la carrera, cuenta: «en la línea de salida yo mismo inflé mis ruedas, porque deseaba tener la presión correcta, y con mucho cuidado repasé los contenidos de mi bolsillo para asegurarme de no haber olvidado nada: en uno llevaba una pequeña llave, en otro un par de gafas de seguridad —por si acaso había barro al final de carrera— un pequeño rollo de cinta y un trozo de algodón para los oídos, por si el viento era demasiado frío».

Leducq describe que se le había roto un trocito de metal en uno de sus rastreles, y como este detalle le disgustaba, se puso a buscar alguien entre la multitud que llevara un cuchillo con el que poder cortarlo. Después de encargarse de ese pequeño fastidio, el francés recuerda su persecución para alcanzar a los líderes tras sufrir un pinchazo hacia el final, llegando a ellos gracias a la ayuda de su compañero en el Alcyon Gaston Rebry, «quien, al final, se decidió a esperarme».

Siendo uno de los cinco ciclistas en el grupo de cabeza al entrar en la Avenue des Villas, Leducq describe la llegada. «Pobre André», me dije a mí mismo, «se acabó, Ronsse tiene un cambio de ritmo que acaba con todos sus rivales». Pero, a la vez, me fastidiaba que me venciera [Charles] Meunier... Con la autoridad de quien está seguro de la victoria Ronsse aceleró desde lejísimos, cuando todavía quedaban 400 metros para la meta, y de inmediato se hizo con cuatro o cinco bicicletas de distancia. ¡Menudo demonio, anda que no salió rápido! Meunier reaccionó al instante, pero, como ya he dicho, yo no tenía ninguna intención de permitir que me ganara…Apretando los dientes y con el corazón a punto de estallar, salí en persecución de mi *enemigo* personal. Centímetro a centímetro me acerqué a él, reduciendo pellizco a pellizco su ventaja hasta que por fin lo pasé. Y me dio la sensación de que cada vez estaba más cerca de Ronsse… No había duda posible, el hueco que nos separaba era cada vez menor. No llegaba ni al metro, 50 centímetros… Después llegué hasta él, lo pasé… ¡Lo había pasado! Se acabó. ¡Yo acababa de ganar la París-Roubaix!». Aquel éxito le valió una prima de 5000 francos por parte de su equipo, el Alcyon; una suma considerable, por entonces.

Conocido por todos como Dédé, los bellos rasgos de Leducq, sus maneras joviales y su indiscutible reputación de gozar de éxito con las mujeres ocultaban su enorme fortaleza física y mental sobre la bicicleta. A pesar de que en un principio fuera considerado un especialista en las clásicas con buen esprint, acabaría logrando dos Tours de Francia, estableciendo un récord de 25 victorias de etapa, marca que permaneció en pie hasta que Eddy Merckx la batió en 1972. En sus memorias reveló que la noche antes de la victoria en Roubaix «cedió a la *ternura*» de su novia de entonces.

La victoria de Leducq sería la última que no se iría rumbo a Bélgica hasta mediada la década siguiente. Después de que el francés lo batiera en el esprint en 1928, Georges Ronsse regresó a la París-Roubaix como campeón del mundo. Catorce días antes se le había escapado la victoria en el Tour de Flandes por culpa de una caída cerca de meta. Aquel día había demostrado ser el más fuerte, y su estado de forma era igual de bueno para la *Pascale*. Por desgracia, los hados del ciclismo seguían en su contra.

Todo marchaba según lo planeado para el campeón del mundo hasta llegar a Arras, donde aumentó el ritmo del grupo cabecero llevándose consigo a otros tres belgas: Su *enemigo* Meunier, el joven Aimé Déolet y Alfred Hamerlinck. Los dos primeros eran compañeros de Ronsse en La Française, mientras que Hamerlinck era un *intruso* y quedó fuera de combate cuando pinchó mientras atravesaba uno de los peores pasajes del trazado, en Hénin-Liétard. Ronsse continuó apretando, sabedor de que el polvo negro como el carbón que levantaban los líderes a su paso, y sobre todo el levantado por los vehículos que los seguían, entorpecería los esfuerzos de los que llegaban por detrás. Ni tan siquiera un pinchazo a 16 km de la nueva meta, en el Stade Amédée-Prouvost en Wattrelos, entorpeció su tranquila navegación hacia una segunda corona.

Fue el primero en entrar a la pista de ceniza del estadio, superficie que puede ser buena para el atletismo, pero que, como estaba a punto de verse, no lo es para disputar la llegada de una clásica. Los tres compañeros de equipo belgas bajaron el ritmo mientras daban la vuelta a la pista hasta que se acercaron a la última curva, desde donde comenzó el esprint. Mientras pasaba a Meunier por fuera, la rueda de Ronsse resbaló y este se fue al suelo, llevándose consigo a Déolet. Meuniet se dejó ir para convertirse en un vencedor de pleno derecho, aunque puede que algo afortunado.

Ronsse se levantó, cargó su bicicleta sobre su hombro y pasó la meta a pie. Una vez que la hubo sobrepasado arrojó su máquina al suelo y comenzó a sollozar. Parte del público mostraron su descontento invadiendo la pista, lo que impidió que ningún otro ciclista terminara sobre la ceniza. Los periódicos del día siguiente lanzaron fuertes críticas por esta llegada, declarando que no era digna de una carrera como aquella y preguntándose qué habría ocurrido de haberse llegado en pelotón. También hubo muchos otros que pusieron en duda la calidad y compromiso de los ciclistas franceses, puesto que los belgas habían copado las cinco primeras plazas. Se preguntaban «¿por qué se molestan en presentarse?».

Y esa misma sería la pregunta que se haría en 1930 el joven francés de veinte años Jean Maréchal cuando terminó la carrera. En 1928 había quedado patente su prodigioso talento, pues con 18 años lograba el título de campeón nacional *amateur*, en parte gracias al apoyo recibido por parte del que fuera *recordman* de la hora, Oscar Egg. El exprofesional suizo tenía una tienda de bicicletas en París y fichó al novato para que corriera en su equipo, pero poco después Maréchal aseguró que firmó bajo coacción, y en 1929 alcanzó un nuevo acuerdo con otro fabricante francés,

Dilecta. Egg elevó una queja a la federación francesa y esta despojó a Maréchal de su título nacional, prohibiéndole competir durante tres meses y multándolo por infracciones profesionales. Con fama de causar problemas, Maréchal tendría problemas para encontrar un nuevo equipo. En 1930 competiría como independiente, apoyado por el dueño de una tienda de bicicletas del 15º distrito de París, donde Maréchal vivía.

Pese a que nadie consideraba que el joven tuviera opción alguna, Maréchal fue la sensación. Siempre junto a los líderes, atacó a falta de 65 km. Apenas hubo un ciclista capaz de seguir a su lado. Julien Vervaecke, enfundado en los colores del todopoderoso Alcyon dirigido por Ludovic Feuillet, cooperaría al principio con su joven rival, hasta que Feulliet le ordenó «sentarse» y no seguir trabajando. El experimentado belga acató las órdenes durante un rato, silbando, mientras pedaleaban, en un intento de enervar a Maréchal.

Por fin Vervaecke salió a toda velocidad, sorprendiendo al joven francés, pero sin lograr acabar con él. «A cinco o seis kilómetros de Roubaix llegué de nuevo a su altura, después avanzamos muy juntos, uno al lado del otro, hasta que él acabó en la cuneta», recordaría Maréchal. «Terminé la carrera en solitario y, nada más cruzar la meta, me invadió un mal presentimiento».

Feuillet puso una reclamación, pidiendo que Maréchal fuera descalificado. Minutos más tarde los comisarios relegarían al francés a la segunda plaza. Pero ese castigo no estaba, para nada, a la altura del supuesto crimen. En caso de que Maréchal fuera considerado culpable de haber empujado a Vervaecke a la cuneta, aunque hubiera sido de manera no intencionada, debió ser descalificado. El francés insistió en que cualquier contacto con su rival había sido accidental, y que no había pasado de rozarse codo con codo. Incluso Feuillet admitió que Maréchal no había actuado con deliberación. ¿Qué pasaba entonces?

Hubo quien sugirió que los comisarios habían cedido a las presiones de algunos aficionados belgas, furiosos con el destino de Vervaecke. Sin embargo, parecía más probable que los comisarios hubieran cedido a la presión —real o percibida— ejercida por

Alcyon, cuyo gasto en publicidad dentro de las páginas de *L'Auto* era considerable. Maréchal insistió en que había sido víctima de un robo, pero su castigo siguió vigente. A pesar de que aquel mismo año vencería en la París-Tours, su carrera se fue apagando lentamente, hasta que se hizo instructor de conducción. El destino sería mucho más cruel con Vervaecke. En mayo de 1940 unos soldados polacos que luchaban junto a los británicos le exigieron que les dejara su casa. Ante la negativa de este, lo asesinaron.

El Bulldog toma el mando

Durante los años de entreguerras Bélgica sacaba un nuevo aspirante al título de Roubaix casi cada año. Sin duda, el mejor de todos ellos fue un hombre achaparrado y con una actitud que le impedía darse nunca por vencido. Hijo de un mercader de ropa blanca de Flandes occidental que acabaría abriendo una tienda de lanas y equipamiento de costura, Gaston Rebry pasó a profesionales en 1926. Apodado *Beier* (el Calcetero) por sus compañeros del Griffon-Dunlop, no tardó en ganarse otro apodo tras el feroz ritmo que impuso durante la contrarreloj por equipos del Tour de Francia de 1927, tan alto que a sus compañeros les costó seguir a su rueda y se quejaron a Ludovic Feulliet, director del Alcyon, de lo fuerte que había pedaleado su compañero. Desde entonces Rebry sería conocido como el Bulldog. Con su arrugada frente y orejas de soplillo, el apodo encajaba a la perfección con el semblante del belga.

En su pequeño cuerpo Rebry escondía una fabulosa musculatura, siendo la mayor parte de estas fibras lentas, más que rápidas, con lo que, a pesar de ser capaz de mantener un alto ritmo sin acusar la fatiga, carecía de la aceleración de la que disfrutaban los mejores esprínteres. Sus esperanzas de victoria pasaban por terminar en solitario. Por esto, cuanto peor era la climatología, más opciones tenía. En 1931 se encontraba en su elemento, pues la carrera se disputó bajo una cortina de agua y fuertes vientos. En la salida les dijo a los periodistas. «Con este clima, para mí, es como si estuviera de vacaciones...».

La carrera dio comienzo en el recinto ferial Luna Park de Argenteuil, donde se alinearon nada menos que 48 belgas en un pelotón de 102 ciclistas. La lucha se desencadenó antes de Doullens, cuando el grupo de cabeza se dividió en varios abanicos por culpa de los vientos de costado. Estas formaciones diagonales que forman los ciclistas tienen una belleza difícil de explicar, pero pedalear en ellos se convierte en todo un infierno si el ciclista no está cerca de la cabeza, no está en su mejor momento de forma o no es una mala bestia, como lo era Gaston Rebry. Incluso en la actualidad, la palabra *abanico* pone, de inmediato, una sonrisa en la cara de los ciclistas flamencos, que se han pasado toda su existencia como ciclistas luchando contra los vendavales que soplan desde el Mar del Norte.

Dándose cuenta de que el viento sería un factor determinante en el momento en el que se diera un cambio de dirección en la carretera, Rebry escaló posiciones hasta colocarse en cabeza, decidido a hacerle pasar un mal rato a todo el que estuviera detrás. Ascendiendo Doullens, casi no aflojó el ritmo. Apenas quedaban cuatro hombres a su rueda cuando coronó esta ascensión, incluidos Ronsse y Charles Pélissier. Mientras arreciaba la lluvia, Rebry siguió marcando el ritmo hasta quedarse, por fin, solo. Sobre la meta, su ventaja se extendió a casi dos minutos.

Pese a que en 1932 Romain Gijssels les negó la victoria, el equipo Alcyon regresaría a lo más alto un año después, aunque el duelo entre los compañeros de equipo Julien Vervaecke y Sylvère Maes resultó de los más amargo. Los dos belgas se habían deshecho de todos los demás competidores, pero daban la sensación de estar muy igualados. Feulliet, director del equipo, subió hasta ambos y le dio una serie de instrucciones a Vervaecke, quien, a diferencia de Maes, hablaba francés.

«¿Qué ha dicho?», le preguntó Maes a su compañero.

«Monsieur Ludo ha subido a decirme que tienes que dejarme ganar. Tú ganarás el año que viene», le respondió Vervaecke.

Puede que, siendo su primer año como profesional, Maes fuera un poco ingenuo, pero no era imbécil. Batió a Vervaecke en el esprint, haciéndose con la primera de una gran lista de victorias a lo largo de su carrera, entre las que estarían dos generales del Tour de Francia.

La racha de Alcyon continuaría en 1934, aunque la controversia salpicaría, de nuevo, su victoria. Por primera vez desde 1928 Francia celebraría una victoria, pues Roger Lapébie se escaparía de Rebry y Jean Wauters, otro belga, sobre la Avenue del Villas. Sin embargo, en cuestión de minutos Lapébie se veía descalificado por no completar el trazado sobre la misma bicicleta con la que comenzó, como estipulaban las reglas.

El incidente crucial sucedió a diez kilómetros de la meta. Francia parecía tener la victoria asegurada, puesto que los velocistas Lapébie y René Le Grevès tenían ventaja sobre Rebry y Wauters, quienes eran unos reputados *rouleurs*, o rodadores, término utilizado para describir a ciclistas que pueden mover largos desarrollos durante horas, en el llano, habitualmente. Pero los adoquines de Roubaix tenían, todavía, la última palabra. El primero en detenerse fue Le Grevès, cuyo manillar se había roto. Casi de inmediato, Lapébie pincharía. Se detuvo y vio una bicicleta a un lado de la carretera. Solo cuando estuvo ya en marcha se dio cuenta de que era una bicicleta de mujer, pero continuó adelante hasta divisar otra más adecuada para la competición. Una vez sobre la misma, alcanzó a los dos belgas y los batió en el esprint. El alborozo fue tremendo. Lapébie se había alzado con la victoria luciendo los colores de campeón nacional de Francia. Pero apenas se extinguían las últimas notas de *La marsellesa* comenzó a extenderse la noticia de su descalificación. Rebry sería quien heredase la victoria.

Sin duda, este incidente tuvo gran culpa de que un año después fuera introducida una nueva regla por la que se permitía a los ciclistas intercambiar ruedas con alguno de sus compañeros, o recibir una nueva del coche de su equipo. Las propias bicicletas estaban cambiando, también, sobre todo gracias al uso, cada vez más común, de la aleación duraluminio, usada por los fabricantes para conseguir unas ruedas, manillares, frenos y otros componentes más robustos y ligeros. Este producto revolucionaría la tecnología ciclista, reduciendo en apenas tres años el peso de las bicicletas desde una cantidad que se situaba algo por encima de los diez kilos en 1932, hasta menos de ocho tres años más tarde. Algunos ciclistas comenzaban a utilizar cambios, también, con lo que contaban con más de un desarrollo con el que pedalear.

Hubo quien se quejaba porque las mejoras en las bicicletas y sus componentes, en la preparación física de los ciclistas y el mejorado estado de las carreteras estaban cambiando, de manera radical la París-Roubaix, y esta ya no era la prueba tan brutal que había sido en su momento. Este punto se vio refrendado cuando el vencedor de la edición de 1932 registró una velocidad récord de 39,230 km/h, aunque es cierto que el pelotón había gozado de viento a favor durante la mayor parte del día. ¿Pero de verdad era una carrera más sencilla?

Desde luego, Jacques Goddet, de *L'Auto*, no lo creía, señalando que, pese a que el viento podía hacer que una carrera fuera más rápida, no significaba que esta fuera más sencilla. Se había ido a toda máquina desde el mismo comienzo, con lo que cualquier problema mecánico resultó fatal para las opciones de los ciclistas. Rebry fue de los pocos que consiguió reintegrarse en el grupo cabecero después de un pinchazo, aunque para ello necesitó 18 km de persecución. La carrera seguía siendo durísima, solo que desde otro enfoque.

Después de reintegrarse en el grupo, Rebry apenas se tomó un respiro antes de regresar al frente del pelotón para imponer un ritmo todavía más aniquilador. A falta de 30 km apenas aguantaban a su rueda dos ciclistas, su compañero de equipo Jean Aerts y Dédé Leducq. A falta de 20 kilómetros Aerts, cuyo rostro era la viva imagen de la angustia, perdió comba, dejando el camino expedito para un cara a cara entre dos de los ases del ciclismo.

Rebry demostró su clase y habilidad pasando, cada vez que podía, de los adoquines al pequeño carril de tierra batida que había en los márgenes de la calzada, regresando de un pequeño salto al pavé cuando los aficionados le bloqueaban el paso. Leducq siguió cada uno de sus movimientos, consciente de que, si era capaz de mantenerse con el belga hasta la nueva llegada, en el Hippódrome des Flandres en Marcq-en-Baroeul, donde aguardaban 40 000 espectadores, tenía todas las opciones de adjudicarse el esprint. Pero, a falta de 15 km, el francés notó que su rueda trasera se deshinchaba. Se detuvo para darle un rápido golpe de aire, pero mientras lo hacía, Rebry desaparecía tras una nube de polvo. En la pista del hipódromo los 40 000 espectadores recibieron a «Mr. París-Roubaix», primer ciclista en el periodo de entreguerras, desde Octave Lapize, en ganar tres ediciones de la *Pascale*.

El campeón belga, que siempre preparaba la Roubaix cubriendo 180 km del trazado durante los cinco días previos a la carrera, estuvo a punto de añadir un cuarto triunfo una temporada después, pero cayó derrotado en un esprint a tres contra Romain Maes y Georges Speicher. Parecía que el francés Speicher se proclamaría vencedor, pero Maes, vencedor del Tour de Francia —y sin relación con su compatriota Sylvère— se llevó la victoria por media bicicleta. O eso fue lo que pensó la mayoría de la gente en el hipódromo, al menos. Pero, de alguna manera, los comisarios de meta habían visto otra cosa. Careciendo todavía del avance de la *foto-finish* para corregir el error, el Trofeo Duraluminio de vencedor de la Roubaix recayó en Speicher, para consternación incluso de la siempre devota prensa francesa. Daba la sensación de que se estaba haciendo justicia con Francia tras los reveses sufridos durante las anteriores temporadas por Curtel, Maréchal y Lapébie, pero Maes no tenía nada que ver en todas estas controversias; además, y es importante señalarlo, había cambiado de equipo, pasando a Labor desde Alcyon, equipo en el que Speicher era uno de los líderes.

Mientras que esa llegada fue polémica, la de la siguiente edición sería para recordar, pues Jules Rossi venció en el esprint a nada menos que cuatro belgas, convirtiéndose en el primer italiano que ganaba en Roubaix. En justicia, buena parte de esta victoria le pertenecía a Francia, puesto que allí se había mudado Rossi con parte de su familia a los seis años, tras quedar huérfano. Había ascendido de categoría con el reconocido Vélo Club de Levallois, club que ya había criado a campeones de Roubaix y el Tour de Francia como Louis Trousselier y Dédé Leducq.

La victoria de Lucien Storme en 1938 fue tan impresionante como la de Rossi, porque la de Roubaix era, apenas, su cuarta carrera como profesional. Con Rebry como mentor, el joven de 21 años corrió con los colores del equipo de André Leducq. Vencedor de una etapa en el Tour de Francia la temporada siguiente, lideraba la nueva hornada de talentosos belgas cuyas esperanzas se verían pronto truncadas por el estallido de la guerra. Storme seguiría compitiendo en Bélgica durante la guerra, pero parece ser que, para conseguir más ingresos, se dedicó al contrabando. Sería arrestado en 1942 y, enfrentándose a una segura pena de prisión en Bélgica, intentó fugarse, golpeando a un oficial alemán. En marzo de 1943 los alemanes lo llevaron al campo de trabajo de Siegburg, cerca de Colonia. Estuvo a punto de perder la vida por las condiciones en las que vivió, pero llegaría a ver la liberación del campo por parte de los estadounidenses, en abril de 1945. La tragedia llegaría durante la confusión que trajo la liberación, cuando Storme recibió un balazo fatal en el cuello.

La última edición previa a la guerra cayó en manos de otro joven belga, Émile Masson hijo, de Lieja, cuyo padre terminaría tercero en la edición de 1922. Émile padre no dejaba de decirle a su hijo: «Espero vivir al menos hasta dos horas después de ver cómo ganas la París-Roubaix. Si mi vida se termina en ese momento, me podré ir en paz, diciéndome a mí mismo:"He convertido a mi hijo en un campeón. Ya no me necesita para nada más…"».

Lo cierto es que Émile sénior vivió hasta 1973, lo que le dio mucho tiempo para deleitarse en la gran actuación de su hijo. Después de escaparse en solitario a falta de 25 km, Masson pinchó y vio cómo le pasaban los dos ciclistas a los que acababa de dejar atrás, seguidos muy de cerca por otro grupo de 14 integrantes. No tardaría en reintegrarse en este grupo, recobrar el aliento y, después, dejarlos atrás, con la única excepción de Georges Speicher, quien sería el único capaz de responder a su aceleración. Masson llevaría al francés hasta Roger Lapébie y el luxemburgués Jean Majerus, para volver a atacar de nuevo sin que, en esta ocasión, pudiera seguirlo nadie.

A estas alturas, el estallido de una nueva guerra parecía seguro, y habría que esperar todavía cuatro años para conocer al sucesor de Masson.

EN EL PUNTO DE MIRA DEL ASFALTO

A pesar de que en septiembre de 1939 estallaba la guerra, y de la movilización general previa que se estaba desarrollando, los organizadores de la París-Roubaix en *L'Auto* continuaron con los planes para la 41ª edición de la *Pascale*. Con la invasión alemana cada vez más probable, y estando Roubaix situada en medio de una zona militarizada estratégica, la alta comandancia francesa le dejó claro al editor jefe de *L'Auto* y director de la Roubaix, Jacques Goddet, que no tenía la más mínima posibilidad de celebrar un evento que se adentrase en la ciudad en abril de 1940. Con estas trabas, Goddet y su equipo contemplaron realizar el trayecto en sentido contrario, pero los progresos de la guerra no tardaron en acabar con tanta deliberación.

En enero de 1940, entre los restos de un avión militar alemán que se estrelló en Bélgica, se encontraron los documentos con los planes para la invasión de Francia y los Países Bajos, planes que recibieron el nombre en clave de *Fall Gelb* (Plan Amarillo). Estos revelaban que los alemanes planeaban retrasar su ofensiva hasta primavera, cuando era más posible que la climatología fuera favorable. A pesar de que el ejército francés se movilizó a lo largo de todo su borde nororiental, los alemanes siguieron adelante con el plan previsto. El 10 de mayo dio comienzo la invasión. Justo dos semanas después las tropas alemanas ocupaban Roubaix, enclave vital por su industria textil. En 1941, tres cuartas partes de la producción de los molinos y fábricas de Roubaix eran enviadas a Alemania.

Mientras los alemanes preparaban su invasión, *L'Auto* organizaba una carrera para entregar el Trofeo Duraluminio con el que se galardonaba a los vencedores de Roubaix desde 1937. Sesenta y tres ciclistas —solo uno de ellos sería belga— se alinearon en Le Mans bajo una pancarta en la que se leía «Salida de la París-Roubaix», para celebrar una carrera que terminaría en París, en el estadio del Parque de los Príncipes, donde el francés Joseph Soffietti consiguió el trofeo. Otras carreras similares se celebrarían entre París y Reims durante los siguientes dos años, bautizadas por un periodista como «sucedáneo de París-Roubaix». La carrera auténtica tendría que esperar hasta 1943 para su regreso, en circunstancias muy controvertidas.

Como director de una importante publicación la posición de Goddet durante la guerra fue delicada y bastante complicada. Jamás escondió el hecho de que simpatizaba con el gobierno colaboracionista de Vichy, encabezado por el Mariscal Pétain. Sin embargo, insistiría en que esto era debido, sobre todo, a su respeto por el Pétain héroe condecorado de la Primera Guerra Mundial y sus, en primera instancia, principios conservadores, que tras completarse la ocupación de Francia por las potencias del eje, en noviembre de 1942, fueron adquiriendo un aspecto mucho más siniestro y fascista. Goddet también transigía con el claro sesgo proalemán de las páginas de noticias generales de *L'Auto*, consecuencia de que su hermano Maurice le hubiera vendido su participación en el negocio que ambos habían heredado de su padre, Victor Goddet, a un consorcio de empresarios alemanes.

En su autobiografía de 1991, *L'Équipée Belle*, Goddet defendía sus actos durante la guerra, revelando que permitió que su amigo, el editor Émilien Amaury, quien era miembro de la Resistencia, utilizara las prensas de *L'Auto* para imprimir material en apoyo a la campaña contra los ocupantes. Sin embargo, pareció olvidar su participación en uno de los días más negros de la historia bélica de Francia. En julio de 1942 la policía francesa realizó una redada contra 13 000 judíos parisinos. Los nazis los encerraron en el Vel' d'Hiv', edificado por Henri Desgrange y Jacques Goddet en 1902. El propio Jacques Goddet sería quien les entregara a los alemanes las llaves del edificio. Encerrados en una instalación demasiado pequeña para ese número de personas, sufriendo el calor y la insalubridad por la ausencia de lavabos, los 13 000 hombres, mujeres y niños permanecerían en esa pista, famosa por las carreras, el patinaje sobre ruedas, las corridas de toros y otros espectáculos, durante cinco días, antes de ser transportados a Auschwitz. Solo sobrevivirían 400.

La ambigua posición de Goddet durante la guerra resulta todavía más complicada por su actitud sobre el Tour de Francia. Se negó a organizarlo durante la guerra, sugiriendo después que con ello evitó que la carrera fuera utilizada con fines propagandísticos. Pero, animado por el gobierno de Vichy, organizaría el Grand Prix du Tour de France, competición que se extendía durante toda la temporada y albergaba una serie de carreras de un día, entre las que estaban la París-Tours y la París-Roubaix.

El 25 de abril de 1943, 120 ciclistas se alinearon en St-Denis para la cuadragésimo primera edición de la París-Roubaix, incluidos más de 30 belgas. El claro favorito era el campeón del mundo, Marcel Kint. Como la mayoría de flamencos, Kint pudo seguir compitiendo durante la guerra, lo que les confirió una clara ventaja sobre sus rivales franceses, cuyo calendario de competición había quedado mucho más reducido. A pesar de que el contingente francés hizo todo lo que pudo para evitar que los belgas impusieran un dominio absoluto, al llegar a la meta en el velódromo de Roubaix, de los cinco hombres del grupo cabecero cuatro eran del otro lado de la frontera belga, incluidos Kint y su compañero de equipo Jules Lowie. El único no belga era el francés Louis Thiétard, del que Kint apenas sabía nada. Su máxima preocupación era la aceleración final de Achiel Buysse y Albert Sercu. Para neutralizar la amenaza que ambos suponían Lowie atacó poco después de que el quinteto llegara al estadio de cemento. Buysse y Sercu tenían que responder. Según llegaban a la rueda de Lowie, Kint aceleraría, pasándolos para hacerse con el trofeo.

Esa tarde Kint cubrió los 25 km de vuelta hasta su casa, en Zwevegem, sobre su bicicleta, con su equipación en una mochila, como solía ocurrirle dadas las restricciones impuestas al uso de automóviles por el racionamiento de gasolina. «No muy lejos de casa me encontré con uno de mis simpatizantes, quien me preguntó a qué me estaba dedicando. Le dije que acababa de vencer en la París-Roubaix. Pero no me creyó y soltó una sonora carcajada. De hecho, nadie me creyó hasta que no vieron la prueba en los periódicos a la mañana siguiente», le contaría Kint al periodista Pascal Sergent muchos años después. «Tengo muchísimos recuerdos de la París-Roubaix. Sobre todo, hay que tener algo de acróbata a la hora de pasar del pavimento a la carretera mientras se pedalea con un 49x17».

A pesar de la amenaza de una invasión aliada la París-Roubaix de 1944 salió adelante, siendo la primera vez que la salida se daba desde Compiégne. La victoria volvería a pasar la frontera, esta vez atesorada por Maurice De Simpelaere, quien le sacaría media bicicleta a Jules Rossi. De Simpelaere sería uno de los apenas 14 belgas que pudieron regresar en 1945, mientras los aliados avanzaban por el norte de Europa. A pesar de ser uno de los siete ciclistas que disputaron el esprint, seis ciclistas franceses entorpecieron el avance del campeón. Paul Maye demostró ser el más rápido de todos, mientras los ciclistas locales coparon el podio por primera vez desde 1912.

Los belgas regresaron en bloque durante 1946, liderados por De Simpelaere y la última sensación belga en las clásicas, Rik Van Steenbergen. Pero ambos serían batidos por un compatriota que se había pasado la mayor parte del año anterior en Irlanda después de haber sido reclutado por el ejército belga en 1945. Viva imagen del pedaleo hecho perfección, puede que Georges Claes sea el menos reconocido de los ganadores de Roubaix, y desde luego lo es entre los que lo hicieron en dos ocasiones. De gran clase y suficiente fortaleza como para terminar segundo en el Tour de Flandes de 1942 y quinto en Roubaix dos años después, Claes se filtró en la escapada que se abrió camino tras apenas 17 kilómetros. Más de 200 km más tarde, después de que el pelotón hubiera neutralizado la escapada, el elegante ciclista de 26 años se mantuvo en cabeza y con suficientes fuerzas como para atacar al acercarse al *virage de Wattignies»* (la curva de Wattignies), una famosa sección de adoquines a 22 km de la meta que se había convertido en uno de los puntos clave de la Roubaix.

El francés Louis Gauthier fue el único de entre los 30 hombres que formaban el grupo en contratacar a Claes, y la pareja consiguió labrarse un hueco suficiente como para ganar. Conocido como el Rompecadenas, Gauthier pudo evadir el mal augurio de su apodo. Pero la mala suerte quiso que uno de sus calapiés estuviera roto, lo que sin duda afectó a su esprint dado que no podía tirar del pedal hacia arriba con la fuerza con que solía hacerlo. Pese a todo, aunque su bicicleta hubiera estado intacta es poco probable que Gauthier hubiera batido a Claes, quien disfrutaba de un día tremendo de fuerzas.

La exitosa defensa de su título no pudo construirse sobre cimientos más distintos. Se abstuvo de salir en la primera escapada, que llegó cuando apenas habían pasado 20 km y contó con siete ciclistas. A mitad de carrera, cuatro habían quedado rezagados. Pasado Amiens, con la mitad de la carrera ya disputada, el italiano Olimpo Bizzi había dejado atrás a sus dos acompañantes y lideraba la carrera en solitario. Con la lluvia cayendo y la grava de las carreteras pegándose cada vez más a las ruedas Bizzi siguió adelante hasta que, a falta de 17 km, no calculó bien su salto desde los adoquines a la parte no pavimentada que hay junto a estos. Destrozó una rueda al caer con demasiada fuerza, y con ello perdería la mayor parte de los dos minutos de ventaja que tenía. Bizzi apretó los dientes, pero sería alcanzado por tres rivales a apenas dos km de la meta.

Claes, su compatriota Adolf Verschueren y el francés Louis Thiétard aplastaron al italiano, dejando atrás a Bizzi meditando sobre su mala fortuna. Cuando el trío alcanzó el repleto velódromo de Roubaix Claes se posicionó a la cola, fijándose en los movimientos de sus rivales con auténtica maestría, antes de salir disparado hacia la victoria. ¿Su secreto? «Solo me he comido 300 gramos de terrones de azúcar y siete plátanos, además de que tuve algo de suerte».

El doblete pudo convertirse en triplete para el belga en 1948, de haber seguido de su parte la buena suerte. Pero acabaría tercero en la que, con bastante seguridad, sea la participación más fuerte que jamás viera la Roubaix. La introducción de la Challenge Desgrange-Colombo, que constaba de tres carreras en Francia, Italia y Bélgica, garantizaba la presencia de los nombres más grandes del deporte, incluidos Fiorenzo Magni, Briek Schotte, Ferdi Kübler, Hugo Koblet y Louison Bobet. Pero la mayor atención antes de la carrera la atraería Rik Van Steenbergen.

Entró como una centella en la escena ciclista al ganar Flandes en 1944 con apenas 20 años, volviéndola a ganar dos años después. Durante este tiempo tomaría siempre la salida en Roubaix como uno de los favoritos, sufriendo cada vez problemas mecánicos. Con tanta astucia como clase, Van Steenbergen se mantuvo en las profundidades del pelotón mientras un tempestuoso viento a favor empujaba a una escapada de siete hombres durante más de 200 km. El italiano Magni era el más fuerte de los escapados, pero no hacía más que quejarse de no encontrarse bien y de tener problemas con el cambio, según contaría otro de los siete escapados, Robert Chapatte, quien se convertiría más tarde en la voz del ciclismo en la radio y televisión francesas, además de postular la Ley de Chapatte, que dicta que un grupo necesita diez kilómetros para recortarle a un ciclista una ventaja de un minuto. Esta «ley» sigue siendo mencionada a menudo hoy en día, aunque el nombre de Chapatte ya no se mencione tan a menudo.

Magni y su compatriota Gildo Monari serían los últimos supervivientes de la escapada. Más de una docena de ciclistas llegaron hasta la pareja italiana antes de la curva de Wattignies. Pasando por esta sección y sobre el áspero pavés de Ascq, más de la mitad del grupo se vio rezagado por los pinchazos, dejando apenas seis hombres en cabeza: el obstinado Magni y Monari, Claes, Van Steenbergen, Adolf Verschueren y el francés Émile Idée, quien tenía claro que en una llegada al esprint tenía poco que hacer ante los belgas.

El francés atacó a las afueras de Roubaix. Durante unos segundos no hubo respuesta. Sentado a rueda de Claes, Van Steenbergen asumió por fin la responsabilidad y, en parte gracias al rebufo momentáneo que consiguió de un coche, cerró el hueco con Idée. La pareja entró al velódromo, donde jamás hubo duda alguna de cuál sería el resultado, como el propio Idée admitiría después. Sobre la meta, ambos hombres quedaron separados por diez metros, con el belga consiguiendo una velocidad media de 43.612 km/h, la más rápida alcanzada en una gran clásica hasta entonces. Van Steenbergen, quien había pasado mucho tiempo como ciclista en pista, dijo «este va a ser mi mejor recuerdo, y a la vez el peor. El mejor porque regresar a la ruta me ha permitido lograr una de las carreras más importantes. El peor porque jamás he sufrido tanto».

La carrera de los dos vencedores

Durante sus primeros cincuenta años la París-Roubaix presenció numerosas llegadas controvertidas, pero ninguna se puede comparar a lo que sucedió en los metros finales de la edición de 1949, que se saldó con dos ciclistas en lo alto del podio. Vendida como un cara a cara entre Van Steenbergen y el debutante en la Roubaix Fausto Coppi, terminaría siendo una batalla entre fajadores del pelotón, quienes se aprovecharían de la estrecha vigilancia a la que se sometieron los favoritos.

Jesús Moujica, nacido en España, pero nacionalizado francés desde un año antes, sería quien provocara el movimiento ganador cuando atacó en Séclin a 25 km de meta. Los belgas Florent Mathieu y Frans Leenen saltaron a su rueda. Más adelante se les uniría André Mahé, justo antes de que Mathieu quedara eliminado. Mientras el trío de cabeza se acercaba al velódromo a la estela de un grupo de coches oficiales y de la prensa, Mahé atacó en solitario decidido a entrar en primera posición a la pista. Siguiendo las indicaciones de un gendarme el bretón siguió la fila de coches, y al francés lo seguirían Moujica y Leenen. Hasta que los tres hombres no se encontraron bajo la grada principal, en lugar de estar delante de la misma, no se dieron cuenta de que los habían dirigido por el desvío para vehículos, en lugar de seguir rumbo a la pista. En medio de la confusión Moujica se cayó y rompió un pedal.

El periodista belga Albert De Wetter, quien se acababa de bajar de su motocicleta de prensa, se dio cuenta de lo sucedido antes que los propios ciclistas. De Wetter condujo a Mahé y Leenen hasta la tribuna de prensa, desde donde pudieron pasar por entre la multitud y alcanzar la pista, luchando después entre sí por la victoria. Mahé ganaría el esprint; mientras completaba la vuelta de honor, Serse, el hermano menor de Coppi, lideró el esprint del pelotón y acabó tercero. Después se desencadenó un pandemonio.

Cuando Fausto Coppi se enteró, de boca de la prensa, del cambio de itinerario que había seguido Mahé convenció a Serse para que elevase una protesta, basándose en que Mahé no había completado el trazado oficial, ni tampoco la distancia estipulada. Minutos más tarde el francés salía de las duchas para enterarse de que los comisarios habían decidido que el vencedor era Serse Coppi. Cinco días más tarde la federación francesa resolvía de nuevo el resultado, declarando a Mahé vencedor y a Leenen segundo clasificado. Al recibir la noticia, la federación italiana apeló a la UCI. En agosto, cuatro meses después de la carrera, el órgano directivo del ciclismo anuló el resultado hasta que se celebrase su congreso en Zúrich a finales de noviembre. Justo antes del congreso, Fausto Coppi expresó su opinión sobre aquella controversia, diciéndole a los periodistas: «Nada me gustaría más que regresar a la París-Roubaix, sobre todo porque esa fantástica carrera todavía no luce en mi palmarés; pero, más incluso que eso, lo que me gustaría es que le devolviesen a Serse su victoria. De no ser así, lo más probable es que no me vean en la salida el año que viene». Y consiguió lo que deseaba; hasta cierto punto, al menos. En última instancia la UCI intentó contentar a todo el mundo al declarar a Mahé y Serse Coppi vencedores conjuntos.

Sería la única gran victoria de Serse Coppi en toda su carrera, que se vio truncada por la tragedia dos años después, cuando la rueda de su bicicleta quedó atrapada entre los raíles de un tranvía al final de la Milán-Turín, haciéndole aterrizar con la cabeza contra el suelo. A pesar de que pudo regresar sobre la bicicleta hasta su hotel, aquella noche comenzó a encontrarse mal. Se apresuró a llegar al hospital, pero moriría en brazos de Fausto tras sufrir una hemorragia craneal. Moujica, quien al final obtendría la tercera posición de aquella carrera, posición compartida con Leenen y Georges Martin, también sufriría un triste y prematuro final. Moriría en noviembre de 1950 en un accidente de coche en Montélimar, junto a Jean Rey, quien se había coronado campeón nacional francés un año antes.

En cuanto a Mahé, no dejó de preguntarse por qué fue él quien pagara el error de un gendarme. Hablando con *Procycling* en 2007, tres años antes de morir, Mahé también cuestionó la actitud de Fausto Coppi. «Coppi fue un gran campeón, pero hacer algo así —protestar de esa manera para que su hermano ganara— no es digno de un campeón. Aquello estaba muy por debajo de lo que era». Incluso seis décadas después, a sus 87 años, Mahé confesaba seguir marcado por lo sucedido aquel día. «Iba solo. Podría haber ganado en solitario».

Mahé también describiría la Roubaix tal y como era en aquellos años, recordando que: «desde el mismo momento en el que salíamos de París ya teníamos adoquines… había tramos de carretera asfaltada y, a menudo, nos encontrábamos una ciclovía o pavimento, algunas veces un estrecho tramo de alguna superficie más lisa. Pero no había manera de estar seguro de por dónde era mejor pedalear, así que ibas cambiando de un lado a otro, todo el rato. Saltabas con la bicicleta para pasar por un tramo pavimentado, pero cuanto más cansado estabas más te costaba hacerlo. Al final acababas metiendo la rueda delantera, sin llegar a meter la trasera, e ibas un poco a lo ancho. Y según el día, acababas cubierto de polvo de carbón o barro».

Tras la controvertida llegada de 1949, un año después no habría duda alguna de quien era el vencedor. Aunque su pobre debut acabó, al menos, con un resultado positivo, Fausto Coppi regreso a la *Pascale* decidido a añadir esta victoria a su ya extenso palmarés. La temporada anterior había conseguido el doblete Giro/Tour, además de la San Remo y Lombardía. Pero había quien consideraba que todavía estaba muy lejos de poder lograr la Roubaix, que los especialistas belgas en los adoquines lo superarían. Pero si alguna vez se ha producido una victoria que pueda ser descrita como un juego de niños, fue esta.

Coppi puso a prueba a sus rivales durante la ascensión a Doullens, convirtiendo el grupo en un reguero de ciclistas tras él, a los que dejó que le recuperaran terreno. Acercándose a Arras,

Gino Sciardis y Maurice Diot saltaron del grupo; ahí fue cuando Coppi sintió que se acercaba su momento. Acercándose al avitua-llamiento de Arras, Coppi se puso al frente. No tenía intención alguna de coger su *mussette* y hacer acopio de fuerzas antes de los tramos adoquinados más duros. Al contrario, aceleró y redujo en un santiamén el hueco que lo separaba de los líderes.

Sciardis no tardó en reventar ante aquel ritmo. Diot se aferró como pudo, dando algún relevo ocasional hasta que su director en el Mercier, Antonin Magne, le dijo que no lo hiciera, con la esperanza de que Coppi hubiera atacado demasiado pronto y con demasiado ímpetu, y que el líder de Mercier, Van Steenbergen, que venía en el grupo perseguidor, pudiera llegar hasta ellos. La respuesta de Coppi a la inacción de Diot fue aumentar el ritmo todavía más, moviendo el 52x15 que llevaba de desarrollo a una cadencia que el francés no pudo soportar. Durante los 45 km restantes la diferencia se fue inflando a favor del italiano, hasta el punto de que pudo tomárselo con más calma para saborear los vítores de la multitud cuando llegó a Roubaix y se adentró en el velódromo. Diot terminaría segundo, a casi tres minutos. Cuando se bajó de su bicicleta dijo: «He ganado la París-Roubaix. ¡Coppi estaba en otra carrera!».

Un radiante Coppi declaró: «No he sufrido en ningún momento... He cubierto los últimos 40 km sin forzar la máquina, y la ovación que he recibido en Roubaix me ha conmovido y ha hecho que saboree esta victoria». En la edición de *L'Equipe* del día siguiente Jacques Goddet dijo que parecía que Coppi hubiera estado pedaleando sobre su bicicleta estática.

La victoria de Coppi marcó el inicio de una edad de oro para la *Pascale*. A diferencia de la época actual, en la que la mayor parte de vueltómanos permanecen lejos de las clásicas de pavés, casi todos los grandes nombres del ciclismo se alinearon en la salida de St-Denis, lo que dio como resultado una serie de carreras de una emocionante impredecibilidad. Entre las mejores se encon-tró la quincuagésima edición, en 1952, culminada con un duelo entre Coppi y Van Steenbergen, quien tuvo que perseguir al grupo cabecero desde una retrasada posición en la que parecía haber per-dido toda posibilidad de victoria, empujado por el recuerdo de las críticas que había recibido tras una pobre actuación en Flandes una semana antes.

Durante los últimos 20 km Coppi atacó una y otra vez, consciente de que no tenía ninguna opción de batir al belga en un esprint. Pero Van Steenbergen se negó a dejarle ir, utilizando hasta el último gramo de fuerza que atesoraba. Llegados al velódromo, Coppi no tuvo respuesta para la aceleración del belga. Van Steenbergen admitiría que, de haber atacado Coppi una sola vez más, no habría tenido fuerzas para responderle.

Tres años después Coppi volvería a la carrera con una sola idea en mente: conseguir que el vigente campeón del mundo, Louison Bobet, no pudiera alzar los brazos. Ambos hombres habían sido buenos amigos, pero a Coppi le irritaba la progresión ascendente del francés, que ya había alcanzado la cima del deporte con dos victorias consecutivas en el Tour de Francia y un Mundial. Después de que Bobet se convirtiera en el primer francés que conseguía la victoria en el Tour de Flandes, dos semanas antes de Roubaix, Coppi le dijo a un periodista: «Lo que está claro es que si yo no voy, Bobet ganará. No cabe duda alguna». Por lo que se ve, aquella amistad tenía límites.

Los ciclistas tomaron la salida en un frío y lluvioso Día de Pascua para enfrentarse a un trazado que había sufrido numerosas modificaciones. El departamento de carreteras del noreste de Francia llevaba tiempo mejorando las condiciones de la red vial, asfaltando los tramos de adoquines. A menudo, estas mejoras se realizaban a petición expresa de los alcaldes o ayuntamientos, para los que formar parte del Infierno del Norte no tenía el menor atractivo y, por contra, estaban decididos a modernizar la región. Como resultado de esto, uno de los sectores clave de la carrera, el que iba de Hénin a Liétard pasando por Carvin, Séclin y Wattignies, llegando hasta Lesquien, desapareció del trazado, que ahora se dirigía al noreste para llevar a los ciclistas por la ascensión adoquinada de Mons-en-Pévèle, antes de regresar en Ascq al trazado original.

Mientras la carrera se acercaba a este nuevo sector la lluvia pasó a ser torrencial, resultando casi imposible distinguir a los ciclistas. Bobet, cuyo maillot arcoíris resultaba casi irreconocible, se esforzaba al frente de un grupo que perseguía a tres ciclistas que contaban con unos segundos de ventaja. El francés Jean Forestier demostró ser el hombre más fuerte de este trío en la colina de Mons-en-Pévèle, pero por detrás se había formado ya un poderoso grupo en el que estaban Bobet, Coppi y el vigente campeón de la carrera, Raymond Impanis. La ventaja de Forestier era de poco más de 200 metros, pero ninguno de los ciclistas que iban por detrás se decidía a trabajar a fondo para frustrar su aventura. Coppi sabía que no era capaz de igualar la velocidad punta de Bobet en caso de disputar un esprint en el velódromo, mientras que Bobet temía a su compatriota Gilbert Scodeller, quien durante la París-Tours del otoño anterior había demostrado ser más rápido que él. Aquello llevó a un callejón sin salida.

Durante los últimos 20 km Forestier no disfrutaría en ningún momento de más de 300 metros de ventaja sobre sus perseguidores, pero ese hueco demostró ser más que suficiente para asegurarle la victoria. El esprint por la segunda posición se luchó a cara de perro, con un Coppi que saltó en primer lugar pero que no tuvo la fuerza suficiente para mantener a raya a un enfurecido Bobet. «¡Maldito traidor! ¡Maldito ingrato!», escupió nada más detuvo su bicicleta. «Si Coppi hubiera estado dispuesto a colaborar en el tramo final habríamos atrapado a Forestier. ¡Qué pena que Fausto haya preferido jugar a perdedor y luchar por la segunda plaza! Yo en su lugar no hubiera tenido la desvergüenza de esprintar. Yo he corrido para ganar, pero lo único que Fausto buscaba hoy era quedar por delante de mí».

Coppi sostuvo que su estado de forma no era el mejor, pero que al menos había triunfado a la hora de conseguir que Bobet no ganase, lo que tampoco ayudó demasiado a enmendar el estado de la relación de ambos hombres. En cuanto a Forestier, un hombre parco en palabras pero que sobre la bicicleta demostraba una clase estética tremenda, entraría en un nivel superior gracias a esta victoria. Un año después se adjudicó Flandes. Años después diría sobre la Roubaix: «Me encantaba esa carrera, no solo porque la gané en su momento, sino por su dureza: es una carrera en la que todo hombre está solo».

Bobet se olvidó de este traspiés y aquel verano conseguiría su tercer Tour de Francia consecutivo. Pero terminó la carrera con un enorme furúnculo. Aquel mismo invierno se sometió a una intervención quirúrgica en la que le fue extirpado un enorme bulto necrosado, lo que le produjo una descomunal cicatriz de 20 centímetros de largo cuyo extremo se abría cada vez que el ciclista se enfrentaba a condiciones de lluvia o carreteras en mal estado. Fueron muchos los que pensaron que los días de Bobet como uno de los mandamases del ciclismo habían llegado a su fin, y nadie esperaba que volviera a participar en la Roubaix. Más tarde admitiría que el dolor que tuvo que soportar cuando regresó a la competición estuvo a punto de llevarle a la retirada, pero una victoria la semana anterior a la Roubaix le dio nuevas esperanzas, como también lo hizo la predicción meteorológica, que anunciaba una carrera en seco.

La ascensión a Mons-en-Pévèle volvió a resultar crucial. Se formó un gran grupo durante el descenso de la misma. Van Steenbergen estaba en él, al igual que tres ciclistas del Mercier: el reciente vencedor de San Remo, Fred de Bruyne, Bernard Gauthier y, por sorprendente que parezca, Bobet. Van Steenbergen buscó a su compañero, el vigente campeón del mundo Stan Ockers, pero un pinchazo lo había retrasado. No hubo que explicarle lo que le esperaba: muy pronto se vio neutralizando ataques de De Bruyne y Gauthier, bajo la mirada de Bobet. Cuando llegaron al velódromo Van Steenbergen apenas tenía fuerzas para esprintar. De Bruyne salió disparado con Bobet a su rueda, lanzando su esprint mientras la multitud aclamaba al francés en su llegada a la meta.

«Monsieur Fred» de Bruyne, figura muy popular en el pelotón profesional, tuvo que soportar los ataques de la prensa belga por haber ayudado a un francés a ganar la Roubaix a costa de Van Steenbergen. Aquel invierno, harto de ser un actor secundario, abandonaría Mercier para convertirse en el líder del equipo italiano Carpano-Coppi, redimiéndose con una gran actuación en solitario durante la *Pascale*, a pesar de pinchar a un kilómetro de la meta. Y su victoria no pudo llegar en mejor momento, dado que en 1957 cumplía diez años como profesional.

La Roubaix, amenazada

Pese a que el trazado de la Roubaix sufrió nuevas alteraciones, con su aproximación a meta dirigiéndose un paso más rumbo noreste a partir de 1958, pasando por Templeuve y Cysoing en lugar de Ascq, el dominio belga mantuvo su mano de hierro. Léon Van Daele, Noël Foré y Pino Cerami, nacido en Sicilia pero nacionalizado belga, sucedieron a De Bruyne. Lo único sorprendente en esta lista de nombres fue que no apareciera Rik Van Looy, quien, llegado 1959, había logrado todas las clásicas excepto Roubaix y Lieja. En el caso de esta última resulta más lógico, si se tienen en cuenta las largas ascensiones que presenta y que favorecían a los escaladores, en detrimento de Rik II; pero su fracaso en Roubaix resultaba casi incomprensible.

A pesar de que esto fuera culpa, en parte, de la mala fortuna, el principal problema para Van Looy era que su clase y fama siempre le obligaban a tomar la salida como uno de los grandes favoritos, con lo que casi nadie se mostraba dispuesto a colaborar con él. Además, la enorme impredecibilidad de la Roubaix hacía que la Guardia Roja de Van Looy (ciclistas a los que Faema fichaba para cumplir con cualquier misión que su líder les encomendase, lo que, en esencia, les hacía supeditar sus opciones en las clásicas siempre a las de su líder), era incapaz de implementar su estrategia clásica, consistente en poner un ritmo tan alto y durante tantos kilómetros como les fuera posible, drenando las fuerzas de los rivales de Van Looy antes de que este descerrajara el tiro de gracia. Aunque no era una táctica espectacular, desde luego que resultaba efectiva. Van Looy se defendía diciendo: «Cuanto más dura se haga la carrera, menos oportunidades de vencer tendrán los ciclistas de menor nivel».

La estrategia dio sus frutos, por fin, en 1961. Faema mantuvo un ritmo alto y Van Looy, vestido con el maillot arcoíris de campeón del mundo, se vio en una posición inmejorable para intentar los movimientos más peligrosos sin comprometer sus opciones. Al llegar al velódromo junto a otros cinco ciclistas, sería Émile Daems el rival de quien más debía preocuparse. Negociando la última curva Van Looy consiguió la trazada interior, haciendo prevalecer esta posición al derrotar a los rivales por una bicicleta. «¡He ganado la París-Roubaix! ¡He ganado la París-Roubaix!», repetía una y otra vez. «Soy el hombre más feliz del mundo». Al ser preguntado si su objetivo pasaba ahora por defender su maillot de campeón del mundo, respondió: «¿El Mundial? ¡Pero si acabo de ganarlo!». Tras quitarse un peso de encima como aquel, Van Looy completaría un mes después el repóker de clásicas al vencer en Lieja.

Tras una segunda victoria en la Roubaix de 1962, esta vez en solitario, Van Looy debió completar el triplete, pero durante la vuelta final cometió un error imperdonable al subir por el peralte para aprovechar la aceleración de bajada en su embalaje a la línea, pero permitiendo con ello que Daems entrase por su interior y le arrebatase el título. Esta sería la séptima victoria belga sucesiva, tercera vez consecutiva en que ciclistas de este país copaban las tres plazas del podio. Sin embargo, mientras los medios franceses se preguntaban, de nuevo, por el motivo por el que sus ciclistas eran incapaces de luchar contra los belgas, como habían hecho durante los años previos a la guerra, los organizadores de la carrera se enfrentaban a un problema de mucho mayor calado.

Cuanto más avanzaba la mejora en la red de carreteras menos sectores de pavés quedaban disponibles para el paso de la París-Roubaix. Estaba llegando a un punto en el que la carrera se encontraba en claro peligro de caer en la intrascendencia en casi todos los aspectos, excepto en su longitud; casi se estaba convirtiendo en una versión primaveral de la París-Tours. Esto quedó todavía más de relieve cuando, en 1964, Peter Post se convirtió en el primer vencedor holandés, consiguiendo una velocidad media récord de 45,131 km/h sobre 265 km, en los que el pavé era poco más que el cimiento sobre el que se extendía el asfalto. Durante los siguientes 12 meses aumentó el ritmo de pavimentación, a pesar de que, tanto los organizadores de la carrera como los grandes ciclistas expresaran su preocupación. Cuando aquel año Van Looy completó el triplete de victorias, los tramos de pavés se habían visto reducidos hasta unos pírricos 22 km. En otras palabras, la longitud adoquinada sobre la que se corría ahora era menor al diez por ciento del trazado.

El director del trazado, Jean Garnault, alertó de que, a menos que se hiciera algo para preservar el pavé, en cuestión de cuatro años apenas quedaría ningún tramo en los últimos 45 km. Se reunió con representantes del departamento regional de viales y puentes para transmitirles su preocupación, pero esta cayó en saco roto. De común acuerdo con casi todos los representantes electos de la región, este departamento aspiraba a ofrecerle a los conductores locales la mejor red vial que fuera posible, lo que significaba que seguirían vertiendo alquitrán sobre los infernales adoquines de una carrera a la que contemplaban con desdén, dada la imagen negativa que, según consideraban, ofrecía de la región del norte.

A pesar de que la carrera sufría la castración parcial del desafío que representaba, su estatus y la lista de vencedores seguían siendo tan lustrosos como siempre. Van Looy describiría su éxito en la edición de 1965 como «la victoria más bonita de toda mi carrera». El implacable belga llevaba tres temporadas sin hacerse con ninguna clásica y, con 32 años de edad, había quien ya lo daba por acabado. Secundado por la leal actuación de Edward Sels, quien para muchos fue el hombre más fuerte aquel día, Van Looy atacó a diez kilómetros de meta, saltando desde el grupo. Noël Foré salió a su rueda, pero pincharía casi de inmediato, permitiendo a Van Looy disfrutar de una segunda victoria en solitario en el velódromo.

Hubo quien se preguntó si Van Looy había derramado unas lágrimas durante la llegada. El Emperador de Herenthals (por la pequeña población belga en la que vivía) lo desmintió, pero en la meta se mostró mucho más locuaz de lo que era normal en él, subrayando lo emocionado que estaba. «Si mi ataque no hubiera funcionado, Ward Sels habría contraatacado sin dejar que me recuperase. Y no queda duda de que entonces habría sido él quien ganara. Digamos que esta vez la suerte ha caído de mi parte», diría Van Looy en una atípica confesión

Al conseguir Willy Vannitsen la tercera posición, los belgas consiguieron el pleno en el podio por quinta vez en nueve años. Con otros 65 ciclistas en la salida, la participación belga doblaba la francesa, que se quedaba en 32, de los cuales solo Raymond Poulidor, Jacques Anquetil y el desafortunado Jean Stablinski se contaban entre los favoritos. Estas cifras reflejaban la pericia que los ciclistas flamencos, en especial, alcanzaban en las clásicas y las docenas de kermeses que se celebraban alrededor de toda la región.

Conocidas en neerlandés como *kermis,* deriva de las palabras *iglesia y misa,* haciendo referencia al aniversario de la fundación de la iglesia, estas carreras se volvieron de lo más popular durante los años de la posguerra. Disputadas en circuitos estrechos y cortos, por lo general entre cinco y diez kilómetros, a menudo solía haber pavés en los mismos y la competición se desarrollaba a altísimas velocidades, lo que demandaba de los participantes constantes cambios de ritmo a la salida de las curvas, además de un manejo de la bicicleta decidido: en otras palabras, un entrenamiento inmejorable para la París-Roubaix.

Pero ni tan siquiera los belgas pueden ganar todos los años, como demostraría Felice Gimondi en 1966. Esta edición resultó trascendental, pues introdujo nuevos tramos de pavés cerca de Roubaix. Para poder incluir dichos tramos sin necesidad de alargar la carrera en exceso, la llegada se llevó hasta Chantilly. Además de esto, en un cambio mucho más radical, el sentido de la misma cambió, yendo ahora hacia el este y desapareciendo hitos de gran tradición, siendo el más notable la ausencia de la ascensión de 2,5 km a la Côte de Doullens.

Estos cambios hicieron que la carrera fuera mucho más similar a lo que los espectadores del siglo XXI conocemos. Walter Godefroot la describiría diciendo: «Cuando entras en cabeza a la primera sección de adoquines te sientes como si acabaras de ganar una etapa. Después, ya no te queda tiempo de pensar en nada más». El trazado no presentaba ninguna dificultad digna de mención hasta que no se alcanzaba St-Quentin, casi a mitad de los 262,5 km del trazado. Las secciones de adoquines más duras se concentraban en los últimos 80 km de la carrera, incluyendo el tramo de Mons-en-Pévèle, tan crucial hoy en día. Incluso esta reciente introducción sufrió su cambio de rigor, ya que la organización prefirió mandar a los ciclistas por la dura Pas-Rolland.

Los cambios fueron tan numerosos que la mayoría de los favoritos prefirió reconocerlos en primera persona durante los días previos a la carrera. Vittorio Adorni y Felice Gimondi, del Salvarani, se encontraban entre los que reconocieron esos 80 km finales, y Gimondi decidió que lanzaría un duro ataque en Pas-Rollan para quitarse de encima a algunos de los muchísimos ciclistas que gozaban de una velocidad punta en llegada superior a la suya. Liderando junto a Michele Dancelli y el belga Jacques de Boever por el Pas-Rolland, Gimondi llevó a cabo su plan, atacando sobre los adoquines. Llegando a la cima en solitario, y con 40 kilómetros por delante, no dejó que llegara ningún tipo de ayuda de los hombres que iban por detrás. Mientras belgas y holandeses esperaban a que fueran los otros quienes se encargaban de llevar a cabo la persecución, el vencedor italiano del Tour de Francia se marchó para conseguir una victoria que recordaba las del mejor Fausto Coppi, terminando con más de cuatro minutos de ventaja. «No, no, no soy *monsieur* Coppi, pero espero ser digno de sucederlo algún día», dijo Gimondi cuando se le presentó esta comparación.

Aunque no tardaría demasiado tiempo en llegar al pelotón un ciclista que demostró ser merecedor de la túnica de Coppi, solo que este no sería Gimondi. Mientras el pelotón aceleraba cuando apenas se habían cubierto 50 km de carrera, Jean Stablinski se puso a la altura de Rik Van Looy para preguntarle quién era ese jovencito belga que estaba poniendo un ritmo tan alto desde tan lejos. «Jean, no tardarás mucho en conocerlo, se llama Eddy Merckx», le respondió Van Looy.

Merckx terminaría decimocuarto, tras verse obligado a cambiar de bicicleta y sufrir un par de pinchazos; un año más tarde, en 1967, mejoraría su clasificación: octavo en el esprint del pelotón tras el holandés Jan Janssen, quien superaría a Van Looy por media rueda. «Perder por tan poco se hace muy difícil, pero si he de hacerlo, prefiero que sea ante Jan. Es un gran campeón y sabe cómo arriesgarse», dijo Van Looy, cuya rivalidad con Merckx se había acrecentado tras compartir equipo durante 1965 en el Solo-Superia.

Pero el momento de Merckx estaba a punto de llegar, como también estaba a punto de hacerlo una nueva y terrible modificación en el trazado de la Roubaix...

EL NORTE SE ENAMORA DEL INFIERNO

Tras la edición de 1967, cuando Pas-Rolland acabó convertido en poco más que una tachuela con su precioso asfalto, e incapaz de abrir el más mínimo hueco entre los favoritos, el director de la carrera, Jacques Goddet, conminó a Albert Bouvet, exciclista profesional y director técnico, a encontrar nuevos tramos de pavé. Bouvet le pidió consejo a su amigo Jean Stablinski. Nacido y criado en Bellaing, a pocos kilómetros al oeste de Valenciennes, Stablinski era de ascendencia polaca. Su padre, Martin Stablewski, llegó al norte de Francia a mediados de la década de los 20 en busca de trabajo en las minas, dejando en Polonia a su mujer y sus 4 hijos. En cuanto Martin se estableció la familia se reunió con él en Francia, aunque su esposa no tardaría en fallecer por complicaciones al dar a luz al quinto hijo de la pareja. Tras ello, el hombre se casó de nuevo en Polonia, regresando con su nueva esposa a Francia. Jean Stablewski nació en 1932.

Cuatro años después de la muerte de su padre (en junio de 1940 lo atropellaría un camión del ejército alemán) Jean abandonó el colegio para convertirse en aprendiz de fontanero, evitando con ello que la familia perdiera su hogar. Y, en contra de los deseos de su madre, también comenzó a entregarse a su pasión por las carreras de bicicletas, no tardando en conseguir titulares en los periódicos, incluido uno en el que predecían que «Jean Stablinski» gozaba de un futuro prometedor. Aquella errata acabó convirtiéndose en su nombre.

Con 19 años Stablinski comenzó a trabajar en una mina cerca de Wallers-Arenberg, empujando vagonetas llenas de carbón y vigas de madera para apuntalar los túneles que se cavaban en busca de las vetas de carbón. Mientras él trabajaba bajo tierra su madre pedaleaba a través del bosque de Greenberg, cientos de metros por encima, para trabajar en un taller de cerámica de St-Armand-les-Eaux. Cuando Albert Bouvet fue a visitarlo en 1967 Stablinski lo llevó a esta carretera que atravesaba el bosque. «Yo conocía cientos de tramos de terrible adoquín en las profundidades del bosque, incluida la Tranchée d'Arenberg. Aunque me preocupaba enseñárselos», admitiría más tarde a *L'Équipe* el cuatro veces campeón nacional y campeón del mundo de 1962. «Pese a todo, lo hice, y Bouvet quedó impresionado. Se había traído un fotógrafo consigo. Cuando le mostraron las fotografías a Jacques Goddet, este le dijo: "Yo le he pedido que me encuentre pavés, no una pista llena de socavones"».

Stablinski describía el Bosque de Arenberg como «un pulmón para los mineros». A pesar de quedar bajo la enorme torre elevadora de la *Compagnies des Mines d'Anzin* en Wallers-Arenberg, aquel bosque permanecía virgen, ofreciendo a los locales un lugar en el que cazar, pescar o buscar setas.

En abril de 1968 Stablinski, que disputaba su última temporada, sería uno de los 136 ciclistas que se enfrentaron al Arenberg por vez primera. «Jamás me hubiera imaginado que un día la París-Roubaix pasaría por allí», dijo Stablinski, a quien una placa recuerda hoy en día, justo a la izquierda de la entrada a la sección adoquinada que atraviesa el bosque. «No mucha gente lo sabe, pero justo por debajo de la Tranchée pasa una calzada subterránea. Soy la única persona que ha caminado por debajo de los adoquines de Arenberg y ha competido sobre los mismos… Durante mi última París-Roubaix sentí una emoción extraordinaria al entrar en la "trinchera". Allí me esperaban mis seguidores, vestidos todos ellos como mineros».

La sección de adoquines que acabaría convertida en la más mítica y temida de todas las del trazado recibe, a menudo, el nombre de «Trinchera de Arenberg», pues así fue como la describió

Pierre Chany, de *L'Équipe*, tras observar cómo atravesaba el tupido bosque y la intensidad de la lucha entre los combatientes. Esta descripción ofrece, también, un atisbo del peligro al que los ciclistas han de enfrentarse en este frío y húmedo ambiente, al que no alcanza la tibieza de los rayos del sol. Con una longitud de 2,4 km, los ciclistas llegan a través de una carretera recta y favorable que pasa por delante de la mina de Arenberg, lo que garantiza que cuando llegan al pavé lo hacen a gran velocidad. A diferencia de los bloques de granito, de mayor uniformidad, o las baldosas que se ven en Bélgica, estas piedras son mucho más irregulares, tanto en su forma cúbica como en la superficie. Sus numerosos filos aumentan el riesgo de pinchazo.

Durante los primeros 800 metros la calzada continúa descendiendo a lo largo de la trinchera, pasando por debajo de unas vías, presas del óxido, sobre las que no ha pasado ninguna vagoneta de carbón desde que la mina cerrara en 1990. A pesar de que a ambos lados del pavé hay una superficie de arena, en las que la tierra seca y estéril se convierte en una nube de polvo lunar en cuanto algo entra en contacto con ella, las vallas de contención para el público provocan que los ciclistas de la actualidad no puedan buscar descanso en ellas. Los ciclistas dicen que la mejor trazada pasa por ir justo por la cresta central del pavé, donde los adoquines se erigen de manera preeminente, gracias a que apenas sufren el desgaste del tráfico, ofreciendo, a su vez, una superficie más regular y menos hundida que la de los laterales, llegando en algunos puntos a quedar hasta 20 centímetros por debajo respecto a la cresta. El truco, de acuerdo con los ciclistas, está en pedalear lo más rápido que se pueda —se recomienda ir por encima de los 40 km/h— para «flotar» sobre los adoquines, en lugar de golpear sobre uno tras otro, como hacen la mayoría de los aficionados que pasan a un ritmo mucho más calmado, pero también bajo un traqueteo mucho mayor.

La edición de 1968 presenció otros cambios además de la introducción de Arenberg. Con la carrera dirigiéndose más hacia Valenciennes que a Denain, como había hecho hasta entonces, se incluyeron otros tramos de adoquín. La suma total fue de 56,5 km de pavé, más de 30 de diferencia con respecto a la edición en que hubo menos, la de 1965, incluyendo una sección de casi 15 km continuos entre Templeuve y Bachy.

Este nuevo y traicionero trazado exigía de una actuación virtuosa, y vio como 92 de los 136 ciclistas que tomaron la salida no la completaban. Obligado a abandonar en la París-Niza por culpa de una lesión e incapaz de sumar una tercera victoria consecutiva en San Remo, Eddy Merckx no parecía «el Ogro» que resultara un año atrás. «Si quiere ser el patrón [del pelotón], que demuestre serlo», dijo Rik Van Looy feliz de meterle el dedo en el ojo al ciclista que lo había desbancado del trono de Rey de las clásicas. Al ser preguntado por la dificultad del nuevo trazado, Van Looy diría: «Cuanto más duro mejor, así impondrá un peaje en las piernas de los ciclistas más jóvenes». Mientras tanto, Merckx le había dicho a Claudine, su esposa, que ganaría la Roubaix, porque era lo que se esperaba de todo gran ciclista belga.

Después de mucha tensión previa, el Arenberg pasó sin provocar demasiados daños, más allá de frenar el progreso de Roger Pingeon, quien lideraba en solitario y pincharía en este tramo. En cuanto el francés fue neutralizado, los belgas se hicieron con el mando. Cuatro de ellos se marcharon de un grupo cabecero de 14 ciclistas, con Merckx liderando la ofensiva luciendo su maillot arcoíris de campeón del mundo, uniéndose a ellos Edward Sels, seguido de Herman Van Springel y Willy Bocklant, quien no tardó en ceder terreno y caer de nuevo al grupo perseguidor.

Cuando Sels también quedó rezagado por un pinchazo, Merckx y Van Springel elevaron el ritmo. Van Springel lideraba al entrar en el velódromo, pero sin dar en ningún momento sensación de tener opciones de vencer a Merckx, quien subió a la parte alta del peralte durante la penúltima curva y bajó durante la última para vencer a su rival con bastante facilidad, sellando una actuación más que convincente.

El estallido de las revueltas que atravesaron toda Francia un mes después dotó de mayor armamento argumentativo a quienes defendían la desaparición de los adoquines. Los estudiantes que se manifestaban en París, y en todos lados, arrancaron los adoquines de las calles, para construir barricadas y arrojarlos a la policía. El gobierno francés respondió a esta agitación echando una capa de asfalto por encima de los adoquines de muchas de las grandes ciudades, animando a las autoridades locales a hacer lo mismo. A pesar de que esto no tuvo por qué ser responsable directo del continuo reasfaltado de las carreteras del norte, desde luego que estaba en consonancia con la opinión que una gran parte de la región tenía sobre los adoquines. Esto quedó muy bien resumido por una campaña de carteles que se desplegó a lo largo del trazado en 1972, en la que se proclamaba: «¡Ellos no se lo merecen!», sobre la imagen de una carretera adoquinada. Ese «ellos» bien podía referirse a los ciclistas, dadas las nuevas dificultades que Bouvet y su equipo rastrearon para poner a los ciclistas a prueba, pero lo cierto es que se refería a los conductores y residentes locales.

Si la primera victoria de Merckx en la Roubaix fue impresionante, la de Walter Godefroot un año después resultó abrumadora. Tras la victoria de Merckx hubo quejas sobre el nuevo trazado, pues había provocado tal pavor entre los ciclistas que apenas sucedió casi nada hasta muy avanzada la carrera. Pero la actuación de Godefroot demostró que lo único que los ciclistas necesitaban era entender el desafío que representaban esos nuevos sectores durante una carrera, para aprovechar las muchas opciones que le ofrecían a todo aquel que estuviera dispuesto a asumir el riesgo.

Godefroot y su joven compañero en el equipo Flandria, Roger De Vlaeminck, se encontraban entre los seis belgas que consiguieron cierta ventaja en Arenberg. Y Merckx también formaba parte del grupo. A pesar de que el grupo de cabeza volvió a fusionarse con otras dos docenas de ciclistas, Godefroot estaba disfrutando de un día glorioso, uno de esos en los que el giro de pedal se efectúa sin que cueste apenas esfuerzo y le salía todo lo que intentaba. A falta de 60 km volvió a atacar, con Merckx saliendo a su estela, escoltado por Eric y Roger De Vlaeminck. Cuando el ciclista del Flandria Eric Leman llegó hasta ellos, la mitad de integrantes del grupo eran ciclistas del equipo de Godefroot. Después de que Godefroot atacara por tercera vez Merckx y Felice Gimondi intentaron contraatacar, hasta que comprobaron que a su rueda siempre acababa Leman o uno de los De Vlaeminck.

Godefroot, antiguo gimnasta de Gante que tenía unos mofletes que parecían indicar —de manera engañosa— cierta falta de entrega a los sacrificios que demandaba esta profesión a sus mayores estrellas, *merckxeó* a su compatriota y rival de tantos años. Con una ventaja que ascendía a casi tres minutos a su llegada al velódromo, afirmó: «Aunque me hubieran atrapado, estoy seguro de que habría logrado ganar el esprint».

Una carrera que casi siempre se decidía en un esprint en grupo se convertía, de repente, en pasto de llegadas en solitario. Desde que el Arenberg entrara en el trazado, el año en que Merckx superaba a Van Springel, 1968, la *Pascale* había dado seis victorias en solitario consecutivas. Y, sin duda, la segunda sería la más extraordinaria. Y seguro que no le sorprende a nadie que esta corriera por cuenta de Merckx, a pesar de que comenzara la carrera quejándose de las secuelas de un resfriado y pidiéndole permiso a su director, Lomme Driessens, para abandonar por el frío y la persistente lluvia.

«¿Abandonar?», respondió Driessens. «Ya veremos en un rato. Quítate ese chubasquero y respira un poco. Eso te vendrá bien».

Antes de que el pelotón llegara a Arenberg las caídas ya lo habían diezmado, y las duras condiciones atmosféricas provocaron una hecatombe. Merckx iba justo en cabeza al llegar a la trinchera, y apenas redujo su velocidad mientras volaba sobre el pavé. Igual que un coche de carreras que avanza disparado a lo largo de una recta, provocando enormes turbulencias en el aire que queda tras él, la velocidad de Merckx parecía generar tal tumulto a su espalda que pocos pudieron seguirlo. Los ciclistas caían como bolos sobre el enfangado pavé. Al salir del bosque, el grupo cabecero quedaba reducido a siete miembros. Y como sucediera un año atrás, el Mars-Flandria contaba con cuatro representantes: los De Vlaeminck, Leman y André Dierickx. Pero esta vez sería Merckx quien les diera una paliza, como demostró después de perseguir a los cuatro durante 15 km, tras un pinchazo.

La carrera sufrió un revés cuando Roger De Vlaeminck, el más fuerte entre el cuarteto del Flandria, pinchó a 40 km de meta. Sintiendo que Leman daba signos de fatiga, Merckx comprendió que era su momento de atacar. El «Merckxcedes», como lo describió un periódico, puso tierra de por medio logrando el triunfo por más de cinco minutos, el mayor margen de victoria desde la II GM.

Las reacciones a esta asombrosa gesta llenaron páginas y páginas. Briek Schotte, director del equipo Mars-Flandria no pudo encontrar reproche alguno contra sus ciclistas. «Desde que me dedico a esta profesión he sido testigo de muchas gestas, algunas muy recordadas... pero si he de ser sincero, no veía nada parecido desde Fausto Coppi». Raymond Poulidor negaba con la cabeza, impresionado. «En todos los años que llevo corriendo no he visto nada similar. He conocido a mucha gente de talento, pero lo suyo es...». Pierre Chany se preguntaría un día después en *L'Équipe*: «¿Es Merckx el mejor ciclista de la historia?». Y hay que recordar que todo esto sucedió cuando todavía llevaba solo una victoria de las cinco que conseguiría en el Tour de Francia, además de contar tan solo con la mitad de monumentos que conseguiría a lo largo de su carrera.

Mr. Paris–Roubaix

Pero hubo un ciclista que reaccionó de manera muy diferente. Roger De Vlaeminck estaba fuera de sí tras conseguir la segunda posición, a un mundo de ventaja. «Si no hubiera pinchado, Merckx no me habría dejado atrás», insistía. En lugar de caer en el asombro que generaba el Caníbal, De Vlaeminck tomó esta derrota como motivación. Cinco días más tarde subrayaría este hecho batiendo al Caníbal en la Lieja. A finales de la temporada de 1970 comenzó a entrenar de manera específica para las clásicas adoquinadas. Su método era de una simpleza brutal: prepararse para la Roubaix con entrenamientos que alcanzaban hasta 400 km diarios. Y demostraría ser de lo más eficaz.

Apodado el Gitano por el corto periodo de tiempo en el que viajó con su familia alrededor de Bélgica en una caravana mientras vendían toallas, franelas y otros tipos de ropa blanca, no puede decirse que este sobrenombre le generase gran simpatía al ciclista. Comenzó a montar en bicicleta avanzada la adolescencia, cuando ya era un delantero centro goleador consolidado en su equipo de fútbol local, el FC Eecklo. Los éxitos de su hermano mayor, Erik, en el pelotón profesional le harían cambiar de deporte. El despegue llegaría cuando ambos hermanos se convirtieron en campeones del mundo de ciclocrós el mismo día de 1968, consiguiendo Erik el título en categoría profesional poco después de que Roger hiciera lo propio con la corona *amateur*. Cortejado por Merckx, quien quería que fuera uno de sus gregarios en el Faema, De Vlaeminck afirmó con gran osadía que su ambición no era la de correr *para* Merckx, sino *contra* él. Por eso se uniría al Flandria de Erik en 1969, consiguiendo la Het Volk en su primera competición profesional.

Gracias a su bagaje y continua participación en el ciclocrós, De Vlaeminck contaba con las habilidades necesarias para brillar en la *Pascale*. Siendo el ciclista más habilidoso de toda su generación sobre la bicicleta, cuanto peor climatología más brillaba De Vlaeminck. Con una posición sobre la bicicleta muy baja, la espalda totalmente recta y sus rasgos morenos y hermosos camuflados tras una máscara de barro y arena, De Vlaeminck tenía la asombrosa habilidad de saber posicionarse en el mejor lugar desde el que atacar o contraatacar, acelerando sin necesidad de levantarse del sillín, con la boca abierta al máximo y la mirada fija en un punto distante.

Briek Schotte admitiría que no tenía ni idea de cómo De Vlaeminck era capaz de soportar el golpeteo de los adoquines de la Roubaix con tanta facilidad. «No lo atribuyo tanto a que corra en ciclocrós como a su perfecto dominio de la competición. Cuando llegaban los puntos importantes siempre estaba bien situado, y parecía capaz de esquivar todo tipo de obstáculos. Para ser tan hábil en un trazado como aquel no solo se necesitaba talento, sino que también era necesaria una inteligencia extraordinaria», diría el que fuera, de por sí, un especialista en las clásicas y el primer director de equipo de De Vlaeminck en el Flandria. Franco Cribiori, su director de equipo en el Dreher y en el mucho más recordado Brooklyn, revelaría que, tras las Roubaix, por norma general había que tirar a la basura la mayoría de las ruedas del equipo, pero que las de Vlaeminck «todavía seguían en condiciones óptimas. Estaban como nuevas».

La primera victoria en Roubaix para De Vlaeminck llegó en un desagradable día de 1972. Una enorme caída masiva en Arenberg mandó al suelo a 40 ciclistas, incluido Merckx, quien colisionó contra un árbol. De Vlaeminck supo esquivar esta y otras situaciones comprometidas, acelerando, por fin, en Bachy, a 23 km de meta, cuando comprobó que el resto de rivales estaban completamente fundidos, y saliendo en persecución de Willy Van Malderghem, quien iba líder en solitario. No tardó en llegar y adelantar a Van Malderghem, terminando la carrera con dos minutos de ventaja sobre el segundo clasificado, André Dierickx, con Barry Hoban como tercero, siendo el primer británico que conseguía una plaza en el podio.

De Vlaeminck intentó defender su corona con valentía un año después, a pesar de lucir una gran herida en un brazo —que requirió de 25 puntos que todavía no habían cerrado— durante la Gante-Wevelgem, apenas unos días antes. Después de evitar un caos todavía mayor de lo habitual en Arenberg, se vio a 55 km de meta con la única compañía de Merckx. Se pasó la mayor parte de los siguientes kilómetros a rueda del Caníbal, diciéndole a su rival que estaba demasiado dolorido como para marcar el ritmo. Merckx admitiría después estar bastante seguro de que De Vlaeminck no fingía, pero a falta de 44 km aceleró para completar una nueva victoria impresionante, celebrada por *L'Équipe* con un titular que rezaba «Merckx todavía mejor que Merckx», después de que el Caníbal lograse su victoria número 300.

Llegado 1974, el descenso de Merckx hasta unos niveles de éxito más humanos se hacía cada vez más patente. A la vez, De Vlaeminck seguía todavía en ascenso, sobre todo en Roubaix, que aparecía remozada de nuevo después de que la Oficina Nacional de Bosques negara a la carrera el permiso para atravesar Arenberg, que no regresaría al trazado hasta 1983. No fueron muchos los ciclistas que lamentaron esta desaparición, sobre todo porque la carrera contaba todavía con 26 secciones de pavés. Merckx partía, de nuevo, como favorito, corriendo como si estuviera decidido a quitarse de rueda a cualquier otro ciclista. Cuando Walter Godefroot y el prometedor italiano Francesco Moser dejaron atrás al grupo a falta de 40 km, Merckx rebajó el ritmo, indicando a los que iban a su rueda que si no querían perder aquella carrera debían colaborar en la persecución.

Merckx pensaba que De Vlaeminck saldría tras la fuga, pero fue incapaz de evitar que otros se soldaran a su rueda cuando su rival partió en persecución del dúo cabecero, quienes sucumbirían a los pinchazos. En particular, la mala suerte de Moser llegó en el momento más inoportuno, ya que su pinchazo sucedió a falta de siete km de la meta, lo que le dejó sin opciones reales de llegar de nuevo hasta De Vlaeminck, quien completaría una victoria que, pese a parecer de lo más sencilla, lo había llevado al límite de sus fuerzas.

Y tampoco sería más sencilla su defensa de la corona. Una bronquitis le había impedido acudir a Flandes, donde Merckx dio una de sus mayores demostraciones de maestría. Pero nadie pudo someter a los hombres del Flandria de Briek Schotte en una Roubaix convertida en un festival del barro, hasta que el esprínter del equipo, Freddy Maertens, bajó el ritmo tras dejar a su equipo sin un ciclista capaz de asumir el empujón final en el velódromo.

Un pinchazo a ocho kilómetros de meta provocó que Merckx gastara gran parte de su velocidad punta final durante su persecución del grupo cabecero, del que De Vlaeminck salió victorioso pese a admitir que había sido su victoria más complicada por culpa de las condiciones climáticas. Hubo partes del trazado en las que el barro era tan profundo que los coches y motocicletas de la organización se quedaron bloqueados. «Yo soy el campeón del mundo de ciclocrós, pero si alguien me hubiera sugerido participar en una carrera de esa disciplina sobre este trazado, me habría negado. Tengo veintisiete años, soy muy joven para morir», sentenció incisivo De Vlaeminck.

En 1976 debió lograr una cuarta corona. Todo el mundo admitió que aquel día fue el más fuerte, pero esprintó como un novato, perdiendo contra Marc Demeyer, el leal lugarteniente de Maertens. Fue la amargura de este recuerdo la que le dio fuerzas para seguir afrontando esos entrenamientos de más de 400 km que hacía de cara a la *Pascale*, que una vez más presentaba un trazado muy diferente después de que algunos grupos de presión lograran continuar con el asfaltado de muchos de los tramos de adoquines. Albert Bouvet, director técnico, desenterró otras seis nuevas secciones, incluido el largo y complicado pasaje de Orchies, que hoy día sigue siendo uno de los platos fuertes de la carrera. Para acomodar estas novedades y cambios de sentido, la salida se mudó de Chantilly a Compiégne.

Llegado este punto la fiera rivalidad entre De Vlaeminck y Merckx era superada por una relación de igual intensidad con su excompañero de equipo Freddy Maertens, quien aquella primavera estaba en un inconmensurable estado de forma. Maertens había sido, de lejos, el mejor de los dos en Flandes, pero perdió ante De Vlaeminck por un cambio de bicicleta durante la carrera que contravenía las reglas. Esto subió un punto la intensidad para su duelo en Roubaix.

«Parece que tienes las piernas muy flojas. ¿Van a ser capaces de llevarte a Roubaix?», le preguntó Maertens a De Vlaeminck durante la preparación para la carrera.

«No te preocupes por ellas. Siguen siendo sólidas. El domingo te van a hacer sufrir», respondió De Vlaeminck.

Los nuevos sectores se cobraron un enorme peaje entre los máximos favoritos, pero De Vlaeminck estuvo majestuoso. «Roger se deslizaba por el pavé como si supiera dónde estaban todos y cada uno de los adoquines», diría Merckx tras la que sería su última Roubaix. Mientras el grupo cabecero de dos docenas de ciclistas se acercaba al final de un sector adoquinado a 25 km de meta De Vlaeminck, con la nariz casi rozando los cables de los frenos de su bicicleta, incrementó la cadencia de su pedalada y se marchó sin dar sensación de hacer un esfuerzo mayor. Esta vez no habría esprint. El belga pedaleó en solitario para obtener una cuarta victoria récord. *L'Équipe* lo celebró llamándolo «Mr. París-Roubaix». Su balance final en el Infierno del Norte resulta impresionante: 14 participaciones, terminó la carrera en 13 ocasiones, ninguna de ellas por debajo de la séptima plaza.

La cuarta victoria de De Vlaeminck sería la última de diez consecutivas para los belgas. Durante este periodo de tiempo apenas cuatro ciclistas no belgas terminarían en el podio: nuestros respetos por Marino Basso (tercero en 1971), Barry Hoban (tercero en 1972) y Francesco Moser (segundo en 1974 y 1976). Pero, tras tamaño aluvión, Bélgica sufrió una década de sequía que comenzó con Moser.

Los años de Moser

Campeón del mundo en Venezuela, en 1977, el italiano había brillado en la Roubaix desde su primer encuentro con los adoquines, en 1974. Muchos expertos consideraban que la llegada de De Vlaeminck al equipo Sanson en el que estaba enrolado el italiano, en 1978, no favorecería las opciones del italiano de vencer una carrera que había aprendido a amar, pero la pareja alcanzó un acuerdo: si uno de ellos atacaba el otro debía afanarse para defender la posición de su compañero.

A pesar de que la lluvia redujo su intensidad hacia el final, las condiciones de una edición de la carrera que *L'Équipe* describió como «La París-Roubaix del terror», por la introducción de nuevos sectores de pavés, fueron durísimas. El barro de los campos desembocaba en los adoquines, donde se mezclaba con el estiércol animal formando un mejunje gelatinoso de lo más desagradable. Y hubo a quien aquello no le gustó nada. La nueva promesa francesa Bernard Hinault dijo que aquello se parecía más al ciclocrós que a una carrera en ruta, además de añadir que no estaba muy seguro de volver después de caerse hasta en tres ocasiones.

Como siempre, triunfaron los especialistas. Cuando Moser atacó a 23 kilómetros de meta, De Vlaeminck, Maertens, el holandés Jan Raas y los belgas Herman Van Springel y Guido Van Sweevelt cerraron el hueco. Cuando el italiano atacó de nuevo cinco kilómetros después, Maertens y Raas salieron tras él, con De Vlaeminck cumpliendo su palabra y yendo a rueda de los perseguidores. Maertens y Raas sellaron un pacto temporal, pero se quedaron sin fuerzas. Atrapados por la pinza de los ciclistas del

Sanson, fueron cediendo terreno mientras Moser le daba a Italia la primera victoria en Roubaix tras la de Gimondi en 1966. Como era de esperar, De Vlaeminck pasó por encima de Raas y Maertens para conseguir un doblete del Sanson. Más tarde le confesaría a Philippe Brunel, de *L'Équipe*, que a pesar de cumplir con el trabajo de equipo que había prometido afrontar, le había ofrecido a Raas un montón de dinero si alcanzaba a Moser. «Lo intentó con todas sus fuerzas, pero cuando Moser se fue no hubo nada que hacer», admitió.

Aquella carrera había demostrado que en el Sanson solo había sitio para un aspirante a la victoria. De Vlaeminck no tardó en cambiar de equipo, pasando al Gis, movimiento tras el que nació una nueva y amarga rivalidad con el que había sido su compañero. «Moser es un ingrato. El año pasado, después de la París-Roubaix, se olvidó por completo del sacrificio que realicé e hizo todo lo que pudo para que yo no dejase de encontrarme todo tipo de palos en mis ruedas cada vez que corría en Italia», se quejó De Vlaeminck antes de conseguir su tercera victoria en la Milán-San Remo, carrera que daba comienzo a la temporada de clásicas de 1979.

Apodado el Sheriff por la facilidad con la que controlaba y superaba a sus rivales, Moser estaba listo para el desafío. Siendo el más joven y el más talentoso de los cuatro hermanos Moser que se convirtieron en ciclistas profesionales, el italiano fue uno de los mayores estilistas sobre la bicicleta y contaba con todos los atributos de los especialistas en Roubaix de la actualidad: era alto, con una complexión poderosa y un especialista contra el reloj, capaz de mover grandes desarrollos durante kilómetros y kilómetros. Tenía tres reglas básicas para enfrentarse a la Roubaix: ser fuerte, estar siempre en cabeza y tener suerte. El italiano mantuvo su título durante los siguientes años gracias a aplicar estos principios. En 1979 De Vlaeminck, Demeyer y Hennie Kuiper pincharon, todos ellos, en el mismo tramo de pavés, el de Gruson, mientras perseguían a Moser. Cuando el italiano pinchó unos kilómetros después, le pusieron una rueda nueva con tanta rapidez que apenas perdió nada de tiempo. «Esta vez no le debo nada a nadie», dijo con toda la intención posible mientras De Vlaeminck pasaba delante de él, tras terminar en segunda posición de nuevo.

Su victoria de 1980 fue la mejor de todas. Cuando el alemán Didi Thurau atacó a falta de 90 km Moser, De Vlaeminck y el francés Gilbert Duclos-Lassalle no tardaron en salir tras él. Y ahí se acabó la carrera para todos los demás. Las opciones de De Vlaeminck se esfumaron tras un pinchazo y una caída mientras intentaba contactar de nuevo con el grupo cabecero, a falta de 20 km. Duclos-Lassalle quedó fuera de combate, intentando seguir el ritmo que impuso Moser. Poco después Thurau cedería terreno también y Moser igualó la gesta conseguida por Octave Lapize antes de la Gran Guerra, cuando logró tres victorias consecutivas.

La segunda posición de Duclos-Lassalle, el primer podio francés en 20 años, fue casi tan sorprendente como el triplete de Moser. Dos puestos por detrás entró el dos veces ganador del Tour de Francia, Bernard Hinault, quien volvió a renegar de la *Pascale* insistiendo: «Esto no es una carrera, esto es ciclocrós». Y para no dejar duda alguna sobre su opinión, añadió: «La París-Roubaix es una mierda».

Al ser preguntado por las quejas de Hinault el director de la carrera, Jacques Goddet, defendió su prueba, asegurando: «Los excesos de la París-Roubaix son necesarios para que campeones como Moser tengan la oportunidad de mostrar todas sus capacidades». Sin embargo, Hinault seguía sin mostrarse nada convencido. Regresó un año después como uno de los grandes favoritos, pero manteniendo su venenosa actitud para con la carrera. Tampoco ayudó a mejorar su actitud la previsión de que los adoquines estarían anegados de barro; pero Hinault estaba decidido a imponerse sobre la Roubaix, demostrando que podía imponerse a un desafío, a ojos del ciclista, tan ridículo como el que esta carrera ofrecía, además de superar los elementos clásicos de la carrera.

Pero, por descontado, la Roubaix no iba a dejar que Hinault venciese sin ofrecer resistencia. El francés se vio atrapado tras una montonera, viéndose obligado a cargar la bicicleta sobre sus hombros y abrirse paso a la carrera entre la multitud antes de subir de nuevo sobre su montura. Más tarde, mientras marcaba el ritmo en cabeza de lo que ya era la fuga que, con toda probabilidad, se jugaría la carrera, un perro de pequeño tamaño se cruzó delante de su rueda delantera, derribándolo. Pero el testarudo bretón no se iba a dejar amilanar a una docena de kilómetros de la gloria. De Vlaeminck, Moser, Demeyer, Kuiper y el inesperado Guido Van Calster descubrirían lo que los aspirantes a las grandes vueltas sabían ya desde hacía tres años: cuando Hinault se dedicaba en cuerpo y alma a una carrera, se imponía en todos los aspectos, asfixiando las esperanzas de sus rivales tanto por fuerza de voluntad como por talento.

Cuando Kuiper entró en primera posición al velódromo la multitud entonaba «¡Hinault! ¡Hinault! ¡Hinault!» El campeón del mundo francés se puso en cabeza cuando quedaba más de una vuelta, subiendo el ritmo cada vez más y más. En la contrarrecta contuvo el intento de Demeyer por conseguir el interior. Saliendo de la curva estaba listo para sofocar la aceleración final de De Vlaeminck, consiguiendo la primera victoria francesa en un cuarto de siglo. Más que a De Vlaeminck y Moser, Hinault había derrotado al Infierno del Norte, pero no estaba dispuesto a mostrar ningún tipo de emoción por ello. «No van a conseguir que me desdiga de lo que ya he dicho sobre la París-Roubaix. Es una mierda». Noveno tras Jan Raas durante la defensa de su victoria un año después, jamás regresaría a la carrera, dejándosela a los especialistas.

La llegada del *Rey* Kelly

La ausencia de Hinault en 1983 hizo que jamás tuviera que enfrentarse al tramo de Arenberg, que regresaría el mismo año en que Hennie Kuiper conseguía una segunda victoria holandesa consecutiva. Pero las naciones que habían reinado hasta ahora en la Roubaix estaban a punto de verse desplazadas por la llegada de un nuevo Rey de las clásicas. Cuando se unió al equipo Sem en 1982, el irlandés Sean Kelly era considerado un esprínter incapaz de lograr carreras por etapas. El mánager del equipo era Jean de Gribaldy, quien había sido el jefe y mentor de Kelly cuando este pasó a profesionales con el Flandria en 1977.

Bajo la cuidadosa dirección de De Gribaldy, Kelly se convirtió en vencedor de carreras por etapas y aspirante a casi cualquier carrera del calendario. La victoria en la edición de aquel año de la París-Niza fue la primera de siete consecutivas en esta prueba. Su primer éxito en un monumento había llegado en Lombardía, a finales de la misma temporada. A diferencia de De Vlaeminck, por ejemplo, quien cubría cientos de kilómetros a diario como preparación para Roubaix, el Vizconde, como era conocido De Gribaldy porque sus antepasados del siglo XVI se encontraban entre la nobleza de Saboya, tenía un enfoque muy diferente y más moderno sobre cómo había que entrenar.

«Por aquella época los ciclistas cubrían distancias increíbles sobre la bicicleta. Salían cada día y se tiraban seis o siete maratonianas horas sobre el sillín. Pero él te obligaba a realizar entrenamientos más cortos, de calidad, además de una salida larga entre semana. Y todo esto diez años antes de que llegaran los entrenamientos especializados», contaba Kelly de su nuevo régimen, en el que primaba lo monacal sobre cualquier aspecto; sí, también en cuanto al sexo. «Siempre lo tenías vigilándote, nos decía qué comer, diciendo "no, no comas de eso, no deberías hacer aquella otra cosa, así es como tienes que entrenar". Creo que esa fue la clave de mi carrera».

En marzo de 1984, cuando se introdujo el ranquin mundial, Kelly estaba en lo más alto, manteniendo su reinado durante seis años. Segundo en San Remo y Flandes aquella primavera, se presentó en Roubaix diciéndole a sus compañeros que lograría la victoria. Su máxima preocupación parecía estar en los equipos franceses Renault y La Redoute. Este último era propiedad de una compañía de venta por catálogo con sede en Roubaix, además de ser el patrocinador principal de la *Pascale*, y presumía de contar con el compatriota de Kelly, Stephen Roche, el ciclista local Alain Bondue y el alemán Gregor Braun entre sus ciclistas.

Bondue y Braun lideraron el ataque en Arenberg. Cuando regresaron a la carretera asfaltada tras completar los 2,4 km de trinchera, se giraron para darse cuenta de que iban solos. A falta de 100 km de carrera dudaron entre esperar a los refuerzos o seguir adelante. Tras unas palabras, decidieron ir a por todas. A falta de

45 km Kelly atacó desde el grupo perseguidor junto al joven belga Rudy Rogiers. Tras 25 km de persecución, alcanzaron a los líderes. Braun estaba agotado y se quedó rezagado casi de inmediato, pero Bondue, especialista en persecución en pista, todavía parecía estar fresco y salivaba por llegar al velódromo. Por desgracia, en la penúltima sección de pavés se fue al suelo, dejando a Kelly con el inexperto Rogiers. No hubo color.

Bondue se recuperó de su mala caída para llegar en una meritoria tercera posición. «Apenas tengo veinticinco años. Sé que algún día ganaré la París-Roubaix», dijo el francés. Por desgracia para él, jamás lo lograría, aunque Francia descubrió a un nuevo héroe para las clásicas. A diferencia de su excompañero en Renault, Bernard Hinault, Marc Madiot era un especialista en Roubaix y un obseso de la competición. Vencedor de la edición júnior de 1979, Madiot describió en una entrevista su pasión por el ciclismo en los siguientes términos: «Para mí no es un trabajo. Es mi vida... Lo que más amo en este mundo es competir. Me da igual qué carrera es, soy un adicto. Necesito ver bicicletas, ver las ruedas girar, aunque sea una carrera júnior que se celebra cerca de casa».

Su éxito en la Roubaix de 1985 encapsuló muchas de las cualidades de Madiot: su habilidad para analizar una carrera y a sus rivales, de saber cuándo permanecer agazapado y cuando dejarse ver... con esta habilidad, siempre se dio por sentado que terminaría dirigiendo un equipo. En la actualidad es el faro que guía a algunos de los nuevos talentos franceses en el equipo Groupama-FDJ.

La carrera cobró vida cuando el tres veces ganador, Francesco Moser, atacó a 90 km de meta. Incluso para un ciclista que había roto el récord de la hora y ganado el Giro de Italia un año antes, en parte gracias al dopaje sanguíneo al que se sometió bajo la guía del científico deportivo italiano Francesco Conconi, este era un movimiento suicida, teniendo en cuenta el viento de cara que soplaba. Acabaría rindiéndose cuando Eric Vanderaerden, vencedor una semana antes del Tour de Flandes, salió en solitario. Pero el belga tampoco supo calcular bien la fuerza del viento.

Sobre la penúltima sección de pavés, en el Carrefour de l'Arbre, Madiot, con la lengua colgando de la comisura izquierda de su boca, como era su costumbre, giró los pedales con decisión y se marchó en solitario. «No me lo puedo creer. ¡Voy a ganar!», pensó. Después de sacudirse el polvo de encima y chocar las cinco con el director de su equipo, Cyrille Guimard, mientras se acercaba a la entrada del velódromo, entró en el cuenco de cemento mientras sonaban las notas de *La marsellesa*. «Aquel fue un momento de felicidad plena», confesaría.

En 1986 Kelly conseguiría una segunda Roubaix. Aunque el final fue objeto de gran debate. No por la facilidad con la que el irlandés se deshizo de Rudy Dhaenens, Adrie van Der Poel y Ferdi Van den Haute en el esprint, sino por dónde se celebró dicho esprint. Para consternación de muchos, la meta estaba situada en la calzada que pasa frente a las oficinas de La Redoute, en la Avenue des Nations-Unies, en el centro de Roubaix. Se acusó a los organizadores de vender la historia de la carrera. A pesar de que tanto la organización como La Redoute defendieron esta decisión, señalando que la presencia de los patrocinios aseguraba el futuro a largo plazo de la *Pascale*, esta innovación tan criticada desapareció en 1989.

Después del segundo éxito de Kelly los belgas reclamaron su lugar con cuatro victorias consecutivas, antes de que Madiot sumara una segunda victoria a su palmarés en 1991. Una vez más lanzó su ataque decisivo en el Carrefour de l'Arbre, convirtiéndose en el primer ciclista francés en 70 años que conseguía ganar la *Pascale* en dos ocasiones. Lo curioso es que esta victoria llegó seis años más tarde que la primera, la que, a su vez, había llegado otra media docena de años después de su victoria en la Roubaix júnior. Seis años después del segundo título de Madiot el desconocido francés Frédéric Guesdon se alzaba con la victoria. ¿Y saben quién era su director? Madiot, por supuesto.

Salvando a la París-Roubaix

Llegados a comienzos de la década de los 90 la forma de la París-Roubaix había cambiado considerablemente. Hasta entonces, cualquier tipo de ciclista, a excepción de los escaladores puros, marcaba con una X la fecha en que se celebraba la carrera, incluidos especialistas en carreras por etapas como Hinault, Greg LeMond, Laurent Fignon y Stephen Roche. Desde los 90 ningún ganador del Tour de Francia ha arriesgado su integridad sobre el pavé de la *Pascale*. La Roubaix se ha convertido, más que nunca, en una carrera para especialistas. Sin embargo, y a la vez, su futuro a largo plazo ha quedado garantizado gracias al cambio de actitud hacia la carrera que se ha desarrollado de manera paulatina en el norte de Francia. Los lugareños ya no ven el Infierno del Norte como esa carrera que da mala fama a su terruño. Al contrario, ha alcanzado el estatus de mito, sirviendo de escaparate de lo que son Roubaix y el norte de Francia, para que el resto del mundo pueda conocerlos.

Los directores técnicos de la Roubaix, Jean Garnault y Albert Bouvet, lucharon durante mucho tiempo contra la desaparición del pavé. Cuando Jean-Marie Leblanc, un orgulloso norteño y futuro director de la Roubaix, se retiró del ciclismo para convertirse en periodista, primero en *La Voix du Nord* y, más adelante, en *L'Équipe*, retomó las quejas de los antes mencionados, escribiendo de manera regular sobre la amenaza que se cernía sobre el futuro de la carrera. En 1982, ante la insistencia del entusiasta de la Roubaix Jean-Claude Vallaeys, Leblanc escribió un libro titulado *Les Pavés du Nord*, suscitando el debate entre los muchos —como se descubrió— que abogaban por la conservación del pavés y los tantos otros que querían carreteras como mesas de billar. De acuerdo con Leblanc «la gente comenzó a darse cuenta de que, sin pavés no podría haber una Paris-Roubaix».

El año siguiente a la publicación del libro de Leblanc, Vallaeys reunió a un puñado de aficionados y entusiastas en una nueva organización, *Les Amis de Paris-Roubaix*. Adoptaron un enfoque dual. Como resulta obvio, salieron en busca de nuevos tramos de pavés que añadir al trazado de la carrera y, gracias a donaciones y voluntarios, realizaron tareas de mantenimiento sobre los tramos ya existentes. A la vez, los miembros más influyentes de *Les Amis*, sobre todo Vallaeys y el presidente de la organización, Alain Bernard, comenzaron a reunirse con los alcaldes y ayuntamientos, descubriendo que una amplia mayoría de ellos estarían encantados de ver pasar por sus vías a la carrera, por la atención que suscitaba y para promocionar sus poblaciones.

Mientras avanzaban los planes para la construcción de nuevas autovías y líneas del TGV a finales de los 80, la campaña para salvaguardar el pavé ganó fuerza, gracias, en parte, a que Leblanc pasó a dirigir el portafolio de carreras de ASO en 1989, entre cuyas carreras estaban la París-Roubaix y el Tour de Francia. Sin embargo, sería el interés mediático por la carrera, sobre todo el de la televisión, lo que resultaría crucial. Se amplió el tiempo de emisión de la carrera, expandiéndose con ello a toda velocidad la popularidad de la misma. Por mucho que la *Pascale* se remontara a un tiempo ya perdido los telespectadores querían verla, porque era una anomalía deportiva.

A consecuencia de esto, y a pesar de que algunos tramos hayan desaparecido o hayan resultado redundantes tras quedar divididos por la construcción de nuevos ejes comunicativos, la amenaza que se cernía sobre el pavé ha sido repelida. La crisis de los 60 y 70, puesta en relieve por el escritor francés René Fallet, quien alertó de que «los De Vlaeminck de este mundo se enfrentan a la misma amenaza que los bebés foca», se ha convertido en todo un éxito en la época moderna.

De acuerdo con el retirado director técnico de ASO, Jean-François Pescheux, «ya no seguiremos perdiendo pavés. Al contrario, ¡estamos redescubriendo tramos!». *Les Amis* calculan que quedan cerca de 165 km de pavés en el norte, de los cuales 75 se usan, o podrían usarse, en la *Pascale*. El objetivo anual fijo es asegurarse de que uno de cada tres kilómetros que formen parte de los 150 kilómetros finales del trazado, sean de adoquín. En 2013 hubo 52,6 km de adoquín, siendo el más largo el tramo de Quiévy y St-Python, que se extiende sobre 3,7 km, y el más corto el de la propia ciudad de Roubaix, con 300 metros.

Lo cierto es que, desde que la Roubaix ha despegado como espectáculo televisivo, captando el interés del espectador internacional, la ausencia de la mayoría de las grandes estrellas del ciclismo no ha tenido el más mínimo impacto sobre la carrera. En lugar de depender de los destellos de gloria que puedan provocar la participación de campeones de carreras como el Tour de Francia o el Giro de Italia, la *Pascale* sigue creando sus propios ciclistas legendarios.

Para los franceses sería Gilbert Duclos-Lassalle, quien, tras terminar segundo tras Francesco Moser en 1980, parecía un potencial ganador de la prueba. Cuando se enfrentaba a su decimocuarta participación, en 1992, cerca ya de cumplir 38 años, daba la sensación de que sus oportunidades se habían esfumado. Enamorado de la caza que vio su carrera amenazada después de que una bala atravesase su mano izquierda en 1983, Duclos siempre disfrutó de las pruebas más duras del calendario, en especial de la Roubaix. Encorajinado por la victoria en San Remo de un Kelly de 36 años, un mes antes, y por el buen estado de forma en que se encontraba antes de la *Pascale*, «Gibus» salió de Arenberg acompañado apenas por dos ciclistas —Jean-Paul Van Poppel y Rik Van Slycke—, no tardando el trío en alcanzar a un superviviente de la primera escapada del día, el suizo Thumas Wegmuller.

Sobre el pavé de Ennevelin, a 45 km de meta, Duclos aumentó el ritmo para descolgar al as del esprint Van Poppel. El único momento de preocupación llegó durante el Carrefour de l'Arbre, cuando el esprínter alemán Olaf Ludwig redujo la ventaja del francés; pero este supo aguantar para lograr la victoria. Lo más sorprendente no fue la edad a la que consiguió esta victoria, sino que utilizó una horquilla de suspensión RockShox. A pesar de ser omnipresentes en el ciclismo de montaña, la mayoría de los ciclistas de carretera las consideraba demasiado pesadas y, a pesar de otorgar ciertos beneficios en los adoquines, consideraban que eran demasiado blandas sobre el asfalto. Sin embargo, al tradicionalista Duclos le encantaban, y no hay duda de que las popularizó.

«Esta victoria hace que me entren ganas de conseguir otra», dijo el francés tras su éxito. Y eso fue lo que logró doce meses después, pero en circunstancias muy diferentes. Saliendo del pavés en el Carrefour de l'Arbre tenía como única compañía al italiano Franco Ballerini, cuyo director, Patrick Lefevere, le insistía en dejar atrás al francés antes de llegar al velódromo. El italiano se esforzó todo lo que pudo, pero Duclos aguantó. Entrando en el velódromo para completar una vuelta y media, Duclos echó mano de su experiencia en pruebas de seis días, ascendiendo a la parte alta del peralte para ganar aceleración y poner nervioso al joven italiano. Llegando a la curva final pasó disparado junto a Ballerini, dando todo lo que tenía mientras el italiano le ganaba terreno por la derecha. Ambos lanzaron sus bicicletas sobre la línea de meta y Ballerini alzó el brazo celebrando la victoria. Pero la *photo finish* demostró que Duclos pasó sobre la meta ocho centímetros por delante de Ballerini.

El francés se había convertido en el vencedor más veterano de la carrera. Mientras tanto, Ballerini se mostraba inconsolable. «Jamás volveré a Roubaix», le dijo a un periodista. «Cometí un enorme error al hacerme ciclista». Pero lo cierto es que Duclos-Lassalle se retiraría dos años después de que Ballerini se adjudicara la primera de las dos Roubaix que ganó. Tras su retirada, los organizadores bautizaron un tramo de pavés cerca de Wallers como El Puente Gibus, en reconocimiento al francés.

La primera victoria de Ballerini inauguró una racha, casi nunca vista antes, para el acaudalado equipo Mapei y su director, Lefevere, quien contaba con una diversidad incomparable de talento del que echar mano. El líder del equipo de Lefevere era el tres veces ganador en Flandes Johan Museeuw, quien devolvió a Bélgica a lo más alto del podio de Roubaix con un trío de victorias. La primera fue impresionante, en cuanto a actuación de equipo se refiere, dado que los tres ciclistas que se marcharon en solitario durante la decimoprimera sección de pavés, en Tilloy-lez-Merchinnes, lucían los colores de Mapei. Museeuw, Gianluca Bortolami y Andrea Tafi abrieron tal hueco que la única duda durante los 15 km finales era cómo decidirían quien de los tres ganaría. Una llamada a Giorgio Squinzi, dueño del fabricante de adhesivos Mapei, despejó las dudas. «¿Podrían cruzar la meta los tres juntos?», le preguntó a Lefevere. Cuando le dijeron que no podía ser, escogió a Museeuw.

Aquello escandalizó a la prensa italiana, sobre todo porque en un equipo italiano que pertenecía a una empresa italiana, el escogido para la victoria fuera un belga. El director de la carrera, Leblanc, quien rezaba por un final de carrera memorable al ser aquella la edición centenaria, censuró: «Los tres ciclistas del Mapei actuaron de manera vergonzosa y sin disimulo alguno delante de millones de espectadores». Mapei repetiría un nuevo pleno en el podio dos años después, siendo Ballerini el vencedor en solitario, quien, además, le entregaba al equipo la tercera victoria en cuatro años y terminaría con cuatro minutos de ventaja sobre sus compañeros Tafi y Wilfried Peeters.

Mientras ellos celebraban la victoria su compañero Museeuw estaba en el hospital, en la mesa de operaciones en la que intentaban recomponerle la rótula después de una dura caída en Arenberg. Durante la delicada intervención los cirujanos no consiguieron extraerle parte del barro de la herida, lo que le produjo una infección que derivó en un principio de gangrena. Por fortuna, se descubrió a tiempo y Museeuw regresó a Roubaix un año más tarde para quedar entre los diez primeros mientras sus compañeros Tafi, Peeters y Tom Steels copaban de nuevo el podio.

La victoria más memorable de la carrera de Museeuw llegó en el año 2000, cuando entró en solitario al velódromo. Mientras se acercaba a la meta desenganchó el pie del pedal y elevó la pierna en el aire, señalando con el dedo la rodilla mientras cruzaba la meta. «Es como un sueño, porque hace dos años casi pierdo la pierna. Después de todo por lo que he pasado no hay nada más bonito que ganar la París-Roubaix», dijo el belga bañado en lágrimas. Nuevas victorias para Servais Knaven y, de nuevo, Museeuw alargaron la increíble marca de Lefevere en Roubaix hasta las siete victorias en ocho temporadas.

En 2002, dos puestos por detrás de Museeuw estaba el neoprofesional Tom Boonen, un belga de 21 años y 1,92 de altura que había conseguido la edición sub-23 de la Roubaix un año antes. Hijo de un exprofesional —aunque el nombre de André Boonen no figura en el palmarés de ninguna carrera de importancia, terminando su carrera profesional en 1984, siete años después de debutar en un equipo con el curioso nombre de Eurosoap-Crack— el trabajo de Boonen aquel día fue trabajar para el líder del US Postal en las clásicas, George Hincapié. Pero después de que el estadounidense cayera en una zanja a 18 km de meta mientras la dupla perseguía a Museeuw, Boonen continuó en solitario para conseguir la tercera plaza.

La llegada de Boonen marcó el desembarco de una nueva generación de aspirantes a las clásicas de adoquines. «Yo solo soy Tom Boonen, y me va a llevar mucho tiempo tratar de igualar lo que Johan ha conseguido a lo largo de su carrera», dijo el fornido belga cuando se le pidió establecer una comparación entre sí mismo y Johan Museeuw, vencedor de la carrera. Lefevere no tardó en responder a la demostración de fuerza de Boonen, liberándolo de su contrato con US Postal y fichándolo para su Quick-Step, donde correría y aprendería de Museeuw. Después de la retirada de Museeuw, y habiendo adoptado el rol de líder en 2005, Boonen se reveló como el talento belga más importante en las clásicas de adoquines desde Roger De Vlaeminck, completando un doblete Flandes-Roubaix.

Durante el despliegue de fuerza de Boonen, que culminó con su victoria al esprint ante George Hincapié y Juan Antonio Flecha en el velódromo, había desaparecido una parte crucial de Roubaix: el tramo de Arenberg. A consecuencia de la caída y desagradable lesión de rodilla de Museeuw, había crecido la preocupación por el estado de los adoquines de este tramo, lo que desembocó en que los ciclistas se enfrentaran a él en dirección contraria un año después, yendo cuesta arriba. A pesar de que el experimento tuvo una vida corta, el hundimiento del suelo provocado por los trabajos de minería bajo Arenberg, que habían cesado hacía ya unos cuantos años, llevaron a la desaparición del tramo en 2005. El ayuntamiento local se gastó 250 000 euros en repararlo, efectuando mejoras en el firme y talando la vegetación a ambos tramos de las temidas piedras, lo que permitió que la luz solar penetrase en el frío y húmedo entorno y evitó que el pavé se cubriera de musgo.

Arenberg regresaría en 2006, cuando «Tornado Tom» Boonen fue barrido por Fabian Cancellara, cayendo la victoria de parte del suizo que, más tarde, sería conocido por el sobrenombre de Espartaco. Los registros reflejan que el margen de su victoria fue de 1:49 sobre Boonen, sugiriendo una clara victoria, pero hubo tres ciclistas que terminaron entre ambos. Leif Hoste, Peter Van

Petegem y Vladimir Gusev fueron descalificados por pasar bajo la barrera de un paso a nivel a 15 km de meta, mientras perseguían a Cancellara. El tiempo que perdieron por esta retención no afectaría al resultado final, dado que el suizo ya marchaba escapado con una cómoda ventaja, pero no cabe duda de que la descalificación de estos tres ciclistas habría hecho gracia a Henri Pélissier, quien, como se recordó anteriormente, no solo saltó por encima de la barrera, sino que atravesó el tren que se encontraba detenido, parando la carrera, antes de conseguir una de sus dos victorias en Roubaix.

Durante los años siguientes Boonen y Cancellara mantuvieron su dominio sobre Roubaix. El belga conseguiría otras tres victorias, igualando a De Vlaeminck en lo más alto del palmarés de la prueba, mientras que la victoria de Cancellara en el 2013 sería su tercera corona. Al igual que sucediera cuando la dupla se veía las caras en Flandes, en Roubaix estaban muy igualados entre sí y un punto por encima de sus contemporáneos. Pero también hubo ocasiones en las que se marcaron de tal manera que otros ciclistas encontraron una oportunidad para lograr la victoria. En 2014 el holandés Niki Terpstra, miembro de la formidable cohorte con la que contaba el QuickStep para las clásicas y cuya misión era, en un principio, la de ayudar a Boonen, resultó el beneficiado de este marcaje. Once ciclistas se encontraban en el grupo de cabeza llegados al Carrefour de l'Arbre, siendo tres de ellos miembros del equipo belga. Cuando Terpstra salió en solitario a 6 km de meta al abandonar la penúltima sección de pavés en Hem, nadie se quiso responsabilizar de la caza, siendo todos conscientes de que, de hacerlo, lo más probable sería que estuvieran sirviéndole a Boonen su quinta corona en bandeja. Ante los escarceos en el grupo trasero Terpstra se dejó el alma en su ataque y no tardó en hacerse con el trofeo adoquinado.

En 2015 Boonen y Cancellara se ausentaron de la carrera por sendas lesiones, lo que aprovechó un grupo de siete hombres para jugarse la victoria al esprint sobre el velódromo de Roubaix. De nuevo, el QuickStep contaba con ventaja numérica, pero el segundo clasificado de 2014, John Degenkolb, los superaría por pura velocidad punta, convirtiéndose en el segundo alemán que vencía en esta carrera y emulando a Josef Fisher en la edición inaugural. Durante las siguientes temporadas Degenkolb alargaría su idilio con los adoquines. En 2018 se alzaría con una etapa del Tour de Francia que finalizó en Roubaix y en la que se pasó por varios sectores de adoquines. También contribuyó al mantenimiento que llevaban a cabo *Les Amis de Paris-Roubaix* sobre los mismos, donando dinero en dos ocasiones para mantener a flote la edición júnior de la carrera. En reconocimiento a sus logros y filantropía, el sector de cuatro estrellas que transcurre desde Hornaig hasta Wandignies-Hamage fue bautizado con su nombre.

Con Cancellara y Boonen listos para acometer el que debía ser su último asalto al Infierno del Norte, la carrera de 2016 se garantizó un clima especial y, desde luego, supuso una de las ediciones más memorables. Segundo en Flandes tras Peter Sagan un domingo atrás, el suizo demostró estar en mejor forma. Por su parte, el belga trataba de completar su recuperación tras fracturarse el cráneo en el Tour de Abu Dabi el otoño anterior. Pero la ilustre pareja se vería sobrepasada por otro veterano, el australiano Mathew Hayman, quien estuvo a punto de perderse la que habría sido su 15ª Roubaix cuando se rompió el brazo en la Het Nieuwsblad. Se pasó las seis semanas previas a la carrera entrenando sobre su rodillo, mientras apoyaba su escayolado brazo derecho en una escalera plegable.

Sin que nadie, ni tan siquiera su equipo, esperara gran cosa de él, Hayman consiguió entrar en la escapada del día, que tardó bastante en formarse, consiguiendo poner tierra de por medio tras 67 km. Las caídas y los cortes en el pelotón que los perseguía permitieron que los escapados gozaran del liderato de la prueba hasta la sección de Orchies, a 60 km para meta, cuando los alcanzó un grupo en el que estaba Boonen, mientras Cancellara y Peter Sagan los perseguían un minuto por detrás. Pero sus esperanzas de alcanzar a los escapados desaparecieron cuando el suizo perdió el control de su bicicleta sobre el barro y se fue al suelo. Sin saber muy bien cómo Sagan consiguió saltar por encima de Cancellara mientras este iba al suelo, pero las opciones del eslovaco naufragaron ahí mismo.

Por delante, el grupo de diez hombres fue reduciéndose hasta que solo quedaban cinco hombres con opciones: Boonen, Hayman, Edvald Boasson Hagen, Ian Stannard y Sep Vanmarcke. Este último sería el primero en atacar, acelerando en el Carrefour de l'Arbre para ser neutralizado en el siguiente sector de adoquines, en Gruson. Stannard lo intentó, Boonen haría lo propio en varias ocasiones, con Hayman contraatacando tras el último movimiento del belga. Pero nadie fue capaz de mantener el hueco. Boonen, reconocido rematador en los esprints en grupo, parecía tener todas las posibilidades de ganar cuando los cinco comenzaron la vuelta final al velódromo. Se puso a rueda del australiano mientras este completaba la curva final y saliendo de la misma el belga se fue acercando cada vez más, pero la línea de meta llegó antes. Mat Hayman había ganado la París-Roubaix.

«Se ha desenvuelto a la perfección. Si lo piensas fríamente, no puedes más que admitir que quien más se merece una victoria como esta es un tipo como él; a lo largo de su carrera siempre ayudó a otros a ganar, y ha estado en muchas ocasiones en la lucha por las clásicas, pero sin conseguir nunca los premios gordos», dijo Boonen sobre Hayman con gran deportividad, a pesar de que le acababa de dejar sin esa quinta victoria récord en Roubaix. El australiano admitió que tampoco le habría disgustado que Boonen lo batiera. «El mero hecho de llegar al velódromo a su lado me ha parecido surrealista. De verdad que respeto a este chico», dijo. «Si llego a hacer segundo, habría estado más que contento. Jamás me había subido al podio de la París-Roubaix. Pero hoy encajaron todas las piezas».

Un año más tarde el velódromo asistía a una llegada similar. Greg Van Avermaet, Zdeněk Štybar y Sebastian Langeveld entraron juntos al óvalo. Mientras desaceleraban y peleaban por la cabeza Jasper Stuyven y Gianni Moscon se los unieron justo antes de la curva final, con el italiano atacando sin dudarlo un instante. Štybar respondió de inmediato, abriendo un pequeño hueco antes de la recta de meta, pero Van Avermaet, el campeón olímpico, demostró tener una velocidad punta final superior a la del checo. Boonen, compañero de Štybar en el QuickStep, cruzó la línea en la decimotercera plaza, apenas una docena de segundos por detrás en la que sería la última ocasión en su carrera en que se ponía un dorsal, terminando empatado con su archirrival, Cancellara, a siete monumentos.

Perseguido por los pinchazos y otra serie de percances los años anteriores, Peter Sagan se convirtió en el primer campeón del mundo que ganaba la París-Roubaix tras Bernard Hinault en 1981, gracias a un impresionante despliegue tanto de fuerzas como de habilidad en el manejo de la bicicleta. El eslovaco atacó desde el grupo de favoritos a 55 km de meta, no tardando en alcanzar a los tres supervivientes de la escapada mañanera. Sven Erik Bystrøm cedería al poco tiempo, mientras Sagan ocupaba la posición de cabeza casi en todo momento. Jelle Wallays cedió durante los adoquines de Cysoing, a falta de 25 km, dejando a Sagan con la única compañía de Silvan Dillier. A pesar de los muchos intentos del campeón del mundo por quitárselo de encima, el suizo se aferró a su rueda con gran tenacidad, casi como un pasajero que lucha por no perder el tren. Dillier entró al velódromo y a la última curva por delante, pero como era de esperar, Sagan descerrajó un acelerón que le valió la victoria.

La carrera se vio ensombrecida por la muerte de Michael Goolaerts. Debutando en Roubaix con el Verandas Willems-Crelan, el belga de 23 años sufrió un infarto al pasar por el segundo tramo de pavés, entre Viesly y Briastre. A pesar de que la asistencia médica apenas tardó en llegar y fue llevado al hospital de Lille en helicóptero, moriría aquella misma tarde. Dos meses más tarde aquel sector adoquinado fue bautizado con su nombre, en su recuerdo.

Los cinco años de sequía en Roubaix para QuickStep tocaron a su fin en 2019, cuando Philippe Gilbert se convirtió en el cuarto vencedor de la carrera de más edad, a sus 36 años. Además, con esta victoria unía su nombre al selecto grupo de ciclistas que habían ganado cinco o más monumentos, junto a Sean Kelly, Fred de Bruyne, Louison Bobet, Germain Derycke y Hennie Kuiper. Gilbert fue uno de los seis ciclistas que se escaparon a 48 km para la meta; el vigente campeón, Peter Sagan, volvía a formar parte del grupo, así como Wout van Aert, Sep Vanmarcke, Nils Politt e Yves

Lampaert, cuya presencia resultaría crucial para su compañero y ganador final. Cuando Politt atacó a 14 km de meta Gilbert fue el único ciclista en responder, con Van Aert y Sagan vigilándose uno al otro, cercenando con sus dudas sus posibilidades de victoria. La llegada fue un calco de la del año anterior, con Gilbert en el papel de Sagan, comenzando su esprint desde detrás de la rueda de su rival al salir de la última curva, y con Politt, como le pasó a Dillier, entrando en segunda posición con varios metros perdidos.

La pandemia de la Covid significó la cancelación de la París-Roubaix, primera vez que esto sucedía desde la Segunda Guerra Mundial; esta cancelación afectaría, también, a la primera edición de la Roubaix femenina. Ambas carreras fueron pospuestas hasta finales de octubre en un principio, pero el aumento de casos condujo a la cancelación definitiva. En 2021 sí que se celebrarían, aunque los persistentes efectos de la pandemia obligaron a posponerlas hasta el primer fin de semana de octubre. Con este cambio de fechas, pasando de la primavera al otoño, se produjo el primer gran empeoramiento climatológico en años, para delicia de casi todo el mundo a excepción de los que tenían que competir; por primera vez en mucho tiempo el fin de semana de Roubaix fue infernal de verdad. Lizzie Deignan se convertiría en la primera persona de nacionalidad británica que conseguía el trofeo adoquinado, tras atacar en la primera sección de pavés y mantener, hasta la meta, tanto el equilibrio bajo unas condiciones de lo más traicioneras, como la ventaja que había cosechado.

Un día después los hombres no disfrutaron de mejora alguna en las condiciones. Hubo todo tipo de caídas y durante casi toda la prueba daría la sensación de que la fuga de la mañana iba a llegar al velódromo sin que los atraparan. Gianni Moscon era el ciclista más fuerte de aquel grupo, y salió en solitario a 53 km de meta. Por detrás, un puñado de ciclistas entre los que se encontraban el todoterreno holandés Mathieu van der Poel y otro italiano, Sonny Colbrelli, se fueron acercando mientras absorbían a los demás ciclistas de la escapada; pero Moscon tenía en sus manos tanto la victoria como la derrota. Parecía tener todo bajo control hasta que una caída y un pinchazo le hicieron perder tanto la ventaja como la confianza. Comenzó a culebrear sobre el baño de barro que cubría los adoquines y acabó siendo alcanzado —y dejado atrás casi sin efecto de continuidad— por Van der Poel, Colbrelli y el joven belga Florian Vermeersch en el Carrefour d l'Arbre. El holandés pondría el empuje para el avance del trío, pagando su derroche de energía en el velódromo, donde el peleón Colbrelli dejó atrás a sus rivales para poner rumbo a la victoria, que celebró con un rugido feral sobre el césped del interior del óvalo.

La carrera regresó a sus fechas habituales de mediados de abril en 2022, volviendo a la normalidad climática de los últimos años, tiempo seco y caluroso. Un día después de que Elisa Longo Borghini consiguiera la victoria en solitario, emulando el logro de su compañera en el Trek Deignan, el holandés Dylan Van Baarle le dio, por fin, la victoria en la *Pascale* al equipo británico Ineos, anterior Sky. Al igual que Longo Borghini, Van Baarle entró en solitario tras dejar atrás a Yves Lampaert, Matej Mohorič y Tom Devriendt en la última sección de adoquín de cinco estrellas, el Carrefour de l'Arbre. Gracias a un fuerte viento a favor que empujó durante todo el día a los ciclistas el holandés, quien quince días antes había quedado segundo en Flandes, registró la velocidad media más alta en la historia de la Roubaix, alcanzando los 45,792 km/h, medio kilómetro por hora más rápido que Greg Van Avermaet en 2017.

Tras su victoria Van Baarle, quien un año antes había terminado fuera de control, explicó su relación de amor-odio con esta carrera, diciendo «en cierta ocasión comenté que odio, odio de verdad correr sobre los adoquines. Nadie preferiría ir sobre adoquines cuando puede hacerlo sobre asfalto. Pero el caso es que soy capaz de pasar por encima de ellos más rápido que los demás, y eso le da algo de diversión al asunto. Pasar sobre ellos no resulta nada divertido, pero cuando ves que estás haciendo sufrir al resto, pues sí que tiene ese puntito de diversión». Sus palabras vienen a ser un perfecto resumen de lo que hace tan única a la *Pascale*. Desde la II GM sus organizadores tuvieron que enfrentarse al desafío de la modernización, mientras se mantenían fieles a sus raíces norteñas. Y resulta admirable que lo hayan conseguido, recuperando una carrera que, durante la década de los 60, estaba al borde de caer en lo ordinario, para convertirla en uno de los eventos deportivos más importantes del año. A pesar de que la suerte juegue un papel mucho más importante en Roubaix que en ningún otro monumento, los grandes campeones siguen saliendo triunfantes. Cuando Jacques Goddet aseguró que «la París-Roubaix es la última gran insensatez que el ciclismo plantea a sus participantes» añadiría que «es una carrera salvaje, pero no para brutos», lo que resume con bastante acierto el desafío que plantea el Infierno del Norte.

PARTE III

EL GIRO DE LOMBARDÍA:

LA CARRERA DE LAS HOJAS MUERTAS

NACE EL
CRITÉRIUM DE OTOÑO

«Dios creó la bicicleta para que los hombres la usaran como herramienta de sus esfuerzos y exaltación del duro camino de la vida». Esta inscripción, que aparece bajo el busto de *Il Campionissimo*, Fausto Coppi, resume la atracción que el ciclismo de competición suscitaba entre los hombres de clase trabajadora en los albores de este deporte, refiriéndose tanto a aquellos que se dedicaban al ciclismo en un intento de escapar de la pobreza, como a los tantos otros que acudían a ver a estos actuar, escapando, de manera momentánea, de la crudeza de la vida cotidiana. En la actualidad, la relevancia de estas palabras no está tanto en lo que dicen, aunque todavía mantengan su importancia, sino en dónde está localizado el busto, en el exterior de la capilla de Madonna del Ghisallo, que domina los lagos Como y Lecco, a unos kilómetros al norte de Milán.

Por definición, este es el lugar más mítico del ciclismo. En octubre de 1948 el Papa Pío XII prendió «la llama imperecedera de Ghisallo». Esta antorcha contiene la llama que fue llevada en coche desde la residencia del Papa en el Castillo de Gandolfo, en Roma, hasta Milán. Desde allí, una serie de ciclistas, entre los que estaban Coppi y Bartali, se relevaron como portadores de la llama hasta llegar a la pequeña capilla en la villa de Magreglio, en la cima del Paso Ghisallo. En octubre de 1949 el Papa declaró que la capilla se convertiría en hogar de la patrona de los ciclistas.

Durante las siguientes décadas la capilla, que es poco más grande que un salón, se ha convertido tanto en un lugar de peregrinaje como en un santuario para ciclistas de todo tipo. Sus paredes están cubiertas con todo tipo de recuerdos ciclistas, incluida la bicicleta con la que Coppi logró el Tour de Francia de 1949, que mantiene en la actualidad el mismo aspecto de fragilidad que sugería cuando Coppi pedaleaba sobre ella; también está la bicicleta con la que el campeón olímpico de 1992 Fabio Casartelli se accidentó y murió durante el Tour de 1995, además de la máquina con la que Francesco Moser rompió el récord de la hora en Ciudad de México en 1984. Hay maillots donados por los ganadores de algunas de las carreras más recordadas de la historia, además de muchos dorsales y diminutas fotografías de ciclistas que han fallecido sobre las carreteras italianas.

A finales del siglo XX la colección de mementos ciclistas propiedad de la capilla era de tal magnitud que surgieron planes para la construcción de un museo que albergara la mayor parte de la colección. Abierto en 2006 y situado adyacente a la capilla, sobre un peñasco desde el que se puede observar una espectacular vista del Lago Lecco, alberga la mayor colección de objetos ciclistas profesionales en todo el mundo, incluyendo desde bosquejos de los diseños de Leonardo Da Vinci para una «bicicleta» de madera, la bicicleta con la que Coppi logró su récord de la hora en 1942, en la que se ven los hilos que salen de sus ajados neumáticos, hasta la mayor colección de *maglias* rosas del mundo, en la que hay más de 50 donadas por los vencedores del Giro de Italia.

Muchos afirman que, además de ser el lugar más sagrado para el ciclismo profesional, su localización puede ser, también, la más hermosa. Desde luego, resulta sencillo mecerse en las palabras de Percy Bysshe Shelley, quien dijo «este lago sobrepasa cualquier otra hermosura que yo haya contemplado», mientras la vista se pasea por las azules aguas del lago y continúa hasta alcanzar las cumbres cubiertas de nieve de la frontera norte italiana, llegándose a ver, tras ellas, Suiza. Desde un punto de vista competitivo también tiene gran significado, ya que Ghisallo es el punto más famoso de la gran clásica que cierra la temporada, el Giro de Lombardía. Así como la Milán-San Remo, su carrera hermana, abre la temporada de clásicas, la carrera de las hojas muertas echa el telón a la misma, dando a los ciclistas una última oportunidad de disfrutar o redimir su temporada.

Al igual que el Tour de Francia o el Giro de Italia, la Lombardía nace del deseo de un periódico por reivindicarse frente a otras publicaciones rivales. En este caso el periódico amenazado era el incipiente *La Gazzetta dello Sport*, que se publicaba por entonces los lunes y los viernes, y que a principios del siglo XX veía cómo el reciente lanzamiento del semanal *Gli Sports* amenazaba su circulación. El editor de ciclismo de *La Gazzetta*, Armando Cougnet, diría más tarde sobre aquella rivalidad: «No había tiempo que perder, necesitábamos que llovieran las ideas y la pasión, necesitábamos pasar al ataque antes de que nuestro rival nos robara nuestro lugar».

Cougnet y su equipo llevaban desde 1903 barajando la organización de una carrera que recorriera Lombardía, junto con los directores del Touring Club Ciclistico Italiano, fundado en 1894 para promocionar el turismo y el ciclismo en Italia, y que terminaría publicando las mejores colecciones de mapas del país. Sin embargo, las carreteras más allá de Milán y el resto de grandes centros de población eran tan pobres que jamás pareció factible llevar a cabo una carrera. El lanzamiento de *Gli Sports* hizo que el departamento editorial de *La Gazzetta* se decidiese. «Si queríamos causar sensación, la carrera debía contar con una serie de características especiales. Este es el motivo por el que se escogió una fecha que parecía casi prohibitiva: el 12 de noviembre, justo al final de la temporada, convirtiendo a la carrera en el Critérium de Otoño», dijo Cougnet.

La edición del 9 de octubre de 1905 de *La Gazzetta* anunciaba lo que el periódico describió como «este Critérium de Otoño que hemos bautizado con el nombre de Giro de Lombardía». La intención, según explicaba el periódico, era la de crear una carrera que pusiera a prueba a los ciclistas en condiciones invernales, explicando que parte de su apuesta era la de demostrar que «el ciclismo es un auténtico benefactor para la educación física». El 10 de noviembre

La Gazzetta publicó una última llamada para participar en un espectáculo que ellos mismo pintaban como «de lo más inusual, casi una locura», dada la cercanía del invierno. Aclamó a los 74 ciclistas que se habían inscrito para tomar parte. Dos días después, 53 de esos 74 ciclistas firmaban en la Trattoria del Boschetto en Rogoredo, justo al sudeste del centro de Milán, para tomar la salida en la primera edición del Giro de Lombardía. A las seis en punto de lo que todavía era una oscura mañana, los ciclistas se congregaron bajo unas lámparas de acetileno para tomar la salida. Resulta curioso que el hombre que sostenía el banderín rojo que daba la salida fuera más famoso que cualquiera de los que esperaban su gesto. Romolo Buni, estrella milanesa de la pista en la década de 1890, se hizo famoso tras competir en tres desafíos bicicleta-contra-caballo sobre la pista de carreras de caballos enfrentándose a William «Buffalo Bill» Cody. Pasadas tres horas Buni había cubierto 99 km por 102 de Cody, aunque el vaquero estadounidense utilizaría nada menos que diez caballos durante el desafío. Cuando Buni ondeó la bandera en Rogoredo, un ciclista con el fabuloso nombre de Gilberto Marley, tres veces campeón italiano a finales de la década de 1880, puso en marcha el cronómetro y los ciclistas desaparecieron en la oscuridad.

Durante las semanas precedentes a la carrera Giovanni Gerbi, del Peugeot, había reconocido el trazado hasta en 20 ocasiones, comprobando que la lluvia dificultaría el avance. Pero también había comprobado que había una estrecha franja de tierra más compactada y firme entre las vías de los tranvías que viajaban desde Lodi hasta Crema, durante los primeros kilómetros de la carrera. Para subir hasta esta pista Gerbi pasó a cabeza de carrera y aceleró de manera brutal, para después echarse a un lado como si fuera a abandonar. Con las prisas por responder a esta aceleración los ciclistas acabaron entre las vías, tropezando entre ellos y provocando una montonera de bicicletas y ciclistas. Mientras tanto Gerbi pasó con tranquilidad entre las vías y volvió a ponerse en camino, ya en solitario, cuando apenas se habían cubierto 30 de los 230 km de la carrera. En Bérgamo, pasados otros 30 km de carrera, el Diablo Rojo, llamado así porque siempre lucía un maillot de ese color y su actitud era la de ganar a toda costa, forzando el reglamento hasta el límite, había extendido su ventaja hasta los tres minutos, sin que dejase de crecer. En la meta, sobre el Corso Sempione en Milán, Gerbi le sacaba 40 minutos a Giovanni Rossignoli y Luigi Ganna.

Las carreteras en el trazado de aquella primera edición de Lombardía se podían contar casi con los dedos de una mano. A pesar de que Fiat comenzó a fabricar coches en Turín en 1899, y la emergente industria automovilística se había extendido hasta Milán y Bérgamo, Italia seguía siendo una nación agrícola, en gran medida, y seguiría siéndolo hasta el milagro económico que llegó tras la II GM. Los ciclistas competían, casi siempre, sobre caminos de tierra que apenas tenían poco más de medio metro de ancho, y a menudo tan enfangados que se veían obligados a cargar con sus bicicletas. «Por aquellos años, una ventaja inicial de cincuenta metros era suficiente como para provocar una selección», explicaría Gerbi, quien entrenaba en solitario con la intención de buscar puntos que se pudieran traducir en una ventaja tras aquel reconocimiento.

Siendo el primer italiano en competir en el Tour de Francia, en 1904, Gerbi no tuvo tanta fortuna un año después, tras sufrir problemas mecánicos que le obligaron a abandonar la carrera. La victoria cayó de lado de Cesare Brambilla, de 24 años, a pesar de que el segundo clasificado, Carlo Galetti, puso una reclamación alegando que su rival había zigzagueado por el pasillo de aficionados que se alineaban en la línea de meta. Al intentar adelantar a Brambilla, cuyo sobrino Pierre, nacido en Suiza, es recordado como el hombre que perdió en el último día la primera edición del Tour de Francia tras la II GM, Galetti terminó en el suelo, sufriendo un pinchazo, aunque más tarde admitiría que su causa no se vio nada favorecida por el vaso de Marsala que un amigo suyo le ofreció para darle un subidón de energía, pero que, en realidad, provocó que todo comenzara a dar vueltas a su alrededor.

Ganar a cualquier precio

La controversia de la carrera de 1906 no fue nada en comparación con las protestas y reclamaciones que fueron elevadas tras la tercera edición de Lombardía, a la que habían acudido los tres primeros clasificados del Tour de Francia de 1907: Lucien Petit-Breton, Gustave Garrigou y Émile Georget. Puede que preocupado por la calidad de los rivales, y decidido a superar las decepciones del año anterior, Gerbi se preparó como nunca antes lo había hecho, Sin embargo, durante la carrera, que el Diablo Rojo ganó sin desfondarse, quedó patente que había ido demasiado lejos, traspasando toda frontera que separase una buena preparación de la mera trampa.

A pesar de ser nombrado vencedor en primera instancia, terminando con 40 minutos de ventaja sobre Garrigou, un día después Gerbi se enteraba de que había sido relegado a la última posición. Sus rivales lo acusaron de realizar numerosas maniobras prohibidas, incluyendo deteriorar el trazado para ralentizar el ritmo de sus rivales y hacer que se accidentaran, además de utilizar liebres y hacer que sus seguidores bloquearan un paso a nivel o sembraran el suelo de tachuelas. Pese a que el ciclista insistía en que no había hecho nada malo, se le prohibió competir durante dos años, aunque esta sanción sería reducida a seis meses después de que una masa furibunda de seguidores del Diablo organizara una quema pública de ejemplares de *La Gazzetta*.

Cuando Leopold Alibert, el director del equipo Peugeot, regresó a París desveló las malas artes de Gerbi. Alibert dijo que la víspera de la carrera se le acercó un ciclista italiano llamado Luigi Mori, quien le previno de que los seguidores de Gerbi estaban preparando una encerrona en un paso a nivel tras 35 km de carrera. Su intención, según le dijo Mori a Alibert, era impedir que ningún ciclista extranjero pudiera pasar de aquel punto. El jefe del Peugeot avisó a sus ciclistas, pero ninguno de ellos podía imaginar los excesos a los que los seguidores de Gerbi estaban dispuestos a llegar. Cuando cuatro ciclistas se acercaban al paso, con Gerbi liderando dicho cuarteto, se dirigieron a gran velocidad en dirección a un hombre que esperaba de pie, a un lado del camino. En cuanto Gerbi pasó a su lado, el hombre arrojó su bicicleta en mitad del paso, derribando con ello al suizo Henri Rheinweld y al ciclista de Peugeot Georget. Según Alibert, durante los segundos que pasaron hasta que ambos hombres pudieron ponerse de nuevo en pie y tomar sus bicicletas, los seguidores de Gerbi bajaron la barrera del paso a nivel, que al paso de Gerbi estaba expedito.

Alibert describió la caótica escena en la que Romolo Buni y Pilade Carozzi, director de la Unión Ciclista Italiana, tuvieron que implorar a los aficionados que abrieran el paso. «Pero el tortuoso camino de los desafortunados ciclistas no había hecho más que empezar. Menos de cien metros después hicieron acto de presencia las tachuelas, y Georget pinchó hasta en dos ocasiones. Tras él, en el paso a nivel, Garrigou y Petit-Breton se enfrentaban a las mismas dificultades que se habían encontrado los anteriores. Petit-Breton fue golpeado. Tuvieron que esperar ocho minutos antes de que les permitieran pasar», informó Alibert.

Parecía que la carrera se había acabado para los rivales de Gerbi, pero Georget redujo la desventaja respecto al italiano poco a poco. Sobre la cima de la colina en Como, apenas les separaban cuatro minutos. De repente, un grupo de coches lo adelantó. Se detuvieron 500 metros por delante del francés, mientras los ocupantes se bajaban y sembraban de tachuelas, una vez más, la carretera, provocando un nuevo pinchazo a Garrigou. Mientras intentaba instalar una nueva cámara, destrozando entre tanto su bomba, un comisario de la Unión Ciclista Italiana salió en persecución de los agitadores, a través de los campos cercanos.

Pese a que Alibert pensaba que ya había presenciado todas las tretas posibles que los ciclistas y los aficionados podían idear para estafar a sus rivales, lo sucedido en Lombardía había revelado toda una nueva batería de subterfugios inéditos entre las que estaba que conductores de coche echaran cuerdas a los ciclistas para remolcarlos. Concluyó: «He regresado de Italia descorazonado por los métodos de Gerbi... si el ciclismo de competición desea tener futuro en Italia, resulta de la máxima importancia que este criminal sea expulsado de la escena ciclista».

A pesar de las tretas de Gerbi y el deplorable estado de las carreteras, Lombardía no tardó en ganarse el interés del público. El diario deportivo *L'Auto* informó que más de 30 000 espectadores se habían concentrado en la meta de la edición de 1907 para presenciar el desenlace, además de alabar el alto nivel de organización de la prueba, acentuando, en particular, la presencia de policías a ambos lados de la calzada durante los dos últimos kilómetros para mantener el orden. «En los kilómetros finales del trazado se congregaron 60 000 personas, permaneciendo esta multitud en calma hasta que se anunció la inminente llegada de los primeros ciclistas, momento en la que la muchedumbre tornó extremadamente alborotada, desbordando por completo a las fuerzas del orden», escribiría el corresponsal de *L'Auto*.

Tras las fraudulentas maniobras de 1907, fueron muchos los sorprendidos al volver a ver a Gerbi entre los que tomaron la salida en 1908, aunque en esta ocasión no hay informes de que repitiera sus grotescos trucos. La niebla y el gran número de participantes suponían una preocupación similar a la amenaza del Diablo. Poco después de la salida, ambos factores se combinaron para desembocar en una enorme montonera que dejó a menos de 20 ciclistas en disposición de luchar por la victoria, siendo liderados por François Faber, del Peugeot, y por el propio Diablo Rojo. En los kilómetros finales de la carrera la pareja lideraba la prueba, pero se les uniría Giovanni Cuniolo. Cuando Faber aceleró, en lo que sería el movimiento ganador de la carrera, Cuniolo intentó seguirlo, pero colisionó con Gerbi, yéndose al suelo y pinchando. Durante las siguientes tres décadas Cuniolo insistiría en que su rival lo había derribado de manera intencionada, pero en esta ocasión los jueces fallaron a favor de Gerbi y le permitieron conservar la tercera posición, por detrás de un destacado Faber y de Luigi Ganna, quien terminaba en el podio por cuarta vez consecutiva, aunque jamás lograría ascender a lo más alto del podio de Lombardía.

Mientras miles de aficionados italianos agasajaban a Faber con una enorme ovación, los fabricantes de la nación rechinaban los dientes viendo que un ciclista y una marca extranjeros se hacían con la carrera por segundo año consecutivo. Su respuesta fue multiplicar las primas, o premios intermedios, durante la quinta edición, añadiendo un bonus extra para el ciclista italiano que fuera capaz de evitar que algún ciclista extranjero se las llevase. Su recompensa llegó con la victoria de Cuniolo, quien demostró ser el más rápido de los tres ciclistas que se disputaron el primer esprint con el que se decidía la carrera. Los franceses Omer Beaugendre y Louis Trousselier completaron el podio.

Aunque lo cierto es que sería necesaria una intervención mucho mayor para poner fin a la racha de victorias extranjeras en Lombardía. En 1911 los franceses volvieron a lo más alto del podio gracias a su nueva estrella, el precoz Henri Pélissier. Apodado *la Ficelle*, que más o menos podría traducirse como «cuerda», pero que también es el nombre que recibe el tipo de *baguette* más fina, Pélissier se había cruzado con Henri Petit-Breton mientras paseaba una tarde de agosto por París.

El mayor de ambos hombres era muy consciente de que Pélissier había terminado en tercera posición el Tour de Francia de los independientes en 1910, además de demostrar un enorme potencial a lo largo de su primera temporada como profesional. Petit-Breton le preguntó a Pélissier si estaría interesado en viajar a Italia para competir. El único problema, según le dijo Petit-Breton a Pélissier, era que planeaba tomar el tren apenas seis horas más tarde, junto a una serie de compañeros ciclistas.

El joven Pélissier, de 22 años, no dudó en aceptar la oferta y, una vez en Italia, causó un impacto instantáneo. Ganó dos carreras antes de tomar la salida en Lombardía, donde hizo prevalecer su velocidad punta en las llegadas al encabezar un grupo de 14 hombres. *La Gazzetta* aplaudió el éxito del joven francés, pero también señaló que había sido el único de aquel grupo que no había sufrido ningún pinchazo en todo el día, sugiriendo que, de haber mediado un poco de fortuna, cualquiera de los hombres que terminaron tras él habría ganado. Y puede que esto fuera así, pero Pélissier no tardó en subrayar su calidad en las carreras italianas al adjudicarse una primavera después la Milán-San Remo.

Aunque el francés no defendió su corona en Lombardía un año después sí regresaría en 1913, añadiendo una segunda victoria en un final caótico en el que un coche de la organización detuvo a la mayor parte del grupo de cabeza cuando estaban en la contrarrecta de la vuelta final en la pista ecuestre de Trotter di Turro. Pélissier fue uno de los pocos que pudo sortear el caos y acelerar hasta la meta acompañado de sus compatriotas Maurice Brocco y Marcel

Godivier, mientras el nuevo favorito italiano, Costante Girardengo, quien se convertiría en el dominador de la escena competitiva italiana de posguerra, sobre todo en la Milán-San Remo, ponía el grito en el cielo durante la recta de meta.

A pesar de las airadas protestas de Girardengo, Pélissier no había cometido ninguna irregularidad. Sin embargo, sí que sacó gran partido de un error cometido por los comisarios cuando el grupo cabecero llegó a Bérgamo. En aquel punto, con 190 km cubiertos, los organizadores neutralizaron la carrera para rendir tributo a una impresionante y enorme presencia de aficionados y clubes ciclistas locales. Pélissier iba con tres minutos de desventaja respecto al grupo de cabeza, pero, tanto él como ocho ciclistas más, pudieron reintegrarse gracias a esta detención. Cuando se reemprendió la carrera, ninguno de los comisarios cayó en la cuenta de que el grupo contaba ahora con nueve integrantes más.

Al acercarse a la pista se produjeron una serie de enfrentamientos, generando lo que *La Gazzetta* denominó como un sentimiento de «nausea, por las escenas impropias y desoladoras que se vieron y la actitud poco civilizada a la que condujo la sobreexcitación de unos pocos exaltados». El primer incidente se produjo cuando un aficionado sobre una bicicleta terminó, no se sabe muy bien cómo, pedaleando dentro del grupo de 50 ciclistas, provocando su división en tres grupos menores, con Pélissier liderando la persecución desde el segundo de ellos. Cuando los líderes llegaron a la pista, un espectador paso corriendo delante de los ciclistas, haciendo con ello que Pélissier recobrara el espacio perdido. Por último, mientras los ciclistas comenzaban a vigilarse de cara al esprint final, un vehículo de la organización apareció, de repente, frente a ellos, entrando en la pista. Ugo Agostini se vio obligado a efectuar una frenada de emergencia para evitar colisionar contra el vehículo, pero Girardengo, quien iba a su rueda, no pudo reaccionar con la misma velocidad y acabó sobre el automóvil. Mientras los favoritos locales se revolvían, el trío francés pasó por un lado para hacerse con los principales premios, aunque ellos también se verían derrotados por otro aficionado sobre la bicicleta que les batió en *su* esprint.

El alboroto consecuente se vio alimentado por el rumor de que Pélissier había derribado a Girardengo de manera deliberada. El francés comenzó a celebrar su éxito, pero acabó rodeado por una marabunta de gente fuera de sí. Hubo un testimonio que afirmaba que, creyendo que Pélissier lo había derribado, Girardengo le propinó un puñetazo. Otros más describieron que el francés se vio obligado a buscar refugio en la caseta del cronometrador, escoltado por dos policías, y tuvo que esperar una hora para abandonar el circuito, disfrazado.

Un año después no comparecería ni un solo ciclista extranjero, aunque esto se debe más a las hostilidades que se vivían por otras partes de Europa más que a las desafortunadas escenas vividas 12 meses antes. A pesar de ser aliada de Alemania y Austro-Hungría por un tratado que databa de muchos años atrás, Italia no entró en la Primera Guerra Mundial en 1914, bajo el pretexto de que sus aliados habían instigado el conflicto, en lugar de actuar en defensa propia. Esto hizo que Italia tuviera una vida normal, lo que incluía la décima celebración de la Lombardía. La victoria fue a manos del ciclista del Bianchi Lauro Bordin, quien se la robó a Giuseppe Azzini en los últimos metros. Después de recibir el agasajo de los aliados, Italia declararía la guerra en mayo de 1915. Sin embargo, la lucha quedó constreñida a la parte más nororiental del país, lo que permitió una nueva celebración de la Lombardía.

En 1917 *La Gazzetta* sacó adelante un golpe maestro al conseguir que Henri Pélissier y Philippe Thys compitieran en la carrera, aprovechando un permiso de las unidades en las que estaban destacados. Ambos hombres habían librado una agria pelea durante la edición del Tour de Francia de 1914, que terminó en victoria para el belga por culpa de un inoportuno pinchazo sufrido por el francés el mismísimo último día.

Thys, quien ostentaba el rango de sargento y servía como mecánico en la fuerza aérea belga y se convertiría en campeón de tiro con arco cuando se retiró del ciclismo en 1927, recibió un buen apoyo de parte de su compatriota Charles Jusseret: puede que demasiado apoyo. Al llegar a la recta de meta Jusseret abría el camino a Thys, quien tenía, a su vez, a Pélissier a su rueda. El francés sabía que era el más rápido, y quedó claro en seguida que los belgas también lo sabían. Cuando Pélissier realizó su ataque comenzaron los tirones de los maillots, los puñetazos y la victoria cayó del lado de Thys. A pesar de las protestas de Pélissier, los jueces fueron incapaces de determinar quién era el culpable de aquella trifulca y mantuvieron el resultado.

La increíble historia de Alfonsina Strada

Noventa y cuatro minutos después de que Thys se alzara con la victoria entraban en meta los últimos tres de los 29 ciclistas que terminaron la carrera. El último integrante de aquel trío destacaba sobre sus acompañantes. Su nombre deja patente el motivo: Alfonsina Strada. Apodada el Demonio sobre ruedas por los vecinos de su ciudad natal, Castelfranco Emilia, cerca de Módena, Strada había nacido bajo el nombre de Alfonsina Morini en 1891, segunda o tercera hija de una numerosísima familia de campesinos. Las historias sobre sus primeros años resultan confusas, pero la mayoría de ellas coinciden en que por lo menos seis de sus hermanos eran chicos, y que ella tenía un aspecto bastante masculino.

En su obituario, publicado en el periódico *La Stampa,* se describía que a menudo desaparecía sobre la bicicleta que su padre le había intercambiado a un doctor local a cambio de varias gallinas, diciéndole a su madre que iba a misa. Pedaleando junto a los muchachos del pueblo, no pasó mucho tiempo antes de que su talento se hiciera patente. Con 13 años sus hermanos la convencieron para que le diera una oportunidad a la competición, consiguiendo la victoria en su primera carrera y ganándose el favor de su padre gracias al premio que consiguió: un cerdo.

La Stampa describe que su madre se llevó un gran disgusto cuando se enteró de lo que hacía su hija. «¡Si quiere hacer esas cosas que se case!», gritaba. A los 14 años se casó con un grabador que tenía el muy apropiado nombre de Luigi Strada, siendo *Strada* la palabra en italiano para calle o carretera. Al igual que al padre de su esposa, a Luigi también le pareció bien que Alfonsina se dedicara al ciclismo, comprándole una bicicleta como regalo de bodas.

La pareja se mudó a Milán, donde Alfonsina podía competir más a menudo, mientras su fama se agrandaba. En 1909 recibió una invitación para viajar a Rusia y tomar parte en el Grand Prix de San Petersburgo, donde conoció al Zar Nicolás II y su esposa.

Puede que su participación en dos ediciones de la Lombardía durante la guerra fuera un astuto truco publicitario por parte de los organizadores, pero el hecho de que terminara en ambas ocasiones con un tiempo más que respetable deja patente el talento que atesoraba. De hecho, en 1918 apenas llegó a 23 minutos del vencedor, Gaetano Belloni, pese a entrar en meta la penúltima.

Su gesta más recordada fue su participación en el Giro de Italia de 1924. Se inscribió como «Alfonsin Strada», aunque los periódicos no tardaron en descubrirla. Durante la primera mitad de la carrera compitió bastante bien, pero su suerte, así como la de muchos de sus compañeros de carrera, acabó bajo un diluvio que convirtió las carreteras en todo un infierno durante la octava etapa, entre L'Aquila y Perugia. Tras una caída se le rompió el manillar de su bicicleta. Cuenta la leyenda que se quedó tirada hasta que un campesino rompió un extremo de una escoba que Alfonsina pudo colocar en su manillar. Conseguiría completar la etapa, aunque fuera de control.

A pesar de quedar excluida de la carrera Ernesto Colombo, editor jefe de *La Gazzetta*, la animó a continuar, sufragando sus gastos hasta Milán. Fue un gesto bien intencionado por parte de Colombo, aunque también astuto. Era consciente de que la participación de Strada aumentaba la publicidad de la carrera, como así sucedió. En la meta registraría un tiempo 28 horas superior al del vencedor, Giuseppe Enrici, siete por encima del último clasificado. Dado que apenas un tercio de los 90 participantes lograron llegar a Milán, aquello seguía siendo todo un logro.

En 1950, cuatro años después de la muerte de su marido en el sanatorio mental en el que había sido ingresado, Strada se casó con el antiguo velocista en pista Carlo Messori, con quien abrió una tienda de bicicletas en Milán. Cuando Messori murió en 1957 Alfonsina siguió al frente de la tienda, además de asistir, a menudo, a las carreras sobre una motocicleta Guzzi de 500cc. Una tarde subió sobre la motocicleta, y trató de arrancar el motor golpeando una y otra vez el pedal. Aquel esfuerzo fue demasiado para su corazón y Alfonsina murió sobre la máquina. Tenía 68 años. Alfonsina Strada sigue siendo la única mujer que ha corrido en una clásica o una gran vuelta junto a hombres.

La introducción del Ghisallo

Hasta 1919 el trazado del Giro de Lombardía había sido llano, básicamente, ajustándose a lo que Shelley describió como «la llanura sin oleaje de Lombardía, limitada por el vaporoso aire, aislada por ciudades blanquecinas». La primera edición posterior a la guerra asistió a la introducción de lo que muy pronto se convertiría en el punto definitorio de la carrera, la ascensión a la capilla de Madonna del Ghisallo desde la impresionante ciudad lagunera de Bellagio. Datada en el siglo VI, la capilla fue erigida por el conde de Ghisallo después de escapar indemne a un intento de secuestro por parte de unos bandoleros. Se dice que una visión de la virgen María lo puso a salvo.

En 1919, la carretera que ascendía hasta la capilla, que se eleva hasta 754 metros en la ciudad de Magreglio, estaba en un relativo buen estado, aunque el apisonado suelo de tierra se licuaba cuando llovía. Elevándose desde Bellagio durante unos diez kilómetros, con una inclinación media de poco más del cinco por ciento, su porcentaje contradice su dificultad. Comienza de manera muy suave al abandonar Bellagio, pero durante los cuatro kilómetros que conducen hasta Guello su pendiente media asciende hasta rozar el nueve por ciento, sin que las frecuentes curvas de herradura ayuden a aminorar la pendiente, como sí suelen hacerlo las de las montañas.

Un collado de tres kilómetros, en el que la carretera detiene su ascenso hasta quedar casi en llano entre Guello y Civenna, es responsable del suave porcentaje medio de la ascensión, además de ofrecer cierto descanso antes del «muro» final que lleva hasta la capilla que aparece junto a la carretera, siendo su campanario el primer signo de que la cima del paso está cerca. Al otro lado de la capilla encontramos el paisaje que domina Bellagio, rodeada por las aguas del lago Como al fondo, con un anillo de picos ofreciendo un impresionante telón de fondo.

Sin embargo, no parece muy probable que los ciclistas lo admiraran de esta forma allá por 1919. Después de unos días secos y soleados la mañana de la carrera amaneció con lluvia y frío. Sobre las cumbres caía la nieve, que también comenzaba a alfombrar los valles que los rodeaban. En sus palabras para *La Gazzetta*, el periodista y futuro editor jefe Emilio Colombo tenía una advertencia para los 44 ciclistas que tomarían parte. «Se dice que la ascensión a Ghisallo no es demasiado complicada, pero los participantes habrán de enfrentarse a ella después de otras muchas ascensiones. Recuerden, antes de que los ciclistas alcancen la ascensión a la capilla tendrán que enfrentarse a la ascensión de Brinzio y los "escalones" de Malnate y Binago, que en el pasado han puesto en dificultades a más de un ciclista».

La carrera dio comienzo de manera caótica. Poco después de que los corredores estuvieran en marcha la cadena del vigente campeón, Belloni, saltó por los aires. Su súbita pérdida de velocidad hizo que cuatro ciclistas acabaran por los suelos, entre ellos Henri y Francis Pélissier. El cuarteto se recompuso y comenzaron a perseguir al grupo delantero. Un tranvía se cruzó en su camino tras 15 km, haciéndoles caer de nuevo. Aquello fue suficiente para el dos veces vencedor de la carrera, Henri Pélissier.

Con la nieve cayendo sobre la ascensión de Brinzio, Girardengo, quien un año antes se había hecho con la primera de las seis victorias en San Remo que conseguiría, dejó atrás a sus rivales. En la cima de la ascensión contaba con dos minutos de ventaja sobre Bellone y el suizo Heiri Suter. Al cruzar el Ghisallo su ventaja era de un cuarto de hora, más que suficiente para detenerse en el punto de control de Erba para cambiarse de ropa y comer algo rápido. Pero pronto se hizo patente que no le sentó nada bien lo que fuera que comió. «Gira» perdió velocidad. Después se detuvo, dejó su máquina con su mecánico y corrió a un campo mientras sus manos aferraban su estómago. No estuvo mucho tiempo parado y pronto estaba de nuevo sobre el sillín, pedaleando con mayor facilidad.

Entró en la pista del Trotter di Turro con ocho minutos de ventaja sobre Belloni, completando una temporada estelar durante la que consiguió la victoria en la mayoría de las principales carreras de un día de Italia, además de vapulear a sus rivales en el Giro consiguiendo siete victorias de etapa y el título. Solo media docena más de ciclistas alcanzarían la meta, siendo el último de ellos Antonio De Michel, más de tres minutos y medio por detrás de Girardengo.

La enconada rivalidad entre Girardengo y Henri Pélissier, persona que parecía capaz de llevarse mal con todo aquel con el que se cruzaba, quedó en barbecho durante el año 1920, dado que el italiano se encontraba en Estados Unidos ganando ingentes cantidades de dinero por participar en carreras de seis días. En su ausencia, el equipo Bianchi de Pélissier dominaría la carrera y el francés se convirtió en el primer ciclista que lograba la victoria en Lombardía tres veces. A pesar de que la edición de aquel año registrara un récord negativo de participación con apenas 34 ciclistas, muchos grandes nombres, incluidos los compatriotas de Pélissier Octave Lapize y Jean Alavoine, tomaron parte.

Su presencia demostraba el valor que los fabricantes le daban a un buen resultado en la clásica que cerraba la temporada. Los cinco meses entre Lombardía y la siguiente gran carrera les ofrecían mucho tiempo para amortizar una actuación exitosa, aumentando las cifras de ventas del fabricante vencedor hasta números que, dada la frecuencia con que se sucedían las carreras en el resto de momentos del año, era imposible alcanzar. Conscientes de ello los organizadores optaron por aferrarse a su fecha de noviembre, a pesar de la casi segura presencia del mal tiempo. Se llegó a hablar de adelantar unas semanas la carrera, a octubre, pero se desestimó por la posibilidad de que otra carrera usurpara el puesto de la Lombardía como carrera de cierre de la temporada.

Girardengo regresaría un año después, liderando a un grupo de 17 ciclistas en el Velódromo Sempione de Milán. La exitosa defensa de su corona un año después le hizo empatar a victorias con Pélissier, pero no conseguiría ninguna más, a pesar de que la participación de ciclistas extranjeros se redujo de manera dramática a comienzos de los años 20. Pierre Chany, de *L'Équipe*, achaca esta caída a una serie de escándalos que golpearon a la carrera, provocando que la reputación de la Lombardía cayera entre los ciclistas extranjeros. Puede que fuera así, pero estos escándalos no fueron más allá de la descalificación de algunos ciclistas por realizar maniobras peligrosas durante los esprints, cambios de rueda ilegales o no firmar en los puntos de control. Este tipo de incidentes eran frecuentes en las carreras de toda Europa, por lo que tampoco puede decirse que lo que sucedía en Lombardía fuera nada excepcional.

Parece que hay otras tres explicaciones más probables. Primero, los calendarios competitivos de cada una de las potencias ciclistas europeas —Francia, Italia y Bélgica— engordaron durante la década de los años 20, permitiendo que los profesionales de cada uno de estos países ganaran carreras de prestigio y un sueldo decente sin necesidad de viajar al extranjero. Segundo, a lo largo y ancho de toda Europa las ventas de bicicletas despegaron durante el periodo de la posguerra, permitiendo a los fabricantes expandirse y sacar dividendos sin la necesidad de enviar a sus estrellas, y grandes reclamos publicitarios, a otros países. Por ejemplo, en Lombardía había una población de 5,2 millones de habitantes, que poseían una impresionante suma de 1 972 000 bicicletas en 1922. Con las ventas de bicicletas disparadas los sueldos de los ciclistas de mayor prestigio también se elevaron. Como resultado de esto, exceptuando a Ottavio Bottecchia, quien consiguió dos veces el Tour de Francia, las grandes estrellas italianas casi nunca salían fuera del *Bel Paese*. Por ejemplo, Girardengo y Alfredo Binda solo participaron en un Tour de Francia.

Más complicado resulta confirmar la última hipótesis. A finales de 1922 el Partido Nacional Fascista de Benito Mussolini se hizo con el gobierno. En 1925 Mussolini se había erigido en dictador del país a todos los efectos, lo que condujo a un continuo deterioro de las relaciones de Italia con el resto de naciones durante más de una década. Puede que esto tuviera su impacto también en la atracción que los equipos y ciclistas extranjeros sintieran hacia el país, sobre todo por los estrechos vínculos que Mussolini y su régimen establecieron con las autoridades de todos los deportes mayoritarios, a los que utilizaba como herramientas propagandísticas con las que promocionar el ideal fascista y sus fundamentos.

Y así como Mussolini dominaba la escena política y social, el ciclismo italiano y el Giro de Lombardía se encontrarían bajo el reinado casi absoluto de una nueva estrella a la que se bautizó con el apodo del Dictador.

LA EDAD DORADA DEL CICLISMO ITALIANO

En la época moderna Alfredo Binda es conocido por ser el anterior ciclista con el récord de victorias de etapa en el Giro de Italia, 41 victorias que quedaron eclipsadas por el esprínter Mario Cipollini en 2003. Pero, a pesar de que SuperMario tuvo destellos de grandeza en algunas carreras de un día, jamás logró un monumento. Por su parte, Binda consiguió media docena de ellos y muchas otras cosas más.

Décimo hijo de los 14 que tuvo un albañil de la ciudad de Cittiglio, a unos pocos kilómetros de la ascensión a Brinzio en el trazado del Giro de Lombardía, el joven Alfredo tuvo dos pasiones a lo largo de su vida: el ciclismo y la música. Cuando tenía 12 años su padre lo animó a buscarse la vida con la música, después de que a Binda le prestaran una bicicleta en una tienda local, compitiera con ella y lo único que consiguiera fuera irse al suelo durante la carrera, haciéndose un buen destrozo tanto a sí mismo como a la máquina. Su padre le aconsejó que pasara más tiempo practicando con la corneta.

A los 17 años Binda y su hermano Primo fueron enviados a vivir con un tío suyo en Niza, dado que su padre no ganaba lo suficiente como para alimentar a toda su prole. Los dos hermanos trabajaron como yeseros, pero cada semana disfrutaban de tres días libres para hacer lo que quisieran. Y lo que más les apetecía era montar en bicicleta. Binda retomó las carreras y en septiembre de 1921 tomó parte en una gran competición para *amateurs* en Niza. Ganó, aunque sería descalificado después, desconociéndose el motivo.

Mientras Binda continuaba con sus progresos, las noticias de sus éxitos corrieron como la pólvora por toda Italia, hasta llegar a oídos de Costante Girardengo. A principios de 1923, mientras Binda debutaba en profesionales con La Française, los dos italianos se verían las caras por vez primera en Niza-Mont Chauve. Binda atacaría al llegar a la ascensión final, dejando al resto del pelotón atrás. Los periódicos italianos estaban sorprendidos ante el Nizardo de Cittiglio, pero un año más tarde tanto ellos como todo el mundo comprobaron, de primera mano, el talento que Binda atesoraba, cuando este volvió a su país natal para participar por primera vez en el Giro de Lombardía, atraído por las 500 liras que se llevaría el primer ciclista que coronara el Ghisallo.

Mientras leía *La Gazzetta* un día antes de la carrera, Binda se sorprendió al ver su nombre entre la lista de favoritos a la victoria, pero no dejó que aquello le distrajese de su objetivo. Michele Robotti marchaba escapado cuando el pelotón principal alcanzó el arranque del Ghisallo, momento en que Binda aprovechó las primeras rampas de entidad, que llegaban tras dos kilómetros, para acelerar. Todos los favoritos salieron tras él, sin saber demasiado sobre el joven que había comenzado a correr en Francia, más allá de que contaba con buena reputación. Uno tras otro fueron perdiendo contacto con la rueda de Binda, mientras este cargaba ascensión arriba sin abandonar en momento alguno el sillín de la bicicleta, pese al gran desarrollo que llevaba puesto y que movía con suavidad. El último en hincar la rodilla sería Girardengo. A 300 metros de la cima Binda pasó junto a Robotti. Las 500 liras eran suyas. Acabaría entrando cuarto en meta, a más de 7 minutos del vigente campeón, Giovanni Brunero, pero mordiéndole los talones a Girardengo y Pietro Linari, que ocuparían las otras dos posiciones del podio.

La actuación de Binda provocó la reacción inmediata de Eberardo Pavesi, jefe del equipo Legnano. Astuto director conocido como el Abogado, le ofrecería a Binda un sueldo de 20 000 liras anuales y otras 5000 por cada clásica que ganara. Binda sopesó la oferta, pidió un poco más de dinero y se lo concedieron. En 1925 dejó La Française para enfundarse los colores verde oliva del Legnano. Debutó en el Giro y mandó a Girardengo a la segunda posición de la general, sacándole cinco minutos. Como Gira había logrado la victoria en San Remo a comienzos del año, Lombardía se convertía en la carrera decisiva no oficial para determinar cuál de los dos era el mejor ciclista de la temporada.

Por una vez, la carrera se corrió con clima seco y polvo. Binda salió con facilidad en el Ghisallo, no tardando en abrir un hueco sobre sus perseguidores. Su estilo de pedaleo no sugería esfuerzo alguno, aunque estuviera echando mano de todas sus fuerzas sobre el llano o contra el reloj. El escalador francés René Vietto describió su técnica como «incomparable. Podría salir con una taza llena de leche sobre la espalda y, cuando llegara a meta, esta seguiría llena. No mostraba debilidades. Nunca daba la sensación de cansarse. Formaba un solo cuerpo con su bicicleta. Elegancia, pureza, era un artista. Era el epítome de la belleza en acción».

Sobre la cima del Ghisallo contaba con una ventaja de dos minutos; por su parte, Girardengo estaba más de cinco minutos por detrás. En lugar de seguir adelante con la mitad de los 251 km del trazado todavía por cubrir, levantó el pie y dejó que lo ataparan. Girardengo atacó con obstinación, con violencia. Pero para inquietud del campeón establecido, Binda no tardaría en cerrar el hueco. En cuestión de unos pocos minutos el resto peleaba por la tercera plaza.

Mientras hacían una breve pausa en el punto de control de Grantola, la fatiga comenzó a atenazar a Girardengo, que se olvidó de escribir su nombre. En Brinzio, cuando la carretera volvía a ascender, Binda atacó con dureza. De acuerdo con *La Gazzetta*, Girardengo «batalló con intensidad salvaje», pero tuvo que rendirse. A 55 km de la meta Binda, con el pelo peinado hacia atrás, las mangas remangadas y los anteojos colgando del cuello, se marchó, abriendo un hueco de casi siete minutos sobre Girardengo, quien entró en meta completamente derrotado y, en cuestión de minutos, se vio descalificado por olvidarse de firmar.

Si la victoria de Binda fue imponente, su defensa de la corona resultó impresionante. Era un día húmedo y atroz. Binda pedaleó como si pretendiera dejar atrás aquel frío lo antes posible. Ascendiendo por el Ghisallo junto a Ottavio Bottecchia y Ermanno Vallazza, Binda aumentó el ritmo, con aspecto de estar decidido a llevarse la prima en juego por coronar la cima. Sin embargo, en lugar de aminorar como había hecho un año antes, siguió adelante, cubriendo los últimos 158 km en solitario y terminando media hora por delante del segundo clasificado, Antonio Negrini. Asistiendo a aquella exhibición desde el coche de *La Gazzetta* por una lesión, Girardengo expresó su sorpresa, admitiendo que la actuación de Binda era una de las más impresionantes que jamás había presenciado.

Cuando Costante completó el triplete de victorias en Lombardía, en 1927, Binda había conseguido el segundo de los cinco Giros que ganó, además del primero de los tres mundiales con los que se hizo. De acuerdo con John Foot en *Pedalare, Pedalare!* «Binda era una superestrella ciclista cuya fama sobrepasaba a la de Girardengo, antes que él, y a la de todos sus contemporáneos». El sagaz italiano era muy consciente de la imagen que proyectaba y la importancia de mantenerla. «Siempre llevaba el cabello perfectamente peinado hacia atrás, era guapo, con una belleza clásica de ídolo de *matiné*, y vestía con estilo... Se presentaba como un ejemplo de buen gusto. Rico, famoso y guapo, siempre veraneaba en el lujoso resort de Alassio, en Liguria».

Pero llegó a ser tan dominador que los aficionados se aburrieron de verlo triunfar; *La Gazzetta* tenía la prueba en la disminución de sus ventas. La reacción del periódico en 1930 fue pagarle al ciclista 25 000 liras para que no participase en el Giro, después de haberlo conseguido en cuatro de las últimas cinco ediciones, alzándose con 33 victorias parciales. Aquellas 25 000 liras representaban una cantidad similar a la que se ofrecía al vencedor de la carrera.

A pesar de que muchos autores italianos han declarado que Binda fue el mejor ciclista de todos los tiempos, dos factores suelen pesar en su contra cuando se lo compara con gente como Fausto

Coppi, Eddy Merckx y Bernard Hinault. Primero de todo, no tuvo que enfrentarse a ningún rival que estuviera a su altura, porque cuando Binda emergió Girardengo ya hacía años que había dejado atrás sus mejores años, mientras que Learco Guerra, el mejor de sus contemporáneos, jamás fue capaz de vencerlo con cierta consistencia. En segundo lugar, apenas tuvo impacto en el Tour de Francia, carrera en la que se habría enfrentado a una prueba mucho más rigurosa. Tan solo participó en una ocasión, en 1930, consiguiendo dos victorias seguidas en las etapas pirenaicas para abandonar, un día después, tras una caída en la que el cuadro de su bicicleta se partió, se rompió la tija del sillín y acabó con un déficit de más de una hora en meta. Pero el hecho de que Guerra terminara aquella edición en segunda posición sugiere que la corona del Tour también estaba al alcance de Binda.

En 1928 estuvo cerca de conseguir una cuarta victoria consecutiva en Lombardía, en un día en el que cayó tanta lluvia que los lagos se desbordaron, obligando a los ciclistas a pasar sobre pasarelas de madera y llegando a hundirse en algunos puntos hasta los ejes de sus bicicletas. Binda pincharía en cuatro ocasiones y se pasó la mayor parte de la carrera tratando de atrapar a otros ciclistas. Tras alcanzar al grupo cabecero cerca de la meta quedó segundo en el esprint, tras su compañero en el Legnano Gaetano Belloni, un veterano de 36 años que lograba su tercera victoria. El nefasto día de Binda se cerró con descalificación por un cambio de rueda contrario a las normas.

Tres años más tarde, en 1931 y con unas condiciones climáticas idénticas, Binda se aseguró su cuarta victoria en Lombardía llegando a la meta con varios minutos de ventaja sobre el campeón saliente, Michele Mara. Se pensaba que aquella sería una batalla entre Binda y el nuevo campeón del mundo, Guerra, pero apenas se vieron las pobladas cejas, el cabello moreno y las franjas arcoíris de Guerra. Cuando se retiró de la carrera, tras cubrir apenas la mitad de la distancia, Binda y sus compañeros del Legnano Remo Bertoni y Luigi Marchisio ya contaban con varios minutos de ventaja. Como si necesitara demostrar algo tras una temporada comparativamente pobre, Binda dejó a sus dos aliados atrás cuando todavía quedaban 96 km. Terminó con una ventaja de 18 minutos, pudiendo recoger el trofeo y darse una ducha antes de que Mara cruzase la meta en segunda posición.

Cuando a Binda le preguntaron cómo lo había logrado, su respuesta fue que comiendo huevos crudos que le entregaron a lo largo de la ruta. Se había comido 34. «Casi era imposible comer nada. Todo lo que metíamos en los bolsillos se deshacía», contó. «La lluvia no cesaba y era complicado soltar el manillar, ni tan siquiera una mano. No podíamos comer más que huevos, todavía con cáscara. Por fortuna, tengo un hígado bastante fuerte».

El advenimiento de Gino el Pío

Mientras la carrera de Binda comenzaba un lento declive fueron emergiendo nuevas estrellas en la escena competitiva italiana. Hubo una que destacó en Lombardía. Domenico Piemontesi clamaba que era un robo que le relegaran desde la primera a la cuarta posición en la edición de 1930, después de que los jueces dictaminaran, nueve días después de la carrera, que se había apoyado sobre el hombro de Antonio Negrini para impulsarse hasta la primera posición en el esprint. Después de terminar segundo tras Negrini dos años más tarde, Piemontesi no dejó lugar a las dudas en 1933.

El Ciclón de Borgomanero, como se conocía a Piemontesi por su lugar de nacimiento, fue uno de los cuatro ciclistas que atacaron tras apenas 15 km de carrera. Al paso por el Ghisallo solo Aldo Canazza lo acompañaba. Después de que Canazza sufriera un pinchazo durante el descenso, Piemontesi quedó en solitario al frente de la carrera, consiguiendo la victoria tras una escapada de 215 km. «¿Es esta tu mejor victoria?» le preguntaron. «No, esa fue la de 1930, cuando me relegaron», respondió desafiante. Un año después Piemontesi estaba de nuevo en la lucha, pero actuando como perro guardián y lanzador para Leandro Guerra, quien salió de la curva final con una ventaja suficiente para alcanzar una cómoda victoria delante de 10 000 aficionados en el Estadio de Milán.

Cuando una violenta caída puso punto y final en la Milán-San Remo a la carrera de Binda, durante la apertura de la temporada de 1936, en Legnano ya tenían entre sus filas al que sería su sucesor. Vencedor de los campeonatos de Italia con apenas 21 años, el toscano Gino Bartali ya se había anunciado al mundo durante la Lombardía, al terminar tercero tras Enrico Mollo en 1935. Cuando el infortunio de Binda empujó a Bartali a tomar las riendas del Legnano durante la siguiente primavera, este respondió de manera brillante, haciéndose con el Giro de Italia. Pero apenas una semana después de alzar los brazos en Milán, Bartali vio cómo la tragedia golpeaba a su familia, por lo que estuvo a punto de abandonar el ciclismo.

Al principio de aquel año su hermano menor, Giulio, había firmado con Legnano con la intención de pasar a profesionales en 1937. El 14 de junio, mientras competía en una carrera cerca de Florencia, competición que formaba parte del campeonato de las Juventudes Fascistas Toscanas, colisionó contra un coche y sufrió lesiones en el pecho, el hombro y las costillas. Fue llevado al hospital de Florencia, donde sería intervenido de emergencia, pero jamás recobraría la consciencia. Moriría dos días después.

Apenas tenía 19 años, pero su hermano mayor aseguraba que era el mayor talento de la familia Bartali. «Giulio pudo ser mejor que yo. En las ascensiones no había quien pudiera con él», diría. Durante varios días Bartali pensó en retirarse, pero sería su futura esposa, Adriana, quien lo convenciera de continuar. Bartali colocó la *maglia* rosa con la que ganó el Giro de Italia sobre el ataúd de su hermano y, dos años después, depositaría el maillot amarillo del Tour de Francia junto a los recuerdos en la tumba de su hermano.

Tras regresar a la competición encadenó una serie de victorias, lo que le convenció de haber tomado la decisión correcta. La mejor de todas llegó en Lombardía, cuyo trazado había sufrido un par de alteraciones. La menos exitosa fue un cambio en el Ghisallo, al que se ascendió por la vertiente más dura pero menos llamativa, desde Barni. Acabaría siendo la única vez, aunque de sus rampas partió el ataque clave de la carrera, con Bartali liderando al coronar con la única compañía de Diego Marabelli y Luigi Barral, quienes «se pegaron como lapas», según *La Gazzetta*. El trío se mantuvo unido hasta casi la misma línea de la nueva meta, en Milán, en el recientemente inaugurado velódromo Vigorelli.

Barral lideraba sobre la pista, con 20 metros de ventaja sobre sus compañeros de fuga. Bartali le permitió conservar esa posición hasta que sonó la campana con la que se indicaba la última vuelta, cuando comenzó a lanzar su esprint, adelantando como una centella a Barral en la meta final, mientras Marabelli intentaba, en vano, llegar hasta su rueda delantera. Costante Girardengo describió la carrera como «la mejor que jamás he presenciado», y cuanto menos estableció al velódromo Vigorelli como la meta de referencia de la Lombardía.

Hasta 1929 la carrera había terminado sobre la vieja pista Sempione en numerosas ocasiones. Sin embargo, el editor jefe de *La Gazzetta*, Emilio Colombo, desdeñaba aquel recinto, en parte porque no le gustaba que una gran carrera terminara en una pista, pero también porque la superficie de ceniza era peligrosísima cuando llovía, lo que en noviembre sucedía a menudo. Tampoco parece que el Vigorelli lo enamorase, al menos al principio, pero esta nueva pista no tardó en ganarse el favor de los ciclistas y los aficionados. Después de que Giuseppe Olmo estableciera una nueva marca en el récord de la hora sobre las tablas del Vigorelli, en octubre de 1935, alcanzando 45 090 km frente a los 9000 aficionados que coparon sus localidades para animar el esfuerzo de Olmo, este recinto fue escogido como llegada para la Lombardía.

Durante más de dos décadas el Vigorelli se convertiría en una de las localizaciones más míticas del ciclismo. Entre 1935 y 1959 fueron siete los ciclistas que mejoraron el récord de la hora sobre esa pista, incluidos Fausto Coppi, Jacques Anquetil y Ercole Baldini. El francés Roger Rivière establecería dos nuevas marcas también, perdurando los 47,347 km que marcó en 1959 durante ocho años. Además, albergaría tres intentos exitosos de récord femenino. Y serían muchos más los récords que mordieron el polvo sobre sus lamas de pino sueco que tanto favorecían la velocidad: más de 150, en distancias que iban desde los 200 metros hasta los 100 kilómetros.

Además de albergar varios campeonatos del mundo en pista, el Vigorelli fue también popular como recinto para boxeo y, a partir de los años sesenta, conciertos. Allí tocaron los Beatles en 1965, además de Led Zeppelin en 1971, aunque su actuación quedó abortada por culpa de unos disturbios consecuencia de una serie de enfrentamientos entre partes del público y la policía, quienes arrojaron gas lacrimógeno sobre la multitud y, en un momento dado, sobre el escenario.

Pero para entonces la fortuna del Vigorelli estaba en declive. Su matrimonio con la Lombardía llegó hasta 1960. La carrera regresaría en 1985 para celebrar el quincuagésimo aniversario de la inauguración de la pista, para no volver jamás. Su punto más bajo, al menos desde el punto de vista ciclista, llegó cuando un veterano Jacques Anquetil regresó a sus tablas en 1967 para enfrentarse al récord de la hora por segunda vez. El francés consiguió sobrepasar a Rivière por 150 metros, pero la nueva marca no fue ratificada al negarse a pasar un test antidopaje, después de que le hicieran pensar que no tendría que someterse a ninguno.

Mientras su director, Raphäel «Gran Fusil» Geminiani, entraba en cólera, Anquetil permanecía casi indiferente, como ya había sucedido un año antes en Lieja, cuando se dio un episodio similar. «No me puede importar menos que se ratifique o no el récord. Lo he batido; punto. Todo lo demás es cháchara», diría, añadiendo después: «En todo caso, tampoco es que me resulte tan fácil ponerme a mear delante de todo el mundo… Hasta donde sé, ni Coppi, ni Baldini ni Rivière tuvieron que realizar esa prueba. ¿Es que no basta con mi palabra?». Por desgracia para Anquetil, no bastaba.

Hubo nuevos intentos de revitalizar el Vigorelli, pero a finales del siglo XX, cuando el estándar en cuanto a velódromos quedó establecido en pistas cubiertas de 250 metros de cuerda, este quedó obsoleto y cada vez suscitaba menos cariño. En el siglo actual se convirtió en la sede de dos equipos de fútbol americano, los Rhinos y los Marineros. En 2013 se impulsó un concurso para rediseñar y replantear el uso del estadio. Entre los planes que se presentaron uno proponía convertir al Vigorelli en un «Parque de Ruedas», un espacio público multipropósito que impulsaría el ciclismo como parte de la apuesta por el transporte sobre dos ruedas que pretendía acometer la ciudad de Milán. A pesar de que su propuesta implicaba la desaparición de la pista, no dejaba de ser una apuesta innovadora, pero perdió ante una propuesta para realizar un estadio de fútbol americano, dejando patente hasta qué punto el público italiano ha dado la espalda al ciclismo.

Allá por finales de los años 30, algo así resultaría impensable. Cuando Bartali ganó las ediciones de 1939 y 1940, llegando en solitario al Vigorelli, las gradas estaban repletas de aficionados aclamándolo. La primera de estas dos ediciones también presenció el debut de Fausto Coppi en Lombardía; corriendo como independiente, una serie de pinchazos hicieron que el mito no completara la carrera.

Un año después Coppi no solo formaba parte del equipo Legnano en el que también estaba Bartali, sino que llegó a la carrera como vencedor del Giro de Italia. En las primeras rampas del Ghisallo Bartali sufrió un problema en una rueda, teniendo que detenerse. Sus rivales vieron que aquella era su oportunidad y forzaron el ritmo, con Coppi liderando la carga. Azuzado por el ataque de Coppi Bartali, arrancó Ghisallo arriba, sobrepasando a un ciclista tras otro hasta que solo quedaba Coppi por delante. Lo alcanzaría a un kilómetro de la cima, pero en lugar de quedarse y colaborar con su compañero para abrir hueco ante los rivales siguió *a fuego*, sin mirar atrás, terminando con cuatro minutos de ventaja mientras Coppi desaparecía por un pinchazo.

Tendrían que pasar seis años antes de que el duelo Bartali/Coppi alcanzara su máxima expresión, pero esta batalla añadió peso a una rivalidad que había comenzado durante el Giro, cuando Bartali comenzó como líder del equipo, pero tuvo que cederle este rol a su joven lugarteniente después de atropellar a un perro en una de las primeras etapas. En la décima etapa, rumbo a Módena, Coppi atacó sobre el Paso Abetone, consiguiendo una ventaja sustancial. Bartali, viéndose despojado del papel de líder, ordenó a sus compañeros en el Legnano que comenzaran la persecución de Coppi, hasta que Pavesi, el director del equipo, los frenó.

A pesar de que Italia no entrara en la Segunda Guerra Mundial hasta 1940, el arranque del conflicto tuvo un efecto inmediato sobre el país. A partir de 1939 fueron racionados el combustible y otros artículos esenciales, con lo que, durante las carreras que se celebraron hasta 1942, apenas se permitía un solo vehículo oficial. La edición de aquel año se celebró a mediados de octubre, sobre un trazado mutilado en el que, a pesar de incluirse las ascensiones a Ghisallo y Valbrona, había un tramo llano de muchos kilómetros tras ambas, llegando 30 hombres al velódromo Vigorelli para pelear por la victoria, con Aldo Bini negándole a Bartali una cuarta corona.

La guerra llegó a suelo italiano en 1943. Al principio el conflicto fue interno, como resultado de la decisión del rey de cesar y arrestar a Benito Mussolini. Los aliados alemanes de *Il Duce* respondieron invadiendo y haciéndose con el control de la mayor parte del país. Esto sucedió cuando los aliados ya habían desembarcado y tomado Sicilia, y se preparaban para avanzar hacia el norte, a la península.

Mientras Coppi se convertía en otro de los cientos de miles de soldados italianos capturados por los aliados en el norte de África, Bartali seguía en la Toscana. A pesar de no unirse en ningún momento al partido fascista y tratar de que no lo convirtieran en otra de sus herramientas propagandísticas, que explotaba los éxitos que cosechaban los deportistas italianos en variadas disciplinas, no fue capaz de escapar al control total del régimen. En 1938 participó en el Tour de Francia empujado por el gobierno fascista, que luego se refocilaría en el éxito del ciclista apodándolo «conquistador de los francos».

Su estatus como uno de los deportistas italianos de mayor prestigio y éxito le sirvió para evitar el servicio activo durante la guerra, a pesar de que fueron muchos los rumores de que estuvo involucrado en la ayuda a los partisanos que peleaban contra los fascistas de Mussolini, transportando documentos de identidad falsos desde antes incluso de que Italia entrara en la guerra. Más de 50 años después del cese de las hostilidades se supo, al fin, el importantísimo papel que Bartali había jugado a la hora de salvarle la vida a cientos de judíos italianos, actuando como correo para llevar documentación a las organizaciones clandestinas que ayudaban a esconder a estas personas del Gobierno fascista y de los nazis. En octubre de 2013, durante una ceremonia en el Memorial del Holocausto Yad Vashen, en Jerusalén, Bartali fue incluido en el Jardín de los Justos entre las Naciones por la ayuda prestada a la red judeocristiana de rescate en los alrededores de Florencia durante la ocupación alemana de Italia.

Esto condujo a una reevaluación de la figura pública de Bartali, dado que ya no encajaba tanto con aquel que había sido presentado como Gino el Pío, el que calzaba sandalias[3], temeroso de Dios y miembro de *Azione Cattolica*, además de amigo cercano de Alcide de Gasperi, el líder demócrata cristiano y primer ministro de la posguerra. Siempre había dado la apariencia de ser un ultraconservador, impresión que el Papa Pio XII ayudó a establecer al citarlo como ejemplo para todos los miembros de *Azione Cattolica*. Por ello, a ojos de los italianos, muchos de los cuales eran aficionados al ciclismo, Bartali era sinónimo de tradicionalismo, mientras que Coppi era una figura liberal, lo que su aventura adúltera con Giulia Occhini, la esposa de un doctor que era seguidor del propio Coppi, corroboraba a ojos de muchos; el mismísimo Papa conminó al ciclista a regresar a los lazos del matrimonio cuando esta aventura se hizo pública.

El fastuoso Coppi

Después de la guerra, a los italianos les resultó más sencillo ser seguidores de Bartali o de Coppi, puesto que ambos corrían para diferentes equipos: Bartali lideraba el Legnano, mientras que Coppi fichó por Bianchi. Los aficionados cimentaron sus lealtades durante el Giro de 1946, cuando los dos hombres libraron

---

[3] N. del T: En la tradición cristiana, en la que los seguidores de Jesucristo tienen como armadura la palabra de Dios, la parte de esta armadura que protege los pies serían unas sandalias, que simbolizan el evangelio de la paz.

una guerra durante la carrera que acabaría decidiéndose por 47 segundos a favor de Bartali, con el tercer clasificado a más de un cuarto de hora por detrás. No obstante, al igual que Bartali arrancó aquella temporada en un excepcional estado de forma gracias a una sensacional victoria en San Remo, Coppi cerraría la misma en igual estado, gracias a una victoria en Lombardía después de que Bartali quedara fuera de combate por caída.

Bruno Roghi escribió en *La Gazzetta*: «En San Remo, a comienzos de temporada, ganó la carrera de los almendros en flor… en el cierre de la misma, en Milán, [ganó] la carrera de las hojas muertas». Desde entonces, esta poética definición de Lombardía perduró en el imaginario colectivo.

El editor de *L'Équipe*, Jacques Goddet, también quedó impresionado con el italiano, aunque bastante menos con la organización de la carrera. «De haberse corrido con las mismas reglas que rigen en Francia en lo tocante a vehículos de apoyo, habría ganado por cinco minutos. Había que ser un superhombre para derrotar a tanto vehículo», escribió Goddet, quien, por otro lado, no dudó en alabar a los aficionados italianos, diciendo: «La admiración que profesan por sus héroes llega al punto de que los siguen en comitiva».

En cuanto a Coppi, Goddet lo describió como «una joya del ciclismo», describiendo tanto su elegancia como su decisión a la hora de ir a por la victoria. «Este hombre, que pedalea de puntillas cada vez que se eleva del sillín para superar con mayor facilidad los tramos al 14% de desnivel, está bendecido con un talento mucho mayor que el ciclista de carretera promedio… Le gusta dominar. Siempre se muestra directo. Nunca parece importarle lo que sucede a sus espaldas… Parece como si estuviera decidido a cumplir a rajatabla la filosofía de Heródoto, obedeciendo de manera ciega el precepto:"Las grandes gestas suelen llegar tras la asunción de grandes riesgos"».

Giuseppe «Pinella» de Grandi, quien fuera durante años mecánico de Coppi, describiría la simple táctica que utilizó su líder en Lombardía. «Mantenía vigilados a sus rivales hasta las primeras rampas del Ghisallo y, después, los destrozaba. El proceso era siempre el mismo. Fausto coronaba con una ventaja significativa que solía doblar durante el descenso a Erba, donde le entregábamos la *musette*».

En 1947 esta táctica hizo que Coppi le sacara cinco minutos a Bartali. Un año después su ventaja sobre el segundo, Adolfo Leoni, fue de unos pocos segundos menos, tras completar la ascensión por la carretera de tierra a la capilla de Madonna del Ghisallo en 25 minutos 20 segundos, casi dos minutos más rápido que la mejor marca anterior. «No fue una carrera, fue un monólogo», escribió Goddet en *L'Équipe*.

Sin embargo, el monólogo no tuvo por qué excluir a Bartali. Este prefirió no tomar la salida en la carrera por el frenesí que provocaron sus acciones y las de Coppi durante el Mundial, dos meses antes. En el punto más alto de su rivalidad, ambos hombres se centraron uno en el otro, decididos a no dejar que ganara el otro y obviando el hecho de que ambos representaban a Italia, no a sus equipos comerciales. En cuanto estuvieron seguros de haber logrado su cometido se retiraron de la carrera, entre los abucheos del público en la localidad holandesa de Valkenburg.

Castigados por los aficionados italianos, por la prensa y por la federación, ambos fueron sancionados con dos meses sin competir, aunque la prohibición no tardó en ser revocada, lo que les dio la posibilidad de competir en Lombardía. Al ser preguntado por la ausencia de Bartali, Coppi respondió: «Si no ha corrido es porque quiere evitar que lo venzan. Que yo perdiera hubiera sido una doble victoria para él».

Este episodio condujo a un acuerdo entre ambos hombres de cara al Tour de Francia del año siguiente, año que, sin duda alguna, fue el mejor en la carrera de Coppi. Logró la victoria en San Remo, el Giro, el campeonato de Italia y el Tour, consiguiendo el primer doblete Giro/Tour de la historia. Después vino una cuarta victoria consecutiva en Lombardía, de nuevo forjada sobre un ataque en el Ghisallo, pasada la capilla, consagrada hacía poco a la patrona de los ciclistas. El margen de victoria quedó en unos meros tres minutos sobre el suizo Ferdi Kübler.

A finales de la década de los 40 la participación extranjera en la carrera de las hojas muertas había ascendido de manera considerable, en parte como resultado de la creación de la Challenge Desgrange-Colombo, en 1948. Aquel año terminaría tercero el suizo Fritz Schär, convirtiéndose en el primer extranjero en subir al podio desde Henri Pélissier en 1920. Tres años después Louison Bobet emularía a su compatriota al conseguir la victoria en circunstancias bastante sorprendentes.

La estrategia de Bobet en la carrera fue simple: seguir a Coppi allá donde fuera. La pareja cruzó el Ghisallo hombro con hombro, encontrándose luego en el grupo de ocho hombres que se formó mientras se atravesaban las, a menudo, nubladas llanuras de Lombardía, acercándose a Milán.

El francés se enfrentaba a un grupo de siete italianos y, una vez en el Vigorelli, se vio encerrado por el interior de la pista mientras Giuseppe Minardi establecía un ritmo feroz en cabeza para el vigente campeón, Renzo Soldani. Al darse cuenta de que no tenía forma de progresar hasta la cabeza del grupo, Bobet dejó de pedalear, cayó hasta la última posición y salió por el exterior. Por fortuna para él, los italianos bajaron su ritmo mientras comenzaban a vigilarse. Cuando Minardi volvió a aumentarlo mientras los ciclistas afrontaban la recta final, Bobet bajó como una centella por el peralte de 42 grados y avanzó por el exterior, pasando a Coppi y a Minardi para lograr la victoria por menos de media rueda, convirtiéndose en el primer ciclista extranjero que conseguía la victoria en San Remo y Lombardía en la misma temporada.

Mientras la prensa rodeaba a los ciclistas los directores del Bottecchia de Bobet alzaron una protesta contra Ferdi Kübler. A pesar de que el suizo terminó más de dos minutos por detrás, en decimoprimer lugar, los puntos que logró fueron suficientes para mantener la corona en la Challenge Desgrange-Colombo. Sin embargo, en Bottecchia afirmaban que Kübler había realizado un cambio de bicicleta con uno de sus compañeros después de haber pinchado, lo que no estaba permitido por las reglas, como, por ejemplo, Roger Lapébie comprobó en Roubaix en 1934. El suizo fue descalificado y Bobet se hizo con la Desgrange-Colombo.

Pasarían otros cinco años antes de que los italianos perdieran otra Lombardía, aunque no hubiera resultado difícil que les hubiera ocurrido en 1953, bajo el caos que imperó tras un auténtico diluvio. Durante la parte final de la carrera la lluvia cayó con tanta fuerza que los organizadores decidieron que no se podía terminar sobre las inundadas tablas del Vigorelli, optando por trasladarla a la calle exterior al velódromo. La escapada vencedora, compuesta por 11 hombres, fue informada de este cambio cuando se acercaban a Milán.

A dos kilómetros de la meta atacaría Pino Cerami, el italiano afincado en Bélgica, pero fue neutralizado mientras los ciclistas se acercaban a la rotonda final, en la que un giro a izquierdas los encaraba rumbo al Vigorelli. En lugar de indicarles que siguieran por la izquierda, el policía que esperaba en la rotonda extendió, por error, los brazos a lo ancho, indicando con ese gesto que los ciclistas podían pasar por cualquiera de los dos lados. Asumiendo que la meta estaba en la calle recta que seguía, nueve ciclistas tomaron la parte de la derecha y solo uno, el neoprofesional Bruno Landi siguió a Cerami por la izquierda. Al ver que el resto de rivales iba por la derecha Cerami dudó, momento en el que Landi lo sobrepasó. Cruzó la meta victorioso, sin necesidad de esprintar.

No cabe duda de que varios de los ciclistas de aquella fuga habrían batido a Landi en un esprint cerrado, incluido el propio Cerami, el francés Pierre Barbotin, el belga Stan Ockers y el inconsolable Fiorenzo Magni, cuyas protestas fueron en vano. Se mantuvo el resultado. Landi era el campeón, pero no pudo capitalizar su buena fortuna. Jamás obtendría otra victoria de postín.

A pesar de que la quinta victoria de Fausto Coppi en Lombardía durante la siguiente temporada no dejaba de ser toda una sorpresa, por el torbellino que giraba en torno a su vida, no lo fue tanto como la victoria de Landi. Durante 1953 Coppi comenzó su aventura con Giulia Occhini, a quien conociera en la carrera de los Tre Valli Varesine de 1948, cuando Enrico Locatelli, marido de la mujer, animó a la joven a que le pidiera un autógrafo al ciclista. Su relación clandestina se hizo pública después de que Occhini fuera fotografiada con Coppi cerca del podio tras la consecución del Mundial de 1953, en Lugano. Fue descrita como «la Dama de blanco» por el abrigo que vestía la primera vez que fue vista junto a Coppi, pasando después a ser conocida como la Dama Blanca entre la prensa italiana, que reveló todos los detalles de la relación mientras insistían en la sórdida naturaleza de lo que por entonces era una relación adúltera y, por ende, criminal. En septiembre de 1954 Locatelli acudió a la policía para que hiciera cumplir la ley contra el adulterio, llevando a Occhini al arresto. La mujer pasó tres días en prisión antes de ser «exiliada» a casa de una tía suya en Ancona.

Un mes después Coppi se alineaba en Milán con los pensamientos, aparentemente, al otro lado del país, en la costa adriática. Pero las carreras le ofrecían al campeón el refugio que no podía encontrar en ningún otro lado, tal era el interés que suscitaba su persona, sobre todo en aquel momento. A pesar de que Bartali, quien estaba cerca de completar su última temporada como profesional, no corrió por culpa de una gripe, la participación no dejaba de ser de alcurnia, con Rik Van Steenbergen, Stan Ockers y Ferdi Kübler liderando la ofensiva extranjera, y Magni decidido a corregir la injusticia que se le había hecho doce meses atrás. Al contrario de lo habitual, teniendo en cuenta lo que sucedería, Coppi no lideró al paso sobre el Ghisallo, pasando unos pocos segundos por detrás de Valerio Chiarlone, pero no tardó en entrar en el grupo de diez hombres que acabaría formándose y que terminaría entrando en el Vigorelli.

Coppi atacó casi desde el momento en que entraron al velódromo, moviendo un largo desarrollo y desafiando a aquel que quisiera batirlo. Magni fue el único que quedó cerca de hacerlo, pero incluso él quedaría a dos bicicletas de distancia cuando Coppi pasara por la línea de meta para hacerse con su quinta victoria en Lombardía. «He sido muy inteligente durante 221 kilómetros y 700 metros, pero después me he comportado como un novato», confesaría Magni.

Después de Lombardía, el siguiente desafío al que tenía que hacer frente Coppi era la demanda interpuesta por el Dr. Locatelli. En marzo de 1955 el ciclista y Occhini, quien estaba embarazada de su amante, tuvieron que dar todo tipo de detalles íntimos acerca de su relación, detalles que la prensa italiana imprimió gustosa. Coppi recibió una condena en suspenso de dos meses por adulterio; Occhini tres meses. En cuanto les devolvieron los pasaportes tuvieron que viajar a Argentina para el nacimiento de Faustino, su hijo, a quien la ley italiana de aquella época nunca llegó a reconocer como hijo de Coppi.

Con 36 años ya, el declive era evidente. Esta quinta victoria en Lombardía sería su última corona en una clásica o gran vuelta. Aunque seguiría compitiendo, decidido a lograr una última gran victoria. En 1956, en Lombardía, estuvo a punto de conseguirla, pero terminaría siendo derrotado de la manera más dolorosa.

«LA CARRERA MÁS EXIGENTE DEL CALENDARIO»

O nadie lo intentó o, más bien, nadie pudo convencer a Fausto Coppi de que se retirara. Cuando murió, el 2 de junio de 1960 debido a la malaria que contrajo durante un safari al país que por entonces era conocido como Alto Volta, en la actualidad Burkina Faso, planeaba competir durante otra temporada más en un equipo que dirigiría su vieja némesis, Gino Bartali. Llegado ese momento, el mero hecho de terminar las carreras era todo un logro para un Coppi de 40 años de edad, quien no había luchado por ninguna gran victoria desde el Giro de Lombardía de 1956, donde tuvo la oportunidad de despedirse a lo grande, pero cayó por un margen de lo más estrecho y doloroso.

La quincuagésima edición de la carrera de las hojas muertas se celebró bajo el formato habitual desde la Segunda Guerra Mundial. Coppi emergió entre los favoritos al paso por el Ghisallo, cerrando en la cima la desventaja que tenía frente al líder solitario, Diego Ronchini. Ronchini, quien corría para el Bianchi del que Coppi había desertado para pasar al Carpano al comienzo de aquella misma temporada, dejó de colaborar con el cinco veces ganador cuando la dupla descendía hacia las llanuras que llevaban a Milán. Algunas versiones sugieren que tenía problemas en una rodilla, otras que Pinella de Grandi, quien había sido mecánico de Coppi y en ese momento era director deportivo de Bianchi, ordenó al joven Ronchini que parara, pensando que el francés André Darrigade era mejor baza para la victoria.

Sin embargo, incluso sin la colaboración de Ronchini, Coppi había tenido opciones de victoria, de no haber sido por el incidente que tuvo lugar pocos minutos después de coronado el Ghisallo. Giulia Occhini viajaba en uno de los coches de apoyo del Carpano, coche que llegó junto a Fiorenzo Magni a la cima. Magni insistió en que la mujer le realizó un gesto ofensivo. Hay versiones más modernas que cuentan que, además del gesto, la mujer también gritó «¡Coppi es el mejor!», mientras lo miraba con malicia. Pasara lo que pasara, Magni perdió los estribos y comenzó a perseguir a Coppi, llevando consigo a varios velocistas. Los 15 hombres que formaban el grupo de Magni, entre los que estaban Rik Van Looy, Louison Bobet y André Darrigade, atraparon a la pareja de cabeza a 12 km de la meta. El grupo entró en el vibrante Vigorelli, donde la multitud que lo atestaba no paraba de animar «¡Fausto! ¡Fausto!». En una situación parecida, dos años antes, Coppi se puso en cabeza desde el inicio, marcando un ritmo tan duro que nadie pudo igualarlo. Pero esta vez confió más en sus posibilidades al esprint. Se puso a rueda de Magni y, cuando su rival aceleró en la contrarrecta, Coppi se puso tras él. Saliendo de la curva final pasó a Magni y, cuando pensaba que tenía la carrera ganada, Darrigade copió su maniobra y lo batió por diez escasos centímetros.

La primera reacción de Coppi fue la de felicitar a Darrigade, ciclista al que había recomendado a los directores de Bianchi cuando estos buscaban un corredor que pudiera igualar al esprínter italiano Nino Defilippis en las clásicas italianas. Pero cuando se dio cuenta de la magnitud de lo sucedido quedó inconsolable, hasta el punto de que hubo que arrancarlo del manillar de su bicicleta, pese a que la multitud no dejaba de corear su nombre. Mientras sollozaba, Magni se acercó para decirle unas palabras, que no serían de consuelo. «Si tu mujer no hubiera sido tan maleducada jamás me habría ofrecido la excusa para salir detrás de ti. Y entonces ese francesito no te habría ganado, ¿verdad?», masculló.

Hubo que esperar una hora para que Coppi hablara, ya en su hotel. «Les doy mi palabra de que hoy sentía que podía pelear contra algunos de los mejores velocistas en un esprint. De no haberlo sentido así no habría entrado en la pista en esa posición», dijo, antes de admitir que en la euforia de la inminente victoria cometió un error fatal. «No vi que Darrigade iba a mi rueda. De haberlo visto habría sacado los codos para complicarle el adelantamiento, que es lo que hay que hacer cuando se esprinta en pista». Hizo una pequeña pausa y dijo, sonriendo: «Tienen que comprender lo que habría significado una victoria para mí hoy, a mi edad».

Casi todo el mundo compartió su pena aquel día. La multitud le ofreció una enorme ovación. Inclusa la prensa francesa, que celebraba la victoria de Darrigade, sintió lástima por el italiano. «Déjennos ser francos con ustedes. Todos nos entristecimos al saber que el grupo había neutralizado a Coppi. En aquel momento, todos deseábamos que fuera él quien ganara», escribió Pierre Chany en *L'Équipe*.

Mientras la carrera profesional de Coppi se dirigía hacia su trágico final, el ciclismo y el Giro de Lombardía cambiaban. Desde la década de los 50 los patrocinadores ajenos al mundo del ciclismo eran cada vez más frecuentes, lo que regaba al deporte con más dinero, aunque, en ocasiones, las consecuencias fueran absurdas. En 1957 Rik Van Steenbergen, quien se acababa de coronar campeón del mundo, se presentó en esta clásica, que jamás le había gustado, portando el logo de un vermut italiano en su maillot arcoíris, además del de su equipo, el Peugeot-BP. El belga pedaleó 100 metros y se retiró, excusándose en el frío y la lluvia, y que no quería enfermar antes de la lucrativa temporada de pruebas de seis días. Como señaló, había cumplido con su deber de presentarse en Lombardía. Sin duda, la polvareda que aquello levantó fue del gusto del fabricante de vermut, pues consiguió un retorno publicitario a su inversión mucho mayor del que habían calculado.

Y también cambiaba el desafío que planteaba Lombardía. A medida que se aceleraba la industrialización en Italia, sobre todo en el corredor que va desde Turín a Milán y llega hasta Venecia, los duros caminos de tierra que siempre habían sumado un extra de dureza a la carrera comenzaban a recibir un baño de alquitrán, En 1958 las máquinas pasaron por la ascensión y cima del Ghisallo. El impacto fue instantáneo. Aquel mismo año el francés Marcel Rohrbach completaría la ascensión en 22 minutos 57 segundos, más de dos minutos más rápido que el récord establecido un año atrás, mientras que la victoria fue disputada por un grupo de más de 60 hombres. En 1965, el pelotón liderado por Rik Van Looy constaba de 85 ciclistas. Vincenzo Torriani, el director de la carrera, buscó una solución a aquellas llegadas masivas al esprint que acusaban la desaparición del desafío montañoso en aquella carrera, encontrándola en un bosque justo tras el descenso de Ghisallo.

Pasando desde los 820 metros a los 1124 en apenas dos kilómetros, el Muro di Sormano tiene una pendiente media del 15%. En 1960 era poco más que un camino de bestias, con una superficie pésima, casi en desuso y al que seguía un rápido y traicionero descenso. Torriani lo visitó acompañado del periodista de *La Gazzetta* Rino Negri, quien recordaría: «Más que una carretera, era un camino de cabras. Le advertí de que los ciclistas tendrían que pasarlo a pie, pues había tramos que alcanzaban el 25 por ciento. Pero Torriani se lavó las manos diciendo que todo el mundo hablaría de la carrera».

A Torriani le agradaba la idea de evitar que los esprínteres controlasen Lombardía, pero después de ver la ascensión temió que el muro convirtiera la carrera en un circo. Esperó hasta el día previo a la carrera para confirmar su inclusión en la edición de 1960, cuando Vittorio Varale escribió: «¡Mañana asistiremos a la fiesta nacional de empuje!».

El pelotón llegó después de cruzar el Ghisallo, girar a la derecha en Asso y seguir la carretera que atravesaba Canova y Sormano, llegando a los pies de la ascensión. El grupo se dividió en dos: los que pedaleaban y los que caminaban. Imerio Massignan fue el primer ciclista en coronar, tras 10 minutos 9 segundos de penuria remontando los dos kilómetros en espiral por los que ascendía la pista, con una velocidad de 13,004 km/h. Los siete ciclistas que pasaron sufriendo justo tras él se juntaron en el tramo de acercamiento a Milán.

Con los grandes velocistas derrotados por el Sormano, el campeón de 1957, Ronchini, y el belga Émile Daems —descrito por Negri como «similar a un tonel... parece más boxeador que ciclista»— eran los favoritos, y lo demostraron al llegar al Vigorelli, con Daems batiendo al italiano por media rueda.

Los ciclistas fueron casi unánimes en su crítica a la nueva ocurrencia de Torriani, apuntando muchos que no tenía apenas incidencia en el resultado, dado que la mayoría de los ciclistas habían pedaleado o empujado su bicicleta a un ritmo muy similar. Otros dijeron que, de hecho, neutralizó la carrera hasta que los ciclistas lo hubieron pasado, al no tener claro cuál iba a ser su efecto. Sin embargo, Torriani se quedó con un comentario que hizo Jacques Anquetil, uno de los pocos ciclistas que habían reconocido la ascensión los días anteriores. «Si la meta estuviera en Como la carrera tomaría forma antes, con lo que resultaría imposible reagruparse en el llano», sugirió la estrella francesa.

Torriani siguió la sugerencia de Anquetil, trasladando la llegada a Como, donde se mantuvo hasta 1984. Este cambio otorgó al Sormano una mayor importancia, sobre todo al estar precedido por el Super Ghisallo, como se dio a llamar al otro cambio. Tras esta pequeña alteración los ciclistas seguían llegando hasta la capilla en Magreglio desde Bellagio. Sin embargo, en lugar de meterse en el llano de Guello, a dos tercios de ascensión, se giraba a la derecha hasta Cernobbio, ascendiendo casi cien metros antes de caer por la Via Piano Rancia hasta el Ghisallo, a unos pocos metros por debajo de la capilla.

Al tres veces campeón de la carrera Gino Bartali tampoco es que le asombrase la decisión de mantener el Sormano, pues manifestó a *La Gazzetta*: «Cualquiera que no sea un escalador puro tiene que llegar a los pies del muro con una ventaja de, al menos, diez minutos. Así podrá ascenderlo a pie, empleando quince minutos más respecto a los que vayan sobre las bicicletas. De esta manera, llegará a la cima con cinco o seis minutos de desventaja, pero todavía con esperanzas».

Al incluirse el Super Ghisallo, las palabras de Bartali quedaban, casi, neutralizadas. Acercándose al Sormano, los escaladores copaban las posiciones delanteras. Massignan volvía a estar presente, acompañado del seis veces vencedor del premio de mejor escalador del Tour de Francia Federico Martín Bahamontes, y el peso mosca Vito Taccone, un hombre diminuto con un temperamento tan explosivo como su aceleración sobre las rampas más exigentes. En el estadio Sinigaglia de Como, Taccone, cuya velocidad final le había servido para hacerse con cuatro victorias de etapa consecutivas en el Giro de 1963, descendió por el último peralte y batió a Massignan con una cómoda ventaja.

Tal y como Torriani esperaba, sus innovaciones resultaron en una carrera más impredecible y un tipo de vencedor de lo más diferente. Sin embargo, más allá de los escaladores, eran muy pocos los ciclistas que disfrutaban con el nuevo trazado. Ercole Baldini, ganador del Giro de Italia de 1958, hablaba por muchos cuando dijo: «No logro entender por qué Torriani quería una novedad como esta. Comprendo que el Ghisallo ya no garantiza que se rompa la carrera, pero, de verdad, se ha pasado al otro extremo. Esa ascensión es bestial, así de simple, es imposible subirla».

La ironía quiso que fuera Baldini quien estableciera un nuevo récord de velocidad durante el ascenso del Sormano en 1962. Su tiempo, 9:24, fue unos impresionantes 18 segundos mejor que el del neoprofesional Enrico Massignan, hermano menor de Immerio, con Taccone otro segundo más lento. El arma secreta de Baldini sobre el Sormano fue su popularidad. Años más tarde le confesó a Torriani: «Cuantos más seguidores tenía uno más lo empujaban... y yo tenía muchos seguidores». Una famosa fotografía de la edición de aquel año muestra al italiano siendo empujado ni más ni menos que por tres aficionados durante el Sormano, mientras que otros dos esperan a los lados del camino, para dar el relevo y mantener la velocidad del ciclista.

Y Baldini no fue, ni de lejos, el único en disfrutar de esta ventaja. Los aficionados llegaron en bandadas a la ascensión, no tanto para ver a sus héroes como para ayudarlos. Aquello convirtió la carrera en una broma y levantó una polvareda. Vittorio Varale, de *La Stampa*, pidió a la Federación Italiana que interviniera y restañara el honor del deporte, que, en su opinión, había quedado manchado por las malas artes de algunos aficionados. A Torriani no le quedó otra alternativa que abortar el experimento, a pesar del dinero que se había invertido en repavimentar tanto la ascensión como el descenso del Sormano.

No obstante, Torriani tampoco estaba dispuesto a dejar que la Lombardía volviera a convertirse en la fiesta de los esprínteres en la que había estado a punto de convertirse. A pesar de que también acabó con el Super Ghisallo, reemplazándolo por la ascensión tradicional a la capilla de Madonna del Ghisallo en Magreglio, se incluirían cuatro nuevas ascensiones: Balisio, Valmara, Intelvi y Schignano. Valmara fue presentada como una «versión domesticada del Sormano», pero los ciclistas tuvieron que echar pie a tierra cuando algunos de los que iban en cabeza del pelotón perdieron agarre por culpa del polvo y la tierra, cayendo a plomo sobre los aficionados. Pero, en esta ocasión, los cambios sí fueron saludados con alabanzas generalizadas, y el hecho de que el mismo ciclista que consiguió la victoria en la carrera de 1962, con el Sormano, fuera quien hizo lo propio en la edición de 1963, en la que ya no estaba presente el muro, sugieren que las modificaciones de Torriani funcionaron de acuerdo a lo esperado.

El holandés Jo De Roo no era una elección obvia como favorito a la victoria de la Lombardía. Compañero de Jacques Anquetil en el St-Raphaël, durante el otoño de 1962 no cupo duda de que De Roo estaba en buena forma, después de ganar la París-Tours con una marca récord apenas quince días antes de Lombardía. Pero la carrera francesa tiene el sobrenombre de «la clásica de los esprínteres», porque su trazado llano casi siempre es garantía de llegada masiva. Y el desafío que plantea la Lombardía no podía resultar más diferente. Aun así, De Roo era un ciclista bueno en muchas cosas, pero especialista en nada. Era capaz de ascender bien, de esprintar bien y, como había demostrado venciendo en la edición de mayo de 1962 de la Burdeos-París, carrera de 557 km, se encontraba como pez en el agua sobre el llano.

De Roo describió su primera victoria en Lombardía como «la victoria más bonita de mi carrera», pero no llegó sin incidentes. Iba en cabeza durante el Sormano, pero se le bloqueó una rueda contra la vaina mientras movía la bicicleta de un lado a otro. El mecánico de su equipo estuvo raudo en ponerle otra rueda de recambio, pero los comisarios mostraron su intransigencia cuando el auxiliar comenzó a empujar a De Roo para ayudarlo a ganar velocidad. De Roo se tambaleó unos instantes, dio varios bandazos mientras su escasa velocidad lo conducía más hacia los lados que hacia adelante, y terminó con el manillar enredado en las asas del bolso de una espectadora.

La mujer y él se desembarazaron el uno del otro justo cuando Livio Trapé pasaba por su lado, recibiendo la descarada ayuda de dos aficionados mientras los comisarios optaban por hacer la vista gorda. La frustración de De Roo se convirtió en furia. Alcanzó la cima del Sormano con 15 segundos de desventaja respecto a Trapé, desembarazándose de él con facilidad cuando ambos llegaron cara a cara a Como. Mientras los aficionados lo rodeaban tras la línea de meta De Roo bajó a toda prisa de la bicicleta y comenzó a dar saltos alrededor, mientras su cara se transformaba en una mueca agonizante ante el dolor que le producía el gemelo derecho, que se le había acalambrado.

Controversia y victoria, al final, para Simpson

Un año más tarde el holandés repetiría su gesta, defendiendo el título de la París-Tours y reteniendo, después, la corona de Lombardía, echando mano de la ventaja que le daba su experiencia en el velódromo con respecto a sus rivales. El británico Tom Simpson, hijo de un minero de Harworth, Nottinghamshire, cuya jovialidad le hizo uno de los más populares entre el público y sus compañeros, había sido considerado uno de los favoritos de aquel año, pero terminó en una decepcionante décima posición, a casi un minuto del vencedor y culpando del descalabro en la lucha por la victoria a la distracción que le había supuesto la pelea que libraba con Raymond Poulidor por alzarse con la victoria en el Trofeo Super Prestigio Pernod Internacional.

El Super Prestigio Pernod nació del Prestigio Pernod, una competición que cubría toda la temporada y que se fundó en 1958 para premiar al mejor ciclista francés del año. Después de que la Challenge Desgrange-Colombo echara el telón a finales de aquel mismo año, Pernod introdujo el Super Prestigio Pernod, con el que se dilucidaría quién había sido el mejor ciclista del año, basándose en una serie de puntos que se sumaban a lo largo de las principales carreras. Al llegar la Lombardía, última carrera del campeonato, la primera posición en el ranquin del campeonato la ostentaba Jacques Anquetil, pero, al no tomar este la salida, les puso en bandeja a Simpson, que iba segundo, y Poulidor, tercero, la oportunidad de sobrepasarlo.

«Las circunstancias nos hicieron rivales, pero si Poulidor me hubiera propuesto repartirnos el premio entre ambos, habría accedido sin dudarlo», le contó Simpson a *L'Équipe*. «Habría sido la mejor solución y nos habría dado la oportunidad a ambos de hacer nuestra propia carrera. Pero Poulidor no me sugirió nada, así que yo me dediqué a neutralizar sus ataques. Él perdió el Giro de Lombardía, igual que yo», añadió lamentando la pérdida del premio económico, que le habría ayudado a afrontar la construcción de su nueva casa, en Gante.

Un año después Simpson corrió como era habitual en él, de manera más agresiva, pero pagó el precio de trabajar demasiado y desde demasiado pronto, al no conseguir mantener la rueda de la nueva estrella italiana, Gianni Motta, durante la aproximación a la meta. El inglés regresaría en 1965 como campeón del mundo, pero bajo la sombra de la sospecha después de que contara en el tabloide británico *The People* una serie de prácticas secretas en el mundo del ciclismo. Escritos en primera persona, las tres partes prometían mucho más de lo que, en realidad, habían contado. Bajo un titular que clamaba «Soy campeón del mundo, pero me llaman ladrón», Simpson desveló cómo se amañaban algunas carreras. En otro artículo titulado «Saboteado por un dopante desconocido» se relataba que Simpson creía que le habían dado un bidón en el que le habían puesto una serie de sustancias prohibidas. El tercero, que apareció dos semanas antes de Lombardía, contaba un altercado que Simpson había tenido con el francés Henri Anglade, conocido como Napoleón entre sus compañeros y tan poco querido entre sus compatriotas que jugaron en su contra para evitar que se adjudicara la edición de 1959 del Tour.

Los detalles no llegaban a desvelar nada escandaloso, pero le causaron problemas a Simpson, dado que los ciclistas profesionales no hablaban jamás de este tipo de cosas. La prensa francesa se mostró particularmente dura en sus críticas al inglés, hasta el punto de que en Peugeot, su equipo, llegaron a pensar en despedirlo. Simpson respondió afirmando que habían sacado sus palabras de contexto y que tenía intención de poner una demanda, cosa que nunca hizo. Terminaría respondiendo a sus críticos con las piernas, dejando atrás a un gran pelotón lleno de estrellas en Lombardía, para terminar ganando por un margen de más de tres minutos.

El último rival a batir fue el que era vigente campeón, Motta. Cuando la pareja llegó a la última ascensión, en San Fermo della Battaglia, a apenas diez kilómetros de la meta, miles de *tifosi* encorajinaron a Motta, pero, al igual que pasara con Simpson un año atrás, ya no le quedaba más fuerza cuando el campeón del mundo británico atacó entre una multitud enardecida y cruzó la meta en todo su esplendor. En la meta, Motta no parecía capaz de explicar lo sucedido. Primero culpó a una pájara, después habló de fatiga, para terminar diciendo que Simpson se mostró «intratable».

Un año más tarde Simpson formó parte de la escapada ganadora, pero su estado de forma no era el mismo que un año atrás. Perdió contacto en Schignano, a 40 km de meta, dejando a su joven compañero en el Peugeot, Eddy Merckx, el peso de batallar contra los franceses Jacques Anquetil y Raymond Poulidor, grandes rivales, y un trío de italianos: Michele Dancelli y los corredores del Salvarani Vittorio Adorni y Felice Gimondi.

Gimondi atacó una primera vez, luego una segunda, una tercera, una cuarta y hasta una quinta, sobre la inclinada ascensión hasta San Fermo della Battaglia. Anquetil lo neutralizó cada vez. Al llegar al velódromo el dúo del Salvarani intentó mandar en cabeza, pero Merckx no se dejó arrebatar esa posición. Cuando Gimondi comenzó a pasarlo por la derecha el belga recuperó la posición. Pero, a la vez, dejó un pequeño hueco por dentro, que fue por donde se coló Adorni. Mientras Gimondi lanzaba su esprint Merckx maniobró para responder, pero cuando se quiso dar cuenta, Adorni estaba en su trazada. Al no tener sitio por la derecha, salió por la izquierda, sobre el césped, *ayudado* por un pequeño empujón del codo de Adorni, regresando a la pista después, solo que demasiado tarde ya como para evitar que Gimondi sumase la Lombardía a la Roubaix que ganara a comienzos de temporada.

La victoria de Gimondi fue de lo más aclamada. El italiano procedía de un entorno de pobreza en Bérgamo, al este de Milán, y había aprendido a montar en bicicleta sobre la máquina de su madre. «Era cartera, y su bicicleta fue la primera que tuvimos: la misma en la que repartía el correo. Más adelante me regaló otra que compró, pero aquello fue bastantes años antes de que tuviera mi primera bicicleta de carreras. Esas costaban muchísimo dinero», recordaría Gimondi en una entrevista con el periodista Daniel Friebe en 2012. «No teníamos dinero, ¡lo contrario! Aquellos eran los años del milagro económico italiano, ¡pero a nosotros nos esquivaron! Nosotros no vimos ese milagro».

Gimondi se convertiría en uno de los máximos rivales de Merckx durante finales de la década de los 60 y principios de los 70, imponiéndose en algunas de sus escaramuzas contra el Caníbal, pero tampoco demasiadas. «En 1965, cuando gané el Tour, ya había escuchado hablar de ese tal Merckx. Creo que pasó a profesionales aquel abril, no en enero, como yo. Aquel año no compitió demasiado. Hasta 1966 no comenzó a hacernos daño. Creo que, de no haber aparecido Eddy, yo habría ganado cinco Giros, como acabó haciendo él. Y de haber ganado cinco Giros y otro Tour, habría igualado a Coppi. ¡Pero llegó Eddy! Pese a todo, he de admitir que, viéndolo en retrospectiva, su presencia hizo mejor mi carrera, en cierto sentido. Ahora todo el mundo habla de nuestra rivalidad, y eso le da cierto prestigio a mi carrera».

A pesar de esta rivalidad Gimondi mantenía una buena relación con el belga, e insiste en que fue el mejor de la historia. «Nunca tenía días malos. Cada dos por tres la gente me pregunta: ¿contra quién hubieras preferido pelear, contra Merckx o contra Armstrong? Y yo respondo que Armstrong, porque solo había que vérselas con él en el Tour. Eddy estaba siempre sobre tus hombros, en todo momento, era imposible librarse de él entre enero y diciembre. Al principio era como darse de cabeza contra un muro. Fueron dos años de darme cabezazos hasta que por fin lo acepté. Me di cuenta de lo que debía hacer. Dejé mi ego a un lado y afronté las cosas de manera realista. Me di cuenta de que tenía que adaptarme. Tenía que cambiar la manera en la que corría. La primera regla, y la más importante, era: intenta que no acaben contigo, y luego, tal vez, podrás atacar. Pero, hicieras lo que hicieras, nunca podías atacar primero, porque a la que lo hacías él salía en tu búsqueda y luego te dejaba atrás, y te quedabas con cara de pasmarote».

El monumento más difícil para Merckx

A pesar de que el duro y montañoso trazado de Lombardía debería favorecer a Merckx, a priori, o por lo menos tanto como cualquiera de los demás monumentos, fue uno de los que más le costó ganar. Después de perder contra Gimondi por la astuta maniobra de Adorni, Merckx volvió a fallar los siguientes cuatro años, dos de ellos contra Franco «Corazón Loco» Bitossi. El apodo salió del single número uno de las listas italianas del cantante Little Tony, *Coure Matto*, y Bitossi lo heredaría no por la causa que cualquiera se pensaría, sino por culpa de un fallo fisiológico que le sobrevenía en momentos de mucha presión psicológica.

Bitossi lo achacaba a un incidente que sufrió a los nueve años, después de que su hermano pequeño, Alberto, desapareciera. Al escuchar a su madre llamarlo sin respuesta, el joven Bitossi se convenció de que su hermano se había ahogado en el Río Arno, que pasaba junto a su casa, en la campiña de la Toscana profunda. «En aquel momento sentí un pálpito en el pecho, el mismo que sentiría en tantas ocasiones a lo largo de mi carrera. Encontramos a Alberto, pero, para mí, aquel fue el comienzo de un largo y doloroso historial», explicó Bitossi.

En 1954, con apenas 14 años, Bitossi abandonó el colegio para trabajar en una fábrica de azulejos local. Para llegar allí cada mañana tenía que tomar un bote que cruzaba el Arno, y después pedalear sobre una vieja y destartalada bicicleta. No tardó en darse cuenta de que tenía talento, tras colarse en el pelotón de una carrera júnior un día, comprobando que era más fuerte que la mayoría de los que competían, sobre todo cuesta arriba. En 1961 se convirtió en profesional, pero durante los siguientes meses estuvo a punto de abandonar el ciclismo. Durante la temporada de 1962, en varias ocasiones sintió que se le aceleraba el ritmo cardiaco y se veía obligado a parar a un lado hasta que cesaban las palpitaciones. Solo cuando estas pasaban podía regresar a la competición.

Los especialistas le sometieron a todo tipo de pruebas y le aseguraron que su corazón estaba sano, y que no corría riesgos de sufrir un infarto como consecuencia de las palpitaciones o de seguir compitiendo. Dijeron que sus palpitaciones se debían a la predisposición nerviosa del ciclista, y estas no dejarían de traicionarle a lo largo de toda su carrera. Después de estar a punto de retirarse a comienzos de 1964, durante el Giro de aquel mismo año cambió su manera de enfrentarse a su problema, ganando cuatro etapas, la primera de ella después de verse obligado a detenerse y apoyarse en un guardarraíl hasta que su corazón dejó de latir desbocado, permitiéndole continuar.

Con todo, seguía teniendo días malos, uno de los peores el de la edición de 1966 de la Lombardía, que se adjudicaría su rival a largo plazo, Gimondi. Había quien decía que Bitossi era más experto en alcantarillado que ciclista profesional, dada la cantidad de tiempo que se pasó aquel día en la cuneta.

A pesar de no brillar como contrarrelojista, Bitossi era capaz de escalar con los mejores y contaba con un gran cambio de ritmo a la hora de esprintar. En 1967 se unió a la escapada que se formó ascendiendo el Ghisallo. Mientras los 22 ciclistas del grupo se dirigían hacia Lecco para enfrentarse a la siguiente ascensión, Balisio, Bitossi se echó a un lado cuando su corazón comenzó a desbocarse. Haciendo gestos ostentosos y tratando de encontrar aire mientras se apoyaba sobre su bicicleta, pasaron 90 segundos antes de poder reemprender la marcha.

La siguiente gran prueba era la ascensión de adoquines rosados hasta San Fedele Intelvi, pegada a la frontera con Suiza, por encima de la extensión occidental del Lago Como. Raymond Poulidor lideraba la carrera, con Bitossi segundo a 90 segundos del francés. Al coronar el puerto, nueve kilómetros después, Bitossi había atrapado y dejado atrás a Poulidor, y tenía dos minutos sobre un grupo en el que estaban Gimondi, Merckx y otros favoritos más. Durante los 60 km que llevaban a la meta de Como Bitossi mantuvo a raya el inevitable aluvión que llegaba desde atrás, sobre todo los ataques de Gimondi, durante la ascensión final a San Fermo della Battaglia.

«Ha sido el tercer año consecutivo en el que mi corazón se desboca camino de Lecco y me he visto obligado a detenerme. Pero alguien de mi equipo me ha dado un pequeño masaje en el pecho, y unas gotitas de un tónico han completado la cura», le dijo Bitossi a la prensa. «Durante la última ascensión, a San Fermo, he pasado por momentos de debilidad, porque mi ansiedad no me ha permitido comer lo suficiente. Pero a falta de tres kilómetros he mirado atrás y, aunque la ventaja que tenía era de apenas cincuenta metros, me he dicho "lo he logrado, voy a ganar"».

La victoria significó el comienzo de una racha para Bitossi que lo llevaría al podio de Lombardía hasta en cinco ocasiones seguidas. Un año después cayó víctima de un ataque en pinza de los belgas. Siendo atrapado por Merckx, Gimondi, Gianni Motta y Herman Van Springel justo antes de la ascensión a San Fermo, Bitossi pudo responder a la feroz aceleración de Merckx durante la subida, pero ninguno de los dos hombres pudo contraatacar cuando Van Springel los alcanzó, antes de dejarlos atrás. Después de que Merckx se negara de manera categórica a salir tras su compatriota, Corazón Loco pudo obtener, al menos, la satisfacción de derrotar al Caníbal en la lucha por la segunda plaza.

La tercera posición de Bitossi en 1969 llegó como resultado de la descalificación del ganador, Gerben Karstens, quien dio positivo después de dar una muestra de orina perteneciente a su masajista, sin saber que este auxiliar había consumido sustancias prohibidas. Esta edición es más recordada por ser la primera gran victoria en la carrera trágicamente corta de Jean-Pierre Monséré. El belga se hizo con el Mundial de Leicester una temporada después, pero moriría seis meses más tarde tras ser embestido por un coche que se adentró en el trazado de una pequeña carrera en el este de

Bélgica. Tenía apenas 22 años y dejó esposa y dos hijos pequeños. Cinco años después una nueva tragedia cayó como una losa sobre la familia, cuando Giovanni, el hijo de Monséré, murió con apenas siete años después de colisionar con un coche mientras montaba en una bicicleta que le había regalado Freddy Maertens por su primera comunión.

La segunda victoria de Bitossi en Lombardía llegó, sobre todo, gracias a la rivalidad entre el Salvarani de Gimondi y Motta, y el Molteni de Merckx. Enrabietado por el excesivo apoyo que, según consideraba, ofrecían los fabricantes italianos a Merckx y otras estrellas extranjeras, en 1970 Motta se prometió hacer todo lo posible para que Merckx no confirmase su posición de favorito a la victoria. Se pegó a la rueda del belga durante cada uno de los 260 km de la carrera, respondiendo a cada intento que hizo el belga de quitárselo de encima.

Mientras Motta actuaba como su sombra, Gimondi pasó al ataque en el Intelvi. Durante el descenso Bitossi salió en su persecución, cerrando el hueco con su compatriota. Dado que Merckx era una amenaza mutua para ambos, la pareja cooperó hasta adentrarse en el estadio Sinigaglia de Como, donde Bitossi derrotó a Gimondi por una bicicleta de distancia. Dos minutos más tarde Motta abandonó la rueda de Merckx, por fin, para vencer al belga en la lucha por la tercera posición. Al ser preguntado por la táctica de Motta, Merckx farfulló «hemos abierto una cuenta conjunta en el banco». Y Motta se defendió diciendo: «Tenía que ayudar a Felice».

«Su única intención», dijo Merckx, «era conseguir que yo no ganara; todos lo hemos visto. Un campeón no debe comportarse de esa manera. Gianni ha sido muy injusto para conmigo. Durante la carrera le he preguntado qué demonios le pasaba, y ha intentado justificarse diciendo que me marcaba porque Gimondi iba en la fuga. Pero eso no era más que un cuento. Bitossi estaba con Gimondi y Motta sabía que Felice no podría ganarlo en un esprint. De haberme ayudado, entre los dos habríamos cerrado el hueco y él habría tenido una opción de victoria. Pero se ha emperrado en marcarme, lo único que quería era que yo no ganara. El año que viene nos volveremos a ver las caras».

Tras decir aquello Merckx se fue, ofendido, hacia su coche de equipo, atravesando la multitud sin aceptar firmar autógrafo alguno. Cuando un aficionado lo insultó el belga se giró, apretó los puños, se diría que dispuesto a usarlos, antes de ser impelido a regresar al refugio del coche de su equipo y partir hacia Milán. Merckx era consciente del único problema que le presentaba la carrera de las hojas muertas. «Es una carrera con un diseño digno de alabanza, que ofrece un terreno perfecto para correr de manera agresiva, y que le viene como anillo al dedo a mi temperamento. Junto a la Lieja-Bastoña-Lieja es la carrera más exigente del calendario. Lo único malo es que llega al final de la temporada. Por eso, la mayoría de los ciclistas que nos presentamos estamos ya fatigados», dijo, resumiendo un problema que, en los últimos tiempos, en los que los ciclistas se centran en determinados objetivos específicos que suelen estar, a menudo, al principio de la temporada, ha quedado más patente que nunca, lo que provoca que esta clásica italiana se haya convertido en un añadido de última hora al calendario de la mayoría de ciclistas.

A pesar de que ya había ganado dos monumentos, el Tour y los Mundiales, Merckx no parecía nada fatigado cuando se enfrentó a las primeras rampas del Intelvi en 1971, perseguido por el escalador Luis Ocaña. El español lideraba durante el descenso, pero se metió en problemas cuando no pudo trazar bien una curva por un fallo en sus frenos, cuyas zapatas no hacían contacto sobre la llanta al haberse doblado esta por culpa de un agujero en el asfalto. Merckx voló, decidido a extender lo máximo posible el hueco que habían abierto, teniendo presente, sin duda, lo sucedido un año atrás. En la meta alcanzaría una ventaja de más de tres minutos sobre Bitossi.

Después de que el malogrado aro de su rueda le obstaculizara el avance, Ocaña se unió al grupo perseguidor del belga, pero acabó frustrado ante la falta de compromiso que mostraron tanto los belgas Georges Pintens, Frans Verbeeck y Roger De Vlaeminck, como el holandés Joop Zoetemelk. A veinte kilómetros de Como Ocaña frenó de golpe, se detuvo y se metió en el coche de su equipo. «Nadie me ha ayudado a perseguir a Merckx. He abandonado mientras les gritaba que vaya mierda estaban haciendo», se quejaría Ocaña. Por la tarde seguía furioso, todavía, quejándose en términos inequívocos: «Si uno corre para quedar segundo la sensación que se van a llevar los aficionados es la de que hay un superhombre demoliendo el ciclismo».

A los 12 meses Merckx conseguiría una segunda victoria en Lombardía, victoria forjada sobre un ataque en Schignano, que se eleva de manera abrupta desde la orilla oeste del Lago Como. Nadie respondió a su ataque, lo que explica bastante bien la manera en que el belga controló este desafío de final de temporada. El hecho de que apenas llegaran a Como 17 de los 158 ciclistas que tomaron la salida también subraya la dureza del desafío que representaba la Lombardía. Y eso que tampoco hubo una climatología tan adversa.

Cuando Merckx consiguió una tercera victoria consecutiva, en 1973, parecía camino de igualar el récord de las cinco victorias consecutivas en Lombardía conseguidas por Fausto Coppi. Esta victoria, la más demoledora, nació del tremendo varapalo que significó para el belga caer derrotado en los Mundiales de Barcelona, en los que Gimondi se convirtió en el máximo beneficiado de que Merckx y su compatriota Freddy Maertens corrieran pensando más en sus intereses particulares que en los del combinado nacional. Merckx nunca se tomó bien que se interpusieran en su camino y, en su mejor estado de forma, respondió provocando todo el dolor que pudo, decidido a borrar aquel desliz de su recuerdo. En Lombardía, un mes después, sus compañeros en Molteni bloquearon la carrera durante 200 km, sin permitir que ninguno de los grandes favoritos tomara ventaja alguna. Cuando Merckx atacó en Intelvi, a 60 km de meta, nadie salió tras él. «Ha sido la victoria más bonita de las tres que tengo», admitiría.

Sin embargo, todavía esperaba una sorpresa. Dos meses más tarde la UCI anunció que el belga había dado positivo por norefedrina, un estimulante. Merckx argumentó que este era un componente del producto Mucantil, un antitusivo que le había prescrito el doctor de su equipo, quien asumió la culpa. Pero la UCI rechazó revocar la decisión. La victoria pasó a manos del campeón del mundo, Gimondi, tal y como sucediera en el Giro de 1969, cuando Merckx fue expulsado por otro positivo.

Merckx meditó la retirada, pero respondería con una de sus mejores temporadas, consiguiendo el Giro, el Tour y los Mundiales, siendo el primer ciclista en completar el triplete. En Lombardía intentó imponerse con la misma táctica que utilizara un año atrás, pero la fatiga y, según dicen algunos, la acumulación de carreras durante la última década, pudieron con él. Roger De Vlaeminck se pegó a su rueda como con cola durante los últimos 60 km, batiéndolo en el esprint final en la pista del Sinigaglia.

El Caníbal no volvió a luchar por la victoria en Lombardía. El éxito de De Vlaeminck marcó la llegada de una nueva generación de campeones y la inexorable decadencia de la carrera de las hojas muertas.

EL MONUMENTO OLVIDADO

Retrotrayéndonos hasta la década de los años 20, cuando Henri y Francis Pélissier se enfrentaron a todo tipo de trucos infames ideados para evitar que ganaran los ciclistas extranjeros, habían sido muchos los *stranieri* que regresaban de las carreras italianas quejándose de todo tipo de maniobras deshonestas. Por lo general, estas trampas eran sutiles y costaba identificarlas, pero cuando Francesco Moser consiguió la primera de las dos victorias que consiguió en el Giro de Lombardía de 1975, no hubo sutilidad alguna.

El Sheriff demostró tener un talento descomunal para las carreras de un día cuando terminó la Roubaix de 1974 en segunda posición, ganando la París-Tours de finales de aquella temporada. La victoria en los campeonatos italianos un año después le garantizó tomar la salida enfundado en el maillot *tricolore* aquel lóbrego día de Lombardía. *La Gazzetta* dijo que aquel fue «un día flamenco», en el que arreciaba la lluvia e incluso cayeron copos en las cimas.

Los belgas parecían en su salsa. Eddy Merckx le puso a su Molteni la tarea de marcar un ritmo alto, minando las esperanzas de los ciclistas cuyas reservas de fuerza y motivación no estaban a tope, llegados a ese punto de la temporada. El vigente campeón, Roger De Vlaeminck, también estaba impaciente, liderando una persecución frenética sobre Moser después de que el italiano consiguiera una ventaja durante el descenso del Intelvi.

En el Schignano Moser volvió a conseguir ventaja, seguido por sus compatriotas Enrico Paolini y Alfredo Chinetti. Mientras el trío abría hueco un coche de la RAI, la televisión estatal italiana, se puso delante del grupo en el que estaban Merckx, De Vlaeminck y Freddy Maertens. La maniobra de bloqueo resultó tan obvia que aquello pareció una mala broma, pero los comisarios no intervinieron hasta que los tres escapados no habían logrado una ventaja que les permitiera asegurar la victoria.

En la meta Moser demostró ser demasiado fuerte para el veloz Paolini, alzando los brazos mientras los empapados guantes y manguitos, caídos por el peso, le daban la imagen de llevar puesto un par de guantes de fregar, lo que, dadas las atroces condiciones climáticas, tampoco habría estado fuera de lugar. Al ser preguntado por las quejas de los belgas ante el bloqueo, Moser se quitó de encima toda responsabilidad, diciendo: «Yo iba en cabeza, sin girarme a ver lo que ocurría ni preocuparme por ese tipo de cosas. Puede ser que hubiera cierta confusión, pero no me creo que gente como Merckx o De Vlaeminck vengan a quejarse de algo así, será más bien cosa de quienes los rodean. Los campeones belgas están acostumbrados a ganar, pero también saben perder sin necesidad de quejarse».

Y no sería la última vez que daría la sensación de que Moser recibió una ayudita por parte de la RAI. En 1984, en una cerrada batalla con Laurent Fignon durante el Giro de Italia, el francés insistió en que el helicóptero que cubría la carrera para la RAI voló a muy baja altura sobre el italiano durante la decisiva contrarreloj individual del último día, con llegada a Verona, favoreciendo el avance de Moser gracias a la corriente que producía. Fignon perdería la contrarreloj y la *maglia* rosa de líder ante el italiano, quien se había visto beneficiado ya antes por la decisión de los organizadores de cancelar la etapa que tenía que pasar sobre el Stelvio, excusándose en el mal tiempo. Informes posteriores confirmaron que, de hecho, la climatología había sido buena, a diferencia de las esperanzas de Moser en caso de haberse visto obligado a contrarrestar los ataques de Fignon sobre aquel puerto, pues el francés era mucho mejor escalador.

Hay que reconocerles a Merckx y De Vlaeminck que ellos no contribuyeron a avivar el escándalo acerca del coche de la RAI. De Vlaeminck recuperaría la corona un año después, demostrando ser mucho más rápido que los franceses Thévenet y Poulidor. Sin embargo, cuando Moser consiguió una segunda victoria en Lombardía en 1978, con *La Gazzetta* describiéndolo como «una locomotora» que se hizo con la victoria en un esprint de nueve hombres, Bernard Hinault, que quedó tercero, insistió en que la pasividad del resto de ciclistas de la fuga y la agresividad con que lo recibieron los *tifosi* durante las ascensiones, llegando incluso a derribarlo en dos ocasiones, arruinaron sus posibilidades de victoria. El francés insistió en que hubo «conspiraciones» en su contra.

La clasificación del Super Prestigio Pernod complicó todo un poco más. Hinault era el líder al llegar a Lombardía, pero Moser estaba en condiciones de robarle el trofeo a toda la temporada si ganaba la carrera de las hojas muertas. La noche anterior a la carrera Hinault reveló sus intenciones de cara al día siguiente al holandés Joop Zoetemelk, diciendo: «Me voy a soldar a la rueda de Moser. Si ataca, saldré detrás, y si se detiene para atarse los cordones, me pararé a su lado».

Esto provocó una carrera de lo más aburrida. A pesar de que hacía un día soleado y caluroso, hubo una enorme cantidad de abandonos. Cuando el grupo cabecero alcanzó la cima del Balisio, apenas 100 km después de haber tomado la salida, quedaban rumbo a Como poco más de 30 ciclistas de los 149 que habían tomado la salida. Ascendiendo el Schignano Hinault cayó en dos ocasiones después de que varios aficionados se cruzasen en su camino. No hay imágenes de la reacción del francés, pero teniendo en cuenta que algunos años más tarde Hinault cargó contra una manifestación de trabajadores del metal que bloqueaban la carretera al paso de la París-Niza, lanzando puñetazos a diestro y siniestro cuando vio su paso detenido, es probable que los espectadores que se vieron envueltos en aquellos incidentes acabaran lamentándolo.

A Hinault tampoco le sorprendió la actitud de sus compañeros de escapada, entre ellos Zoetemelk y el vigente campeón Gianbattista Baronchelli, quejándose de que se habían rendido a

Moser y no se atrevieron a atacar. Por contra, algunos de ellos acusaron al propio francés de que él tampoco había planteado demasiados ataques.

La Stampa simpatizó con las acusaciones de Hinault, pero se centró, sobre todo, en la brillante temporada de Moser, durante la cual había conseguido 38 victorias, «tantas como Merckx en su mejor momento», afirmaba el periódico. Retrataba al imponente italiano como «un rey sin corona», describiéndolo como el gran dominador de las carreras de un día. Pasando revista a los rivales del italiano, *La Stampa* se saltó a los nombres más obvios, centrándose en un talentoso, pero relativamente desconocido, joven de 21 años. «El auténtico rival de Moser se llama Beppe Saronni. Tiene gran clase, pero le falta experiencia. Con 21 años debería competir menos, siendo más selectivo en las carreras que elige», escribiría Maurizio Caravella.

Hinault amenazó con no volver a correr en Italia, pero regresaría a Lombardía 12 meses después con una estrategia mucho más intransigente, resultando en una actuación imponente. Atacó al paso del primer avituallamiento, cuando se llevaban justo 100 km recorridos. Al principio Moser, Saronni y el resto de favoritos pensaron que aquello no era más que una madrugadora demostración de poder. «Pensé que aquello era una broma. No era, para nada, la táctica correcta», declararía Saronni después. Pero Hinault no era de los que se andaban con tonterías. Estaba decidido a pedalear tan fuerte como pudiera durante todo el tiempo del que fuera capaz, ignorando los intentos de su director deportivo, Cyrille Guimard, para que corriera de manera más sensata, en lugar de intentar que sus rivales se rindieran ante él a palos.

A las faldas del Intelvi el grupo cabecero en el que se encontraba Hinault había abierto un hueco de cuatro minutos sobre los favoritos. Hinault había realizado la mayor parte del trabajo en cabeza, y tampoco aflojaría el ritmo durante la ascensión. Al coronar, el único capaz de seguir a su rueda era el joven de 21 años Silvano Contini. El francés mantuvo el ritmo, dando Contini algunos relevos cortos pero, sobre todo, contentándose con quedarse a rueda del bretón y ver hasta dónde llegaban.

Y a donde llegaron fue hasta la misma Como, donde la pareja se enfrentó cara a cara en el Lungo Lario Trento. A pesar de que el joven italiano no merecía la victoria, teniendo en cuenta lo poco que había contribuido en la escapada, no dejaba de maravillar que fuera el único ciclista capaz de mantenerse a rueda del francés. Pese a todo, Contini no era rival en un esprint, por lo que la llegada no tuvo mayor historia. Hinault se dejó ir hasta la meta mientras las piernas de su rival se llenaban de calambres. Al cruzar la línea el francés mostró suficiencia y serenidad, como si aquella fuera una carrera del montón. Varios metros por detrás Contini agonizaba de dolor, demostrando la verdadera dimensión de lo que había hecho Hinault.

El titular de *La Stampa* rezaba «Hinault, a lo Merckx». «El bretón solo obedeció a sus instintos, y estos eran los de todo un luchador», contaba la crónica. «Atacó una y otra vez, haciendo que cada vez hubiera menos rivales a su rueda y humillando a los dos gallos italianos, Moser y Saronni, quienes pelearon hasta que quedaron 25 km, momento en el que arrojaron la toalla».

También se comparó aquel día con las grandes gestas de Coppi en Lombardía. Sin embargo, este éxito de Hinault apenas abandona el baúl de los olvidos, debido, tal vez, a que tanto los aficionados como los medios, o los propios ciclistas, incluso, le daban menor importancia a la clásica de cierre de la temporada. Los periódicos italianos, que habían bautizado a Hinault como «el contable del ciclismo» al considerar que sus victorias en las carreras por etapas nacían de una actitud calculadora basada en su superioridad contra el reloj, tuvieron que rehacer este análisis unidimensional del francés.

«Puede que Bernard Hinault no llegue a ser nunca tan grande como Fausto Coppi, ni tan fuerte como Eddy Merckx, pero si algún día se gana la etiqueta de "campeón de campeones" el primer gran paso —paso de gigante, todo sea dicho— será el que ha dado en este Giro de Lombardía. Siguiendo sus instintos, Hinault desplegó todo su potencial, como un purasangre al que por fin dan rienda suelta. Venció como vencían los campeones de la antigüedad, haciendo que el resto de competidores llegaran a cuentagotas», escribiría Maurizio Caravella.

Moser y Saronni

Justo tres años después de que Francesco Moser fuera bautizado como el Rey de las clásicas, tanto él como el ciclismo italiano se encontraban estancados en la melancolía. Cuando el holandés Hennie Kuiper se alzó con la septuagésimo quinta edición de Lombardía en 1981, Italia concluyó la temporada sin una sola victoria en las clásicas, primera vez que sucedía esto desde el mejor año de Merckx, 1971. La carrera terminó en una lluvia de recriminaciones mutuas entre Moser y Saronni, su archirrival, como había sucedido cuando Hinault los aniquiló a ambos en 1979.

Se suele comparar la rivalidad de estos dos ciclistas con la de Coppi y Bartali durante los 40 y 50. Y, al menos en Italia lo fue, sin duda. Sin embargo, fuera de la bota su animosidad resultaba menos evidente, por la sencilla razón de que como aspirantes a las grandes victorias, eran dos más entre muchos otros. De hecho, la única ocasión en la que ambos solían coincidir de manera regular fuera de su país natal era en los mundiales, donde ambos *azzurri* eran, aunque fuera de mala gana, compañeros.

Pero no había duda de que Moser y Saronni no se tragaban, y su antipatía mutua encontraba en los medios de comunicación el vehículo para propagarse, no tanto en la carretera; y como no puede ser de otra forma, los medios azuzaron la retórica entre ambos, forzando a los aficionados italianos a decantarse por uno u otro. En *Pedalare! Pedalare!*, John Foot cuenta: «Al final, la rivalidad entre Moser y Saronni se convirtió en una suerte de pantomima, y jamás alcanzaría las alturas a las que llegó la de Coppi y Bartali, o la de Binda contra Guerra o Girardengo. Tampoco traspasó las fronteras del deporte. Jamás provocaría divisiones políticas ni sociales. Aquello no fue más que un duelo verbal que reflejaba el espectáculo posmoderno en el que se había convertido el deporte».

Ambos hombres han admitido que mucho de lo que decían nacía, simplemente, de su deseo por permanecer en el candelero. «Mi carrera no habría sido la misma sin Moser, y creo que lo mismo se podría decir de la suya. Aquella rivalidad nos empujó para hacernos mejores», reconocería Saronni en 2008, durante el lanzamiento de un libro escrito por Beppe Conti sobre la rivalidad de ambos ciclistas.

De acuerdo con Saronni, su antagonismo nació en los kilómetros finales de los Mundiales de 1978. «Yo iba en la fuga, con Raas e Hinault. Estaba seguro de que podía ganar, porque era el más rápido al esprint. Pero los belgas comenzaron a perseguirnos, con Walter Godefroot marcando el ritmo. Nos atraparon y Moser atacó con el holandés Gerrie Knetemann, quien lo batió en el esprint».

Siendo preguntado si Moser alentó a los belgas, Saronni respondió: «Bueno, al final de aquel año, en la gran fiesta que Moser celebró para sus seguidores, el invitado especial fue Walter Godefroot». Después añadió: «Hay que decir que aquella rivalidad nos costó muchas victorias».

Cuando fueron entrevistados en las postrimerías de aquel mismo año, en un evento organizado por *La Gazzetta dello Sport* y la revista de ciclismo *Tuttobici*, Moser negó que actuase con maldad en los Mundiales de 1978. Según él, su rivalidad comenzó un año antes, el primer año de profesional de su rival, cuando Saronni lo batió en el esprint mientras disputaban el Trofeo Pantalica. «Una motocicleta de la policía me dificultó el avance y Beppe ganó. Jamás me gustó perder, y mucho menos con un desconocido».

La única ocasión en la que ambos pelearon entre sí por la victoria en Lombardía llegaría en 1982, seis semanas después de que Saronni hubiera disparado «el rifle Goodwood» para hacerse con la victoria en los Mundiales de Sussex, con un esprint a tal velocidad que parecía que lo habían disparado desde un rifle. Después de que Hinault abandonara en el primer avituallamiento de Lombardía, Saronni fue fotografiado pedaleando junto a Moser y haciendo con sus dedos la «V» de la victoria. El campeón del mundo estuvo a la altura de su gesto, manteniendo a sus rivales bajo control hasta la recta final, distanciándolos después con una floritura a lo Goodwood que dejó al francés Pascal Jules a varias bicicletas por detrás, con Moser a su rueda. «Estaba loco por conseguir esta victoria. No me he llevado el esprint aprovechándome del trabajo de otros, lo que significa que esta victoria es como conseguir una segunda victoria en el Mundial», dijo Saronni.

Como italiano, puede que afirmar algo así sobre Lombardía sea un poco exagerado, pero, a la vez, da una idea del gran estatus del que gozaba la carrera a mitad de los 80. Pero durante las dos décadas siguientes la carrera de las hojas muertas perdió mucho de su lustre. Sobre todo, debido a que los principales nombres del deporte se fueron centrando, cada vez, en un número menor de carreras durante la temporada, favoreciendo la mayoría las carreras de primavera, el Giro y el Tour.

El declive de Lombardía

Muchos acusan a Greg LeMond, vencedor del Mundial de 1983, a quien solo Sean Kelly pudo batir en Lombardía —y por un estrecho margen— de este declive. El americano no se rasgaba las vestiduras al admitir que el Tour era su principal objetivo del año. A la vez, los compañeros de LeMond se beneficiaban de la gran exposición mediática de la que disfrutó el ciclismo gracias a los éxitos del americano en el Tour, con unos salarios que crecieron hasta el punto de que una buena actuación en Francia durante el mes de julio hacía que todos los buenos resultados —o los malos, más bien— que hubiera cosechado a lo largo de la temporada apenas tuvieran importancia. En defensa de LeMond hay que admitir que también participaba en más clásicas de las que se saltaba, aunque tras su casi victoria en Lombardía en 1983 no regresó a esta carrera.

Si LeMond provocó el tránsito a una mayor especialización y la disminución de los objetivos por los que competir, Miguel Indurain, el gran campeón español de comienzos de la década de los 90, apuntaló esta tendencia. De todas formas, gran parte de la responsabilidad del continuo declive de Lombardía se podía poner en el debe de los organizadores de la carrera, quienes no dejaron de alterar el trazado, erosionando su credibilidad. A pesar de que ya había sufrido una gran cantidad de cambios con anterioridad, para Candido Cannavò, quien se convertiría en director editorial de *La Gazzetta* en 1983, las alteraciones del trazado parecían una obsesión. Por ejemplo, aquel mismo año de 1983 tanto él como el director de la carrera, Vincenzo Torriani, decidieron trasladar la salida a Brescia, en gran parte para compensar a la ciudad por haber quedado fuera del Giro por culpa de una huelga del sector del metal cuando iba a albergar una llegada. En este nuevo trazado no se pasaba por el Ghisallo.

A pesar de que la mítica cima de la carrera regresó en 1984, cuando Hinault desplegó otra demostración de poder para conseguir la victoria, las modificaciones no cesaron. Como dato positivo, se tradujo en un regreso único al Vigorelli, en 1985, para celebrar el quincuagésimo aniversario de la apertura del velódromo de Milán. Aquella edición fue dedicada a la memoria de Fausto Coppi, y acabó en una emocionante llegada, con Kelly subrayando el porqué de su estatus como Rey de las clásicas de aquellos años. Durante los siguientes dos años terminó al cobijo de la hermosísima catedral del Duomo de Milán.

Pero el regreso de la ruta de Como a Milán desde aquel 1985 trajo consigo una vuelta al formato abandonado en 1961 por considerarlo falto de identidad y dificultad en los últimos 60 km. Desde su localización bajo el Duomo, en 1988 la meta pasó al mucho menos impresionante Corso Venezia durante dos años. La subsecuente decisión de cambiar la salida y meta a la ciudad industrial de Monza en 1990, no hizo más que amplificar el declive de la carrera.

A la par que los organizadores no dejaban de afinar la ruta, la carrera provocó su buena ración de controversia por las cosas que sucedían en ella. La segunda victoria de Gianbattista Baronchelli, en 1986, se debió, en buena medida, a su agudizado olfato para saber cuándo atacar, formando parte de la fuga de seis hombres que llegó a Milán. Pero más tarde se dijo que el líder italiano del equipo Del Tongo se había beneficiado de una falta de entendimiento del vigente ganador, Sean Kelly, con el australiano Phil Anderson, o de una compra pactada entre Kelly y Ernesto Colnago, fabricante de las bicicletas que usaba Baronchelli, cuando este habló con el irlandés a mitad de carrera. A pesar de que ninguna de estas dos cosas sea del todo cierta, ambas contienen su parte de verdad, como Kelly revelaría en su autobiografía, *Hunger.*

«En Del Tongo estaban desesperados por ganar. Baronchelli se dejó caer hasta el coche del equipo para hablar con su director, y entonces hubo ciertas conversaciones entre nuestro equipo y el suyo… Y, después de eso, las cosas tomaron una forma peculiar. Yo me encontraba cerrando el grupo y, de repente, el coche de la organización me desestabilizó y me fui al suelo… Me levanté, perseguí al grupo y me quedé mirando a Torriani [director de la carrera]. Él siguió mirando adelante como si nada hubiera pasado. Puede que no fuera más que un error», recordaría Kelly.

«Comencé a pensar que tal vez alguien se traía algo entre manos. Sospechábamos que Baronchelli, que tenía 33 años, necesitaba un buen resultado para conseguir una buena renovación con Del Tongo para la siguiente temporada. Éramos conscientes de que Torriani prefería que ganara un italiano: en los últimos siete años apenas se dio una victoria local».

Aquello resultó en un pacto entre el Kas de Kelly y el Del Tongo de Baronchelli. Si el italiano atacaba, ni Kelly ni su compañero, Acacio Da Silva, lo seguirían. «En las calles de Milán, a falta de dos o tres kilómetros para la meta, Baronchelli atacó. Yo miré a Anderson. No respondió, así que yo tampoco. Ambos sabíamos que si él no salía detrás de Baronchelli el italiano se iría solo y ganaría. Y eso fue justo lo que sucedió. Una semana más tarde Da Silva recibió el dinero y lo repartimos entre el equipo».

Durante los 90 estas prácticas se volvieron más siniestras. En 1994 el ruso Vladislav Bobrik, quien corría para el equipo Gewiss, asesorado por el controvertido Michele Ferrari, equipo que había barrido en las clásicas de las Ardenas de aquella primavera, ganó en Monza. El ruso desaparecería de las primeras posiciones del ranquin con tanta rapidez como ascendió a las mismas, consiguiendo apenas una victoria más, en 1995, antes de que su carrera terminara en la más absoluta mediocridad cuatro años más tarde.

En 1998 el suizo Oscar Camenzind emuló a Saronni y un puñado más de ciclistas cuando consiguió la victoria luciendo las rayas arcoíris de campeón del mundo. Obligado a abandonar el ciclismo después de dar positivo por EPO en 2004, se tuvo que defender de las acusaciones del subcampeón de aquel 1998,

Michael Boogerd, quien afirmaba que ambos habían acordado que el vencedor pagaría al otro 40 000 francos suizos. En una entrevista con la revista *Wielerland*, Boogerd dijo que tanto en el Rabobank como en el Mapei de Camenzind todo el mundo sabía que ambos habían alcanzado un acuerdo. «Nuestro trato fue: el que gana, paga. Es algo que pasa de vez en cuando en las carreras, aunque no es algo que me guste demasiado, porque hay que confiar en que el ganador acabe pagando».

Camenzind negó tal acuerdo. «En el año 2000, durante la Vuelta a la Comunidad Valenciana, se me acercó con toda esta historia. ¿Por qué venía a pedirme dinero después de dos años? Déjeme decirle lo que pasó de verdad. Aquel día yo no sentía la cadena. Justo antes de Bérgamo me ofreció cierta cantidad de dinero para que lo dejase ganar. Le dije que yo quería ganar. Además, era una cantidad tan ridícula que ni le podía tomar en serio... ¿Por qué iba yo a pagarle nada a un ciclista que era más débil?».

El punto más bajo del Giro de Lombardía llegó con el cambio de siglo, cuando la carrera cayó en manos de dos hombres que acabaron protagonizando sendos escándalos de dopaje. En el año 2000 Raimondas Rumsas se convertía en el primer lituano que lograba la victoria en un monumento, al superar a Francesco Casagrande sobre la meta de Bérgamo. Dos años después Rumsas ascendió todavía más en la jerarquía del ciclismo cuando terminó tercero en el Tour de Francia. El mismo día que recibía la ovación del público en los Campos Elíseos, la policía francesa pedía a su esposa, Edita, que se detuviese en la frontera de Chamonix. Al buscar en el coche familiar encontraron 37 productos médicos diferentes, entre los que había EPO, testosterona, hormona del crecimiento y esteroides. La mujer dijo que todo aquello era para su suegra.

A la vez, Rumsas iba de regreso a la casa familiar, en Italia, y una vez allí se negó a volver a Francia, donde su esposa permaneció 75 días encarcelada. Las repetidas declaraciones en que Rumsas clamaba por su inocencia tomaron un nuevo matiz cuando dio positivo por EPO durante el Giro de Italia del año siguiente. Por este motivo su esposa y él fueron condenados a cuatro meses de prisión en suspenso por importar sustancias prohibidas a Francia.

Una temporada después Danilo Di Luca ganó la carrera de las hojas muertas. Considerado una de las estrellas italianas más rutilantes, sus éxitos se vieron salpicados por su participación en una serie de casos de dopaje. El más reciente tuvo lugar en mayo de 2013, cuando dio positivo por EPO durante el Giro de Italia, menos de tres semanas después de haber firmado con el equipo Vini Fantini.

Entre tanto escándalo y trapicheo, Lombardía presenció algunos momentos dignos de recordar, y en los últimos años va recuperando su viejo lustre. Entre los éxitos más heroicos estaba el de Charly Mottet y su tremebunda victoria en solitario de 1988. El francés, más conocido por sus victorias en Dauphiné Libéré y su papel como director técnico de esta carrera, no solo fue uno de los ciclistas de mayor talento de su generación, sino que tenía una reputación sin tacha.

En el libro *Breaking The Chain*, Willy Voet, auxiliar del equipo Festina que fue arrestado en 1998 después de que la gendarmería encontrase en el interior del coche del equipo que conducía camino de la salida del Tour de Francia una cantidad industrial de productos dopantes, dijo sobre la llegada del francés al equipo RMO en 1989: «Charly Mottet ayudó a limpiar el equipo. Era el líder, era quien más influía en la manera de actuar de sus compañeros, y nunca quiso saber nada sobre dopaje... Con solo el paso de las carreras, comiendo y pasando tiempo con él, nos fuimos dando cuenta del tipo de chaval con el que tratábamos. Era un ciclista limpio.

»Con toda sinceridad, se podía decir que Mottet fue una víctima del dopaje desde el mismo comienzo de su carrera; del dopaje de los demás, quiero decir. Si hubiera echado mano de algunos productos para recuperar mejor, aunque solo fuera de vez en cuando, la lista de carreras que se habría adjudicado —extensa, de por sí— habría sido bastante mayor».

Pequeño, de complexión poderosa y con una densa mata de pelo rubio, Mottet fue un todoterreno poderoso con inclinación por las contrarrelojes largas. Tres veces vencedor del Gran Premio de las Naciones, que durante décadas fue el Campeonato del Mundo no oficial de contrarreloj, no se encontraba entre los favoritos a la victoria en el Giro de Lombardía de 1988, pero demostró estar muy fuerte cuando neutralizó al campeón del mundo, Maurizio Fondriest, en la ascensión a Valcava. A su rueda iba Luc Roosen. Cuando el belga pinchó durante el descenso y Fondriest se quedó atrás, Mottet insistió en su esfuerzo. Ascendiendo el Valpiana, que con sus 1000 metros tenía la altura perfecta para un ciclista que sufría en los puertos de mayor entidad, Mottet aumentó su ventaja hasta más de tres minutos.

Comentando para la televisión italiana, los viejos rivales Saronni y Moser estaban impresionados por lo que veían. Moser admitió que la única comparación que se le ocurría era respecto a las historias que Aldo, su hermano mayor, le contaba sobre las grandes gestas de Fausto Coppi en sus mejores años. La cabalgada de Mottet era comparable a las de *Il Campionissimo* en sus mejores momentos, declaró Moser.

Mottet venció con casi dos minutos de ventaja, y estuvo a punto de lograr una segunda victoria dos años más tarde, terminando tercero cuando su compatriota Gilles Delion demostró ser el más rápido de un grupo de cinco hombres en el que estaba también el escocés Robert Millar.

Delion fue otro de los ciclistas mencionados por Voet por negarse a tener nada que ver con el dopaje. Voet lo llamaba Don Limpio, contando que se convirtió en víctima de todo tipo de bromas por parte de sus compañeros de profesión en Francia, porque la maleta que llevaba siempre consigo estaba repleta de productos homeopáticos. Alto, rubio y con el suficiente talento como para llevarse el maillot blanco de mejor joven en el Tour de Francia de 1990, la carrera de Delion era prometedora, pero no estuvo, comparativamente, a la altura, por culpa tanto de sus problemas de salud como de la lacra del dopaje.

Después de abandonar el deporte, a finales de 1996, insistió en que el uso de EPO era común en el pelotón profesional. «No veo qué sentido tiene ganar cuando "vas puesto", ni tampoco entiendo qué orgullo puedes sentir al hacerlo», dijo. Cuando le preguntaron al presidente de la UCI, Hein Verbruggen, sobre comentarios como este y otros similares hechos por el ciclista escocés Graeme Obree, la respuesta de Verbruggen dejó clarísimos los motivos por los que la UCI tardó tanto en enfrentarse al problema del dopaje que asfixiaba el deporte. «Acusaciones de ciclistas como Delion y Obree, gente que está al final de su carrera y que ya no son capaces de mantener el ritmo del pelotón, no me producen el más mínimo estupor. Encuentro sus acusaciones una cobardía, y no volveré a hacer ninguna declaración al respecto», dijo Verbruggen. Un año después de que Delion consiguiera la mayor victoria en una carrera de un día de toda su carrera, Sean Kelly se unió a Henri Pélissier, Costante Girardengo y Gino Bartali como triple campeón de Lombardía, quedando por detrás solo de Alfredo Binda con cuatro victorias y Fausto Coppi con cinco. La victoria del irlandés tenía una gran importancia, pues habían pasado dos años desde su última victoria en una gran clásica, y porque llegó dos meses después de que Joe, su hermano mayor, muriera después de que un coche colisionara contra él durante una carrera en su localidad natal, Carrick-on-Suir.

«Quería abandonar, su muerte me había destruido. El único motivo por el que he vuelto a montar en bicicleta es porque es mi trabajo, nada más», dijo Kelly antes de Lombardía. La carrera se encendió durante el descenso del Super Ghisallo. Un pinchazo envió al a priori favorito, Maurizio Fondriest, al suelo. Mientras el italiano esperaba y esperaba a que llegara el coche de su equipo entre toda la marabunta de vehículos que pasaban por aquella estrecha carretera de montaña, Martial Gayant voló descenso abajo, perseguido por un pequeño grupo de ciclistas entre los que estaba Kelly.

Alcanzaron a Gayant antes de la ascensión final al Lissolo, donde el francés Bruno Cornillet atacó, rompiendo el grupo. Gayant lideró la persecución de su compatriota, con Kelly a su rueda. Mientras Gayant presionaba Cornillet se quedó sin fuerzas, dejando a la pareja en cabeza. El esprint fue una mera formalidad para el irlandés, quien al regresar a Irlanda depositaría sobre la tumba de su hermano el ramo de flores que recibió.

La localización de la meta de aquel año da buena idea de la cada vez menor importancia del Giro de Lombardía. El *Viale Dell*

'Industria, a las afueras de Monza, era funcional y práctico. Comparado con las metas de Milán de apenas unos años atrás, en la que se agolpaban los aficionados durante kilómetros hasta la meta y conservaba la épica, el sentimiento de que sucedía algo importante, aquello parecía una barraca de feria. No sorprendió que los organizadores optaran por otro gran cambio en el trazado para la edición de 1995, cambiando la salida a Varese y la meta a Bérgamo, ciudad de residencia de Felice Gimondi y, por entonces, uno de los centros neurálgicos del ciclismo italiano.

La carrera de aquel año, en la que se impuso el gregario italiano Gianni Faresin, quedó deslucida por la muerte del campeón olímpico italiano en ruta Fabio Casartelli durante el Tour de Francia, en julio. Natural de Como, Casartelli no había brillado desde que consiguió la medalla de oro en Barcelona 1992, pero estaba disputando un buen Tour con el equipo americano Motorola. En la decimoquinta etapa, con llegada en Cauterets, se pasaban por varios de los grandes colosos pirenaicos. Hacía calor, por lo que el joven italiano de 24 años decidió no ponerse el casco —cosa que sí solía hacer durante los primeros kilómetros de las etapas— pues sospechaba que aquel día el ritmo sería bajo durante el arranque.

Los ciclistas comenzaron a ascender el Portet d'Aspet, que no dejaba de ser un calentamiento de cara a las otras cuatro ascensiones del día, mucho más importantes. No habían pasado muchos metros desde el inicio del descenso cuando un afilador en mitad del pelotón mandó a una serie de ciclistas al suelo. El francés Dante Rezze salió catapultado por las piedras de hormigón que delimitaban la carretera, cayendo al barranco y rompiéndose una pierna. Casartelli colisionó contra una de estas piedras, sufriendo una herida craneal fatal. No volvería a recobrar la consciencia y murió camino del hospital. No hacía ni dos años desde que se había casado y acababa de ser padre, apenas dos meses antes.

Su esposa, Annalisa, donaría la bicicleta de Cassartelli en el Motorola y su maillot de campeón olímpico a la capilla de Madonna del Ghisallo. La bicicleta cuelga entre la máquina con la que Gianni Motta ganó el Giro de 1966 y otra donada por Eddy Merckx, sobre una pared cubierta por fotografías de ciclistas, algunos de ellos famosos, pero siendo la mayoría ciclistas desconocidos que perdieron la vida compitiendo y montando sobre una bicicleta.

El museo augura días mejores

En octubre de 1999, cuando la capilla apenas podía mostrar una pequeña cantidad de los miles de recuerdos que le habían sido donados, se puso la primera piedra de lo que sería el Museo Ciclista de Madonna del Ghisallo. Siete años después el Papa Benedicto XVI bendijo la última piedra del museo, en la que se lee «Omnia Vincit Amor» —el amor lo puede todo— y que puede encontrarse en el interior del museo, sobre una pieza de piedra desnuda que forma parte de los cimientos del museo.

Su diseño resulta tan impresionante como la gran colección que contiene. Entrando por la puerta principal, donde se puede ver a menudo al antiguo vencedor del Giro y de Lombardía, y director de la carrera, Angelo Zomegnan, curador jefe del museo, una rampa baja hasta el salón principal formando un zigzag. Estas dos grandes curvas no solo ofrecen una primera vista general de la colección, sino que también son un recordatorio de lo que inspiró la construcción de este museo y atrae a cada visitante.

Los objetos expuestos de manera permanente no solo incluyen artículos que estaban antes en la capilla, sino que muestran, además, un gran número de bicicletas, maillots y otra parafernalia donada por la leyenda italiana Fiorenzo Magni, presidente del museo hasta su muerte en octubre de 2012, y gran fuerza impulsora de la creación del mismo, sobre todo en lo que tuvo que ver con la consecución de fondos de los gobiernos y ayuntamientos locales. Su muerte, y la crisis económica que asolaba Italia en aquel momento —y siguió haciéndolo unos años más— han tenido un impacto significativo en el museo. A finales de 2013 fue cerrado hasta la primavera siguiente, aunque hubo quien sugirió que podría ser que no reabriera, dado que el número de visitantes diarios se podía contar, casi siempre, con los dedos de las manos, al encontrarse alejado de las rutas de los turistas generalistas, y que tampoco se pensó nunca que pudiera atraer a muchos ciclistas en ruta, pues estos tienden, más bien, a detenerse unos instantes en la capilla antes de seguir su camino. Por todo esto, su futuro es incierto.

Hasta cierto punto, el destino del museo es testigo del declive del ciclismo en la región de Lombardía, que durante mucho tiempo fue el punto más importante de este deporte en Italia. Marco Pinotti, uno de los ciclistas profesionales más perspicaces del pelotón moderno, retirado a finales de 2013 después de conseguir seis títulos nacionales de contrarreloj, dice sobre esta región: «Tuve suerte de ser de una zona en la que se vive el ciclismo con tanta pasión, encontrando su punto álgido después de la guerra, con Felice Gimondi. Durante los 80 y los 90 todavía navegábamos sobre las olas que dejaron Gimondi y su generación. Había muchos clubes en la región, y durante la segunda mitad de los 90 vivían en Bérgamo alrededor de 27 ciclistas profesionales, algunos nacidos allí y otros llegados de otras zonas e incluso países». Pero esos días de abundancia han pasado. «Ahora todo es muy diferente, ya solo quedan un puñado de profesionales en Bérgamo», dijo Pinotti antes de retirarse. «Creo que este cambio tan radical de la situación se debe a dos motivos. Uno es que la gente ya no monta en bicicleta tanto como antes. El otro es que los extranjeros ya no vienen a Bérgamo, porque ya no es un buen lugar para entrenar. Si un ciclista joven, como Tejay van Garderen, me pide que le recomiende un sitio en el que vivir y entrenar en Italia, me encantaría poder decirle que Bérgamo, pero lo cierto es que tengo que decirle que vaya a cualquier otro lugar en el que haya menos tráfico».

Después de varias temporadas en las que la carrera terminó en Bérgamo, la carrera de las hojas muertas se mudó más cerca de las históricas ascensiones a las que tan asociada estaba. En 2004 la llegada regresó a Como, 20 años después de que Bernard Hinault consiguiera la última carrera que llegó a aquella ciudad junto al lago. El cambio también trajo consigo el regreso del Intelvi, el Balisio y San Fermo della Battaglia. Aquel año el vencedor fue Damiano Cunego, el Principito, quien emergió como nuevo rey italiano de la montaña al conseguir cuatro etapas y la general del Giro con apenas 22 años.

En 2005, el último campeón olímpico italiano, Paolo Bettini, se convirtió en el primer ciclista en más de 20 años en liderar la carrera a su paso por el Ghisallo y conseguir, después, la victoria. Tras dar buena cuenta de Gilberto Simoni y Fränk Schleck en el esprint final, el italiano —apodado el Grillo por lo continuo de sus ataques— dijo de su gesta: «El Ghisallo es una ascensión mítica. Han sido muchas las veces que he sufrido allí. Pero en esta ocasión quería ser el primero en coronarlo, y lo he logrado».

El sufrimiento de Bettini doce meses después fue muy diferente, cuando Lombardía celebró su edición centenaria. Unas semanas antes había conseguido, por fin, hacerse con el escurridizo Mundial, pero, al igual que Sean Kelly quince años atrás, Bettini llegó a Lombardía en mitad del duelo por la muerte de Sauro, su hermano mayor, quien murió en un accidente de coche mientras iba camino de organizar la fiesta de celebración posterior a la victoria de su hermano en el Mundial. Bettini pensó en no correr en Lombardía, pero optó por defender su título en memoria de Sauro.

De nuevo lideraría sobre el Ghisallo, imponiendo un ritmo tan alto cerca de la cima que solo quedaron en cabeza los más fuertes. Poseído por el dolor y la decisión, Bettini siguió ascendiendo con agresividad a través del estrecho y técnico Civiglio, dejando de rueda a todo el mundo excepto Fabian Wegmann, quien, no se sabe bien cómo, aguantó el duro ritmo, pero daría su brazo a torcer, al fin, en la dura ascensión a San Fermo. A pesar de que Bettini no contó nunca con excesiva ventaja sobre los perseguidores, consiguió mantenerlos a raya cruzando la meta en un mar de lágrimas y alzando ambas manos al cielo. «Hoy no he pedaleado solo. Jamás olvidaré este día», dijo después de abrazar a sus padres, su esposa y su hija en la meta.

Después de que Cunego consiguiera otras dos victorias para unirse a los grandes nombres que habían logrado tres Lombardías, y de que Philippe Gilbert anunciase que se convertiría en uno de los mejores ciclistas de su generación en pruebas de un día con su primera victoria en un monumento en 2009, comenzaron a extenderse los rumores de un posible regreso al Muro di Sormano, ausente de la carrera desde 1962. Pero el director de la carrera, Angelo Zomegnan, acabó con estos rumores, describiendo un posible regreso al infame Sormano como «una idea fascinante, pero, por desgracia, una opción difícil de encajar en el trazado de la carrera». Pese a todo, tampoco desechaba la posibilidad por completo, diciendo en *Procycling*: «Si las autoridades locales estuvieran interesadas, nosotros estamos dispuestos a encontrar potenciales soluciones».

Gracias a los esfuerzos de un pequeño grupo de aficionados que querían ver la restauración del Sormano en el recorrido del Giro de Lombardía, estas soluciones no quedaban tan lejos. Su empuje llevó al gobierno regional de Lombardía a acordar una inversión de 150 000€ para repavimentar la ascensión. Reabierta en el año 2006 la carretera seguía teniendo la misma inclinación de siempre, pero, gracias a la introducción de una decoración especial, su aspecto era muy diferente. Inspirado en las pinturas que hacen los aficionados para animar a los ciclistas en los puertos de montaña, el arquitecto local Franco Tagliabue Volontè compuso un diseño que rinde tributo a la historia del Sormano, a la vez que atormenta a aquellos que lo ascienden.

Cada metro de ascenso que se gana está señalado de manera precisa y agonizante —para los que pedalean—, comenzando a una altitud de 824 metros a los pies de la ascensión y alcanzando los 1120 en la cima. Junto a cada uno de los números pintados con esténcil y en cuerpo de fuente pequeño, aparece el nombre en latín de los árboles del bosque que la circunda: *Corylus avellana* (avellano), *Betula pendula* (abedul común) y muchos otros. Y por si acaso aquellos que sufren ascendiendo por el Sormano no fueran del todo conscientes de su significado, el diseño de Tagliabue Volontè también presenta citas de las declaraciones que unos horrorizados Gino Bartali y Ercole Baldini realizaron a principios de los 60, cuando conocieron el Sormano, además de los tiempos marcados por los diez ciclistas más rápidos sobre la ascensión en cada uno de los tres años en los que el muro hizo aparición en la carrera, entre 1960 y 1962.

A pesar de que la mayoría de los ciclistas y expertos no dejaban de insistir en que un regreso del Sormano era imposible, el Mago Zom, como la prensa italiana llama a Zomegnan, se sacó algo de su chistera de organizador. Apenas unos meses después de decir que era imposible, Zomegnan reveló que el Sormano volvería a aparecer, aunque sería ascendiendo por la cercana y bastante más sencilla Colma di Sormano, y no por el Muro. Desde el Sormano los ciclistas descenderían la espeluznantemente inclinada y peligrosa carretera que lleva a la población de Nesso, donde las casas construidas sobre la parte montañosa de la carretera se elevan como rascacielos sobre sus vecinas de la orilla, tal es la enormidad del ángulo de inclinación. Desde ahí la ruta tomaría rumbo sur junto al lago hasta Como, pasando, de camino, por San Fermo. «Es un trazado hermoso y duro», dijo Zomegnan. «Una clásica monumental».

El clima la hizo todavía más monumental, con la lluvia cayendo como chuzos y una temperatura gélida. Solo 34 de los 195 que tomaron la salida alcanzarían Como, aunque Gilbert se mostró impávido, admitiendo: «Ha sido una carrera dura, pero siempre rindo muy bien cuando llueve y hace frío. Soy belga, es a lo que estoy acostumbrado».

Después de que Zomegnan fuera cesado en junio de 2011 como director de las carreras del grupo RCS, entre las que están el Giro, San Remo y Lombardía, el nuevo equipo organizador, dirigido por el director general Michele Acquarone y un equipo de exciclistas profesionales, realizaron nuevos cambios. La meta fue trasladada desde Como hasta Lecco, lo que les permitía reintroducir las brutales rampas del Valcava, así como una nueva ascensión final sobre la villa montañosa de Villa Vergano. Parece que estos cambios confundieron a los favoritos, que o bien se entregaron a los ataques demasiado pronto, como pasó con Vincenzo Nibali o el propio Gilbert, o esperaron hasta que fue demasiado tarde, como confesaría Giovanni Visconti. Todo esto dejó la puerta abierta al escalador suizo Oliver Zaugg, gregario de 30 años que hasta entonces no había conseguido ni una sola victoria como profesional.

Si tenemos en cuenta que «Zom» fue despedido porque algunas de sus iniciativas de cara al planteamiento de las carreras eran consideradas insensatas, hasta el punto de que algunos se quejaban de que ponía en riesgo la integridad física de los ciclistas, Acquarone y su equipo de expertos, liderado por Mauro Vegni, provocaron toda una sorpresa cuando desvelaron el trazado de la edición de 2012. Renombrada como *Il Lombardía*, comenzaba en Bérgamo para agasajar a Felice Gimondi en su septuagésimo cumpleaños, pasaba por Valcava y Colle Brianza y luego se enfrentaba al Muro di Sormano por primera vez en 50 años.

Entrevistado mientras se cernían nubes negrísimas sobre la salida, dispuestas a remojar a lo que era una de las participaciones más fuertes que había visto la carrera desde los 80, el recientemente coronado campeón del mundo Gilbert comentaba «la lluvia va a hacer la carrera interesante. Creo que se ganará y se perderá en los descensos». El belga clavó su predicción, al menos en lo que a él concernía. Se fue al suelo en dos ocasiones durante el descenso del Sormano, donde el neoprofesional francés Romain Bardet tuvo el honor de liderar la carrera al paso por la cima.

Después de que los ciclistas fueran rejoneados por el Valcava, el Sormano y el Ghisallo, la ascensión a Villa Vergano vio cómo emergían los más fuertes, liderados por el ciclista número uno de la temporada, el diminuto español Joaquim Rodríguez. Su apodo, Purito, viene de los pequeños cigarros puros, y se lo pusieron por el gesto que hacía hacia sus compañeros cuando los adelantaba en las ascensiones de las concentraciones, simulando que fumaba un puro para demostrar lo fácil que iba. A pesar de que el tranquilo catalán ha mantenido su fama de bromista, su habilidad sobre las ascensiones más inclinadas apenas tenía parangón. En Villa Vergano Rodríguez se fue en solitario, como si lo hubieran lanzado desde una catapulta, logrando el suficiente colchón con ese movimiento como para mantener a raya al grupo perseguidor. La edición número 106 de la carrera de las hojas muertas supuso la primera victoria española.

Mientras Rodríguez celebraba su éxito Michele Acquarone y su equipo organizador en RCS tenían buenos motivos para hacer lo propio. No solo el grupo que terminó tras el travieso español contaba con algunos de los mejores ciclistas del momento como Alberto Contador, Samuel Sánchez y Ryder Hesjedal, sino que a su lado había grandes talentos jóvenes como Rigoberto Urán, Bauke Mollema y Nairo Quintana. A la vez, la respuesta a la última de las tantas reencarnaciones de la carrera de las hojas muertas había sido del todo positiva.

Descendiendo a tumba abierta desde el casco viejo de la ciudad, la llegada al esprint de un grupo de nueve hombres, entre los que estaban Alejandro Valverde, Gilbert y Rodríguez, parecía inevitable. Sin embargo, a la cola del grupo que volaba en dirección a Bergamo el irlandés Dan Martin era consciente de que no tenía posibilidad alguna de victoria en un esprint, así que saltó del grupo a 800 metros. Mientras sus rivales comenzaban a mirarse unos a otros el irlandés borró de su mente el resbalón y caída que había sufrido en la última curva de Lieja y cubrió la recta de meta para hacerse con su segundo monumento. «Lombardía es una carrera preciosa, preciosa de verdad. Comprendo lo histórico de esta carrera, es una de las más importantes del año. Es alucinante poner mi nombre en su palmarés», declaró Martin.

Disputándose en sentido contrario un año después, el final fue mucho más espectacular. Valverde partía como favorito, mientras que las esperanzas italianas recaían sobre su campeón nacional, Vincenzo Nibali, quien había hecho de Lombardía su objetivo de cierre de temporada tras ser descalificado de la Vuelta por ser remolcado por un coche de su equipo. Michał Kwiatkowski y Tim Wellens lideraron el ataque por las rampas del Sormano, mientras el Astana de Nibali mantenía bajo control al grupo perseguidor, a escasa distancia. En la penúltima ascensión, Civiglio, los dos de cabeza fueron neutralizados, dando comienzo una salva de ataques que no fructificaría. Nibali sería uno de los que lo intentaran, pasando de nuevo a la cabeza para negociar en primera posición las cerradas curvas del descenso.

Lo que se pudo ver después fue una clase magistral de habilidades y sangre fría, con el italiano acelerando a la salida de cada curva tan rápido, y trazando con tal perfección, que estuvo a punto de pasar por encima de una de las motocicletas y a escasos milímetros de colisionar contra las barreras en otra. En poco más de cuatro kilómetros conseguiría una renta de 40 segundos. A pesar de que Dani Moreno rebajaría esa ventaja a la mitad durante la ascensión final a San Fermo della Battaglia, su supremacía en el descenso le permitió seguir con ventaja sobre el español, terminando el francés Thibaut Pinot en tercera posición.

Para la edición número 110 de la carrera, en 2016, la empresa organizadora RCS planteó un nuevo trazado por el que entrar en Bergamo. Con un desnivel positivo de 4400 metros, cien más que en 2014, cuando Dan Martin consiguiera la victoria, el diseño de esta llegada debía ser más selectivo, para ponerle todas las trabas a una llegada en grupo. Y lo consiguió. Un cuarteto de ciclistas se marchó durante la penúltima de las ocho ascensiones de la carrera, el Selvino. El colombiano Esteban Chaves sería quien iniciara las hostilidades, aprovechando que se encontraba en el mejor estado de forma de toda su carrera tras alcanzar el podio de Giro y Vuelta. Su compatriota Rigoberto Urán sería uno de los que siguieran su rueda, además del italiano Diego Rosa y el francés Romain Bardet. Durante la dura ascensión final que llevaba al casco viejo de Bergamo, Bardet fue incapaz de seguir el ritmo, dejando al trío restante disputarse el botín. Sobre el papel la liviana figura de Chaves, el típico escalador puro colombiano, sería la menos apropiada para hacerse con el esprint, pero solucionó la llegada a la perfección sentándose a rueda de Urán mientras este saltaba en persecución de Rosa y, cuando Rigoberto comenzó a perder empuje, saliendo por la izquierda del italiano durante los metros finales, convirtiéndose en el primer colombiano que conseguía un monumento.

Nibali estuvo a punto de repetir su actuación victoriosa de 2015 la siguiente temporada, cuando los últimos tramos de la carrera presenciaron momentos de tensión. En los incidentes más graves Laurent De Plus, quien estaba en la escapada con Mikael Chérel, colisionó contra el guardarraíl de la inclinada y técnica bajada del Sormano, saliendo despedido por encima y fracturándose la rodilla. Minutos más tarde su compatriota Jan Bakelants se salía de la carretera en el mismo punto, rompiéndose varias costillas y cuatro vértebras.

Chérel seguía en cabeza cuando se entró en el Civiglio, pero tenía ahora al dos veces vencedor de la prueba Philippe Gilbert, a Alessandro Di Marchi y a Pello Bilbao como compañía. Pero el grupo perseguidor no tardó en echárseles encima, liderado en primera instancia por Gianni Moscon, quien arrastraba a su rueda a un cúmulo de escaladores. Thibaut Pinot resultó ser el mejor de todos, escurriéndose de su rueda junto a Nibali, el único capaz de seguirlo. Al coronar la ascensión el italiano pasó al frente y dio otra clase magistral de velocidad y manejo de la bicicleta. Hay que reconocerle a Pinot que no se quedó muy atrás, pero sí lo suficiente. En San Fermo Della Battaglia, Nibali aumentó su ventaja, entrando en meta bastante por delante del francés Julian Alaphilippe y de Moscon, tercero.

Después de alternar la llegada entre Bergamo y Como durante cuatro años la carrera de las hojas muertas salió de la primera para llegar a Como durante los tres años siguientes. Este es el trazado más tradicional para el Giro de Lombardía, dándole protagonismo a su emblemática ascensión al Ghisallo como punto clave cerca del final, en lugar de convertirlo en un simple punto de paso, como suele suceder cuando la carrera finaliza en Bergamo. También hace que el Sormano tenga un peso mayor. El mejor ejemplo posible de esto llegó en 2018, cuando un cuarteto de una clase excepcional se convirtió en aspirantes al título en el Muro.

Primož Roglič lideraba gracias a un ataque que tan solo el vigente campeón Nibali, y Pinot, victorioso tres días atrás en la Milán-Turín, pudieron seguir. El colombiano Egan Bernal se les uniría durante el descenso. Sobre el Civiglio Nibali y Pinot dejaron atrás a sus dos rivales; pero recordando lo sucedido en años anteriores el francés estaba decidido a que el italiano no estuviera a su lado al llegar a la cima. Consiguió quedarse solo tras una nueva aceleración, y a pesar de su inseguridad en las bajadas, que ya le había boicoteado en numerosas ocasiones, Pinot no bajó el ritmo y se convertiría en el primer francés en ganar la carrera desde 1977.

La última victoria holandesa había llegado casi el doble de años antes, cuando Hennie Kuiper fuera el vencedor de la edición de 1981. La racha perduró hasta que Bauke Mollema consiguiera una sorprendente victoria en 2019. Al igual que Pinot atacaría en el Civiglio, distanciando a un grupo con lo más granado del pelotón, en el que todos se quedaron mirándose esperando que fuese otro el que reaccionara, perdiendo con ello demasiado tiempo.

Cuando se disputó Lombardía un año después, durante la temporada del Covid, no fue posible contemplar una sola hoja muerta. Pospuesta en un principio hasta el último día de octubre, y adelantada después a mediados de agosto para celebrarse una semana después de la Milán-San Remo, coincidiendo con el Critérium du Dauphiné, siguió resultando tan cautivadora como nunca. De nuevo, sería en el Muro di Sormano donde se formaría la escapada ganadora. Por desgracia, hubo un nuevo accidente grave durante el descenso. En esta ocasión afectaría al muy célebre joven talento belga Remco Evenepoel, quien calculó mal en una curva que desembocaba en un puente y colisionó con el parapeto, cayendo por el barranco y fracturándose la pelvis.

Con el vigente campeón Mollema, Nibali y Giulio Ciccone en el sexteto de cabeza, el Trek parecía en una posición inmejorable para hacerse con el título, pero los tres quedarían eliminados cuando Jakob Fuglsang aceleró por el Civiglio junto a su compañero en el Astana Aleksandr Vlasov y el neozelandés George Bennett. El kiwi hizo lo posible por zafarse de sus dos rivales durante la ascensión a San Fermo della Battaglia. Lo conseguiría con Vlasov, pero Fuglsang demostró ser demasiado hueso para él, al dejarlo atrás para convertirse en el primer danés que vencía en Lombardía.

En 2021 terminaría una nueva sequía, cuando Tadej Pogačar se convertía en el primer campeón vigente del Tour en conseguir ganar en Lombardía desde Bernard Hinault en 1979. Hasta cierto punto este paréntesis de 42 años pone de manifiesto lo mucho que ha fluctuado la suerte de la carrera durante este periodo. En las décadas que condujeron y dieron comienzo al nuevo milenio, Lombardía iba cuesta abajo y sin frenos camino de recuperar ese acento local que tuvieron sus primeras ediciones, cuando las estrellas extranjeras casi nunca se molestaban en viajar hasta allí y la victoria italiana era casi segura. Pero durante la última década, más o menos, ha recuperado su importancia y la relevancia que tuviera antes de los 90.

No existe un único motivo que haya desencadenado este resurgir, sino que ha sido una acumulación de factores. No hay duda de que la cada vez mayor percepción de los monumentos como un grupo de carreras únicas y prestigiosas que todo ciclista desearía añadir a su palmarés ha ayudado a elevar el estatus de Lombardía más de lo que lo haya hecho con sus compañeras, puesto que había sido la carrera que más bajo había caído. Su tardía posición en el calendario no ofrecía atractivo para las principales estrellas. Estos solían poner el punto y final a sus temporadas antes de que comenzara a atisbarse la llegada del otoño, al finalizar la Vuelta a España o el Tour de Francia. A la vez, los equipos muestran mayor predisposición a enviar buenos equipos para conseguir el mayor número de puntos UCI que sea posible, teniendo en cuenta que esta carrera reparte más del doble que otras como la París-Tours, carrera que hasta comienzos de este siglo disfrutaba de un prestigio muy similar a los cinco monumentos.

Además, los organizadores han mantenido un trazado reconocible; dos, de hecho, teniendo cada una de las variables su grupo de ciclistas y aficionados acérrimos, sobre todo en la variante de Como, en la que el encadenado del Ghisallo, Muro di Sormano, Civiglio y San Fermo della Battaglia al final es comparable a los *capi*, Cipressa y Poggio en San Remo, o al Koppenberg, Oude Kwaremont y Paterberg en Flandes. El resultado es que Lombardía se ha convertido en una carrera sinónimo de espectáculo, siendo comparable lo que se ve en el asfalto con el impresionante escenario en el que se celebra, con los montes y bosques que contemplan los lagos Como y Lecco. Después de muchos años en los que no era mucho más que la prueba que echaba el telón a la temporada la carrera de las hojas muertas vuelve a ser relevante, haciendo honor a su estatus de monumento.

La victoria de Pogačar es una buena muestra de esta nueva vitalidad del Giro de Lombardía. Fue el escaparate en el que el joven esloveno mostró su brío y su hambre por las mayores victorias, subrayado por un impresionante ataque en el Passo di Ganda con el que se quitó de encima a sus mayores rivales, culminando en una victoria y celebración de lo más exuberante después de dar buena cuenta de Fausto Masnada en un esprint a dos: todo un gran campeón que sale victorioso de una carrera gloriosa.

PARTE IV

MILÁN–SAN REMO:

LA *CLASSICISSIMA*

SAN REMO APARECE EN EL MAPA

Famosa por su festival, las flores y el casino, hace tiempo que San Remo confía su bienestar al turismo. Desde comienzos del siglo XVIII se construyeron grandes hoteles frente al mar bajo la ciudad medieval amurallada de La Pigna, construída sobre un promontorio de cara al mar. Los hoteles no tardaron en alcanzar fama, con el benigno clima de la ciudad atrayendo a los turistas acaudalados. En 1872, cuando la ciudad quedó conectada por ferrocarril con la Riviera francesa, al oeste, y Génova al este, su popularidad se multiplicó, construyéndose nuevos hoteles, a cuál más lujoso, y atrayendo a miembros de la aristocracia europea. La zarina María Aleksandrovna y el Kaiser Friedrich Wilhelm III se encontraban entra la gente de alcurnia que loaron la ciudad, elevando su fama todavía más.

Sin embargo, incluso en sus momentos de mayor crecimiento, San Remo siempre le fue a la zaga a la Côte d'Azur y la moderna Montecarlo, situada a 50 km al oeste. En 1868 ese lujoso enclave en el diminuto principado de Mónaco quedó conectada por ferrocarril. Diez años más tarde presumía de uno de los más lujosos casinos del mundo. San Remo contraatacaría en 1905 con la construcción de su propio Casino Municipio, un magnífico edificio neotudor que todavía domina el extremo oeste de la ciudad. Pero los turistas, sobre todo los británicos, seguían prefiriendo el lado francés de la Riviera.

En agosto de 1906 un grupo de gente notable de San Remo se reunió en el Caffé Riggolé con la intención de fundar un evento que promocionase el lugar por toda Europa. A pesar de haber sufrido el fracaso del *rally* motorizado Milán-San Remo, patrocinado por la ciudad y organizado por el diario *La Gazzetta dello Sport*, el grupo esperaba persuadir al copropietario del periódico, Eugenio Camillo Costamagna, para que apoyara la nueva propuesta de una carrera ciclista que uniese Milán y San Remo.

Costamagna había pasado gran parte de su juventud en Oneglia, cerca de Imperia, y conocía muy bien a sus compañeros de cena. Marcello Ameglio era un abogado de una acaudalada familia local, Stefano Sghirla un respetado ingeniero, y Gianbattista Rubino un banquero y primer presidente del club ciclista Sanremese Ciclismo. Todos ellos esperaban convencer a Costamagna para que apoyase este nuevo evento, sobre todo porque su periódico había lanzado con éxito el Giro de Lombardía en el otoño de 1905. Sin embargo, Costamagna les recordó lo sucedido hacía apenas unos días con el *rally*. Tan solo dos de los 33 coches que tomaron la salida en Milán alcanzarían la meta de San Remo, después de dos brutales días sobre caminos sin pavimentar y llenos de agujeros. ¿Cómo iban a cubrir los ciclistas esa misma distancia en un solo día?, les preguntó.

Y el estado de las vías no era el único obstáculo. A pesar de que Lombardía había sido todo un éxito y se iba a celebrar una segunda edición unas semanas después, esa carrera comenzaba y terminaba en Milán. Sin embargo, esta nueva carrera terminaría a 300 km de su punto de partida, lo que no contaría con el beneplácito de los ciclistas, quienes tendrían que regresar por sus medios a Milán. Además, el trazado requería que los ciclistas cruzaran los Apeninos ligures, que forman una gran frontera entre las tierras llanas y rurales del sur del Piamonte y la costa Mediterránea, sobre bicicletas de un solo desarrollo.

Costamagna rechazó la propuesta, pero dijo que la reconsideraría si le demostraban que los ciclistas eran capaces de completar el trazado propuesto y se conseguía el dinero para financiarla. Les dijo a sus tres compañeros que encontraría a los ciclistas que pudieran reconocer el trazado, pero que ellos se tendrían que encargar de la financiación para la carrera.

El director de *La Gazzetta* sabía que el primer vencedor en Lombardía, Giovanni Gerbi, entrenaba por los caminos entre Milán y el *Passo* Turchino, que era el punto de cruce más obvio para pasar del Piamonte a Liguria, la región costera junto a la frontera con Francia en la parte occidental de la Toscana, al este, y cercado por los Apeninos, al norte. El grupo de Gerbi también contaba con Luigi Ganna y Carlo Galetti, que habían sido tercero y cuarto en Lombardía. Costamagna les prometió cierta cobertura mediática en su periódico si eran capaces de cruzar el paso. Unos días más tarde el grupo de Gerbi lo lograría, haciendo más realista el proyecto, siempre y cuando el trio de prohombres de San Remo encontraran la manera de financiarlo.

De regreso a San Remo, los tres hombres de negocios se dirigieron a la prensa local, pidiendo la colaboración ciudadana para que el proyecto saliera adelante vía suscripción pública, con lo que sacaron 700 liras. La Unione Sportiva Sanremese presentó una oferta para encargarse del apoyo logístico, apoyándose en miembros de clubes ciclistas por toda la ruta. Costamagna y su par en la dirección, Armando Cougnet, no terminaban de estar convencidos, pero el ingeniero Sghirla tenía otra carta bajo la manga. Consciente del éxito que había sido el Tour de Francia, que acababa de celebrar su cuarta edición, sondeó a algunos de los mejores ciclistas franceses, señalándoles que la carrera terminaría cerca de sus tierras de entrenamiento preferidas, en los alrededores de Niza y Cannes. Según les dijo, esa carrera les daría la ocasión de probar su estado de forma de cara a la temporada, y aumentar sus ganancias.

Avanzado 1906 *La Gazzetta* anunciaba: «El próximo 14 de abril se celebrará la gran carrera internacional Milán-San Remo, organizada por *La Gazzetta dello Sport* con el apoyo de la Unione Sportiva Sanremese. La carrera estará abierta a ciclistas profesionales y *amateurs* en posesión de una licencia federativa italiana». El primer premio era de 300 liras, mientras que el reglamento reflejaba la cada vez más extendida tendencia a que los ciclistas no tuvieran ningún tipo de apoyo externo. No había avituallamientos, los ciclistas tendrían que reparar cualquier avería mecánica y seguir la estela de coches y motocicletas, práctica permitida en otras carreras de un día de la época, sobre todo en la París-Roubaix y la Burdeos-París, estaba estrictamente prohibido.

Los principales ciclistas italianos, como Gerbi, Ganna y Galetti, no tardaron en apuntarse. Mientras tanto, Cougnet encargó al reportero de *La Gazzetta* A.C. Rossini que entrara en contacto con los contrapartes franceses, para lo que Rossini se dirigió a la Côte d'Azur para continuar con los contactos iniciales comenzados por Sghirla. Rossini describió su encuentro con algunas de las luminarias francesas: «Una mañana, cerca del final de febrero, cuando sabía de buena tinta que los mejores ciclistas franceses habían viajado a la Côte d'Azur para entrenar, me dirigí a Niza y me encontré con un grupo de ciclistas liderado por [Lucien] Petit-Breton y [Louis] Trousselier en un bar cercano a la estación, donde estaban bebiendo algo antes del desayuno... Hablando en boca de sus colegas, Petit-Breton me pidió que encontrase apoyo para ellos en alguno de los principales equipos italianos... Dos días más tarde [Gian Fernando] Tommaselli, de Bianchi, se puso en contacto directo con él y en cuestión de unos días habían alcanzado un trato». Al descubrir que Bianchi había subido su apuesta de cara a la nueva carrera de apertura de la temporada, los representantes de Peugeot en Italia, los hermanos Picena, residentes en Turín, ficharon a otros dos ciclistas franceses, Philippe Pautrat y el prometedor Gustave Garrigou.

Las noticias de que cuatro ciclistas franceses se presentarían en la salida no le hicieron mucha gracia a la mayoría de los italianos que se habían apuntado a la nueva carrera. No le tenían gran simpatía a Gerbi, el campeón de Bianchi en Lombardía. Con Petit-Breton y Trousselier de su parte, el Diablo Rojo parecía invencible. Por eso, cuando los ciclistas comenzaron a reunirse en el Porta Ticinese de Milán en las primeras horas del domingo 14 de abril, casi la mitad de los 62 competidores inscritos no se presentaron. A las 4:30 de aquella mañana apenas 33 ciclistas salieron para cubrir los 288 km de duro camino hasta San Remo.

Para empezar, dominio francés

Sin embargo, los rivales de Gerbi lo habían prejuzgado, al menos hasta cierto punto. A pesar de estar acostumbrado a rociar el *spumante* que se producía en su ciudad natal de Asti, en esta ocasión el astuto ciclista de 22 años no tardó en darse cuenta de que podía ganar mucho más dinero si colaboraba con su ilustre nuevo compañero, el francés Petit-Breton. Bianchi le había prometido a Gerbi dos liras y media por cada kilómetro cubierto si ganaba en San Remo. Pero Gerbi se había enterado de que el fabricante le había prometido a Petit-Breton seis veces más si conseguía la victoria. No mucho después de que el pequeño pelotón comenzara su largo camino rumbo sur, Gerbi se puso al lado de Petit-Breton y le susurró: «Si te ayudo ¿me darás la mitad del premio?».

«*D'accord*», murmuró Petit-Breton. En cuanto alcanzaron el acuerdo Gerbi aceleró, dejando a su nuevo compañero algo sorprendido respecto a las intenciones del italiano. Dice mucho de la reputación de Gerbi que algunos de sus rivales aseguraran, después de la carrera, no solo que hubiera organizado el arreglo de cierto camino para facilitar su progreso, sino que también hizo empeorar las condiciones en las que estaba el resto de la carretera. No queda muy claro cómo podría lograr algo así un solo hombre, pero lo que está claro es que Gerbi era, sin duda, un ciclista al que muchos consideraban capaz de cualquier cosa cuando se trataba de conseguir una victoria, incluidas la construcción/destrucción más grandes.

Las condiciones climáticas eran lo suficientemente húmedas como para que la preocupada madre del ciclista italiano Giovanni Rossignoli intentara entregarle a su hijo un paraguas cuando la carrera atravesaba su ciudad natal de Pavía. La lluvia se convirtió en un remolino de copos de nieve mientras soplaba un gélido viento al paso de los ciclistas por el Turchino, donde la ventaja de Gerbi superó los cuatro minutos. Si su plan era el de triplicar sus ganancias trabajando para Petit-Breton parecía que le había salido fatal, sobre todo porque al francés le estaba costando superar la ascensión y progresaba por detrás de Garrigou, Galetti y Ganna. Descendiendo por el Turchino hasta la carretera de la costa Garrigou dejó atrás a los dos italianos y comenzó a perseguir al Diablo Rojo. En el mugriento puerto de la ciudad industrial de Savona, a más de 100 km para la meta, Garrigou atrapó al italiano.

Gerbi tenía algo de experiencia compitiendo en Francia y era bastante consciente de que no tenía muchas oportunidades de derrotar a Garrigou en un esprint. También sabía que Petit-Breton sí tendría opciones de derrotar a su compatriota, pero no tenía forma de saber que su compañero de conveniencia marchaba seis minutos por detrás del dúo de cabeza y comenzando a sentir los efectos del hambre. Más tarde, Petit-Breton admitiría que lo único que había comido en todo el día era una tableta de chocolate.

El taimado Gerbi decidió que sus esperanzas pasaban por negarse a colaborar con Garrigou. De hecho, fue más allá de negarse a compartir el ritmo de avance, insultando y discutiendo con su rival francés, quien respondió haciendo lo propio sin darse cuenta de que la única intención de Gerbi era la de distraerlo con la esperanza de que Petit-Breton cerrase el hueco con respecto a los dos líderes. No creemos que esta treta se encuentre en ningún manual de tácticas ciclistas, pero desde luego que resultó efectiva. Ascendiendo Capo Berta, a falta de 40 km para la meta de San Remo, Petit-Breton alcanzó a Gerbi y Garrigou.

Garrigou, del Peugeot, era un hombre pequeño conocido por su sofisticado gusto a la hora de vestir y, más tarde, por su impresionante habilidad para ascender las montañas más altas, y en aquel momento debió de comprender que tenía pocas posibilidades de salir exitoso de un enfrentamiento contra dos ciclistas de Bianchi. Pero Gerbi, quien se embolsaría algo más de 1000 liras si Petit-Breton se hacía con la victoria, no iba a dejarle intentarlo siquiera. Mientras Petit-Breton lanzaba el esprint a 500 metros de la meta Gerbi echó mano del cuello de Garrigou y poco menos que tiró de él hasta que se detuvo.

Después de poco más de once horas de pedaleo Petit-Breton cruzaba la meta justo por delante de Gerbi, con Garrigou tercero a una buena distancia. Los comisarios de carrera estaban seguros de que había ocurrido algo raro durante el esprint, pero no fueron capaces de decir qué. Gerbi embarró el asunto diciendo que

Garrigou lo había agarrado, lo que produjo una pelea entre la pareja y algunos de los miembros de sus equipos. Al final, cinco días después de la carrera, los jueces relegaron a Gerbi a la tercera posición, pero confirmaron a Petit-Breton como vencedor. Gerbi insistió en su inocencia, pero acabaría admitiendo su mala acción... ¡30 años después!

El mismo día que se hizo pública la noticia del cambio de posición de Gerbi, Petit-Breton, quien ya estaba en París, escribió una carta a *La Gazzetta*, organizador de la carrera, alabando la carrera y animándolos a celebrarla de nuevo un año después. Al principio, Costamagna y su equipo organizativo no estaban tan convencidos de que la Milán-San Remo tuviera futuro, dadas las muchas dificultades logísticas que rodeaban una carrera cuyos puntos de inicio y final distaban tanto entre sí. Sin embargo, el apoyo del francés y la cobertura que la nueva carrera recibió en la prensa francesa como resultado de la victoria de Petit-Breton, jugaron un papel importantísimo a la hora de convencerlos de que organizaran de nuevo la misma en 1908, sobre todo porque durante el verano de 1907 Petit-Breton conseguiría el primero de dos títulos consecutivos del Tour de Francia, con Garrigou segundo.

El 5 de abril de 1908 se celebraba la segunda edición de la Milán-San Remo, aunque en esta ocasión sin el poco escrupuloso Gerbi, quien cumplía seis meses de sanción por sus trampas en el Giro de Lombardía. Su ausencia hacía casi inviable la posibilidad de una victoria italiana, sobre todo porque muchos de los grandes nombres extranjeros de la época se inscribieron para correr, incluido el todopoderoso equipo francés Alcyon. Su preparación de cara a la carrera fue viajar desde París a Milán pasando por la Côte d'Azur. El equipo contaba con un repóquer de líderes: los franceses Henri Lignon, Louis Trousselier y André Pottier, además del belga Cyrille Van Hauwaert, vencedor de la Burdeos-París un año antes.

Tal era la calidad del pelotón que *L'Auto*, el periódico que había fundado y organizaba el Tour de Francia, le pidió a un tal Signore Perrone que les hiciera unas crónicas. En la víspera de la carrera Perrone escribió: «No sé si en *La Gazzetta dello Sport* llegaron a imaginar nunca que su carrera sería tan importante. Esperemos que en los años venideros despierte tanta pasión como lo hace hoy en día, y que continúe siendo un interesantísimo alzamiento de telón para la temporada».

Las palabras de Perrone resultaron proféticas pues, al igual que *L'Auto* en Francia, la dirección de *La Gazzetta* se dio cuenta de que su bisoña carrera levantaba un interés especial tanto entre los ciclistas como entre los aficionados. Los ciclistas veían con buenos ojos una dura prueba con la que comenzar la temporada y que les permitiera evaluar la forma en la que se encontraban y, con suerte, lograr un empujón psicológico gracias a una buena posición en San Remo. En cuanto a la cada vez mayor legión de aficionados al ciclismo, que comenzaba a mostrar un mayor interés en las pruebas de ruta que en la escena de pista, que hasta entonces había sido la dominadora, comenzaron a poblar por decenas de miles las metas de las nuevas carreras como San Remo, además de comprar los periódicos que informaban sobre ellas. Para un público que cada vez confiaba más en la bicicleta como medio de transporte y que comprendía muy bien lo difícil que resultaba pedalear sobre calzadas que todavía estaban, en su mayor parte, sin pavimentar, y sobre las que era complicado avanzar si no hacía buen tiempo —y cuando lo hacía el polvo las convertía en una lotería— identificarse con estos nuevos héroes del asfalto resultaba mucho más sencillo.

Como sucediera el año anterior, los 48 ciclistas que salieron de Milán justo antes del amanecer no se vieron bendecidos por el más plácido de los climas. A pesar de que no hacía el frío suficiente como para que la persistente lluvia se convirtiera en nieve, las precipitaciones tuvieron la fuerza suficiente como para obligar a que la caída de la bandera se retrasase durante 45 minutos. Y esto hizo que la superficie sobre la que había que avanzar se espesase mucho más de lo que habría estado de haberse congelado.

Los favoritos permanecían juntos al paso por el Turchino. Dejando atrás enormes multitudes en Savona, los compañeros Lignon y Van Hauwaert comenzaron a distanciar a sus rivales. Ascendiendo al enorme promontorio que forma el Capo Berta, entre Diano Marina y Oneglia, a falta de 40 km, Van Hauwaert atacó, acelerando para marcharse de Lignon, quien no tardó en abandonar la carrera. Además de «Tragaldabas» Van Hauwaert también era conocido como el Hombre de Barro por su habilidad sobre los trazados más viscosos. A pesar de que el favorito italiano Luigi Ganna conseguiría disminuir la ventaja del belga al acercarse a la meta, era demasiado tarde para evitar que Van Hauwaert no hiciera bueno su sobrenombre alternativo. El Hombre de Barro completaría el trazado en 11 horas y 33 minutos, quedando su maillot azul celeste del Alcyon irreconocible. Ganna terminaría a tres minutos, recibiendo una enorme ovación, con Pottier, del Alcyon, otros tres minutos por detrás ocupando la tercera plaza de los apenas 14 ciclistas que terminaron.

Cuando Van Hauwaert consiguió la victoria en la París-Roubaix organizada por *L'Auto* una quincena después, el estatus de la Milán-San Remo aumentó todavía más entre los entendidos del ciclismo. Y todavía disfrutaría de otro empujón a su popularidad en 1908, cuando *La Gazzetta* anunció que organizaría el primer Giro de Italia en mayo de 1909. La organización del Giro fue una apuesta calculada por parte de Costamagna y Cougnet, quienes no contaban con los fondos para financiar una carrera que se pudiera comparar en escala con el Tour de Francia. Pero ambos habían recibido el chivatazo de que el *Corriere della Sera*, el periódico rival, planeaba lanzar una vuelta nacional alrededor de Italia con la ayuda de Bianchi. Al igual que hicieron cuando lanzaron el Giro de Lombardía para tumbar la amenaza de una cabecera rival, los directores de *La Gazzetta* se veían obligados a ponerse manos a la obra para no arriesgarse a perder su posición de privilegio sobre el deporte italiano.

Su apuesta con el Giro dio buenos resultados. De hecho, Cougnet seguiría siendo el director del mismo hasta 1948, mientras que la carrera forma parte hoy en día del grupo RCS, grupo dueño de *La Gazzetta*. El resto de carreras del cada vez mayor porfolio de la compañía se beneficiaron también de la creación del Giro, con Lombardía atrayendo en 1908 a 200 inscripciones, el doble que un año antes. En abril de 1909 la San Remo atrajo, precisamente, la misma participación, tomando la salida 102 de ellos el primer domingo del mes.

El draconiano reglamento que hasta entonces no había permitido ayuda externa o un cambio de bicicleta en caso de problema mecánico se suavizó un poco al permitir a los ciclistas cambiar a una nueva bicicleta siempre y cuando esta fuera entregada por el vehículo oficial del equipo al que representaban. Subrayando el cada vez mayor estatus de la carrera, *L'Auto* aumentó su cobertura, enviando al corresponsal Charles Ravaud desde París, quien escribiría con bastante pomposidad: «Existe un simple detalle que demuestra el enorme interés de los deportistas franceses por la Milán–San Remo: *L'Auto* ha decidido enviar a uno de sus colaboradores a cubrir el evento...».

Siguiendo con la misma ausencia de tacto Ravaud pasó a señalar que ningún italiano había terminado todavía la San Remo en primera posición, además de añadir que las calzadas estaban en tan mal estado que no había opción de que nadie mejorara el tiempo de Petit-Breton en la edición inaugural. Como para confirmar este análisis Louis Trousselier consideró que los caminos eran tan malos que ni tan siquiera tomó la salida, para no poner en riesgo sus opciones de cara a la París-Roubaix.

Las crónicas iniciales de Ravaud llegaron a París vía telegrama desde puntos clave del trazado, como Pavía, Ovada y Voltri. Breves a la fuerza, subrayaron la batalla entre los ciclistas en los colores de las francesas Peugeot y Alcyon y las italianas Bianchi y Atala. El duelo parecía decantarse en favor de Émile Georget, del Alcyon, pero el francés se salió del trazado al entrar a Savona, permitiendo a Luigi «Luison» Ganna, del Atala y antiguo mampostero, conseguir la victoria. Ravaud sugiere que Georget habría vencido en el duelo contra el italiano, pero sufrió tres pinchazos mientras seguía la carretera de la costa hasta San Remo, lo que permitió a Ganna alcanzar una ventaja que pudo mantener hasta la meta, en el Corso Cavalotti.

Ravaud describe cómo los aficionados aprovecharon hasta el más mínimo punto que les ofreciera una buena vista de la meta, y el absoluto delirio que siguió a la aparición de Ganna en la recta final. Pero lo que no mencionó fue que el italiano destrozó el récord de Petit-Breton, completando la carrera en nueve horas y treinta y dos minutos, a una velocidad media de 30,42 km/h. Después de ser rodeado por los exultantes aficionados italianos en la meta Ganna reveló que había pasado los anteriores dos meses entrenando para la carrera, convirtiéndose en el primer ciclista que señalaba la San Remo como un gran objetivo, en lugar de aprovecharla para ponerse en forma de cara a la nueva temporada.

Había desdeñado usar una rueda trasera con doble piñón, lo que permitía a los ciclistas girar la cara de la rueda para seleccionar el desarrollo más óptimo según el punto del trazado en el que estaba. Consideraba que eran demasiado pesadas para las carreteras embarradas en las que se celebraría la carrera. Por contra, aprovechó el cambio de reglas para competir sobre una bicicleta con un desarrollo de 46x16 en las partes llanas que llevaban hasta el Turchino, cambiándola después por una que tenía montado un 46x18, más apropiado para esta ascensión y los muchos promontorios que hay a lo largo de la costa. La fe de Atala en Ganna para conseguir la victoria era tal que estas fueron apenas dos de las 15 bicicletas similares que posicionaron a lo largo de todo el trayecto por si se daba algún problema mecánico.

En una crónica más extensa enviada por Ravaud a *L'Auto* al día siguiente, el corresponsal da más detalles de lo que describió como una «carrera tan dura que produce pavor». Al igual que en los dos años anteriores el clima fue malo, a pesar de ser comienzos de abril. «El descenso del Turchino era indescriptible», escribe. «Me sorprende que no hayamos tenido que hablar de ninguna muerte. En una ocasión pensé que había presenciado una catástrofe. [Georges] Passerieux dio una terrible voltereta. Cayó hasta el fondo de una zanja. Pero cuando nos preparábamos para ir en busca de sus restos lo vimos reaparecer, loco de rabia, pensando tan solo en cómo reintegrarse en el pelotón».

La carrera que solo terminaron cuatro

Después de la San Remo más rápida vino la más lenta. La impresionante cantidad de 256 ciclistas se inscribió para la carrera, pero solo 71 se presentaron en la salida. ¿Sería que casi todos ellos echaron un vistazo a la previsión meteorológica antes de dirigirse a Milán? Desde luego, las condiciones meteorológicas eran lo suficientemente malas como para que, como pasaría en 2013, más de cien años después, se llegase a barajar la posibilidad de no pasar por el Turchino e incluso de posponer la carrera. No obstante, para esquivar el Turchino hay que dar tal rodeo que no es probable que llegue nunca a ocurrir. Por fin, los ciclistas acabaron saliendo a las seis de la mañana bajo un gélido diluvio. Casi 15 horas después, apenas siete ciclistas terminarían la carrera, y tres de esas siete almas valerosas serían descalificadas por lo que, dadas las circunstancias, podría calificarse como lógica violación de las reglas.

El vencedor fue el francés Eugène Christophe, quien pasaría a la fama por ser el ciclista cuya horquilla se rompió cuando descendía el Tourmalet durante el Tour de Francia de 1913. Obligado a cargar con su bicicleta durante dos horas puerto abajo hasta llegar a una herrería, arreglaría la horquilla para ser penalizado después por recibir asistencia externa durante la reparación. Un puntilloso comisario comprobó que un niño de siete años había manejado el fuelle mientras Christophe trabajaba frente a las llamas. Seis años después Christophe sería el primer ciclista en lucir el maillot amarillo del Tour. El penúltimo día de aquel Tour de 1919 volvió a romper la horquilla de su bicicleta cuando todavía lideraba la carrera. Terminaría en segunda posición y nunca más volvería a vestir el maillot de líder del Tour.

La crónica de Christophe sobre lo que sería una inesperada, pero heroica, victoria en San Remo aparecería varios días más tarde en la revista francesa *Miroir des Sports*. La carrera progresó de manera rápida hasta que se llegó al Turchino, que había sido bautizado como «el puerto de la muerte». Mientras los ciclistas ascendían por sus rampas la lluvia se convirtió en nieve, que un viento glacial depositaba sobre sus rostros. Aunque adelantara a otros ciclistas mientras superaba cada curva que llevaba hasta la cima, Christophe batallaba contra el entumecimiento que provocaba el frío.

«A poca distancia de la cima tuve que bajarme de la bicicleta porque comencé a sentirme mal. Tenía los dedos rígidos, no sentía los pies, mis piernas estaban agarrotadas y no dejaba de tiritar.

Comencé a caminar y correr para intentar que mi sangre fluyera de nuevo», contaba el francés, quien recordaba el pavoroso sonido del viento. Mientras continuaba adelante, describe cómo vio a algunos ciclistas dar tragos de brandy desde la misma botella, mientras que otros engullían huevos y unos pocos comenzaron a masticar hierba, con la creencia de que estas cosas erradicarían la fatiga. Cuando le dijeron que llevaba seis minutos de desventaja respecto al líder, Cyrille Van Hauwaert, Christophe caminó de manera ardua hacia el túnel en la cima del Turchino, donde pudo refugiarse de los elementos durante un breve periodo de tiempo. Allí vio que no era el único que aprovechaba este refugio.

«Me topé con Van Hauwaert, que sujetaba con una mano la bicicleta y se cubría la espalda con una capa. Me dijo que no pretendía seguir adelante. Mi alegría al escuchar aquello fue inmensa, así que me decidí a atravesar la nieve que cubría la carretera por aquel lado de la montaña. El paisaje ahora era del todo diferente. La nieve le daba una belleza especial al campo. El cielo estaba limpio. Pero sería yo quien sufriera los contratiempos ahora. Se hacía complicado seguir adelante. En algunos lugares había hasta 20 cm de nieve acumulada. Cada poco tiempo me veía obligado a bajar de la bicicleta y empujarla. Después tuve que detenerme por un dolor estomacal. Caí desfallecido sobre una roca junto a la carretera. Me estaba congelando».

Christophe divisó una casa a unos pocos cientos de metros. Más tarde admitiría que dudó entre seguir adelante (pues con la victoria vería doblado su sueldo) o entrar en la casa. Al final apareció un hombre de la nada, tomando la decisión por Christophe. «Me condujo a lo que resultó ser una diminuta posada. El dueño me desvistió y me cubrió con una manta. Murmuré *«acqua calda»*, y señalé las botellas de ron. Intenté realizar algunos ejercicios físicos, comenzando a sentir mi cuerpo de nuevo. Quise proseguir, pero el patrón no estaba dispuesto a dejarme marchar, señalando la nieve que todavía caía en el exterior. No mucho después aparecieron Van Hauwaert primero y Ernest Paul después. Venían con tal congelación que pusieron las manos al fuego. Ernest Paul había perdido una zapatilla, sin tan siquiera percatarse de ello».

Al mirar por la ventana Christophe vio «cuatro montones de barro» pasar por delante. Sabedor de que el resto seguía compitiendo decidió seguir adelante, a pesar de la insistencia de Paul y el tabernero. «Ernest Paul me dijo "estás loco", y tuve que engañar al dueño de la fonda diciéndole que salía a buscar a alguien que me llevara a San Remo en tren», dijo el francés, quien aceptó las ropas secas que le ofreció el dueño de la posada y un nuevo par de pantalones, que no tardó en cortar para aliviar el peso que le hizo ganar el barro que se acumuló en ellos. De vuelta en la carretera fue superando poco a poco a los cuatro italianos que habían pasado por delante, incluido el vigente campeón, Ganna.

«En el punto de control de Savona todo el mundo se sorprendió al verme solo. Nadie me reconoció. No me detuve mucho rato y tomé una de las bicicletas de repuesto de Trousselier, sabedor de que tanto él como Garrigou habían abandonado antes de Ovada. Estaba seguro de ganar y a falta de 100 km sentí una fuerza renovada. La idea de cruzar la meta me devolvió toda la energía», recordaría Christophe. Acabaría completando la carrera en 12 horas y 24 minutos. Ganna llegó en segunda posición, pero sería descalificado después por meter su bicicleta en un coche y caminar Turchino arriba. Un segundo italiano sería descalificado por subir al tren que iba desde Pavía hasta Novi Ligure, mientras que un tercero, Sante Goi, terminaría séptimo, pero después de que se cerrara el punto de control en San Remo.

Escribiendo bajo el seudónimo de Magno en *La Gazzetta* Costamagna declaró: «La cuarta edición de la Milán-San Remo no fue una carrera al uso, sino una demostración de la resistencia humana, revelando las cualidades excepcionales que se necesitan para enfrentarse a la furia de los elementos». Acerca de la heroica victoria de Christophe, diría: «Apenas un solo hombre, bendecido, sin duda, con una cantidad adicional de enjundia, soportó todas las dificultades, cada expresión brutal de la naturaleza en su violencia más extrema. Es francés, hijo de la gran raza latina, un Hércules a quien los amantes de este deporte deben recordar con admiración. Su actuación ejemplifica la batalla entre el hombre y la furiosa naturaleza de este día atroz».

Al igual que en Italia, la épica carrera de Christophe provocó titulares en Francia y Bélgica, lo que ayudó a cimentar la reputación de la San Remo. Sus patrones en Alcyon le doblaron el sueldo, aunque todo ello se cobró un peaje considerable. Llevado al hospital desde la misma meta, el francés pasó un mes recuperándose de la congelación que sufrieron sus manos, además de otras lesiones causadas por el frío. Necesitó dos años más para recuperar toda su salud. «Dos años sin conseguir un solo éxito, cerrando de manera miserable la cola del pelotón», se quejaría después.

El reinado francés sobre la San Remo continuó durante las dos temporadas siguientes, cuando Gustave Garrigou y Henri Pélissier consiguieron la victoria en el Corso Cavallotti. La victoria de Pélissier llegó después de que consiguiera el Giro de Lombardía y la Milán-Turín durante la temporada anterior. «Hasta un mediocre ciclista francés puede vencer a los italianos», cacareó un periódico galo, aunque el futuro ganador del Tour de Francia Pélissier estaba lejos de ser un ciclista cualquiera. Bendecido con una técnica de pedaleo casi perfecta, su estilo competitivo apenas denotaba esfuerzo alguno, mientras que contaba con una aceleración final que no muchos podían igualar. Aquella edición sería la primera celebrada con buen clima —lo que hizo que, por una vez, la gran preocupación fuera el polvo, en lugar del barro— y la primera en decidirse al esprint, en el que el italiano Ezio Corlaita se enfrentó a cuatro ases del Alcyon. Viéndose fácilmente superado, Corlaita ni tan siquiera consiguió una plaza en el podio.

El estatus de la Milán-San Remo como una de las carreras de un día clásicas quedó confirmado en 1913, cuando el belga Odile Defraye se inscribió en la carrera. Aunque la carrera había dado la bienvenida a la mayoría de las grandes figuras del deporte Defraye era el vigente ganador del Tour de Francia, siendo el primer vencedor de esa carrera en competir en San Remo. La sensación belga había sido descubierta por uno de los agentes de Alcyon en Bélgica, y ganó el Tour en su segundo intento. Aseguró que repetiría gesta en San Remo, diciendo que se impondría al esprint si fuera necesario, pero que estaba muy seguro de que podía provocar la fuga victoriosa si los italianos le respetaban y esperaban a que él seleccionase la carrera.

Los italianos no se dejaron amilanar. Consideraron que los periódicos intentaban vender al belga para aumentar las ventas. Y es probable que estuvieran en lo cierto, pero subestimaron a Defraye, quien cumpliría su parte venciendo a su compatriota, Louis Mottiat, en un esprint a dos, con Corlaita tercero a más de cuatro minutos por detrás. Con apenas 24 años de edad y lo que parecía una gloriosa carrera por delante, Defraye jamás lograría otra gran victoria, desapareciendo de manera tan fulgurante como irrumpió, culpando a extraños dolores en las piernas que, según se quejaba, le dolían como si le estuvieran seccionando los nervios.

La edición de 1913 también asistió al debut de Costante Girardengo en una carrera que pasaba por su misma localidad natal, Novi Ligure. Neoprofesional con el equipo Maino, el pequeño Girardengo, al que se le conocía como el hombrecillo de Novi — o más despectivo la comadreja de Novi— acababa de cumplir 20 años apenas dos semanas antes de la San Remo, pero no consiguió alcanzar la meta al verse envuelto en una gran caída cerca de Ovada. Un año después lo haría mucho mejor, terminando decimoséptimo. Por entonces ya era campeón de Italia, pero se vio superado por Ugo Agostoni, del Bianchi, quien se impuso en el esprint que disputaron diez hombres, convirtiéndose en el segundo vencedor italiano de la San Remo, primero desde Luigi Ganna en 1909. El titular de la mañana del lunes en la *Gazzetta dello Sport* exclamaba «¡Ganamos!».

La crónica de la carrera se centraba en el triunfo de Agostoni, pero también dedicó unas líneas a la gran curiosidad de la carrera, la aparición de un trío de ciclistas australianos, los primeros anglo-parlantes en participar en esta carrera. Don Kirkham, Ivor Munro y Charles Piercey navegaron a Europa con el objetivo de participar en el Tour de Francia tras conseguir algo de experiencia en algunas clásicas, comenzando por la Milán–San Remo. De acuerdo con Colombo los australianos fueron la revelación de la carrera. «Con unos desarrollos enormes y curiosas posiciones sobre sus máquinas, parecían más fondistas de stayer [de pista] que ciclistas de ruta, respondieron a cada intento de fuga de sus rivales e incluso tomaron la iniciativa en algunos momentos».

Kirkham llegó a estar en el grupo que se jugaría la victoria al esprint, pero sus opciones se vieron cercenadas por un coche de la caravana que, zigzagueando por el grupo le hizo desviarse y perder unos metros antes de la meta. Acabaría en una notable novena posición, con Munro el vigesimosexto y Piercey el trigésimo octavo.

La cada vez mayor internacionalización de la Milán-San Remo terminó con el estallido de la Gran Guerra. A pesar de que la carrera apenas se vio interrumpida durante un solo año, 1916, puesto que la lucha en Italia quedó circunscrita a la frontera norte, no sería hasta 1919 que los extranjeros regresaron para desafiar a los ciclistas locales. Para entonces, una de las grandes estrellas italianas de todos los tiempos iba camino de convertirse en el *Campionissimo*, campeón de campeones.

«UNA LOCURA DE CARRERA, REBOSANTE DE PASIÓN»

A pesar de que el Tour de Francia ha sido la carrera sobre la que se cimenta la reputación de los más grandes campeones del ciclismo, el primer ciclista que recibió el apodo de *Il Campionissimo* solo participó en esa carrera una vez, y no consiguió terminarla, siquiera. El quinto de los cinco hijos de un granjero de un pueblo a las afueras de la nada remarcable ciudad rural piamontesa de Novi Ligure, Costante Girardengo fue, tal vez, el primer ciclista en hacerse rico gracias a correr en bicicleta, y sin duda alguna fue la primera gran estrella del ciclismo italiano.

Girardengo era pequeño, a menudo parecía estar a punto de desaparecer bajo los aficionados que lo rodeaban tras cada nueva victoria. Dominó el ciclismo italiano durante toda una década, hasta finales de los años 20, consiguiendo nueve títulos de campeón nacional, dos ediciones del Giro de Italia y nada menos que 30 etapas, además de seis victorias en la Milán-San Remo en diez participaciones. A pesar de que Eddy Merckx conseguiría una más cincuenta años después, Girardengo podría contar con un par de ediciones más en San Remo. De hecho, hasta el final de sus días, en 1978, insistió en que había sido víctima de una gran injusticia por su descalificación y consecuente pérdida de la victoria en la edición de 1915.

Tras medir muy bien sus esfuerzos durante los primeros dos tercios de la carrera Girardengo fue atrapando a la cabeza de carrera tras pasar por los tres *capi*, el Mele, el Cervo y el Berta, promontorios de tal magnitud que los ingenieros que diseñaron la carretera costera prefirieron ascenderlos antes que excavar una ruta para rodearlos. Girardengo había pasado más de un mes entrenando y reconociendo el trazado de la carrera, conociéndola bien en ambos sentidos.

Por desgracia para él, el día de la carrera se realizó un cambio en el trazado a su paso por el pequeño *resort* de Porto Maurizio, añadiendo apenas 200 metros a los 289 kilómetros de la ruta con este desvío. Sin ver la barrera que medio cerraba la carretera por la que tantas veces había entrenado durante las semanas anteriores, Girardengo siguió recto. En la meta tenía casi un kilómetro de ventaja sobre el segundo clasificado, Ezio Corlaita, quien un día más tarde sería proclamado el vencedor.

«Apenas gané 250 metros. Ahorrarme esa distancia no influyó en mi victoria», decía enrabietado un furioso Girardengo. «¿Cómo podía yo saber que los organizadores habían decidido enviar la carrera por una calle que rodeaba el centro de la ciudad cuando nadie me había dicho nada sobre ello? Es un escándalo». En 1917 volvió a fallar, cuando la San Remo reapareció tras una ausencia obligada debido a la guerra. En esa ocasión Gaetano Belloni lo batió de manera clara. Pero Bettoni no tardaría en ser apodado «el eterno segundón», debido al dominio que Girardengo pasó a imponer. Desde su segunda posición en 1917 hasta su victoria en 1926, jamás bajó del podio de la San Remo.

En 1918 ganó gracias a una aventura en solitario que más tarde se convertiría en marca de la casa para Fausto Coppi, quien, casualidades de la vida, se crio en una pequeña villa no muy lejos de Novi. En cuanto a físico, ambos hombres tenían poco en común, pues Girardengo era pequeño y enjuto, mientras que Coppi era mucho más alto, bastante encorvado y con un torso inmenso. Ninguno de los dos daba la sensación de ser capaces de realizar impresionantes gestas físicas, pero ambos se transformaban sobre la bicicleta, y ambos fueron conducidos por Biagio Cavanna, quien, desde su casa en el centro de Novi Ligure, supervisaba cada aspecto de su régimen de entrenamiento y vida, desde el primer minuto de la mañana hasta el momento de meterse en la cama.

Antiguo profesional que compitió contra Girardengo, Cavanna se convirtió en director de equipo, masajista y mucho más. Se le recuerda sobre todo por ser el masajista de Coppi, además de su asesor más cercano; y todo ello a pesar de perder la vista a mediados de los años treinta. Pero sería su relación con Girardengo la que lo llevó a ser apodado como el Mago de Novi.

Allí fundó lo que sería, a todos los efectos, la primera concentración ciclista. A diferencia de las que se hacen en la época moderna, que como mucho vienen a durar una quincena, la concentración de Cavanna en Novi Ligure era permanente. Girardengo (y más tarde, Coppi) se convertía en el foco central de atención, con los *gregari*, compañeros de equipo de una lealtad a toda prueba, presentándose para hacer aquello para lo que se les necesitase y asegurar que el pequeño genio seguía en lo más alto. A pesar de que Cavanna dibujaba una figura imponente, no necesitaba recurrir a su corpulencia para hacer cumplir su palabra. Todo el mundo en Novi lo conocía, y los ciclistas a su cargo sabían que, por poco del tiesto que sacaran los pies, Cavanna acabaría enterándose. Así que hacían lo que se les ordenaba, o de lo contrario no tardaban en quedar fuera.

El propio Girardengo fue también un innovador. Suya fue la idea de trasladar su zona de entrenamientos desde Novi Ligure a la costa de Liguria durante las semanas que precedían a la San Remo, para memorizar así los tramos cruciales de la carrera. Conocía la primera mitad de la misma igual que la palma de la mano, pues había pedaleado sobre esas carreteras desde que era un crío. En 1918 aprovecharía todo aquel conocimiento. Rumbo a Tortona, donde había trabajado en una fábrica de automóviles durante la guerra, pedaleaba junto a los líderes, entre los que estaba el vigente campeón y compañero suyo ahora en Bianchi, Belloni. Tal vez animado por el recuerdo de su pasada profesión y sus antiguos compañeros, que iban a verlo pasar, Girardengo habló primero con Belloni y, después, aceleró dejando atrás al pelotón.

Con una ventaja de cuatro minutos en Ovada y más de siete sobre Belloni, segundo clasificado al paso por el Turchino, Girardengo siguió apretando y aumentando su ventaja sobre las carreteras que, como solía ocurrir, se encontraban de lo más pesado. Según aumentaba su ventaja, los desmoralizados ciclistas de los equipos rivales se retiraban en los diferentes puntos de control que había por toda la costa. Solo seis ciclistas acabarían detrás de Girardengo. Belloni fue el primero de ellos, con 13 minutos de desventaja respecto a su compañero; el campeón de 1914, Ugo Agostoni, terminaría una hora por detrás, y su sucesor, Corlaita, a más de hora y media. Fue toda una paliza. «Ha ganado el mejor… y lo ha hecho escribiendo la página más hermosa de su carrera ciclista», escribiría Emilio Colombo en *La Gazzetta*, describiéndolo como *Il Campionissimo*.

Avanzado el año 1918, tras el final de la Gran Guerra, la pandemia de gripe española infectó a millones de personas de todo el mundo. Aquel virus se cebó con Girardengo, hasta el punto de que se temió por su vida. Pero a finales de aquel año estaba de nuevo entrenando por las carreteras alrededor de Novi, y hablando de sus intenciones con la prensa. Pero en Bianchi no estaban convencidos del todo de su recuperación. El virus había afectado de tal manera a su pequeño líder que optaron por liberarlo de su contrato. Fichado entonces por el mucho menos prestigioso y poderoso Stucchi, el feroz Girardengo encontró todavía más motivación para regresar a su mejor estado de forma.

La Milán-San Remo le ofrecía la primera oportunidad de demostrar su ley. Sin embargo, después de escuchar lo que un periodista describió como «ese siseo que tiene para un ciclista el mismo efecto que una puñalada por la espalda», llegó a la meta con dos minutos de pérdida sobre el vencedor, Angelo Gremo, de su mismo equipo, el Stucchi. Retrasado por los pinchazos, se pasó la mayor parte de la carrera persiguiendo a los líderes, en solitario. Acababa de atrapar al último ciclista en cabeza, Gremo, durante la ascensión al Capo Berta cuando volvió a escuchar ese siseo por cuarta vez. Jamás se ha esclarecido del todo el motivo por el que Gremo continuó adelante cuando el líder de su equipo se detuvo. Llegados a ese punto, los dos ciclistas del Stucchi llevaban una cómoda ventaja sobre los perseguidores, por lo que ambos podrían haberse detenido. Una versión cuenta que Girardengo fue quien conminó a su compañero a seguir adelante. Pero resulta más probable que fuera Gremo quien optara por dejar atrás a su líder.

Girardengo tomó la salida en el Giro de Italia con el sentimiento de que todavía tenía que demostrarle algo a Bianchi. Y sin duda que lo hizo, consiguiendo siete de las diez etapas y relegando a los líderes de su antiguo equipo, Belloni y Marcel Buysse, a unas muy retrasadas segunda y tercera plazas. Más tarde se haría con el campeonato italiano y el Giro de Lombardía, en la que se convertiría en su mejor temporada.

A pesar de ser conocido por su temperamento irascible, no parece que Girardengo le guardase rencor a Bianchi durante mucho tiempo, al menos a Belloni, su viejo enemigo. A pesar de que su rivalidad no alcanzaría, ni de lejos, cotas como las que sí alcanzaría más adelante la relación entre Fausto Coppi y Gino Bartali, dividió a la afición italiana en dos bandos enfrentados.

Y todo a pesar de que ambos hombres eran tan buenos amigos que Girardengo se hospedaba en la casa de Belloni cada vez que una carrera partía de Milán. La madre de Belloni, Luigia Cavenaghi, quería a Girardengo casi como a un hijo, diciéndole a ambos cada vez que salían a competir «no os portéis mal y aseguraros de quedar primero y segundo».

En 1920 solo logró interponerse entre ambos Henri Pélissier, evitando que ambos hombres consiguieran esa primera y segunda plazas. Belloni ganó por segunda vez y, después de verse rodeado por una horda de aficionados en éxtasis, intentó abrirse camino hasta Girardengo, diciéndole a todo el mundo «quiero estrecharle la mano». Más tarde declaró en *La Gazzetta* que «había estado a rueda de Girardengo durante 125 km», después de que ambos hubieran pinchado a la vez, pasando luego a colaborar para alcanzar a los líderes.

Las fotografías de la época muestran el gran impacto que la rivalidad entre ambos tuvo sobre la Milán-San Remo. El público no solo se apelotonaba en la salida y la meta, sino que por cada pueblo y ciudad que atravesaba había filas y filas de personas. En una imagen de la cima del Turchino en 1921 se pueden ver montones de hombres con gorra estirando el cuello para ver a los dos campeones sobre cada punto desde el que poder ver la carrera. Girardengo es quien lidera, como hizo en otras cuatro ocasiones en el que por entonces era uno de los puntos clave de la carrera. A menudo, quien pasaba como líder por ese punto terminaba siendo el vencedor en San Remo, como demuestra el hecho de que aquel año «Gira» tuviera mucha cuerda en sus piernas durante el esprint, como sufrió Giovanni Brunero.

Un año después lideraba de nuevo sobre el Turchino y, como el año anterior, acabó jugándose la victoria al esprint contra Brunero. Pero, en esta ocasión, el más joven de los dos, quien también era piamontés, llevaba la lección bien aprendida. Lideró el esprint desde la vanguardia y, cuando sintió que Girardengo trataba de rebasarlo, se cerró cada vez más contra la multitud. El vigente campeón siguió acelerando, hasta que pasó tan cerca del público que el banderín rojo que un hombre ondeaba acabó enredado en la rueda de su bicicleta, enviándolo al suelo. Cuando pudo subir de nuevo sobre su bicicleta Brunero ya había cruzado la línea. Pero Girardengo no permitió que aquel contratiempo pesara demasiado sobre sus hombros. La tercera victoria en San Remo llegaría en 1923, cuando venció por muy poco a Belloni en el esprint.

Al igual que muchos de sus contemporáneos Girardengo se dedicaba durante el invierno a las carreras en pista, venciendo a especialistas como el vencedor de la edición de San Remo de 1924 Pietro Linari, quien alcanzó un gran éxito en las carreras de seis días celebradas en el Madison Square Garden de Nueva York. En 1928 consiguió un premio de 2000 dólares ofrecido por la antigua amante de Rodolfo Valentino, Pola Negri, y encontró un nuevo admirador en Ernest Hemingway, quien lo describió como «escultural, un maravilloso espécimen que se mueve con la agilidad de un gato». Girardengo también aumentó sus ganancias y fama sobre las tablas de Europa y Norte América, donde las primas que se ofrecían durante las carreras le ayudaron a entrenar su gran velocidad punta, talento en el que cada vez confiaría más cuanto mayor fue la calidad de sus competidores.

Un nuevo competidor para Girardengo

Antes de 1925 la San Remo se disputaba en una fecha diferente cada año, con diferencias considerables, incluso. Hubo temporadas en las que tenía lugar unos días antes de finales de marzo, mientras que en otras se retrasaba hasta mediados de abril. Pero poco a poco se iba conformando un calendario de carreras con una estructura más formal, lo que obligaba a los organizadores a respetar unas fechas preacordadas. Por eso, *La Gazzetta* optó por un hueco que había a mediados de marzo y que coincidía con el día de San Giuseppe, fiesta nacional, lo que aseguraba que la carrera seguiría siendo una de las primeras pruebas de la temporada, además de garantizar un aluvión de público.

Pero a los ciclistas no les hizo tanta gracia este cambio. La climatología de la San Remo solía ser mala incluso cuando la carrera se celebraba avanzado abril. Fueron muchos los ciclistas que sugirieron que el cambio a mediados de marzo podría hacer que la carrera acabara encajando mejor en el calendario del ciclocrós invernal, dado el pésimo estado de las carreteras. Mostrarían su descontento negándose a correr con agresividad durante la edición de 1925, lo que provocó que la victoria se dilucidase entre dos docenas de ciclistas, el grupo más grande que había llegado jamás a la meta. A los organizadores no les hizo ninguna gracia este armisticio sin atractivo, *La Gazzetta* apuntando que, por una vez, la climatología había favorecido a la carrera.

Por eso, la prensa italiana comenzó a referirse a la Milán-San Remo como *La Primavera*, la clásica de la Primavera. Para finales de la década de los años veinte, mientras Alfredo Binda, Learco Guerra y un cada vez mayor y más potente número de ciclistas extranjeros surgieron para desafiar a las estrellas establecidas como Girardengo, San Remo también comenzó a ser denominada como la *Classicissima*, «la clásica de las clásicas», un término de lo menos modesto que, según se dice, fue acuñado por Emilio Colombo, del periódico organizador, con la clara intención de sugerir que la San Remo era la mayor carrera de un día del calendario, tal vez en detrimento del Giro de Lombardía, la otra gran clásica de este periódico.

En aquella edición de huelga en 1925, entre los extranjeros se encontraba el equipo francés Automoto, liderado por Ottavio Bottecchia, el ganador italiano del Tour de Francia a quien los equipos italianos consideraban una enorme amenaza. Después de dos temporadas en el Maino, Girardengo había cambiado al equipo Wolsit, cuyo dueño, Emilio Bozzi, también contaba con la marca Legnano entre sus activos. Entre las estrellas de Legnano estaban Linari y Brunero. Hablando con los ciclistas de ambos equipos antes del comienzo de la Milán-San Remo, Bozzi les dejó bastante claro lo que debía de suceder, diciéndoles: «El Automoto no debe beneficiarse de la rivalidad entre Girardengo y Brunero, o Girardengo y Linari. Me da igual si gana un Legnano o un Wolsit. ¿Queda claro?». Tras aquello, Bozzi se subió a su coche y salió de allí, dispuesto a ver cómo se desarrollaba la carrera.

Dada la tregua que se había firmado entre algunos de los grandes protagonistas, no sorprendió que no se viera gran cosa, aunque esto también fue debido, en gran medida, a la retirada de Bottecchia cuando la carrera alcanzó la costa. Alcanzado aquel punto Girardengo y Brunero estaban solos por delante, con Linari persiguiendo en vano después de verse rezagado durante varios minutos por una avería en una rueda. Todo iba de acuerdo a las órdenes de Bozzi, pero la acción dio un giro inesperado cuando Girardengo pinchó en Oneglia, a poco más de 30 km para la meta. En lugar de aprovecharlo, Brunero aflojó el paso para permitir a su, hasta entonces rival, que llegara a su altura. Teniendo en cuenta la extraña decisión que tomó Brunero al esperar a Girardengo, en lugar de atacar, nadie se sorprendió de que este último consiguiera su cuarta victoria en la carrera tras el esprint decisivo. ¿Acaso le había dado nuevas instrucciones Bozzi a la pareja? Nadie diría nunca nada al respecto. Lo único que Brunero llegó a decir sobre su falta de competitividad fue que sufrió problemas estomacales, lo que Linari nunca se creyó. Estaba tan furioso que en la meta se negó a dirigirle la palabra a su compañero de equipo. Sería conveniente apuntar que, al igual que Girardengo, Brunero también era piamontés y que Linari debería estar al corriente de que ambos hombres mantenían una buena relación. Cuando Brunero murió en 1934 Girardengo fue el único ciclista que acudió a su funeral, según las informaciones.

En *La Gazzetta*, Emilio Colombo pasó por alto las diferencias dentro del equipo Legnano, explicando: «No resultaría veraz decir que todos los hombres de Legnano estén en plena consonancia». En cuanto a Girardengo, Colombo fue mucho más extenso, describiéndolo como «un atleta milagroso que cada año parece llegar con bríos renovados», añadiendo que el resto de ciclistas italianos tenían la mala fortuna de competir en la misma era que «el fenomenal Girardengo».

«El hombrecillo de Novi» estuvo igual de sensacional en 1926, cuando, tres días después de su trigésimo tercer cumpleaños marcó un ritmo a lo largo de la costa que nadie pudo mantener, terminando al final con más de seis minutos de ventaja sobre el segundo, Nello Ciaccheri. Pero su última San Remo, y puede que la mejor, tendría que esperar hasta 1928, cuando ya tenía 35 años y se había convertido en el objetivo a batir de la nueva generación de italianos, liderada por Alfredo Binda.

La rivalidad entre el viejo abanderado Girardengo y la nueva sensación Binda, quien había vencido en el Giro de Italia de 1925, lo que repetiría hasta en cuatro ocasiones más, creció mientras se acercaba la Milán-San Remo de 1927, pero Gira se vio obligado a ausentarse de la carrera por una lesión. Ante su ausencia, el sentimiento generalizado era que lo único que Binda tenía que hacer era presentarse y recoger el trofeo. Sin embargo, el ciclismo nunca es tan sencillo.

En Tortona, justo al norte de la Novi Ligure de Girardengo, tres ciclistas se marcharon del grupo, entre ellos un toscano llamado Pietro Chesi, carbonero a tiempo parcial que debía su reputación a este tipo de ataques *kamikaze*. Llegados a Novi contaban con siete minutos de ventaja, y en Ovada con diecisiete. Al paso por el Turchino los dos compañeros de Chesi cedieron terreno, pero este descendió hasta la costa y siguió adelante, animado en distintos puntos clave por sus camaradas del club ciclista de Carpi, al norte de Módena. Por detrás, los grandes nombres, incluido Binda, comenzaron la caza, aunque todavía sin comprometerse del todo, confiando en que Chesi se quedara sin combustible. Pero no lo hizo; o no del todo. Cruzó la meta con ambas piernas rígidas por los calambres y le tuvieron que ayudar a bajarse de la bicicleta y subir al podio. Nueve minutos después, Binda lideró a los perseguidores. Al día siguiente, en *La Gazzetta*, Colombo amonestó «a los ilustres campeones» por su actitud en la carrera, diciéndoles «en este deporte no se puede andar con esos juegos».

El duelo que todo el mundo estaba esperando llegó un año después, en 1928, cuando se enfrentaron el cinco veces campeón Girardengo contra Binda, descrito por Bruno Roghi en *La Gazzetta* como «la joven promesa que no puede esperar más». La lluvia convirtió las carreteras del sur, junto a la costa, en un mar de barro. Al paso por Novi Ligure Girardengo escuchó a sus hijos gritar «¡papá, gana!». Más tarde admitió: «En parte, he ganado para que no se enfadaran».

Esta fue, con mucho, la victoria más peleada de las seis que logró Girardengo. Coronó el Turchino con unos segundos de desventaja ante Binda. Otros dos ciclistas se unieron a la pareja durante el descenso, Angelo Oliveri y el compañero de Girardengo en el Maino Antonio Negrini. Oliveri no tardó en quedarse, dejando a los otros tres en la lucha. Binda aceleró al paso sobre el Capo Berta. Los dos ciclistas del Maino salieron tras él en una frenética persecución, hasta el punto de que Negrini perdió contacto antes de que Girardengo consiguiera cerrar el hueco. Se dice que, en cuanto lo hizo, ambos ciclistas pedalearon hombro contra hombro hasta San Remo, evitando mostrar signo alguno de debilidad. El esprint los separó, al fin, con Girardengo venciendo por dos bicicletas.

Colombo, el reportero principal de *La Gazzetta*, lo denominó como el «mayor triunfo» del veterano Girardengo, teniendo en cuenta la climatología, el estado de las carreteras y la obligación de responder al ataque de un rival en plenitud de fuerzas. Describió lo defensivo que se había mostrado el ahora seis veces campeón, pero que se había visto obligado a conducirse así en contra de lo que en él era normal. Sobre el subcampeón dijo: «considero que cometió un error muy serio: no creer que Girardengo podía ser tan peligroso». Durante los meses siguientes Binda dejó claro que no volvería a cometer el mismo error. Anunció que «si para vencer en San Remo tengo que dejar atrás a Girardengo, así lo haré».

El campeón respondió entrenando con mayor vigor que nunca, acompañado de su compañero Negrini, sometiéndose a rutas más cortas, pero mucho más rápidas para afrontar el desafío. Aquellos que mejor lo conocían en Novi decían que estaba mejor que nunca, desde luego lo suficiente como para vencer a Binda. De hecho, dijeron, el propio Negrini podría vencer a Binda, también. Y los dos hombres del Maino parecían en posición de responder a estas afirmaciones cuando salieron juntos en un pequeño grupo al poco de iniciada la edición de 1929, pero Binda supo medir los tiempos y los neutralizó sobre el Turchino, donde Girardengo quedó rezagado.

Binda y Negrini se quedaron solos al paso por la carretera de la costa, pero el aliado de Girardengo se fue al suelo en Varazze, a 115 km de la meta. Sabedor, por sus entrenamientos, de que era capaz de pedalear a 35 km/h durante todo el día si fuera necesario, Binda siguió adelante, incrementando su ventaja hasta la meta, donde estableció un nuevo récord mejorando en más de ocho minutos el marcado por Odile Defraye antes de la guerra, siendo también esa su ventaja sobre el segundo clasificado, Leonida Frascarelli.

Días más tarde Binda declararía que, después de vencer en San Remo con una escapada en solitario, mantendría el título venciendo a Girardengo al esprint, para vengar así la derrota que sufrió en 1928; pero la revancha nunca tuvo lugar. Binda sufrió una caída en 1930, mientras su compañero Michele Mara retenía el título para Bianchi, con Girardengo quinto en el esprint del pelotón. Cuando Binda ganó la carrera al esprint en 1931, convirtiéndose en el primer hombre que conseguía la San Remo enfundado en el maillot de campeón del mundo, el líder del Maino era Learco Guerra, no Girardengo.

Guerra, la Locomotora Humana, quien tenía ya veintimuchos cuando pasó a profesionales después de no conseguir hacer lo propio como futbolista, recogió el testigo de Girardengo en el Maino, y no tardó en reavivar la rivalidad con Binda. Un año después la pareja se encargó de dejarse mutuamente sin opciones de victoria, mientras Alfredo Bovet, italiano nacido en Suiza, batió por casi una hora la anterior marca de Binda gracias al fuerte viento a favor. Pero igual de notable fue la aparición de despedida de Giovanni Gerbi, aquel que agarró del cuello a Gustave Garrigou para asegurarse de que Lucien Petit-Breton vencía sin oposición durante el esprint que decidiera la primera edición de la San Remo, un cuarto de siglo antes. Gerbi se aproximaba a su cuadragésimo séptimo cumpleaños, lo que le hacía siete años mayor que el campeón de 1917, Gaetano Belloni, quien también se retiraba. En 1933 seguiría sus pasos un Girardengo con 40 años, encaminándose a una exitosa carrera como actor y escritor.

El declive del desafío extranjero

El panorama político de Italia cambió de manera radical tras la Primera Guerra Mundial. Mediada la década de los veinte el Partido Fascista de Mussolini estableció un control absoluto sobre todo aspecto de la vida cotidiana del país, incluido el deporte, que se consideraba de importancia crucial para la popularidad del partido. En 1934 la San Remo se tuvo que retrasar un día para no coincidir con las elecciones generales, celebradas a modo de plebiscito sobre la lista de candidatos del partido único, el Partido Fascista. Apenas un 0,16 por ciento de los votantes rechazó la lista de lo que, en aquel momento, ya era el único partido político legal en Italia, con Mussolini a su cabeza como dictador. No pareció que a los grandes nombres, Binda y Guerra, les motivara tanto competir un lunes frente a un número de espectadores mucho menor, pues se vieron derrotados por otro ciclista conocido como la Locomotora, en este caso el belga Joseph Demuysere, quien se escapó en el Capo Berta y se convirtió en el tercer belga en conseguir la victoria en esta carrera.

Después del triunfo de Demuysere el título permaneció en la bota hasta bien entrado el periodo de posguerra, en parte gracias a las acciones políticas y militares de Mussolini, que hundieron al país en un aislamiento cada vez mayor. A pesar de que los ciclistas italianos todavía competían en el extranjero los ciclistas de fuera no estaban muy interesados en desafiar a los italianos en su suelo. Pero no solo fue la política lo que mantuvo alejadas a la mayoría de las estrellas internacionales. Los equipos franceses recibían tal grado de publicidad en Francia que no necesitaban aventurarse en Italia, sobre todo cuando era práctica común que los vehículos de la caravana de la San Remo abandonaran su camino para entorpecer a los ciclistas extranjeros y favorecer a los locales.

En 1937 el reportero de *L'Auto*, Jean Leulliot, quien dirigiría al equipo francés durante el Tour de aquel mismo año y relanzaría la París-Niza tras la guerra, realizó una de las, en aquel momento, escasas visitas de su periódico a la Milán-San Remo. Leulliot censuró el número de vehículos que formaba la caravana, describiendo que levantaban tal cantidad de polvo que ninguno de los ocupantes de los mismos podía saber a ciencia cierta lo que sucedía en la carrera. Alabó al vencedor, Cesare Del Gancia, salido de una fuga, diciendo de él que era «un atleta hermoso», pero fue bastante crítico, en general, con la escena profesional italiana en su conjunto.

«Puede que la escena competitiva italiana se centre más en las individualidades que la francesa, pero apenas hay ciclistas con clase. Se producen muy pocos ataques y los pocos que se producen casi siempre tienen éxito… Estamos convencidos de que a un buen ciclista francés le costaría menos ganar la Milán-San Remo que el Critérium Nacional o la París-Roubaix», escribió Leulliot. Aunque, para compensar un poco su crónica, dijo que los ciclistas parisinos deberían quejarse menos sobre la invencibilidad de los italianos en sus carreras. Sugirió que, en lugar de quejarse, deberían desafiarse a sí mismos y a los italianos. «No cabe duda de que la Milán-San Remo es una locura de carrera, pero es un evento rebosante de pasión que le ofrece a los mejores ciclistas cientos de oportunidades para escaparse», concluyó.

Leulliot habría sido menos despectivo para con los ciclistas italianos si hubiera presenciado la edición de 1935, cuando un joven toscano de 20 años debutó de manera impactante. Apareciendo en la clasificación oficial como Giuseppe Bartali, Gino Bartali fue el miembro más inesperado de un pequeño grupo de ciclistas que se enzarzó en una emocionante batalla durante los *capi* y hasta San Remo. Sobre el Capo Mele, Learco Guerra neutralizó un ataqué del desconocido Bartali, quien volvió a intentarlo en el Capo Cervo. Detenido durante unos instantes ante una de las docenas de pasos a nivel en los que la carretera y el ferrocarril se cruzaban sobre el estrecho paso bajo las escabrosas montañas que dominan el camino por la costa, Guerra perdió 100 metros.

Para sorpresa general el joven aumentó su liderato hasta llegar a casi dos minutos. Sin embargo, no conseguiría la victoria en su debut. A falta de poco más de 30 km y después de superar una pequeña ascensión, Bartali comprobó que su cadena no descendía desde el desarrollo corto que tenía puesto. Mantuvo a raya a sus perseguidores durante 15 km, pero Guerra, Mario Cipriani y el favorito local Giuseppe Olmo acabarían emboscando al obstaculizado toscano. El cuarteto se mantuvo junto hasta que quedaron apenas 200 metros para la meta, cuando Cipriani lanzó el esprint. Mientras la multitud lo jaleaba Olmo, el favorito local al ser natural del puerto de Savona, al otro lado de la costa, fue el primero en responder mientras el veloz Guerra dudaba. Olmo adelantó a Cipriani, consiguiendo suficiente ventaja como para mantener a Guerra a raya por una rueda, provocando un pandemonio de júbilo mientras los aficionados lo rodeaban.

La destacada actuación de Bartali significó el ascenso de una nueva generación de campeones. Al igual que le sucedió a Girardengo antes que a él, Binda, dos veces ganador de la San Remo y cinco veces vencedor del Giro, comenzaba su declive. Su fabulosa carrera tuvo un abrupto final mientras la edición de 1936 de la *Classicissima* abandonaba Novi Ligure. Bajo una copiosa lluvia, 30 ciclistas se fueron al suelo. Binda fue uno de los dos únicos hombres que no pudieron continuar. Tras ser llevado al hospital de Novi, donde la esposa de Girardengo fue una de las primeras personas en ir a consolarlo, a Binda le diagnosticaron una fractura de fémur. No volvería a competir, aunque pasaría a jugar un papel muy importante en las carreras de Bartali y Fausto Coppi cuando se convirtió en el director deportivo del equipo nacional italiano.

Fichado por el Legnano en 1936 para correr junto a Binda, Bartali no tardó en calzarse los zapatos del campeón caído, venciendo en el Giro de Italia de aquel año con apenas 21 años. Pero la San Remo lo seguía esquivando. En 1937, cuando se decidió fijar la carrera el 19 de marzo, festividad de San Giuseppe, o el sábado antes de la misma si este día caía en domingo, Cesare Del Cancia logró el ramo de vencedor. También había un premio especial para el extranjero que terminara en primera posición, y sería el poco recordado norteamericano Joseph Magnani quien lo consiguiera, siendo el primer estadounidense en competir en *La Primavera* y terminando el vigesimoquinto. Olmo lograría una segunda victoria en 1938. Pero las grandes noticias aquel año llegaron del extranjero, donde Bartali se convirtió en el segundo italiano en ganar el Tour de Francia. Entrado el año de 1939 la prensa proclamaba que «Bartali ingresará en el Olimpo del ciclismo en cuanto consiga vencer en la Milán-San Remo».

Bartali dejó claro que no iba a permitir que ese vacío en su palmarés tardara mucho en llenarse. A diferencia de la mayoría de sus pares, se mantenía en forma durante la postemporada, con lo que llegaba en un buen estado físico a las primeras carreras de temporada. Bendecido con una complexión poderosa, también aseguraba no temer a las malas condiciones climáticas. Sin embargo, sus detractores apuntaban que no era rápido al esprint, manera en que la San Remo se decidía a menudo. Pero Bartali también tenía una respuesta para ellos: «Es cierto que no soy muy rápido sobre 200 metros, pero cuando se trata de esprintar después de 300 km, no le temo a nadie». En 1939 caía la nieve cuando los 145 ciclistas salieron pasadas las ocho de la mañana para la trigésimo segunda edición de la Milán-San Remo. A pesar de que la nieve cesó cuando los ciclistas ascendieron al Turchino, el frío no cesó en su crudeza. Al igual que hiciera en 1935 Bartali realizó su ataque en los *capi*, alcanzando primero a un grupo de cuatro hombres que iba por delante, quitándoselos uno a uno después hasta que solo quedó Mario Vicini. Bartali siguió atacando, sin lograr quitarse de encima a su obstinado rival y pagando la factura de tanto ataque y parón cuando un trío de ciclistas los alcanzó. La carrera se decidiría, una vez más, al esprint, y Bartali optó por desencadenarlo, acelerando cuando quedaban doscientos metros. En cualquier otra carrera Aldo Bini habría atrapado y sobrepasado al toscano, pero tras 281,5 km de tortuosas carreteras y punzante frío, ni tan siquiera pudo llegar a menos de dos bicicletas de distancia de Bartali.

«Al final fue una San Remo despojada de todo coeficiente de certeza, una San Remo hecha para auténticos campeones... En cierto sentido, Bartali ha corrido una San Remo a su propia imagen», escribiría Bruno Roghi en *La Gazzetta*. Hay que apuntar que en la crónica original Roghi escribe San Remo, separado, no de la manera tradicional, que sería Sanremo[4], junto. Obligado por un decreto de los fascistas de Mussolini en 1928, se cree que se realizó este cambio para glorificar al santo cristiano de San Remo. Sin embargo, los locales insisten en que el nombre deriva de San Romolo, obispo de Génova durante el siglo IX, quien, en el dialecto local, era conocido como Sanremü. A consecuencia de ello, no tardaron en negarse a reconocer la designación de la ciudad como San Remo. En 2002 el ayuntamiento local anuló este decreto de 1928, regresando San Remo a su forma original.

La hipérbole se redujo cuando Bartali, fumador empedernido, amante del vino y temeroso de Dios, retuvo su corona, sobre todo porque a Olimpio Bizzi se le salía la cadena justo cuando sobrepasaba al líder del Legnano, apenas a 50 metros de la línea. Las fotografías muestran a un Bartali que avanza por el centro de la calle, mientras en la parte derecha de la imagen Bizzi aparece con ambos pies fuera de las punteras mientras trata de mantenerse sobre la

---

[4] Aunque «Sanremo» sea la forma tradicional italiana, hemos optado por escribir «San Remo» en dos palabras en este libro, de acuerdo a la forma tradicional española recomendada por la RAE.

bicicleta. En algún lugar de las borrosas imágenes, detrás de ambos hombres hay un joven debutante en San Remo, un tal Fausto Coppi. Corriendo para Legnano, cumplió su deber de colocar a Bartali en buena posición para el esprint y, al igual que Bizzi y otros 19 ciclistas, se le otorga la décima posición compartida.

Con la guerra extendiéndose por Europa la San Remo se convirtió en un asunto todavía más italiano. En 1940, la legión extranjera se reducía a apenas dos suizos. Un año después, cuando Bartali y las estrellas emergentes Coppi y Fiorenzo Magni se vieron sorprendidos por el vencedor en solitario Piero Favalli, todos los participantes fueron italianos. En 1943 muchos de esos ciclistas italianos habían sido llamados al servicio activo, incluido Coppi, quien fue enviado al Norte de África a luchar, pero pasó la mayor parte de su servicio activo como prisionero de guerra británico.

Después de la invasión aliada de septiembre de 1943 los soldados italianos se encontraron luchando en ambos bandos, algunos de ellos siguiendo la orden de unirse a las tropas aliadas mientras que otros se negaban a abandonar las tropas del eje. Solo cuando terminó la guerra en Europa, en mayo de 1945, los italianos pudieron pensar de nuevo en el ciclismo. Solo sería necesaria una enorme gesta para que el deporte reencontrase su lugar en el corazón de los italianos.

ABUNDANCIA Y ESCASEZ ITALIANAS

A diferencia de la Primera Guerra Mundial, cuando Italia apenas sufrió el azote de las hostilidades, la Segunda Guerra Mundial dejó tras de sí un país en ruinas. Los intensos enfrentamientos se sucedieron hasta la misma rendición alemana, el 2 de mayo de 1945, dos días después de la liberación de Milán.

Después de ser liberado de su cautiverio con los británicos y recobrarse de un brote de malaria, Fausto Coppi se volvía a encontrar con la competición sobre una bicicleta a cientos de kilómetros al sur. Viajando por las regiones meridionales junto a los hermanos Leoni, Ricci y Adolfo, había competido en pequeñas carreras que ofrecían premios nimios, pero que al menos les daban lo suficiente para sobrevivir. Cuando se enteraron de la victoria aliada Coppi realizó la etapa más peligrosa de su vida, dirigiéndose al norte a través del devastado campo italiano para reencontrarse con su familia, en Castellania. En su camino a casa, firmó un contrato con Bianchi.

Cuando llegó al norte, y recién casado, se mudó a una modesta casa en Sestri Ponente, cerca de Génova, y comenzó a entrenar con furia por las rampas del Turchino junto a su hermano Serse. Su objetivo era adjudicarse la edición de 1946 de la Milán-San Remo, la primera carrera que se celebraría en Italia en la época de posguerra. Durante los meses previos a la carrera Coppi registraría 6000 kilómetros de entrenamiento, distancia tan brutal que a menudo fue preguntado si era sensato entregarse a un régimen tan implacable. «Si no entreno así, no podré estar seguro de tener oportunidad alguna llegado el día», respondía.

Bajo el tutelaje de Biagio Cavanna, quien fuera director de Costante Girardengo y que había terminado por perder la vista completamente en 1937, los hermanos Coppi no eran los únicos que se esforzaban para llegar listos a San Remo. Cavanna cuidaba de todo un conjunto de ciclistas que vivían, comían y entrenaban juntos. Aseguraba saber la cantidad de kilómetros que habían cubierto y el estado de forma en que se encontraban con solo palpar sus piernas. Figura imponente dada a ataques de ira, Cavanna insistía en que había que mantener una estricta jerarquía. Fausto Coppi estaba en la cúspide. La mayoría de los demás eran *gregari*, los que marcaban el ritmo para Coppi, salían tras las fugas y le llevaban comida y bebida.

En una biografía de Cavanna escrita por Marco Pastonesi, de *La Gazzetta*, se cita una frase del Mago de Novi: «Toda mi vida junto a Fausto Coppi se ha visto acompañada por su voz, su respiración, el sonido de sus ruedas al girar, el olor de su sudor y la agudeza de su anguloso esqueleto, tan frágil como formidable a la vez, lo que este ciego era capaz de sentir con solo imponer sus manos sobre él... masajear sus piernas era como templar la guitarra». La magia de Cavanna también incluía la administración de pociones que diseñaba para vigorizarlos. El propio Coppi admitiría que usó de manera regular «la Bomba», como se conocía a las anfetaminas.

Coppi se presentó en la San Remo sin estar seguro del todo sobre la táctica a seguir. Cavanna le aconsejó: «Si quieres ganar la Milán-San Remo tienes que moverte donde nadie se lo espere». Sin embargo, hasta el mismo día antes de la carrera Coppi seguía sin decidir el lugar adecuado para atacar. Tras inscribirse en la carrera escudriñó entre la lista de premios a lo largo del trazado y la lista de participantes. Al darse cuenta de que se habían inscrito varios especialistas en el velódromo, Coppi comenzó a pergeñar un plan. Tenía muy claro que estos especialistas saldrían dispuestos a conseguir todas las primas posibles al comienzo, para después retirarse en cuanto el trazado comenzase a ascender. Dándose cuenta de que podría aprovecharse de ello, Coppi, quien llevaba el número 13, se situó en la primera fila del pelotón en Milán.

Los ataques comenzaron casi desde la misma salida. En Binasco, a las afueras de Milán, Luigi Mutti esprintó desde un grupo de 11 ciclistas para hacerse con la prima de 3000 liras. Reconociendo una oportunidad el francés Lucien Teisseire, ganador de la París-Tours dos años antes, dio continuidad a la aceleración de Mutti y otros tres ciclistas —Giovanni Bardelli, Secondo Barisone y Coppi—, hasta que cerró el hueco.

Para los que iban en el grupo de detrás el ataque debió de parecer ridículo. Solo Coppi y Teisseire contaban con la resistencia y experiencia para sobrevivir hasta la meta; además, el aire daba casi de frente, lo que reducía casi a cero sus oportunidades de que lo lograsen. Por ello, al pelotón no le importó dejarles ir, considerando, sin duda que dos de los principales favoritos habían cometido un enorme error de cálculo.

Mientras Teisseire y Coppi cargaban con casi todo el peso de la fuga, los cinco de cabeza no tardaron en lograr una ventaja de cinco minutos. En Ovada, con poco más de un tercio del trazado cubierto, Teisseire elevó el ritmo y solo Coppi fue capaz de seguirlo. Arrancando el Turchino, la pareja le sacaba más de seis minutos al pelotón, pero Coppi estaba preocupado. Teisseire daba sensación de fortaleza, hasta el punto de que el propio Coppi temía no poder seguir la rueda del francés si este le atacaba en el llano. Para poner a prueba a su rival el líder de Bianchi atacó en las primeras rampas del Turchino, obtuvo 100 metros y aflojó después, permitiendo a Teisseire que lo atrapase.

En la mayoría de los casos, un ataque como aquel habría resultado en la muerte del entendimiento entre ambos ciclistas. Pero, en esta ocasión, Teisseire no supo leer bien las intenciones de su compañero de viaje. Siguió dando buenos relevos, pensando que Coppi lo estaba pasando mal. Pero, por el contrario, lo que Coppi notaba era que la cadencia de la pedalada de Teisseire era cada vez menor.

«A unos tres kilómetros para llegar al túnel hice un ataque furioso, llegando hasta el límite de mis fuerzas», explicó Coppi.

«Mis compatriotas, agotados y tristes por la guerra, confiaban en que les daría alguna alegría. Sus ánimos me llevaron en volandas. Ascendiendo a través de la niebla podía verlos dar brincos de felicidad, conminándome a seguir adelante mientras pasaba frente a ellos. A falta todavía de 150 km para la meta, este ataque era pura necedad».

Puede que fuera una auténtica locura, pero Coppi sabía que si ganaba en San Remo se aseguraría su futuro económico. El jefe de Bianchi, Aldo Zambrini, le había prometido un nuevo camión. «Si ganas te prometo que podrás fundar una compañía de transportes», había bromeado Zambrini. Coppi también le había pedido las 36 000 liras que Bianchi le debía desde antes de la guerra, además de los intereses.

Cuando alcanzó la carretera de la costa su ventaja sobre Teisseire se había inflado hasta más de siete minutos. Mientras que las crónicas italianas se centran en la grandeza de Coppi y sugieren, casi de manera inevitable, que Teisseire estaba destrozado, tampoco es que esto fuera del todo cierto. Al salir del túnel el francés tenía una desventaja respecto al italiano de 150 metros, pero no conocía aquella carretera y se encontró pedaleando en mitad de la nube de polvo que levantaban los vehículos que descendían por detrás de Coppi. Dado que tenía auténticos problemas para ver, la mera intención de igualar el ritmo del líder habría sido un acto suicida.

Al llegar a la carretera de la costa Coppi seguía incrementando su ventaja. Los motociclistas le habían dicho que su gran rival, Bartali, estaba ciego de ira en el pelotón, que ahora perdía casi un cuarto de hora, lo que animó a Coppi a seguir apretando. «Escogí hacer lo imposible; o, más bien, lo imposible me eligió. Seguí adelante como una fiera, perseguido por el pelotón», dijo. Su ventaja final sobre el valeroso Teisseire ascendía a los 14 minutos, con más de 18 sobre lo que quedaba del pelotón. El titular de *La Gazzetta* al día siguiente aclamaba, «Estamos orgullosos de ti». Alababa la gesta de Coppi, además de la propia prueba. «No eres más que una carrera de bicicletas… pero nos demuestras que hay algo por lo que merece vivir», decía una crónica. La normalidad cotidiana había regresado a Italia, por lo menos de manera simbólica.

En *Pedalare! Pedalare!* John Foot escribe sobre esta victoria de Coppi en 1946: «En aquel momento Coppi se fundió con Italia. Se fusionaron. Mito de la fortaleza o superhombre vestido de campesino, vino a la vida para hacer olvidar, siquiera durante un corto espacio de tiempo, los amargos recuerdos de la guerra... Su inolvidable ataque en solitario fue comparable a la Italia de los meses más inmediatos al final de la contienda, con su anhelo de reconstrucción, de nuevos héroes que inspiraran y unieran a una sociedad fracturada. Ese Coppi emergiendo de las oscuridades del Turchino y adentrándose en la luz se convirtió en el símbolo del renacimiento italiano».

El impacto de la victoria de Coppi no se limitó a Italia. Escribiendo en *L'Équipe*, la relanzada cabecera que sustituyó a *L'Auto* tras la guerra, Pierre Chany señaló la importancia de aquel momento, escribiendo acerca del Turchino: «El túnel tenía unas dimensiones nada espectaculares, apenas 50 metros de largo, pero, de cara al mundo, en aquel 19 de marzo de 1946 alcanzó unas proporciones extraordinarias. Aquel día ese túnel medía seis años y se perdía en la tristeza de la guerra... Desde las profundidades de aquellos seis años se pudo escuchar un estruendo y, de repente, un coche de color verde oliva vio la luz del día, levantando una polvareda. "Arriva Coppi", anunciaba el mensajero, revelación que solo los iniciados pudieron comprender».

La victoria de Coppi cambió, también, la percepción de la San Remo. Aunque venerada, los ciclistas temían sus terribles caminos y su climatología ominosa. El éxito de Coppi, bajo cielos azules y delante de multitudes a las que un éxtasis llevaba al paroxismo, se convirtió en los cimientos sobre los que se elevó el estatus de la *Classicissima di Primavera*, la carrera que marcaba el final del invierno y el comienzo de una nueva temporada. También confirmó la rivalidad entre Coppi y Bartali, que para muchos ha sido la más divisoria en la historia del ciclismo, tal era el estatus de ambos hombres en su momento. Desde luego que, durante los años siguientes, esta sería una rivalidad que dividiría Italia.

Preguntado tras su victoria si pensaba que Bartali se amilanaría tras aquel vapuleo que se había llevado, Coppi dijo: «Ese muchacho solo se dará por vencido el día en que no cuente con una bicicleta a la que aferrarse», palabras que resultaron toda una premonición de lo que ocurriría en 1947, cuando este devolvió una actuación épica bajo un clima extremo.

Mientras la nieve se amontonaba a los lados de los caminos, los ciclistas soportaban temperaturas que rozaban los grados negativos, bajo una lluvia incesante. Coppi fue uno de los 98 de 135 que abandonaría, lamentándose de que le ardían los ojos. Ezio Cecchi, quien salió escapado en solitario, hizo la carrera de su vida, consiguiendo una ventaja de diez minutos. Sin embargo, en cuanto Bartali aceleró para dejar atrás al grupo en el Capo Berta, las opciones de Cecchi se desvanecieron. Bartali lo atrapó a 22 km de meta, dejándolo atrás.

La edición de 1948 presentó una serie de cambios significativos. La carrera fue la primera de la recién creada Challenge Desgrange-Colombo, además de ver el debut de Vincenzo Torriani, nuevo director de *La Gazzetta*, quien compartía el papel de director de la carrera con Armando Cougnet. A pesar de no ser tan significativo, Henry C. Blomfield se convirtió en el primer ciclista británico en tomar la salida en *La Primavera*. Perdió sus zapatillas y el resto de equipo mientras viajaba a la carrera, así que participó sobre una bicicleta prestada. Una vez en carrera sería el primero en abandonar, antes de cumplirse la primera hora de carrera.

Pero quien no necesitaba presentación alguna fue el vencedor. Después de marcar a sus rivales durante todo el día Coppi realizó una fulgurante aceleración sobre el Capo Mele, consiguiendo entrar en meta el primero con más de cinco minutos de ventaja. Doce meses después realizo otro ataque similar en el Capo Berta. Pasando por la cima con apenas 100 metros de ventaja, terminaría con cuatro minutos sobre el segundo, a pesar de verse perseguido por un grupo de grandes ciclistas que marcaron una velocidad media de 40 km/h en los 29 km finales. Toda una gesta con la que celebrar la nueva ubicación de la llegada, la Via Roma, en el corazón de San Remo. Esta victoria hacía que Coppi y Bartali quedaran igualados a tres entorchados cada uno.

La edición de 1950 fue presentada como un duelo entre las dos grandes estrellas italianas, y aunque su desenlace fue sorprendente, cumplió con la expectación previa. Un grupo de más de 60 hombres se acercaba al Capo Berta, todos ellos esperando el ataque de Coppi en las rampas del más duro de los tres *capi*. Pero cuando todos esperaban que atacara, Coppi pinchó. Bartali no dudó un instante, saliendo del grupo con la única compañía de los tres franceses que pudieron seguirlo, entre los que estaba el futuro periodista radiofónico Robert Chapatte.

Chapatte dijo que miró atrás y vio cómo el grupo saltaba por los aires. «El ciclista más cercano quedaba a más de 100 metros por detrás de nuestro grupo. Tras un kilómetro, ya no se les veía. Y Gino no hacía más que acelerar». Chapatte describió el alivió que para él, Édouard Fachleitner y Pierre Molinéris supuso que Bartali se quitara de delante para dejarles marcar el ritmo, y la incredulidad que los cuatro sintieron después. «Sucedió algo impresionante. Una bala se dirigía directa hacia nosotros, forzando a la multitud a hacerse a un lado a su paso. Fausto Coppi estaba ahí. Nos dejó estupefactos. Tenía la boca abierta, los ojos hinchados por el fenomenal esfuerzo que estaba haciendo al ascender por aquella enorme colina a 40 km/h».

De inmediato, Bartali se negó a cooperar, sabedor de que si lo hacía le estaría poniendo la victoria en bandeja a Coppi. Con el grupo desacelerando, la mayoría de los que habían quedado atrás los alcanzó. Al entrar a San Remo el grupo era de más de 50 hombres. Coppi tenía un as bajo la manga. Al llegar al último kilómetro se puso en cabeza y forzó el ritmo para su compañero en el Bianchi, Oreste Conte, un esprínter, quien aceleraría a 400 metros, solo para ver a Nedo Logli, primero, y luego Bartali, sobrepasarlo. Sobre la meta, Bartali sacó dos bicicletas de distancia.

Con el marcador en San Remo marcando un 4 a 3 a favor de Gino el Pio, toda Italia esperó la revancha. Pero esta no tendría lugar. De hecho, tras dos victorias consecutivas para Loretto Petucci en 1952 y 1953, Italia experimentó su sequía más larga en la *Classicissima*. Serían necesarios diecisiete años para que el país saborease de nuevo la victoria en la Via Roma.

Louison Bobet, un hombre frío y, en ocasiones, malhumorado que no mostraba gran elegancia sobre la bicicleta, pero que lo compensaba con una habilidad sorprendente para dejarse hasta el último gramo de fuerza, dejó las primeras impresiones del dominio extranjero que estaba por llegar ya en 1951, cuando se convirtió en el primer francés en ganar aquella carrera desde que lo hiciera Henri Pélissier en 1912. Bobet se presentó en la carrera con la única compañía de Pierre Barbotin. Siendo los únicos ciclistas salidos del hexágono que participarían en la carrera, ambos franceses habían alcanzado un acuerdo con Bottecchia para competir defendiendo sus colores.

El grupo de cabeza llegaba a los 17 hombres en las faldas del Capo Mele, pero solo cuatro quedaban durante la aproximación al Capo Berta, y de estos cuatro dos eran los franceses, acompañados por el belga Raymond Impanis y Petrucci como único italiano. Bajo el ritmo elevado que el dúo francés marcó durante el inclinado ascenso, Petrucci e Impanis cedieron. Una vez solos, Bobet y Barbotin jamás vieron peligrar su ventaja. Durante los kilómetros finales ambos amigos y compañeros de equipo acordaron compartir el premio y luego se jugaron la primera y segunda plazas, con Bobet siendo el claro ganador en el esprint.

Cambios en el ciclismo y en San Remo

En 1954 el ciclismo estaba a punto de vivir un cambio fundamental. Tras la guerra las ventas de los escúteres y las motocicletas habían despegado, lo que significó, por contra, que el número de ventas de bicicletas disminuyese. Hasta entonces, las reglas de la UCI prohibían a los equipos recibir patrocinios *extra-sportifs*, patrocinadores ajenos al mundo de la bicicleta. Sin embargo, con las ventas en declive, los fabricantes tenían cada vez más dificultades para conseguir el dinero necesario con el que mantener los equipos. El equipo Ganna, liderado por Fiorenzo Magni, fue uno de los que se vieron golpeados, al principio. Cuando el fabricante abandonó la competición Magni, quien contaba con gran olfato para los negocios y acabaría dirigiendo una red de concesionarios de coches en los alrededores de Milán, se dio cuenta de que debía desafiar las reglas vigentes.

Alcanzó un acuerdo con la empresa Cosmochimici, que producía la crema solar Nivea. Los organizadores de carreras italianos y la propia federación nacional trataron de boicotear el plan de Magni, pero consiguió sortear las trabas a las que se enfrentó el equipo gracias a conseguir que un fabricante de bicicletas apareciera como copatrocinador. A comienzos de 1954 nació el equipo Nivea-Fuchs. Aunque hubo países, sobre todo Francia, donde la resistencia ante los patrocinadores ajenos al ciclismo duraría aún varios años, la visión de futuro de Magni acabaría siendo aceptada por todos los estamentos del ciclismo.

Con la atención puesta, de nuevo, en la competición, la devastadora e impresionante victoria al esprint de Rik Van Steenbergen en la Via Roma también apuntó a un cambio en el equilibrio de poderes. Llegaban los belgas, con Van Steenbergen a la cabeza. Rik I fue uno de los que disputó el esprint que se adjudicó Bartali en 1950, tras haber reconocido 286 de los 288 kilómetros con los que contaba la San Remo... excepto dos. Y lo que más sorprende siendo Van Steenbergen un esprínter es que esos dos kilómetros que le faltó por reconocer fueron los finales, pues asumió que serían rectos. Sin embargo, de camino a la meta había una curva cerrada que rodeaba una fuente y que desembocaba en la Via Roma. Al llegar a este punto el belga no estaba bien situado, perdió velocidad y con ello sus opciones de victoria. Pero esta vez no cometería ningún error, cruzando la línea de meta con varios metros de distancia, para caer después en brazos de su director, Costante Girardengo.

A esta victoria belga le siguieron otras dos. En 1955 el equipo británico Hercules se enfrentó a los grandes nombres del ciclismo, con Fred Krebs terminando en una respetable decimoséptima posición, y Brian Robinson el sexagésimo, mientras Germain Derycke se hacía con la victoria. Alfred de Bruyne extendería la racha belga en 1956, convirtiéndose en el primer ciclista que ganaba la París-Niza y la Milán-San Remo en la misma temporada.

Llegados a este punto el equipo que usaban los ciclistas, sus métodos de entrenamiento y nivel físico, así como el estado de las carreteras, habían experimentado tal mejora que el Turchino ya no era la prueba crucial que había sido durante tantos años. Ahora quedaba demasiado lejos de la meta como para influir en el resultado. Los mejores esprínteres podían superarlo con relativa facilidad e iban camino de dominar la carrera. Esto no era algo que les viniera nada bien a los italianos, pues no contaban con un ciclista que pudiera competir con la aceleración final de Van Steenbergen o de Miquel Poblet, quien se convirtió en el primer español en lograr la *Classicissima* en 1957, el año en que Brian Robinson, con su tercera posición, se convirtió en el primer británico en lograr un podio en esta carrera.

El cambio se hizo más evidente cuando Rik Van Looy lideró un esprint masivo de 69 ciclistas en 1958, con una velocidad récord de 42,179 km/h. Después de que Poblet lograra una segunda victoria encabezando otra llegada masiva en 1959, Vincenzo Torriani y su equipo organizador introdujeron el primer gran cambio en el trazado de la prueba desde su concepción en 1907.

Por sí mismo el Poggio (montañita) no entraña gran dificultad. El nombre viene del pueblo que se sitúa a tres kilómetros subiendo la Via Duca d'Aosta y que domina San Remo. De la carretera principal de la costa parte un ramal hacia la derecha, la Via Aurelia, donde los ciclistas llegan a gran velocidad. Asciende durante siete curvas de herradura y 23 giros entre lujosas edificaciones, algún que otro campo de olivos y viñedos, y docenas de grandes invernaderos, coronando a 162 metros de altura. Quitando un breve tramo al ocho por ciento, su desnivel se mantiene alrededor del tres o cuatro por ciento. Desde luego, una ascensión que no asombró a Jacques Anquetil cuando este reconoció el trazado en 1960, describiéndola en *L'Équipe* como «insuficiente, si se quiere provocar una gran selección».

Pero Torriani insistía en que, tras 280 km, su impacto sería significativo y evitaría que los esprínteres prolongaran su dominio. «Esta dificultad final permitirá que los mejores sobre el Capo Berta mantengan su ventaja, incluso la aumenten. Los que estén ya cansados cuando la carrera se mueva antes de los *capi* se vendrán del todo abajo durante el Poggio, desde donde el descenso se extiende hasta 1100 metros de la meta», afirmó antes de que la carrera comenzara.

Y lo haría bajo un manto de tristeza. El director de *La Gazzetta*, Giuseppe Ambrosini, pidió realizar un minuto de silencio para recordar al fundador de la carrera, Armando Cougnet, fallecido el septiembre pasado, al tres veces ganador de la carrera, Fausto Coppi, cuya muerte por culpa de la malaria había sacudido al mundo del ciclismo, y al ciclista francés Gérard Saint, quien había muerto por las heridas sufridas en una carrera en Le Mans apenas tres días antes.

El primer momento clave llegó con el Turchino, cuando el británico Tom Simpson atacó, provocando la creación de un grupo bastante importante. El ritmo Capo Berta arriba esquilmó aquel grupo hasta dejarlo en apenas siete ciclistas, incluido René Privat, quien dos años antes fue atrapado a tres kilómetros de la meta tras una épica escapada. Sobre el Poggio, Privat aceleró y mantuvo lo que parecía una ventaja suficiente sobre la cima. Pero los descensos no eran su fuerte. Mientras negociaba con cuidado la revirada bajada que pasaba a través de varios viñedos, su compatriota Jean Graczyk atacaba por el Poggio tras él. Bendecido por una velocidad punta mucho mayor, es casi seguro que Graczyk no habría encontrado problemas para acabar con Privat. Sin embargo, calculó mal en una curva y se fue contra el suelo, dándole a su compatriota el respiro necesario. Privat ganó con 11 segundos de ventaja, con Graczyk maldiciendo su suerte. «En esa caída he perdido el tiempo que he cedido al final, lo que me ha costado la victoria», se quejó.

Con todo esto Torriani demostró llevar razón, aunque solo hasta cierto punto. La velocidad media de Privat había sido la más alta hasta entonces, casi 43 km/h, mientras las esperanzas de que los ciclistas locales resultaran más competitivos se esfumaron. A pesar de que Gastone Nencini liderara la ascensión al Poggio, ni un solo italiano terminaría entre los diez primeros.

En 1961 subiría al podio un italiano, Rino Benedetti, entrando detrás de Rik Van Looy mientras el pelotón esprintaba por la segunda posición. La victoria, por el mísero margen de tres segundos, la había conseguido otro francés que corría para el mismo Mercier de Privat, alguien que tenía las mismas iniciales. Pero más increíble resulta el hecho de que Raymond Poulidor, el eterno segundón que terminara en el podio del Tour de Francia en ocho ocasiones sin ganarlo jamás, quisiera abandonar la carrera cuando pinchó en Varazze, a 125 km de meta, y tener que esperar dos minutos antes de que el director del Mercier, Antonin Magne, apareciera en escena con sus características camisa blanca y boina. Cuando Magne vio que Poulidor comenzaba a desatarse los cordones de las zapatillas le preguntó:

«¿Se puede saber qué haces?».

«Como usted puede ver, voy a abandonar. No tiene sentido seguir adelante, los líderes han alcanzado demasiada ventaja», contestó un Poulidor que debutaba en San Remo.

«Raymond, te prohíbo que abandones. No tienes motivo. Ninguna carrera se pierde de antemano», insistió una y otra vez Magne ante las quejas de su líder. Viendo a los franceses Albert Bouvet y Louison Bobet pasar a su lado ordenó a Poulidor perseguirlos, diciendo que el ritmo de cabeza se rebajaría. Magne, dos veces ganador del Tour y uno de los hombres más astutos que había en la dirección de equipos ciclistas condujo carrera adelante y pronto se dio cuenta de que el pelotón había ralentizado su ritmo, mientras los ciclistas terminaban de comer lo que llevaban. Se volvió a dejar caer y le dijo a su líder: «Solo van un minuto y medio por delante... Los vais a atrapar como si nada, como moscas que se posan sobre un queso enorme».

Una vez de vuelta en el pelotón Poulidor recordó el plan que Magne le había explicado mientras reconocían en coche el trazado de la carrera en dirección opuesta rumbo a Milán dos días antes. En 1956 Magne había aconsejado a Fred de Bruyne atacar a los pies del Capo Berta, diciéndole a Poulidor que usara la misma estrategia. Cuando lo hizo, solo dos ciclistas saltaron a su rueda, el holandés Albertus «Ab» Geldermans y su propio compañero en el Mercier Jean-Claude Annaert, quien ayudó a elevar el ritmo a los pies del Poggio, donde Magne le dijo a Poulidor que volviera a atacar. Poulidor aceleró y no tardó en abrir un hueco sustancial.

Magne jugó otra carta más. En lugar de seguir a su líder se quedó, de manera artera, con Geldermans y Annaert, dándole al pelotón que los seguía la sensación de que los tres líderes seguían juntos. Sin embargo, Poulidor ya iba 300 metros por delante. La treta bastó para consolidar la diferencia. Poupou aguantó, ganando por 60 metros a pesar de que un policía lo sacara del trazado durante la última curva.

«A menudo perdí carreras que debí ganar, pero aquel día gané una carrera tras estar a punto de perderla en dos ocasiones», dijo Poulidor, quien no solo se quedó sindejó de ganar el Tour, sino que nunca, jamás, pasó un día vistiendo el codiciado amarillo de esta carrera. Aquella tarde Mercier le dobló el sueldo, lo que le permitió casarse con su prometida, Gisèle, un mes después.

No cesa la sequía italiana

En 1962 había tal desesperación en Italia por lograr la primera victoria en una década, que los organizadores de la San Remo invitaron al último vencedor que había dado la nación, Loretto Petrucci, para que diera el banderazo de salida. ¿Se levantaría con esto la maldición que perseguía a las estrellas italianas desde 1953? No lo parece...

A pesar de que el belga Émile Daems consiguió la victoria por delante de tres de sus compatriotas, el italiano Antonio Bailetti recibió grandes elogios por su actuación. Escapado desde el kilómetro 112, Daems lo atrapó a falta de una docena de kilómetros para la meta. Cuando el belga atacó Poggio arriba, Bailetti estaba demasiado fatigado como para responder, entrando en meta el décimo.

Y la situación seguiría sin mejorar para los italianos. En 1963 el francés Joseph Groussard y el campeón del mundo alemán de ciclocrós, Rolf Wolfshohl, demostraron ser los más fuertes en un pequeño grupo que llegó al Poggio. Llegando a la meta Wolfshohl lideraba el esprint, y para los que se encontraban más cerca de la línea dio la sensación de que había contenido el apretón final del francés, aunque por muy poco. Ambos ciclistas fueron informados de que Wolfshohl había sido el ganador, y mientras el alemán subía al podio para recibir el ramo de vencedor, un desconsolado

Groussard le decía a un amigo «pensaba que había ganado, pero ha sido una llegada muy justa».

Tan justa fue que el juez de la *photo finish* necesitó varios minutos para dar su veredicto. Para los presentes tenía todo el sentido que Wolfshohl ganara, pues había lanzado la bicicleta sobre la línea de meta tal y como mandan los cánones, empujándola con todo el cuerpo recogido por debajo y detrás de los brazos. Por la derecha, Groussard había pasado la línea con la cabeza mirando hacia abajo y el torso adelantado, como si intentara destrozar una cinta invisible a la altura del pecho. Y eso fue lo que había hecho, pues Wolfshohl fue bajado del podio para comunicarle que había perdido por dos escasos centímetros.

La Gazzetta apuntó que los tres primeros habían corrido la carrera por etapas francesa París-Niza como parte de su entrenamiento de cara a la San Remo, y pasó a preguntar a los ciclistas italianos: «¿Cuánto tiempo más tiene que pasar para que lo comprendan?». La respuesta fue: por lo menos un año más. En 1964 volvieron a jugarse la victoria dos ciclistas. Ambos habían corrido la París-Niza. Ninguno era italiano. La victoria fue, por vez primera, para un ciclista británico.

Tom Simpson atacó con agresividad en las inclinadas rampas del Capo Berta. Al coronar el promontorio miró hacia atrás para darse cuenta de que apenas tres ciclistas continuaban a su rueda: el belga Willy Bocklant, el italiano Vincenzo Meco y el vencedor de 1961, Poulidor. Cuando el francés atacó en el Poggio Simpson fue el único capaz de quedarse con él. Su duelo continuó durante los peligrosos requiebros que conducen hasta San Remo, donde el británico ganó con facilidad. Mientras el *Daily Express* cacareaba «Simpson aniquila a las estrellas mundiales del ciclismo», los italianos continuaban preguntándose de dónde saldría su próximo ganador.

Debió haber sido Vittorio Adorni o Franco Balmanion, quienes parecían destinados a jugarse la victoria entre ellos en 1965. Sin embargo, unos pocos kilómetros antes del Poggio un rubio holandés, Arie Den Hartog, cerró el hueco que separaba a ambos del pelotón, alcanzándolos. Después de que el trío pasara el Poggio, daba la sensación de que los dos italianos habían alcanzado un acuerdo: Balmanion lanzaría el esprint a Adorni. Sin embargo, Den Hartog se escurrió entre ambos, ganó velocidad a rueda de Balmanion y aceleró desde detrás cuando el italiano se echó a un lado, desconocedor —según se dijo— de que con ello estaba bloqueando la línea por la que Adorni pedaleaba hasta la meta.

Unas pocas semanas después Eddy Merckx pasaba a profesionales y no tardaba en hacer buena la reputación que se había ganado como mejor ciclista *amateur*. Bruno Raschi, de *La Gazzetta*, describió al belga como un esprínter con todo un arsenal de habilidades, pero limitado en algunos aspectos. Era, según escribió Raschi, una versión modernizada de Rik Van Steenbergen, un ciclista llamado «a dominar las clásicas, pero no las grandes vueltas». No tardó en demostrarse que Raschi había acertado... a medias. Merckx se enfrentó a su primera San Remo tras conseguir una cuarta plaza en la París-Niza. A pesar de que se le auguraba una brillante carrera, con apenas 21 años todavía no estaba entre los favoritos para adjudicarse una carrera tan larga como *La Primavera*.

Marcó a los favoritos hasta el Capo Berta, donde Poulidor desencadenó una aceleración que rompió el grupo. El francés volvió a acelerar sobre el Poggio, consciente de que al esprint no tenía muchas opciones. Merckx se soldó tras su rueda, aparentemente al límite de sus fuerzas. Viéndose cerca de la cabeza en la cima final Merckx se lanzó en la bajada a San Remo, decidido a mantener el grupo de cabeza tan pequeño como le fuera posible.

Este grupo incluía a 11 ciclistas, siendo cinco de ellos italianos, incluido el campeón nacional Michele Dancelli y el rapidísimo Adriano Durante. En la etapa inaugural de la París-Niza, menos de una quincena antes, Merckx les había disputado la victoria a ambos hombres, terminando tercero mientras Durante ganaba. En lugar de lanzar su esprint desde lejos como hizo aquel día en Auxerre, Merckx esperó todo lo que pudo, siguiendo a su compatriota Herman Van Springel por la parte izquierda de la Via Roma mientras los italianos permanecían a la derecha, fuera de la acción. En los metros finales Merckx superó a Van Springel, con la barbilla echada hacia adelante, los codos extendidos y los dientes apretados. Durante intentó responder, pero era demasiado tarde. Merckx se había hecho con el primero de los 19 monumentos que conseguiría.

La segunda llegaría un año más tarde, y fue todavía más difícil de digerir para los italianos. Ganador de dos etapas en la París-Niza Merckx se presentó en San Remo como el máximo favorito, aunque se vio condenado a quedarse en el pelotón mientras Tom Simpson, su compañero en el Peugeot, tomaba la iniciativa —parece que para evitar que el propio Merckx hiciera lo mismo— al unirse a una escapada tras apenas ocho kilómetros. Por fortuna para Merckx ninguno de los *capos* italianos lograron entrar, con lo que el grupo de Simpson fue neutralizado a falta de 59 km.

Merckx no dudó tras esto, arrancando sobre el Capo Berta, como había anunciado con anterioridad, y repitiendo aceleración en el Poggio, donde el único capaz de seguir su rueda fue Gianni Motta. La pareja colaboró sobre el Poggio, pero comenzaron a jugar al gato y el ratón mientras se acercaban a la meta, permitiendo con ello que se les unieran otros dos italianos. Junto a Motta, Franco Bitossi y Felice Gimondi eran las mayores estrellas italianas. Sin embargo, y una vez más, para los italianos resultaba más molesto que pudiera ganar uno de ellos, provocando que estuvieran más pendientes de lo que hacía cada uno de ellos, y olvidándose del extranjero que los acompañaba. Con las manos en la parte baja del manillar y los codos hacia afuera todo lo que daban de sí, Merckx consiguió una victoria casi calcada de la que había logrado 12 meses antes, con los italianos entrando a su rueda.

En las entrevistas posteriores Motta y Bitossi confesaron que ambos intentaron ponerse a rueda de Merckx a la vez, entorpeciéndose entre sí al hacerlo. *Corazón Loco* Bitossi explicó: «No he tenido problemas con el corazón, hoy. Lo que ha pasado es que cuando hemos atrapado a Merckx y Motta, no me quedaba tiempo para recuperar el resuello ni pensar. Me he echado a un lado y puede que con ello me haya metido un poco en la trazada de Motta».

En 1968 Merckx se había convertido en el favorito indiscutible para la San Remo, hasta el punto de que sus rivales siguieron cada movimiento que hizo, provocando un marcaje tan exitoso sobre Merckx como sobre ellos mismos. Cuando un grupo de siete hombres se fue del pelotón a falta de 20 km para la meta, la persecución fracasó en organizarse, lo que otorgó a la fornida figura de Rudi Altig la oportunidad de convertirse en el primer alemán en inscribir su nombre en el cuadro de honor de la San Remo.

Llegada la primavera de 1969 Merckx ya había sido apodado como el Caníbal. Además de añadir la París-Roubaix a su lista de victorias en las clásicas, le demostró a Raschi, y al resto del mundo del ciclismo, que era igual de capaz de vencer en las grandes vueltas, al conseguir el Giro de Italia en 1968. Llegó a Milán tras conseguir una victoria demoledora en la París-Niza, donde venció en tres etapas. Daba igual la carrera o el terreno, parecía casi invencible.

La carrera presenció una de las últimas florituras de Rik Van Looy, cuando se filtró en una escapada que puso tierra de por medio tras una primera hora de carrera frenética. Michele Dancelli era uno de los cinco italianos que acompañaban al belga, y uno de los últimos en ser atrapado por el pelotón mientras se acercaba al Poggio, 200 km más tarde. Una vez en *la montañita* Merckx desató el ataque que todo el mundo esperaba. Vittorio Adorni y Raymond Poulidor se estorbaron entre sí mientras intentaban, con todas sus fuerzas, seguirlo, dejando abierto un hueco que nadie pudo cerrar. Por primera vez Merckx no tuvo que tirar de saber hacer y velocidad final para cruzar la meta en la Via Roma. Se dejó ir sobre la línea, diciéndole a los periodistas poco después que «me siento como un boxeador que ha ganado con un K.O. en el primer puñetazo».

Fiorenzo Magni resumió el asombro que a muchos les producía ver a Merckx destrozar a sus rivales una y otra vez. «Corrí con Coppi y Bartali, recuerdo a los grandes primigenios. Ninguno de ellos hizo lo que hace Merckx; con tanta clase y sencillez. Cuando quiere serlo, es imbatible. Ganará todo», dijo el tres veces campeón del Giro. Describiendo al belga en su mejor momento Philippe Brunel, de *L'Équipe*, afirmó que era «mejor que Van Steenbergen, mejor que Van Looy. Merckx era Van Looy sumado a Anquetil. Un campeón global, orquestal, respetuoso con la tradición, un ciclista con el que los italianos tendrían que aprender a convivir». El problema para los italianos era que enfrentarse a esta tarea resultaba superior a sus fuerzas. Una vez más, terminaron la carrera entre recriminaciones. Dancelli se quejó de Gimondi y Bitossi, «se han centrado en perseguirme. ¿Y qué han logrado? Solo han ayudado a Merckx».

Dancelli y su director deportivo en el Molteni, Giorgio Albani, eran completamente conscientes de que para negarle la victoria a Merckx y a la cada vez más dominante liga de esprínteres llegados de las naciones del norte, sería necesario algo muy especial. En las primeras semanas de 1970 idearon un plan detallado y diseñado para asegurarse de que uno de sus ciclistas estaba en la lucha en todo momento. Sin embargo, ese plan no tardó en quedar obsoleto, sobre todo porque la actitud competitiva de Dancelli no logró encajar en él.

Apodado el Búho por sus ojos negros y cautivadores, Dancelli no estaba considerado un ciclista al nivel de Bitossi, Gimondi y Motta, sobre todo porque, de acuerdo con el escritor Herbie Sykes, afincado en Italia, «sobre la bicicleta actuaba igual que lo hacía en los clubes y bares de los alrededores de Brescia: por puro instinto. Decían que no sopesaba las cosas, que hacía lo que el cuerpo le pedía, motivo por el que no ganó más a menudo». Sykes describe su estilo como «anacrónico, casi ilusivo… Lo trágico de todo ello es que, en cuanto a físico, estaba entre los mejores del país».

Por supuesto, nadie dudaba de que Merckx ganaría una cuarta edición en cinco años, pero durante los días previos a la carrera el belga no se encontraba del todo bien, por lo que aseguró que trabajaría para su compañero Italo Zilioli. Esto alentó las esperanzas del resto, y puede que fuera lo que animó a Dancelli a salir detrás de su propio compañero de equipo Carlo Chiappano, uniéndose a una escapada en Novi Ligure, tras menos de 100 km recorridos. Zilioli, Bitossi, los De Vlaeminck y Van Looy también se encontraban entre los 18 ciclistas que se escaparon. Una caída en el pelotón poco después significaba que, con toda probabilidad, la victoria estaría en el grupo de escapados, con los velocistas Gerben Karstens y

Walter Godefroot siendo los máximos favoritos. Ninguno de los ocho italianos parecía contar con posibilidades en caso de que el grupo llegara a San Remo.

A falta de 70 km Chiappano saltó para luchar por una prima intermedia, y Dancelli salió a su rueda. Mientras su líder se alejaba Chiappano sintió que la oportunidad era buena y redujo el ritmo. Dancelli siguió tirando, con su testarudez habitual y su aparente ausencia de sentido común. Sin embargo, en ausencia de Merckx y su cuadrilla en el Faema, nadie tomó la responsabilidad de organizar la persecución. Levantando el paroxismo durante su ascensión al Poggio, mientras los italianos en la fuga se negaban a colaborar en la persecución, Dancelli consiguió la victoria y rompió en lágrimas mientras caía en brazos de un policía más allá de la meta. «Por favor, no me pidan hablar. No entiendo nada, nada», dijo. Los italianos tuvieron, por fin, algo que celebrar el día de San Giuseppe. Gracias a Michele Dancelli llegó la primavera. Había tardado 17 años en hacerlo.

«SE DESARROLLA COMO SI FUERA UN *THRILLER*»

Puede que Michele Dancelli terminara con la sequía italiana en la San Remo, pero su victoria tampoco trajo consigo un torrente de nuevos éxitos italianos. De hecho, lo que hizo fue espolear a Merckx para la consecución de logros mayores. A pesar de que el propio belga admitiría que jamás volvió a sentirse tan poderoso como se sentía antes de su caída en el velódromo de Blois a finales de 1969, siguió sumando victorias a un ritmo abrumador, sobre todo durante 1971.

Aterrizó en Milán con una tercera corona consecutiva en la París-Niza y una nueva bicicleta, con un peso pluma y una rigidez extrema, cortesía de su constructor italiano de cuadros, Ernesto Colnago. El Caníbal dejó claras sus intenciones en la salida, diciéndoles a los periodistas: «El año pasado le dejamos a la escapada de la mañana gozar de una autonomía excesiva y no fui capaz de atrapar a Dancelli. Esta vez tendremos que neutralizar todos los ataques antes del Turchino para, después, tomar nosotros mismos la iniciativa».

Merckx y su equipo se ciñeron al plan, ayudados, hasta cierto punto, por la copiosa lluvia y el frío que provocarían que apenas 47 de los 172 que tomaron la salida alcanzaran la meta. Manteniendo a raya la acción hasta alcanzar la costa, los soldados del belga, en su nueva equipación de Molteni, hicieron saltar la carrera por los aires. En Varazze, el tres veces vencedor en San Remo ordenó a sus hombres que elevaran el ritmo para esquilmar el, todavía, enorme pelotón antes de los *capi*.

El belga estaba pendiente, sobre todo, de la amenaza que presentaban los italianos, ahora que Dancelli había acabado con el gafe que los atenazaba. El viejo adversario de Merckx, Felice Gimondi, fue el más activo de todos, «pedaleando como una locomotora que tira de tres vagones», en palabras de *La Gazzetta*. Por desgracia para Gimondi dos de esos vagones eran ciclistas de Molteni, Jos Bruyère y Jos Spruyt. No iban a colaborar con el italiano, sobre todo porque Merckx estaba cerrando el hueco que los separaba, llevando consigo a Gianni Motta y el sueco Gosta Pettersson.

A los pies del Poggio Spruyt y Bruyère realizaron una seca aceleración, pero Gimondi salió tras ellos. Por su parte, Merckx estaba listo para atacar y no tardó en pegarse a rueda del italiano. En el falso llano antes de la cima el belga pasó junto a Gimondi, logrando diez segundos cruciales en la cima del Poggio. Durante el descenso por la Via Aurelia alcanzó tal velocidad, acelerando a la salida de cada una de las curvas, que los diez segundos de ventaja que tenía se convirtieron en 30 sobre la meta de la Via Roma. Fue una victoria emotiva. Al día siguiente Merckx depositó el ramo de vencedor en la tumba del campeón del mundo belga Jean-Pierre Monséré, que acababa de morir cuatro días antes de la San Remo.

Con un Merckx cerca de la invencibilidad en *La Primavera* —había conseguido cuatro victorias en seis participaciones— hubo quien sugería, a modo de broma, que los organizadores de la San Remo deberían seguir el ejemplo de lo sucedido en los años 30 con Alfredo Binda, cuando le pagaron por no correr el Giro de Italia, en un intento de que la carrera no fuera tan predecible. Un año después, parecería que las opciones de Merckx de renovar su corona se esfumaban tras una dura caída en el esprint de meta de la etapa de St-Etienne durante la Paris-Niza. Sufriendo contusiones en la zona de los riñones y todo tipo de cortes y rasguños, el doctor de Molteni le recomendó no correr, pero el belga, que lucía el maillot de campeón del mundo, insistió en hacerlo.

Sus opciones parecieron disminuir todavía más cuando se vio involucrado en una caída que afectó a 40 ciclistas antes del Turchino. Pero después de que le entregaran una nueva bicicleta y sus compañeros lo reintegraran en el pelotón, Merckx siguió adelante. Cuanto más cerca del Poggio estaba la carrera más probable parecía la primera llegada masiva tras la introducción de la *montañita*. Pero, una vez más, Merckx se impondría durante los últimos 7900 metros de la carrera, sobre la ascensión y el descenso del Poggio.

Donde en 1971 fuera Gimondi quien lideraba el asalto al Poggio, sería ahora Gianni Motta, el rubio lombardo cuya carrera dio comienzo en carreras improvisadas con sus compañeros de trabajo rumbo a su jornada en una fábrica de pasteles de Milán, quien lo hiciera. Reventó al grupo, pero, como le pasó a Gimondi, no pudo responder cuando Merckx lo adelantó en el falso llano, logrando una ventaja de 50 metros sobre la cima. No era demasiado, pero sí suficiente, pues Merckx pudo entrar en meta levantando los cinco dedos de la mano derecha. «No quería terminar al esprint, porque es cuando más me cuesta ganar. Además, tras la caída de St-Etienne me dan un poco de respeto esos embalajes tan alocados», dijo mientras se situaba a una victoria de Costante Girardengo, quien ostentaba el récord absoluto.

En mitad de un resfriado común, algo que haría hundirse a sus rivales, Merckx fue capaz de sacar lo mejor de sí tanto en 1973 como en 1974. El dúo del Ti-Raleigh compuesto por Dave Lloyd y Phil «la Máquina» Bayont se encargó de encender la primera de esas dos carreras, con un ataque tras apenas dos kilómetros. «No lo tenía planeado. No le dije a nadie "voy a atacar en la San Remo". Solo se me pasó por la cabeza y dije *vamos allá*», recordaría Lloyd. «Sobre todo recuerdo al público. En cada pueblo podías ver hasta diez filas de personas en las calles, gritando "*Allez, Raleigh*", y cosas por el estilo…Al final apareció Luis Ocaña con otro tipo, y después nos atrapó el pelotón. Yo estaba destrozado. Podría haber llegado al Poggio y arrastrarme hasta la meta, pero me retiré. Había cumplido con mi trabajo, había conseguido cierta notoriedad para el equipo y con eso bastaba».

Tras esta actuación la carrera siguió el guion ya conocido. Un enorme grupo de ciclistas se aproximó al Poggio, un ciclista italiano —Wilmo Francioni— lo hizo saltar por los aires, y un belga cruzó la meta con los brazos en alto. Al ver que Felice Gimondi se acercaba a Francioni y él, Roger de Vlaeminck hizo un ataque a lo Merckx cerca de la cima del Poggio, lo que le valió una victoria en solitario y un bonito coche. El coche fue cortesía de Giorgio Perfetti, vicepresidente de la compañía de ropas Brooklyn, cuyo maillot a rayas es uno de los más reconocibles de la historia del ciclismo. «He ganado, así que espero que el coche tenga ya las llaves puestas», bromeó De Vlaeminck.

Merckx estuvo lejos de ser el único ciclista cuyo rendimiento se vio comprometido por el mal tiempo que asoló la primera parte de la temporada de 1974. Gimondi, campeón del mundo e hijo de un obseso del ciclismo que conducía camiones con grava y una trabajadora del servicio postal cuya bicicleta le ofreció a Felice la primera experiencia ciclista, tuvo que luchar contra una faringitis durante la París-Niza, como solía ocurrirle cuando el clima era malo. Insistía en que no duraría ni 100 km en la San Remo. Sin embargo, entró en el grupo que redujo, poco a poco, la ventaja de los dos escapados a lo largo de la costa de Liguria. Gimondi confesaría después que, cuando se veía afectado por estos problemas respiratorios, le costaba un tiempo desarrollar su velocidad máxima en los ascensos, pero que en el llano no se veía tan limitado. Por esto, atacó una y otra vez entre los *capi* y el Poggio. A 14 km de meta se había quitado a todo el mundo de su rueda.

Gimondi incrementó su ventaja hasta la meta, donde una multitud de italianos lo rodeó, eufórica. Como no podía ser de otra forma, una de las preguntas que le hicieron tenía que ver con la ausencia de Merckx. «Prefiero ser primero en ausencia de Merckx que segundo tras él», dijo el bergamasco. Sin embargo, en gran medida, su victoria *sobremerckxeaba* las del propio belga. Su margen sobre Eric Leman fue de 1:53, el mayor desde los 4:17 de Coppi en 1949.

Cuando Merckx regresó a San Remo como campeón del mundo en 1975 no dejó lugar a las dudas sobre sus intenciones. «Voy a ganar», le dijo al *Corriere della Sera*. Tras terminar la París-Niza en segunda posición tras Joop Zoetemelk, había dado la sensación de no estar en su mejor estado de forma, pero con una serie de pequeños ataques antes del Turchino sorprendió a sus rivales. ¿Qué pretende? ¿Está trabajando para un compañero? Lo único que podían hacer era responder a sus aceleraciones, lo que provocó que se formara un grupo de 20 ciclistas antes del paso.

Con un fuerte viento soplando desde el mar, que provocaba olas de tres metros que rompían contra la costa y salpicaban a los ciclistas, nadie se aventuró a abandonar la seguridad del pelotón hasta llegado el Poggio, donde siete ciclistas se marcharon en solitario. Merckx era uno de ellos, pero no formaba parte del trío que tomó ventaja durante el descenso a San Remo, aunque sí que lo estaba Bruyère, su lugarteniente en el Molteni. Sin embargo, cuando la estrella italiana emergente Francesco Moser alcanzó a los líderes, las probabilidades de éxito de Bruyère disminuyeron.

Acercándose a la meta Moser miró para comprobar el hueco con el que contaba el cuarteto, viendo en ese momento llegar a Merckx. El italiano quería evitar que el belga llegase hasta ellos. Aceleró, pero Bruyère, ascendido de leal compañero a potencial ganador, se pegó a su rueda, listo para lanzar el esprint de Merckx. Los dos líderes se juntaron y en esta ocasión sería Merckx quien no dudara en lanzar el esprint desde 250 metros a la meta, aguantando sin problemas la rueda de Moser para empatar con Girardengo a seis victorias.

El último monumento de Merckx

Persiguiendo ahora la séptima victoria, Merckx optó por una carrera por etapas en Italia como entrenamiento para la edición de 1976 de la San Remo, la Tirreno-Adriático, que, después de una década a la sombra de la París-Niza, comenzaba a curtirse. El Caníbal logró una etapa, pero se vio superado en la general por De Vlaeminck, lo que acrecentó todavía más las dudas sobre las posibilidades de que Merckx sumara una séptima victoria récord en la San Remo. «Hay quienes no han conseguido ninguna victoria», respondía el belga cuando le preguntaban sobre su estado de forma. «Tampoco creo estar en tan mala condición ahora mismo».

Como para demostrar que pese a tener ya 30 años no deberían olvidarse de él, Merckx se mantuvo cerca de la acción durante los *capi*, donde comenzó a probar al resto para seleccionar a un grupo de lideres, entre los que estaban De Vlaeminck y Moser. Llegando al Poggio, rampa desde la que voló a por sus anteriores triunfos, Merckx volvió a endurecer el ritmo, abriendo un hueco que solo fue capaz de cerrar el joven neoprofesional de 20 años Jean-Luc Vandenbroucke. En el esprint final Merckx demostró ser mucho más listo y rápido que el neófito, quien más tarde sería despojado de su segunda posición por dar positivo en el control antidopaje.

A pesar de que estaba claro el declive en las fuerzas de Merckx, nadie sospechaba que su séptima victoria en la San Remo en apenas nueve participaciones sería su última gran victoria. Tras 445 carreras ganadas su palmarés se podía comparar al de la suma de Coppi y Anquetil... y seguía ganando. Había sido en la Via Roma, en 1966, donde se dio a conocer al mundo, por lo que ningún sitio mejor para decir adiós que en esa misma localización, con un nada característico puño al aire mientras cruzaba la meta.

En *La Gazzetta*, Bruno Raschi pedía perdón de antemano por su hipérbole, para luego deshacerse en elogios ante Merckx, describiéndolo como «un muchacho bendecido con una fuerza sin igual, y que cuando se trata de la bicicleta, parece tocado por el don de la inmortalidad». Por primera vez Merckx había parecido uno más entre los 200 que tomaron la salida en Milán, según Raschi. «Pero el ciclismo volvió a su estado anterior. Eddy Merckx vuelve a ser el rey del pelotón».

Regresó un año después para defender su corona pero, aquejado de un resfriado, prefirió trabajar para su compañero Patrick Sercu, entrando en meta el nonagésimo sexto después de que el holandés Jan Raas realizara una actuación digna de Merckx sobre el Poggio, terminando justo por delante de De Vlaeminck. Pero más significativa resultó la desastrosa actuación de los favoritos locales, siendo algunos de ellos abucheados en la meta.

La propia carrera se vio bajo la lupa de la crítica. La importancia de la San Remo hacía que, además de los grandes equipos extranjeros, todo equipo profesional italiano quisiera correrla. Y lo preocupante, en cuanto a la seguridad, es que los organizadores se lo permitían. En 1977 se inscribieron 260 ciclistas, tomando la salida en Milán 231, 40 más que un año antes y apenas siete menos que la mayor participación de la historia, que se estableció en 1970. «Hay algunos ciclistas modestos que no deberían estar aquí», se quejó Wladimiro Panizza, quien ostenta el récord de participaciones en el Giro de Italia con 18. «Nos tiramos todo el día esquivando posibles caídas, pero no siempre podemos, apretando los frenos presas del pánico en muchas ocasiones», continuó Felice Gimondi.

De Vlaeminck tampoco estaba nada contento, aunque su preocupación tenía más que ver con el trazado que con el número de integrantes del pelotón. «Cuando [Vincenzo] Torriani incluyó el Poggio, la Milán-San Remo se convirtió, de nuevo, en la gran clásica que siempre debió ser. Pero, en la actualidad, el Poggio no basta para seleccionar a los mejores ciclistas. Los ciclistas pueden superar sin problema lo que hoy en día es, digamos, la única dificultad, el Capo Berta, que ya no presenta problema alguno; es una carrera insípida», dijo el campeón de 1973. De Vlaeminck sugirió un nuevo trazado que fuera carretera adentro desde la costa, pasando por el Testivo, cerca de Alassio.

Mientras los organizadores le daban vueltas al asunto De Vlaeminck conseguiría dos nuevas victorias en San Remo, superando a la nueva sensación italiana Giuseppe Saronni en 1978 y 1979. Rio Negri, de *La Gazzetta*, describió las tres victorias del belga en la Via Roma como «muchísimas para un ciclista que no es ni Merckx ni italiano». Señaló que, a diferencia de muchos ciclistas italianos, De Vlaeminck solo se entregaba cuando realmente tenía que hacerlo, y que había trabajado muchísimo para convertirse en una estrella de las clásicas. Recordaría cómo, de joven, De Vlaeminck llegó a trabajar por la noche en una fábrica para poder entrenar y competir durante el día, y ni tan siquiera contempló hacer *trasmoto* para regresar a casa después de participar en la Gante-Wevelgem.

Presentando la Cipressa

Los organizadores siguieron sin atender las quejas acerca del número de participantes: el impresionante número de 271 ciclistas tomaría la salida en 1981, y dos más lo harían en 1987. Sin embargo, en 1982 se pudo ver el primer cambio en el trazado desde que se introdujera el Poggio en 1960. La Cipressa entró en la carrera para endurecer el final, asegurando que solo los mejores clasicómanos luchaban por la victoria. Elevándose hasta los 240 m sobre San Lorenzo al Mare, la Cipressa es bastante más alta que el Poggio y llega a 14 kilómetros de este.

Comienza con una cerradísima curva a derechas para dar paso después a una serie de zetas, aunque con menos dureza que en el Poggio. Pasando entre olivares, sus rampas no presentan ninguna dureza, a menos, claro está, que se encaren con plato grande y tras 270 km de carrera. Una estrecha cancela cerca de la iglesia de la cima conduce a la pintoresca villa de Cipressa, desde donde la carretera desciende de manera similar de regreso a la costa. Su inclusión aumentó la distancia hasta los 294 km, que tampoco resultaba un apéndice significativo, aunque sí lo suficiente como para satisfacer a los favoritos a la victoria. Sin embargo, cuando la carrera alcanzó la Cipressa por primera vez, todos esos nombres estaban fuera de la partida.

Trece ciclistas, de los que la mayor parte eran considerados segundones en aquel pelotón de 260 hombres, saltaron del grupo tras apenas 8 km. Serían dos compañeros del favorito a la victoria Beppe Saronni quienes instigaron el ataque. Entre los que no tardaron en unírseles se encontraba el campeón del mundo de persecución, el francés Alain Bondue, además de su compatriota Marc Gomez, profesional desde hacía apenas dos meses con el Wolber. «Corría para un equipo modesto y no teníamos un líder, por lo que lo importante era dejarme ver y mostrar los colores de los patrocinadores del equipo», dijo un Gomez de 27 años.

La ventaja del grupo aumentó con rapidez, alcanzando un cuarto de hora en las primeras rampas del Turchino, donde la incesante lluvia se convirtió en granizo con el desplome de las temperaturas. Una serie de caídas redujo el grupo perseguidor por detrás de los escapados, conduciendo a varios de los favoritos a abandonar por el frío. Saronni sería uno de ellos, explicando más tarde que había esperado demasiado antes de ponerse el chubasquero y que, cuando lo hizo, tenía las manos y los brazos tan congelados que apenas podía hacer fuerza en el manillar. «Fue un error imperdonable», reconocería.

Por delante, el grupo de 13, impulsado por el viento a favor, fue perdiendo integrantes hasta que apenas quedaron Bondue, Gomez y Claudio Bortolotto, compañero de Saronni, dirigiéndose hacia la Cipressa. Todo el trazado era nuevo para Gomez, quien lo único que sabía era que les quedaban 30 km de carrera. La lluvia se había detenido, al fin, haciendo la carrera mucho más sencilla para el francés de las gafas, quien atacó logrando una ventaja de 200 metros mientras bajaba rumbo a la costa.

Dándose cuenta de que Bortolotto flaqueaba Bondue abandonó la compañía del italiano y enjugó la desventaja con Gomez. «Pensé que lo ganaría al esprint, por lo que, si me quería ganar, tendría que dejarme de rueda; así que me dije "hasta aquí", yo ya no tenía por qué trabajar más. Le dejé abrir carrera Poggio arriba», le contó Bondue a *Cycle Sport*. Conocía la importancia del descenso hacia San Remo y pasó a Gomez para ser él quien marcara el ritmo en la bajada. Pero llegando a la primera curva, con la carretera todavía mojada, patinó y perdió velocidad, lo que permitió a Gomez abrir un hueco. En la siguiente curva Bondue volvía a patinar. Obligado a mostrarse cauteloso cuando debería arriesgar, Bondue perdió su oportunidad.

Gomez alcanzó la Via Roma, en la que la enorme multitud se preguntaba quién era ese. «Seguro que esperaban a uno de sus héroes, Moser o Saronni. Pero, lo que vieron, fue a un perfecto desconocido. Seguro que el griterío fue muy superior al que yo noté, pero mis recuerdos son muy silenciosos. Era una de las carreras más bonitas del mundo ¿cómo podía estar yo a punto de ganarla?».

Un año después los grandes nombres no dejaron opción a otra sorpresa como aquella. De hecho, los Moser, Saronni y Kelly estaban tan decididos a mantener a raya la acción que la carrera estuvo dormida durante los primeros 200 km. El irlandés Kelly aumentó las pulsaciones con un ataque sobre el Capo Berta, pero sería Moser quien devolviera la vida a la carrera en la Cipressa, impresionando con su velocidad por aquella ascensión, para después dejar a todo el mundo apabullado con su arriesgado descenso.

Las acrobacias del Sheriff rompieron el pelotón, dejando a la mayoría de favoritos en cabeza. La cuerda se fue tensando entre ellos de manera considerable durante el ascenso al Poggio, pero no fue hasta que alcanzaron el falso llano que está tan cerca de la cima que todo saltó por los aires, cuando Saronni, el campeón del mundo, aceleró como si lo hubieran disparado, en un ataque similar al que le valió el maillot arcoíris en 1982. «Su ataque fue tan violento que le quitó toda esperanza al resto de salir tras su rueda», dijo el velocista italiano Guido Bontempi, mientras que incluso Moser, el archirrival de Saronni, admitiría: «Ha corrido como un auténtico campeón».

En 1984, dos meses después de establecer en México DF una nueva marca en el récord de la hora, aunque lo hizo con transfusiones de sangre cortesía del doctor Francesco Conconi, Moser se hizo con *La Primavera* tras siete intentos. Su victoria fue similar a la de Saronni. El francés Marc Madiot, el irlandés Stephen Roche y el escocés Robert Millar abrieron un hueco en el Poggio, solo para ver a un rampante Moser alcanzarlos y liderar durante el descenso, donde su fabuloso dominio de la bicicleta le facilitó el hueco necesario.

A mediados de los 80 estaba claro que los ciclistas habían cambiado de actitud respecto a *La Primavera*. Las mejoras en la preparación física, el equipamiento y la superficie del asfalto significaban que el Turchino ya no resultaba tan crucial de cara al resultado final como lo había sido durante tantos años. La carrera asumiría un patrón estandarizado. Se podía formar un ataque kamikaze durante los primeros kilómetros, obteniendo una ventaja que podía alcanzar los 20 minutos, más incluso. Cuando el pelotón alcanzaba la costa, aumentaba su velocidad y la fuga perdía terreno, a menudo muy rápido en caso de que soplara viento racheado o a favor. Los favoritos se ponían a prueba sobre los *capi*, iban más fuerte sobre la Cipressa y luego a tope sobre el Poggio, donde un pequeño grupo, o un ciclista en solitario, se escapaban. Las victorias de Hennie Kuiper en 1985, Sean Kelly en 1986, Erich Maechler en 1987 y

Laurent Fignon en 1988 y 1989 siguieron, a grandes rasgos, este patrón.

Las victorias consecutivas de Fignon llegaron gracias a la irresistible fuerza que demostró sobre el Poggio. En la primera ocasión el francés de la coleta, quien iba camino de reencontrar ese estado de forma que le había llevado a lograr los Tours de Francia de 1983 y 1984, salió en solitario cerca de la cima de la colina, donde solo el italiano, profesional de segundo año, Maurizio Fondriest pudo seguir su rueda, aunque acabó rindiéndose en el esprint a dos.

En su autobiografía *Éramos jóvenes e inconscientes* Fignon confiesa que la actuación de Fondriest lo sorprendió, pero que sabía que se impondría al joven. «Durante el descenso utilicé un astuto y viejo truco: abrirme en las curvas como si fuera un mal bajador. La idea era dejar que me pasase, para que fuese él quien abriera camino en las rectas. Cayó en la trampa como un *amateur*. En la televisión, los comentaristas no se explicaban qué estaba pasando. Pero yo tenía el control absoluto y estaba ahorrando fuerzas con toda premeditación, mientras que ellos decían que me veían "sufrir". ¡Menudos imbéciles!». Un año después nadie pudo igualar a Fignon. «Durante el Poggio movió un desarrollo [53x15] que solo se suele usar cuando la carretera es llana, y ahí se acabó la carrera para el resto», escribió Bruno Raschi en *La Gazzetta*.

Solo cuando sucedió algo nunca visto cambió la acción en este guion ya asentado, en el que la tensión va aumentando poco a poco hasta el punto de que los mejores ciclistas del pelotón tenían que decidir dónde hacer el único movimiento que podía entregarles la carrera. En 1990 un fuerte viento de costado echó por tierra los cálculos de los favoritos, pero les dio una oportunidad a dos italianos antes de llegar a la Cipressa. Dirigiéndose hacia Imperia Angelo Canzonieri atacaría y Gianni Bugno, quien por entonces daba sus primeros pasos como favorito a las grandes vueltas, ignoraría la lógica imperante en San Remo, saliendo a su rueda. «En seguida me di cuenta de que era el momento clave, cuando Canzonieri atacó en Imperia. Es la típica cosa de la que te das cuenta cuando vas en una bicicleta. Atacó justo cuando los equipos se estaban dando un respiro y el pelotón ocupaba toda la calzada. Después, en la Cipressa, me di cuenta de que Canzonieri comenzaba a pasarlo mal, así que jugué mi baza», explicaría Bugno tras convertirse en el primer vencedor local desde Moser en 1984.

El clima también desbarató los planes de los favoritos un año después. Antes de la edición de 1991 todas las discusiones giraban alrededor de los planes de la UCI de hacer obligatorio el uso del casco. Los ciclistas y los equipos se mostraban en contra, basándose en que los cascos eran, todavía, demasiado grandes e incómodos, pero accedieron a llevarlos en San Remo antes de que se alcanzara una decisión final. El sábado que siguió a la festividad de San Giuseppe hacía un frío que pelaba y diluviaba, provocando una serie de caídas en el pelotón, en el que, seguro, muchos se alegraron de llevar puesto ese apéndice cabecero tan denostado.

Turchino arriba, la enorme figura de Guido Bontempi aceleró desde la cabeza del grupo, con el mucho menos corpulento compañero del Carrera Claudio Chiapucci protegiéndose a su rueda, seguido por el danés Rolf Sørensen, el francés Charly Mottet, el español Marino Lejarreta y el holandés Adrie van der Poel. Era un buen grupo, pero la lógica en San Remo sugiere que se había formado demasiado lejos de la meta como para ser una amenaza para los favoritos que todos tenían en mente. Sin embargo, Chiapucci, cuya perpetua sonrisa y segunda posición en el Tour de Francia una temporada antes le habían convertido en uno de los favoritos de la afición, se conocía las carreteras de la costa de Liguria de memoria, y tenía un plan que solo terminaba de una forma posible: con la victoria en San Remo.

Cuando el pelotón aumentó el ritmo, el grupo respondió. «Entonces puse mi plan en funcionamiento», explicaría Chiapucci. El italiano realizó un duro ataque sobre el Capo Berta, quitándose de encima a todos menos a Sørensen. «En la Cipressa lo pasó mal, pero yo tampoco quería realizar los últimos 20 km en solitario, así que me mantuve fiel al plan y esperé gustoso a dejarme todas mis fuerzas durante la ascensión al Poggio. Lograr una victoria de esta manera me hace sentirme muy orgulloso», dijo Chiapucci, cuya aceleración a mitad de ascensión del Poggio acabó con las esperanzas del danés.

Parte del brillo de este y otros éxitos de Chiapucci perdieron lustre cuando admitió ante un fiscal italiano haber utilizado EPO, aunque más adelante se retractaría de esta afirmación. Al igual que Moser unos años antes Chiapucci había trabajado con el doctor Conconi, acusado de administrar EPO a varios ciclistas. A pesar de que jamás se pudo probar esta acusación y el caso Conconi fue desestimado en el 2004, el juez que lo llevaba sentenció que Conconi y otros dos colegas eran «culpables morales» de alentar a los ciclistas con los que trabajaban al dopaje, incluyendo estos ciclistas a Chiapucci y Bugno.

A pesar de que ni un solo ganador de la San Remo haya dado positivo en el control antidopaje obligatorio, se podían sentir la influencia de la EPO y otras sustancias potenciadoras del rendimiento en la manera en la que un número de ciclistas cada vez mayor era capaz de superar las exigencias críticas de las grandes clásicas, incluida la San Remo. Desde 1982, cuando se introdujo la Cipressa, solo los ciclistas más fuertes aspiraban a seguir en la lucha al ascender esta y el Poggio. Sin embargo, a partir de mediados de los 90 y en adelante, el pelotón contaba con un número de miembros sustancial cuando la carrera alcanzaba el Poggio. ¿Podía ser esto consecuencia de una mejora en los métodos de entrenamiento y en el equipamiento usado, provocando un cambio tan acusado en tan poco tiempo?

Aunque no hay ninguna duda del impacto que tuvo el dopaje en el ciclismo profesional desde comienzos de los 90 en adelante, todavía hubo algunas ocasiones en que la experiencia, las agallas y el coraje seguían marcando la diferencia. La edición de la San Remo de 1992 se fue desarrollando como la coronación de Moreno Argentin, un habitual vencedor de las clásicas belgas de las Ardenas, pero que jamás había pasado de la cuarta posición en la San Remo, hasta entonces.

El Ariostea de Argentin esposó a sus rivales hasta el Poggio, donde, de acuerdo con *La Gazzetta*, el italiano destrozó al grupo «con cinco ataques sacados de la antología del ciclismo... Parecía moverse con la misma velocidad que las motocicletas que lo precedían, tal era la rabia con la que impulsaba los pedales». Coronando el Poggio, Argentin contaba con siete segundos de ventaja sobre Maurizio Fondriest y Rolf Sørensen, y un puñado de segundos más sobre un Sean Kelly de 35 años cuyos días de vencedor de clásicas parecían haber terminado. Con eso debía ser suficiente.

Los anales ciclistas cuentan miles y miles de historias acerca de grandes ascensiones, pero son muy pocas las ocasiones en que un ciclista tiene la increíble habilidad de convertir un descenso en una referencia. La actuación de Kelly durante el descenso del Poggio aquella tarde es una de ellas. Viendo las imágenes tomadas desde el helicóptero cuesta comprender su velocidad y los riesgos que tomó. Después de pasar como si nada a Fondriest y Sørensen, Kelly devora el terreno que lo separa de Argentin, quien es incapaz de imaginar que nadie pueda estar a punto de atraparlo tras la exhibición que había dado unos metros atrás. Justo en el kilómetro final, eso es lo que hace Kelly. A pesar de que Argentin no era malo en el esprint, no podía compararse con un especialista como Kelly. Mientras el irlandés celebraba la que sería la última gran victoria de su carrera, Argentin parece paralizado, como en *shock*. Jamás ganaría *La Primavera*.

Los esprínteres toman el mando

Después de la victoria de Pierino Gavazzi al esprint en 1980 los *rematadores* habían mantenido el control, pero los esprínteres estaban cada vez más cerca, liderados por el carismático italiano Mario Cipollini. Con sus largos bucles rubios —que le llevaron a ser apodado el Rey León, incluso Moussolini—, Cipollini parecía el candidato más probable para terminar con la sequía de victorias para los esprínteres tras su segunda posición en 1994. Sin embargo, y contra todo pronóstico, cuando un grupo de 39 hombres atacó rumbo a la meta en 1997 sería su eterno rival Erik Zabel quien los precediera. Y de manera igual de sorprendente, este simpático alemán de 26 años que había comenzado a correr en un club comunista de su Berlín Oriental natal, mandó sobre esta carrera con una autoridad similar a la que impuso sobre el maillot verde del Tour de Francia, maillot que consiguió durante seis años seguidos.

Las victorias de Zabel estaban bien calculadas, tanto en lo que se refería a su lectura del esprint como en cuanto a los efectivos de su equipo Telekom, que estuvo a punto de perder a este generoso patrocinador antes de que el berlinés consiguiera su primer maillot de los puntos en el Tour. Mantuvo su corona en San Remo en 1998, un logro que el legendario belga Rik Van Steenbergen decía que valía el triple que el primer éxito, por la presión soportada al ser considerado el favorito. Puede que sucumbiese a esa presión un año más tarde, cuando el veterano Andrei Tchmil le ganó por un pelo. Nacido en Siberia y residente en las orillas del Lago Garda, Tchmil había representado a Rusia, Ucrania y Moldavia antes de nacionalizarse belga. Con 36 años y 57 días Tchmil se convirtió en el ciclista más veterano en lograr la victoria en San Remo, siendo 16 días más viejo que el vencedor de 1985, Hennie Kuiper.

Zabel se recuperó para convertirse en el único ciclista, además de Merckx, que conseguía dos victorias consecutivas en San Remo en dos ocasiones; Merckx, incomparable, lo hizo en tres. Al pedirle que describiera sus victorias tras su cuarta corona, Zabel dijo: «La más difícil fue la primera, porque no tenía ni la determinación ni la confianza que tengo ahora; la segunda fue la más sorprendente, porque no me la esperaba; la tercera fue más simple, porque todo fue de acuerdo al plan; y esta... la más bonita».

Tras su retirada, en 2008, Zabel se convertiría en un reputado preparador de velocistas, trabajando primero para el HTC-Columbia estadounidense y luego para el ruso Katusha. En julio de 2013 su nombre apareció en una lista de ciclistas cuyas muestras del Tour de Francia de 1998 mostraban evidencias de uso de EPO cuando fueron sometidas a nuevas pruebas en 2004. Tras ello, el alemán admitió haberse dopado entre 1996 y 2004, periodo que cubre tanto sus victorias en San Remo como sus victorias del maillot de los puntos del Tour.

La cuarta y última victoria de Zabel en San Remo, en 2001, con la que igualó a Bartali, y quedó solo por detrás de Merckx y Costante Girardengo en el palmarés histórico, fue única, al ser la primera San Remo que no pasó por el Turchino, cerrado por un corrimiento de tierras. La ruta alternativa mandaba a los ciclistas por el mucho más alto Bric Breton (773 m contra 532 m), y hasta Sassello, pasando después sobre el Colle del Giovo para alcanzar después la ruta establecida en Albisola Marina.

Sobre el papel, el significativo incremento de desnivel debería perjudicar a los esprínteres. Sin embargo, cuando la carrera siguió el mismo trazado un año después, el más reconocido y flamante de los velocistas consiguió, por fin, la victoria. Mario Cipollini había corrido *La Primavera* en 13 ocasiones, terminando segundo en dos y no ocultando que era la carrera que más deseaba ganar. Cuando Zabel se vio rezagado por una caída antes de la Cipressa, Cipollini no quiso volver a quedarse sin su premio. Perfectamente situado por sus compañeros del Acqua & Sapone, y sus rayas de tigre recordando las pieles de imitación que se ponían delante de las chimeneas en los 70, Cipollini salió a toda velocidad, terminando con los dos brazos en alto, una enorme sonrisa y la multitud entonando «¡Mario! ¡Mario!». A finales de aquel mismo año sería campeón del mundo, también.

Después de que Paolo Bettini pusiera un paréntesis de un año a las llegadas al esprint, en 2003 regresaron los velocistas, aunque dos de ellos se quedaron vergonzosamente cortos. Alessandro Petacchi, quien había lanzado a Cipollini rumbo a la consecución del Mundial un año antes, en 2002, había demostrado ser, desde entonces, el velocista más rápido y consistente. Durante las primeras semanas de 2004 Petacchi barrió a todos sus rivales y llegó a la *Classicissima* como líder del poderosísimo Fassa Bortolo.

La carrera siguió el plan pergeñado por el veterano director del Fassa Bortolo Giancarlo Ferretti. Llegando a los últimos 1500 metros, cinco maillots blancos y azules estaban situados de manera inmejorable para lanzar a su esprínter. Fabio Sacchi realizó la primera aceleración, Frank Vandenbroucke mantuvo la velocidad hasta el banderín del último kilómetro, donde Filippo Pozzato le dio el relevo. Este se fue a un lado para dejarle su sitio a Marco Velo, antes de que Guido Trenti provocara la aceleración final que lanzara a Petacchi, quien se puso en cabeza para comprobar, en el momento crucial de la carrera, que sus piernas no tenían ya ni un gramo de fuerza.

Mientras el italiano caía hasta la cuarta posición Zabel se ponía en cabeza y alzaba los brazos. Pero celebrando ya su quinta victoria miró abajo y vio la rueda delantera de Óscar Freire progresando. Gracias a un golpe de riñón de última hora el español batía al alemán por once milésimas de segundo, unos 17 cm.

Criticado por su actuación, Petacchi sacó buenas conclusiones de la misma. «Aunque lo del año pasado fue una desilusión y hubo gente que lo consideró un fracaso, me demostró que soy capaz de ganar la carrera... Puede que por el trazado parezca simple, pero es una carrera muy estresante, porque como esprínter tienes que estar 290 km a la expectativa, esperando no haberte equivocado con las fugas, que no haya accidentes ni complicaciones. Y cuando llegas por fin a la Via Roma, todo sucede en un instante. En todas las carreras sucede lo mismo, pero la importancia de la Milán-San Remo lo magnifica todo. Cuando no ganas en San Remo, lo primero en lo que piensas es lo mucho que vas a tener que esperar para gozar de otra oportunidad, y las oportunidades que te pueden quedar en tu carrera».

Y doce meses después este ligur apasionado de los pájaros tropicales hizo las paces con la carrera, convirtiéndose en un convincente vencedor en la Via Roma mientras su esposa, Chiara, le regalaba un loro azul por su victoria. Otra llegada al esprint animó el debate sobre los cambios a los que había que someter al trazado de la San Remo para endurecerlo. RCS, los organizadores de la carrera, filtraron que una nueva y más dura ascensión, la Pompeiana, reemplazaría a la Cipressa en el 2006. Aquello provocó opiniones enfrentadas, con Mirko Celestino, ciclista local, diciendo: «A los esprínteres no les va a hacer gracia, pero creo que el nuevo trazado hará de la San Remo una carrera más dura y espectacular».

Giancarlo Ferretti, del Fassa Bortolo, se encontraba entre lo que no veían la necesidad de cambiar: «Me parece absurdo endurecer una carrera que ya cuenta con 290 km... no creo que ver cómo se escapan uno o dos ciclistas en esta ascensión vaya a resultar más espectacular. La belleza de la San Remo reside en que es una batalla abierta entre ciclistas valientes y velocistas». A pesar de que hubo que esperar hasta 2008 para la introducción de este cambio, entrando por fin en el trazado la ascensión de Le Manie, para gran alivio del pelotón de esprínteres la meta tradicional no recibió retoque alguno hasta 2014, año en que Pompeiana reemplazó a Le Manie.

Y entre los mejores de esos esprínteres se encontraba Freire, el ganador en 2004. Como el dos veces vencedor en San Remo Miquel Poblet descubriera allá por los 50, cuando corrió, casi siempre, para equipos italianos, los españoles se centran en las carreras por etapas. Por ello, las victorias de Freire en las carreras de un día pasaron casi desapercibidas en su país. Freire, tres veces campeón del mundo, quien tenía fama de ser un poco desastre fuera de la bicicleta, además de incapaz de no despistarse, se transformaba cuando se subía a su máquina, y también alcanzó tres victorias al esprint en San Remo, todas ellas defendiendo el maillot naranja, azul y blanco del equipo holandés Rabobank.

Sus victorias en San Remo en 2007 y 2010 llegaron tras dos llegadas dignas de destacar. La primera tuvo lugar en una nueva ubicación frente al mar, en la Piazzale Carlo Dapporto. Quince ciclistas se quedaron solos en el Poggio, incluido el favorito previo a la carrera Fabian Cancellara, quien atacó a dos km de la meta. Mientras los ciclistas del grupo esperaban a que fuera otro el que respondiera, el múltiple ganador del campeonato del mundo de contrarreloj movía el desarrollo más largo disponible y parecía imposible cazarlo.

Puede que el mejor clasicómano de su generación, Cancellara, crea que la San Remo es, de lejos, el más complicado de los monumentos a la hora de la estrategia, explicando: «Ganar una carrera ciclista en solitario siempre resulta especial, pero ganar San Remo en solitario es como lograr un jaque mate después de una larguísima y dura partida de ajedrez. Siempre se dice que es la más difícil de ganar, pero la más fácil de completar, y estoy de acuerdo. Es la más dura, porque hay multitud de puntos clave: desde el Poggio a la Cipressa, la bajada, el llano y la aproximación final. Y todo ello contando con que tienes toda una paleta de diferentes finales posibles, desde que un ciclista en solitario consiga imponerse a un esprint masivo, o que lo haga en un pequeño grupo. Es muy complicada de predecir, y casi nunca te ofrece segundas oportunidades. A cada momento tienes que apostarlo todo a una carta».

En 2008, año en el que Cancellara jugó esa carta en el momento adecuado, RCS respondió, por fin, a las cada vez más numerosas voces que clamaban por un cambio en el trazado, introduciendo la ascensión a Le Manie en el punto kilométrico 200. Comienza en la costa, en Noli, aunque resulta sencillo no percatarse de la arcada que lleva hasta ella. La curva a derechas es tan cerrada que los ciclistas que no estén en cabeza del pelotón pueden estar seguros de que perderán toda su aceleración, por lo que posicionarse bien resulta crucial, sobre todo porque la carretera no ensancha en ningún momento mientras asciende como un sacacorchos hasta la colina detrás de Noli. Las herraduras son tan cerradas que la carretera pasa por la puerta de una casa en una curva y por las ventanas traseras de la segunda planta de esa misma casa en la siguiente. Mantiene su inclinación sin descanso, hasta que alcanza un valle después de cuatro kilómetros, donde los que han perdido unos metros tienen la oportunidad de recuperar algo de terreno antes de que la carretera se lance hacia abajo, igual de estrecha e inclinada rumbo hacia la costa.

Para la edición centenaria de la *Classicissima*, en 2009, el Reino Unido tenía por primera vez desde los años sesenta un aspirante real a la victoria. El engreído velocista de Man Mark Cavendish había comenzado la temporada bien, pero durante las ascensiones de la Tirreno-Adriático daba la sensación de que sufría más de la cuenta, lo que hizo que muchos dudaran de sus posibilidades de mantener el ritmo, sobre todo en Le Maine. Pero Cavendish había estado escondiendo con astucia su verdadero estado de forma durante aquella Tirreno, ganando los esprints en los que se le esperaba y dejándose ir en las ascensiones en las que todo el mundo esperaba que lo hiciera, aunque tanto él como sus compañeros en el Columbia-HTC sabían que estaba en el mejor estado de forma de su vida.

Muchos expresaron su estupefacción cuando Cavendish no solo hizo camino sobre Le Manie, sino cuando todavía seguía en la lucha tras la Cipressa y, más importante, el Poggio. Sin embargo, mientras sus compañeros intentaban lanzar el esprint para el británico, Heinrich Haussler, australiano de padre alemán, pilló desprevenido al pelotón al acelerar por la parte izquierda de la recta final. La intención de Haussler era la de lanzar a su líder en el equipo Cervélo, Thor Hushovd, de cara al esprint, pero tras abrir un hueco sobre el pelotón, siguió acelerando.

A falta de 200 metros Cavendish desató la aceleración que le había convertido en el esprínter más devastador del ciclismo. Aunque su velocidad al salir del pelotón era impresionante, la desventaja con respecto a Haussler parecía demasiado grande como para enjugarla. Pero con el australiano dejándose ir, Cavendish llegó a su altura y *lanzó* su bicicleta sobre la línea, ganando por media rueda. «El hecho de que tanta gente me descartara para la victoria es lo que ha hecho que tuviera más ganas de conseguir la victoria. Hay mucha gente que no me cree capaz de hacer lo que sé que puedo hacer», comentó Cavendish sobre su éxito.

Las victorias de Freire, Cancellara y Cavendish cimentaron la ya muy asentada creencia de que la Tirreno-Adriático es la mejor preparación de cara a *La Primavera*. Esta había sido la posición ostentada por la París-Niza durante mucho tiempo, carrera que desde su creación, en 1933, atraía a un pelotón de gran calidad. Sin embargo, en 1976, los organizadores de la Tirreno endurecieron el recorrido de lo que por entonces era una carrera de cinco etapas, y que hoy en día se alarga durante toda una semana. Eddy Merckx fue uno de los que no tardaron en sentirse atraídos por «la carrera de los dos mares», y cuando el belga consiguió aquel año su séptima San Remo, el estatus de la Tirreno subió como la espuma.

La principal ventaja de la Tirreno sobre la París-Niza es, el momento en que se celebra. Mientras que la última etapa de la carrera francesa se celebra una semana antes de la San Remo, la carrera italiana termina cinco días antes. Además, el clima en la Tirreno no suele ser tan duro como el de la París-Niza, que no solo comienza en el norte de Europa sino que, a menudo, presenta etapas por el Macizo Central, donde el invierno sigue imponiendo toda su crudeza a principios de marzo. Todo esto sumado, suele dar como resultado que el nivel de la competición en Tirreno sea un poco más alta que la que se da en «la carrera hacia el sol».

Pero, tras la tercera victoria de Freire en San Remo, la París-Niza contraatacó gracias a dos australianos que habían hecho de la ciudad que alberga la meta de la carrera por etapas su hogar. En 2011 Matt Goss no solo se convirtió en el primer vencedor de *La Primavera* para los *aussies*, sino que también puso fin a diez años de victorias de ciclistas que buscaban en la Tirreno su golpe de pedal. Su victoria evidenció que el descenso del Poggio es tan importante como la propia ascensión, cuando se arrebujó detrás de Fabian Cancellara mientras el suizo atacaba ascensión abajo y recortaba de un plumazo la ventaja que llevaba Greg Van Avermaet, quien iba por delante. El velocista Goss permaneció tranquilo en novena posición del grupo que aceleró en San Remo, siguiendo las ruedas de sus rivales, quienes fracasaban en sus intentos de escaparse, y luego hizo un movimiento de manual cuando quedaban 200 metros, dejando a Cancellara y Philippe Gilbert por detrás.

«Vivo a apenas treinta y cinco km del Poggio, así que paso por él en bastantes ocasiones cuando entreno. Cuando lo subo siempre puedo recordar los puntos en los que pasó cada cosa, y sigo hablando de ello. Había una curva durante el descenso en la que intenté mantenerme lo más cerca de la cabeza que pude, y tuve que arriesgar bastante. Recuerdo cómo mi rueda delantera perdió agarre, para retomarlo en seguida, y cómo apenas fui capaz de mantener el control de la bici», recordaría después el esprínter Goss. Un año después su compatriota Simon Gerrans lo emulaba, también a expensas de Cancellara, quien había provocado el movimiento vencedor pero, de nuevo, estaba demasiado marcado como para escaparse y repetir su victoria de 2008.

Al igual que con esas dos victorias para Australia, la edición de la Milán-San Remo de 2013 demostró que incluso más de 100 años después, la *Classicissima* sigue sorprendiendo. El largo y duro invierno de 2012/2013 todavía no nos había dicho adiós cuando la carrera comenzó. A pesar de que en la salida de Milán hacía frío y llovía, casi nada anunciaba lo que iba a suceder. Se barajaba la posibilidad de nieve y desviar la carrera, pero, como muchos apuntaban ¿por dónde vas a meter una carrera que tiene que cruzar un cordón montañoso para llegar al mar?

La nieve comenzó a caer de manera copiosa antes de pasar por el Turchino. En Ovada caía con tanta fuerza que Michele Acquarone, director de la carrera, tuvo que detenerla. Se llamó a los autobuses de los equipos para que recogieran a los ciclistas, muchos de los cuales pensaron que se suspendería la carrera. Pero casi tres horas más tarde, con los ciclistas en la costa, en Cogoleto, la carrera reemprendió su marcha. A pesar de que tanto Le Manie como el Turchino fueron esquivados, esta concesión no restó dificultad para los ciclistas, que pasaron tanto frío que algunos apenas podían asir con fuerza el manillar. El largo rato pasado en los autobuses les había permitido descongelarse, pero la incesante lluvia y las temperaturas, que se negaban a subir, no tardaron en devolverlos al punto en el que estaban antes de detenerse.

La tasa de abandonos fue alta, lo que echó por tierra las estrategias de todos los equipos. Hasta cierto punto la carrera recordó a tan épica la edición de 1910, cuando los ciclistas tuvieron que enfrentarse por sí mismos a los elementos. Después de una pequeña salva de ataques en la Cipressa y el Poggio el británico Ian Stannard y el francés Sylvain Chavanel lideraban la carrera al entrar en San Remo. Pero un grupo comandado por los favoritos a la victoria, Fabian Cancellara y Peter Sagan, los atrapó. Zigzagueando por la recta de meta en el Lungomare Italo Calvino la joven sensación eslovaca Peter Sagan parecía tener la victoria en la mano, pero en el mismísimo último momento el esprínter alemán Gerald Ciolek salió de detrás de su rueda y lo sobrepasó para conseguir la victoria más importante de su carrera. El día más impredecible resultó en el más impredecible de los vencedores. Tan bajo había caído la precoz estrella de Ciolek que lideraba el equipo sudafricano del MTN-Qhubeka, equipo para el que ser invitado a su primer monumento ya había sido toda una victoria. Su director, Doug Ryder, que se mostraba tan contento en la salida que hablaba a una velocidad imposible, apenas era capaz de pronunciar una palabra tras la meta, tal era la sorpresa que lo embargaba.

La primavera también parecía quedar muy lejos en 2014, aunque esta vez la temperatura no cayó tanto como para convertir las lluvias en nieve. Los organizadores sacaron La Manie del recorrido y planeaban reemplazarla por una nueva ascensión entre la Cipressa y el Poggio, subiendo hasta el pueblo de Pompeiana. Sin embargo, tuvieron que olvidar sus intenciones de endurecer la parte final de la carrera después de que un corrimiento de tierras en las semanas previas a la carrera bloqueara la carretera, con lo que hubo que continuar por el trazado tradicional. Vincenzo Nibali trató de contrarrestar esta ausencia de dificultad poniendo contra las cuerdas a los esprínteres y a sus equipos con un atrevido ataque en la Cipressa, para realizar después un descenso no apto para cardiacos, permitiéndole ambas acciones enfrentarse al Poggio en solitario. Pero el margen que había conseguido el futuro ganador del Tour de Francia apenas ascendía a una docena de segundos sobre un grupo en el que estaban algunos vencedores previos de la carrera, como Ciolek, Cancellara y Cavendish, y el italiano no tardó en verse neutralizado por los 30 ciclistas que entraron en tromba en San Remo. El vigente campeón del mundo, Cavendish, fue quien abrió el esprint, pero no pudo responder cuando Alexander Kristoff salió como un torpedo desde el medio del pelotón. El esprínter noruego seguía abriendo brecha cuando pasó sobre la línea de meta, con dos bicicletas de ventaja sobre un Cancellara furioso que golpeaba su manillar tras terminar en segunda posición por tercera vez en cuatro años; a este lo siguió el británico Ben Swift.

Las tornas cambiaron para Kristoff doce meses después, cuando lideró el esprint desde lejos para acabar viendo cómo lo pasaba John Degenkolb en los últimos metros. Los esprínteres volvieron a pelear entre ellos en 2016, cuando la llegada regresó a la Via Roma. La victoria caería del lado de Arnaud Démare, quien se recuperó de una caída a los pies de la Cipressa regresando a cabeza del grupo cuando este se acercaba a la meta, y sobrepasando a los favoritos, entorpecidos por la caída del favorito a la victoria, Fernando Gaviria, a 500 metros de meta. Démare se convertía en el primer francés que conseguía un monumento desde que lo hiciera Laurent Jalabert en el Giro de Lombardía de 1997, y el primero en hacerlo en San Remo desde la victoria de este mismo, en 1995.

Pero cuando parecía que la decisión de olvidarse tanto de La Manie como de la ascensión a Pompeiana garantizaba a los esprínteres del pelotón que siempre contarían con ventaja en esta llegada, la más equilibrada de todas, la inercia sobre la que navegaban se les escapó entre los dedos, poniéndose del lado de la nueva generación de rematadores explosivos a partir de 2017. Peter Sagan, el más rematador de los esprínteres, provocó el movimiento ganador con un ataque despiadado en el Poggio. Michał Kwiatkowski salió en su persecución, pero el polaco necesitó una inyección de ritmo superior por parte de Julian Alaphilippe para alcanzar a Sagan antes de coronar esta ascensión clave. El trío voló hasta la Via Roma, donde Sagan lideró el esprint. Puede que el eslovaco hubiera quemado demasiados cartuchos durante la ascensión al Poggio, o tal vez ya no recordaba los numerosos duelos que había librado desde sus días de júnior con Michał Kwiatkowski, ni lo rápido que era el polaco, pero el caso es que este lo sobrepasó. El trío pasó la línea tan cerca unos de otros que una manta habría sido suficiente para cobijarlos a los tres, y sería el empujón final de Kwiatkowski lo que le diera la más estrecha de las victorias.

Tras varios años intentando romper los grilletes con los que le atenazaba el pelotón, atacando tanto en la Cipressa como en el Poggio, Vincenzo Nibali consiguió escaparse, por fin, en la ascensión final en 2018. El Tiburón de Messina alcanzó la cima con una docena de segundos bajo el brazo, suficiente como para que alguien que descendía con su maestría mantuviese su ventaja hasta entrar en San Remo y completase toda la Via Roma hasta cruzar la meta, donde le dio a su país su primera victoria en la *Classicissima* en una docena de años. Nibali volvió a estar en la pelea un año después, cuando una aceleración de Julian Alaphilippe provocó un corte cerca de la cabeza en el Poggio mientras el grupo iba enfiladísimo, provocando que 10 hombres llegaran a San Remo liderados por Matej Mohorič, quien pensaba, equivocado, que su compañero en el Bahrain Sonny Colbrelli formaba parte de este grupo. Con esto pondría a Alaphilippe en una posición inmejorable para la aceleración final, con el francés terminando a una bicicleta de Olivier Naesen y Kwiatkowski.

San Remo mantuvo su puesto como primer monumento del año en la temporada del Covid, la 2020, celebrándose durante el segundo fin de semana de agosto, una semana después de la Strade Bianche en la que había vencido Wout van Aert. Sexto un año antes, en la que apenas era su tercera carrera con el maillot amarillo del Jumbo-Visma, el belga partía como favorito para la que era, con 305 km, la edición más larga de la historia de la carrera, debido a que unas obras en el Turchino obligaron a la introducción de un desvío que llevaba la carrera todavía más tierra adentro, sobre el Colle di Nava, obligando a perderse la mayor parte de la carretera de la costa, incluidos los *capi*. Aun así, ni esta alteración ni el calor abrasador aplacaron la ambición de los *puncheurs*, sobre todo la de Alaphilippe. El francés se mostró intratable durante el ascenso al Poggio, pero el esfuerzo que realizó para alejarse de Van Aert le pasó factura en el descenso, donde, como admitiría después, perdió toda lucidez. Su desastrosa manera de afrontar el descenso, técnico y estrecho, permitió que el belga recuperara el terreno perdido y ambos se acercaron juntos a la meta, donde Van Aert conseguiría el esprint.

Hay quien considera que la San Remo es una carrera en la que no ocurre casi nada durante el desarrollo de la carrera, convirtiéndose, después, en un duelo predecible entre velocistas y rematadores; esto, a pesar de que quienes la disputan la describen como el monumento más complicado de ganar, porque el margen entre los mejores ciclistas es tan nimio que el menor error de cálculo resulta fatal, sobre todo al subir y bajar el Poggio. En pocas palabras, otro tipo de ciclistas tendrá sus opciones siempre que sean capazces de seguir en la pomada sobre la cima de este pequeño monte, además de saber cómo sacar el mejor partido de su posición. Esto explicaría éxitos como los de Jasper Stuyven y Matej Mohorič en 2021 y 2022.

En el primero de estos dos años el belga, un buen esprínter en llegadas masivas y que también tiene su toque de aventurero, parecía uno de los ciclistas con menos opciones de ganar en un grupo de doce hombres que zigzagueaba hacia San Remo, grupo en el que estaban Alaphilippe, Van Aert y Mathieu van der Poel, tres de los ciclistas más dinámicos de esta nueva generación que tanto apuesta por correr por instinto y talento. Mientras el grupo bajaba un poco el ritmo al llegar al final del Poggio Stuyven vio una oportunidad. Se marchó tras una aceleración, siendo Søren Kragh Andersen el único capaz de llegar hasta él. Stuyven fue mejor que su rival danés en la aproximación a la meta, poniéndose a su rueda mientras vigilaba la llegada del grupo antes de acelerar, de nuevo, con una erupción de ritmo suficiente como para mantener a raya al esprínter australiano Caleb Ewan.

Fue muy habilidoso en su llegada, pero Mohorič llevaría su astucia y habilidad a un nuevo nivel. El esloveno había sido campeón del mundo en ruta júnior y sub-23, y se le reconocía —podríamos decir que incluso había quedado encasillado— por haber inventado la posición *bicho bola* a lo Mohorič durante los descensos, en la que abandonaba el sillín para echar todo el cuerpo hacia adelante y abajo, quedando todo lo recogido posible tras el manillar y apoyándose sobre el tubo horizontal para conseguir la mayor aerodinámica posible. Su uso se extendió por el pelotón hasta que la UCI la prohibió en 2021. Pero el esloveno se guardaba otro as bajo la manga. Sabía que los ciclistas de montaña usan una tija telescópica que cambia de recorrido para optimizar el pedaleo según se esté ascendiendo o bajando, quedando extendida del todo cuando se sube y totalmente recogida cuando se desciende, en un intento de conseguir la mayor aerodinámica y comodidad posible al descender. Después de quedar muy cerca de los ganadores durante los tres años anteriores, tenía fe en que este invento podía proporcionarle la ventaja que necesitaba.

Pero lo primero que tenía que hacer el esloveno, antes de nada, era mantenerse cerca de la cabeza cuando se coronara el Poggio. Lo consiguió, pasando en quinta posición justo por detrás de Tadej Pogačar, Van Aert, Van der Poel y Kragh Andersen. No tardó en pasarlos a todos para ponerse en cabeza, acortó el recorrido de su tija, saliéndose de la calzada mientras lo hacía, y voló en solitario. A pesar de no bajar con tanta suavidad y control como lo hiciera Nibali en el Civiglio durante el Giro de Lombardía de 2015, su manera de subirse por las paredes resultó de lo más efectiva. Ya en San Remo Mohorič puso un enorme desarrollo, cuya escasa cadencia contradecía la enorme velocidad a la que progresaba. No pudieron cazarlo. Mohorič y su *tija pija* habían ganado la *Classicissima*.

Las victorias de Mohorič y Stuyven dejan patente por qué resulta tan excepcional la Milán-San Remo. En la actualidad, no se le ocurriría a nadie organizar una carrera de esa longitud, pero la San Remo sigue siendo tan especial como vital para este deporte. «Es por la historia, por la tradición, por su misterio», dice Marco Pastonesi, de *La Gazzetta*. «Parece una carrera antigua, pero en cada edición sucede algo diferente. Dependerá del asfalto, del clima, de los ciclistas. Creo que hace que los ciclistas sientan algo especial. Comienzan en Milán, en la ciudad, que todavía está bajo el velo del invierno, y según van progresando, pasan a una dimensión diferente. Tras atravesar el estrecho túnel que hay en la cima del Turchino se encuentran junto al mar, donde el aire es diferente, los colores son diferentes y toda la atmósfera es diferente. Y ahí es cuando comienza, de verdad, la carrera. Todas las dificultades están en esa sección final, y la carrera se desarrolla como un thriller.

PARTE V

EL TOUR DE FLANDES

VLAANDERENS MOOISTE

LIBERTAD PARA FLANDES

Puede que el fútbol sea el principal deporte a nivel mundial, pero en Flandes manda el ciclismo, aunque solo sea durante las cinco semanas que transcurren entre finales de febrero y comienzos de abril. De acuerdo con uno de los últimos reyes de las clásicas, Fabian Cancellara, «cuando uno entra en Flandes, entra en un mundo diferente, uno en el que la gente siente auténtica pasión por esta carrera de un día»; y esa carrera es la Ronde van Vlaanderen, el Tour de Flandes, el último monumento en aparecer.

Descrita en una ocasión como «Final de Copa y Grand National en una sola carrera», la Ronde está fusionada con la psique flamenca de manera indeleble. Fundada en 1913, cuando todo el que quería ser alguien en Bélgica hablaba francés y el neerlandés era una lengua desterrada a la cena o el trabajo en el campo, durante el último siglo ha jugado un papel de lo más significativo en el restablecimiento tanto de la lengua como la identidad flamencas.

El decimocuarto domingo del año hasta 800 000 flamencos se reúnen junto a las embarradas calzadas y ascensiones adoquinadas para *Vlaanderens Mooiste*, «La más bella de Flandes», un homenaje no solo a la pasión que siente esta región por el ciclismo, sino a todo lo flamenco. Puede que resulte más obvio pensar en mejillones, patatas y cerveza, pero la Ronde evoca el orgullo «nacional», en un sentido más fundamental.

En cuanto a la propia carrera, Cancellara dice: «Tienes curvas a izquierdas, tienes curvas a derechas, tienes subidas, tienes bajadas, tienes ascensiones con adoquines, ascensiones sin adoquines... lo tienes todo. Es una mezcla de todo. Y tienes que estar pendiente de todo. Yo creo que es la carrera de un día más desafiante que te puedes encontrar en toda la temporada».

Al igual que ocurre con muchas de las grandes citas del calendario ciclista la Ronde surgió del deseo de un periódico por publicitarse, en este caso el *Sportwereld*. La historia oficial de la carrera describe el momento clave de la fundación de la misma, durante el verano de 1912, unos días después de que Odile Defraye se convirtiera en el primer ciclista belga que ganaba el Tour de Francia. A principios de agosto, el dueño de una imprenta, August De Maeght, se reunió con el joven periodista deportivo Karel Van Wijnendaele, quien trabajaba por entonces en una publicación con el nombre de *Sportvriend*, para sondear su interés por trabajar para el *Sportwereld* que estaba a punto de ver la luz.

Van Wijnendaele, un apasionado del ciclismo que había dado sus primeros pasos como ciclista, pero que prefirió dedicarse a escribir sobre él cuando se dio cuenta de que no contaba con talento alguno sobre el sillín, dudó en primera instancia, pero no tardaría en firmar y reclutar a varios colegas para trabajar en esta nueva cabecera. Puede que de manera poco halagüeña, la primera edición del *Sportwereld*, publicado en papel de color amarillo, apareció el viernes 13 de septiembre de 1912, el día antes del Campeonato de Flandes.

Además de la historia oficial de la carrera, casi toda información disponible sobre los primeros años de la Ronde relata la historia de esa reunión y, por lo tanto, enfatiza el papel preponderante de Van Wijnendaele a la hora de fundar y aumentar el interés de la carrera. Sin embargo, en mayo de 2013, poco más de un mes después de la edición centenaria de la Ronde, el historiador Stijn Knuts y Pascal Deleye, profesor de Historia del Deporte en la Universidad de Lovaina, revelaron que en aquella reunión de agosto de 1912 hubo un tercer hombre presente, cuyo papel en la fundación de la carrera resultó mucho más crucial.

Leon —o Leo, de acuerdo con su certificado de nacimiento— Van den Haute era hijo de un notario nacido en Hemiksem, al sur de Amberes, en octubre de 1887. Enviado al colegio jesuita de Etterbeek para recibir la mejor de las formaciones francesas, se hizo amigo de Marcel Dupuis y Paul Beving. Los tres acabarían escribiendo sobre ciclismo en *Sportwereld*. El primer empleo de Van den Haute fue el de comerciante de ceras y barnices, pero, a la vez, comenzó a escribir en diferentes revistas de ciclismo. En 1909 se convirtió en el corresponsal en Bruselas de la revista semanal *Sportvriend*, donde entró en contacto con Van Wijnendaele.

Mientras este meditaba sobre invertir en un nuevo periódico deportivo, la primera persona a la que August De Maeght se dirigió fue Van den Haute, quien le ayudó con la visión empresarial y financiera, además de poner una enorme cantidad de pasión. Ambos se dirigieron después a Van Wijnendaele con el objetivo de convencerle de que supervisara la producción editorial del *Sportwereld*. Una vez que lograron que subiera a bordo, Van Wijnendaele no tardó en convertirse en el editor de la recién nacida cabecera, asumiendo ese papel el 1 de enero de 1913.

Llegados a este punto, Van den Haute ya comenzaba a darle vueltas a la fundación del Tour de Flandes, inspirándose en la París-Roubaix. Es probable que también tuviera algo de experiencia trabajando con el *Circuit de Flandes*, organizado por la Asociación de Ciclistas de Flandes Oriental, entre 1908 y 1910. En los últimos dos años esta carrera había recibido el apoyo de *Sportvriend*. De acuerdo con Knuts y Deleye, en la revista de historia ciclista *Etappe*, en mayo de 2013, «como director experimentado en la organización de carreras, y gracias a su gran olfato para los negocios, Van den Haute se dio cuenta de que un periódico deportivo flamenco y una carrera por Flandes podían complementarse entre sí».

El 17 de febrero de 1913 *Sportwereld* anunció el Tour de Flandes, diciendo que la carrera tendría lugar el 25 de mayo de 1913. El compromiso de Van den Haute con el proyecto durante los tres meses que siguieron al anuncio y el día de la carrera fueron totales. Además de organizar los aspectos económicos planeó la ruta, tarea no exenta de complicaciones dado que las localidades de Lokeren y Oudenaarde negaron el paso a la misma, o pidieron que, por lo menos, se neutralizase a su paso por las mismas. Sorprende la reticencia de Oudenaarde a que la Ronde pasara por sus calles, dado que hoy en día se muestra orgullosa de albergar la llegada de la carrera y el Museo del Tour de Flandes.

Durante los días inmediatamente anteriores a la carrera Van den Haute puso la señalización de la ruta, decidió los lugares en los que se pondrían los puntos de control y se cercioró del estado de las carreteras; todo esto hace más inconcebible que una persona con un papel tan fundamental haya sido prácticamente borrada de la memoria de la Ronde. Knuts y Deleye tienen dos teorías. «Una hipótesis es que el resto de fuentes replicasen un error cometido en la primera biografía de Van Wijnendaele. La segunda hipótesis es que Van Wijnendaele no quería que le quitasen la gloria», sugieren. Con todo, apunta que Van Wijnendaele reconoció los méritos de Van den Haute en las mismas páginas de *Sportwereld*, por el papel esencial que este jugó.

En 1921, poco antes de la quinta edición de la Ronde, Van Wijnendaele escribía: «Leon Van den Haute, ¡tiene usted todo el derecho a sentirse orgulloso del trabajo realizado como organizador y líder del Tour de Flandes!». En 1932, el año siguiente a la muerte de Van den Haute, Van Wijnendaele rendía tributo al «mejor de los mejores amigos… el nunca olvidado creador del Tour de Flandes: Leon Van den Haute». Al final, Knuts y Deleye llegan a la conclusión de que «Leon Van den Haute era el hombre tras las cámaras, y que Karel Van Wijnendaele era el rostro».

Nacido bajo el nombre de Carolus Ludovicus Stayaert en Torhout, cerca de Brujas, el compañero de Van den Haute era el quinto de 15 hijos. Su padre murió cuando tenía 18 meses y su madre se casó con un granjero que vivía cerca del castillo de Wijnendaele, a unos kilómetros de Torhout. Niño brillante, siguió en la escuela hasta los 14 años de edad gracias al apoyo de su madre y de un párroco local. Después trabajaría en la granja junto a su padrastro, pero no tardaría en sacar partido a los beneficios de su educación convirtiéndose en ayudante de un notario en Torhout. Alcanzados ya los primeros años de su juventud y entregado a la pasión por el ciclismo, comenzó a escribir para cabeceras deportivas de toda Flandes, bajo el pseudónimo de Karel Van Wijnendaele.

Cuando se hizo cargo de la edición de *Sportwereld* Van Wijnendaele, que lucía un atrevido bigote encerado que apuntaba hacia arriba en sus extremos, no solo estaba decidido a promocionar el ciclismo de todas las maneras posibles, sino también el neerlandés, que contaba con el reconocimiento de lengua oficial en Bélgica, junto al francés, apenas desde 1898. «Pensábamos que había mucho que podíamos hacer en esta parcela. Queríamos publicar un periódico que hablara a nuestros compatriotas flamencos en su misma lengua, que les aportase seguridad como flamencos», explicaría. Su objetivo era, ni más ni menos, la emancipación de los flamencos, cuya lengua y cultura se habían visto reprimidas por las elites francófonas belgas desde que se fundase el país en 1830.

El deseo de popularizar el uso, tanto escrito como hablado, de la lengua neerlandesa ganó fuerza durante el siglo XIX. En 1860 el sacerdote católico romano y poeta Guido Gezelle compuso unos versos desafiantes que comenzaban: «Decís que los flamencos se extinguirán: ¡No lo harán! Que el sinsentido valón prevalecerá: ¡No lo hará!». Por su parte, Van Wijnendaele se inspiraba en los trabajos literarios de Hendrik Conscience, quien escandalizaría a su familia, y a la sociedad en general, al escribir un libro en flamenco a finales de la década de los años 30 del siglo XIX. Su padre, nacido francés, consideró este acto de tal vulgaridad que lo expulsó de su casa. En 1838 Conscience escribió su obra más conocida, *De Leeuw van Vlaanderen* (El León de Flandes), novela histórica que se tomaba muchas libertades a la hora de presentar determinados hechos conocidos —Rober de Béthune, el héroe, habla flamenco en el libro, pero en realidad no era hablante de neerlandés— y que asentaría las bases de las cualidades de los flamencos, presentados como trabajadores, duros, bendecidos por una enorme fuerza de voluntad y orgullosos de su hogar y herencia.

Inspirándose en los trabajos de Conscience, Van Wijnendaele decidió que tenía que darles a los flamencos unos héroes deportivos propios, lo que significaba aumentar la importancia de los eventos de los que estos héroes nacerían, sobre todo la Ronde.

En las primeras semanas de 1913 Van Wijnendaele se reunió con Van den Haute y su equipo editorial, desplegaron un mapa de Flandes y confeccionaron un trazado que circundaba las provincias de Flandes Oriental y Occidental. Comenzando en Gante, se dirigiría al este, a Sint-Niklaas, luego al sur, hasta Aalst, Zottegem y Oudenaarde, después hasta Kortrijk y Ieper [Ypres], luego retomaría el rumbo norte por la costa y Ostende, nuevamente rumbo sur hacia Roeselare, para regresar de nuevo al norte, hasta Brujas, antes de completar cuatro vueltas en una pista que rodeaba un estanque en Mariakerke, suburbio de la parte norte de Gante donde el ciclista británico Tom Simpson viviría 50 años más tarde. Cubriría 324 km sobre calzadas que en su mayoría estaban adoquinadas, pero que a menudo contaban con una pista de ceniza por su lateral.

La elección de Gante para la salida y la meta fue deliberada e incluso provocativa. La elite francoparlante dominaba la histórica ciudad que se asentaba en el corazón de Flandes, pero los directores de *Sportwereld* esperaban acabar con este control atrayendo a los flamencos normales y corrientes a la salida, en el Korenmarkt. La ruta atravesaba después las principales ciudades del Este y Oeste de Flandes, porque, como escribió Van Wijnendaele, «todas las ciudades flamencas tienen que contribuir en la emancipación del pueblo flamenco».

A pesar de que el *Sportwereld* se esforzó en la promoción de la carrera, celebrada el domingo 25 de mayo de 1913, apenas 37 ciclistas, todos ellos belgas, se presentaron en la plaza del Korenmarkt aquella mañana. A las seis y cuarto Van den Haute les indicó que fueran a la línea y, entonces, Van Wijnendaele gritó: «¡Caballeros!, ¡Pueden comenzar!».

Doce horas y tres minutos más tarde siete ciclistas llegaban a la pista en Mariakerke. Dos de ellos no tardaron en colisionar entre sí e irse al suelo —algunas crónicas sugieren que por lo menos uno de los dos ciclistas acabó en el estanque— dejando a los otros cinco la lucha por la victoria. Paul Deman los lideró sobre la línea de meta, cubriendo los 324 km del trazado a una velocidad media de poco menos de 27 km/h. Su premio fue de 500 francos belgas, el equivalente al salario de medio año para un maestro en la Bélgica de preguerra.

En varios aspectos, la carrera fue un éxito. Para empezar, Van den Haute y Van Wijnendaele la pusieron en marcha, y en ella se pudo ver a algunos de los mejores jóvenes flamencos, liderados por Deman, quien ganaría la Burdeos-París un año más tarde y la París-Roubaix en 1920. También fue significativa la presencia de los aficionados, pero los ingresos en la meta de Mariakerke solo alcanzaron la mitad de lo esperado, obligando a *Sportwereld* a asumir el pago de los premios.

Por contra, resultaría todo un obstáculo que fabricantes franceses como Alcyon y La Française, dominadores del ciclismo de entonces, se negaran a permitir que ninguno de sus ciclistas compitiera, incluido Defraye, el campeón del Tour, o el resto de los ciclistas belgas más reconocidos. El retorno publicitario que le deparaba a estos equipos franceses una victoria en Flandes no resultaba nada significativo, mientras que, a la vez, la dureza del trazado, con sus inmisericordes adoquines y traicioneras vías de tranvía, la convertían en un desafío demasiado peligroso.

Si se pudo celebrar una segunda edición en 1914 fue, sobre todo, gracias a la decisión de Van den Haute de seguir financiando la carrera. La fecha en que se celebró la carrera se adelantaría con la esperanza de atraer a un pelotón mayor, pasando a celebrarse el 22 de marzo y sobre un trazado bastante más corto, con 280 km. Pero, de nuevo, los fabricantes franceses se negaron a permitir que sus ciclistas tomaran parte, lo que incluía al campeón de la primera edición, Deman, quien había firmado con Alcyon. Sin embargo, Marcel Buysse, compañero de Deman, no acató el veto de sus empleadores franceses. Era consciente de que, después de lograr seis etapas y terminar tercero de la general del Tour de Francia, se encontraba en una posición privilegiada. «París queda muy lejos. No podrán evitar que participe… y gane», declaró. Bruysse estaba en lo cierto. Consolidado esprínter de primer nivel, consiguió la victoria en la nueva llegada, en la pista Evergem, al norte de Gante.

Van Wijnendaele quedó encantado con que la carrera tuviera un ganador de la talla de Buysse, pero era consciente de que al periódico le iba a costar pagarle. Más tarde reflexionaría: «*Sportwereld* era demasiado joven y pequeño para la Ronde que pretendía. Abarcábamos mucho más de lo que podíamos asir. Resultó complicado asistir a que un puñado de ciclistas de segunda categoría compitiera alrededor de Flandes mientras tratábamos de arañar cada céntimo para sufragar los gastos. Y lo mismo sucedió en 1914. Sin Van Hauwaert, sin Masselis, sin Defraye, sin Mosson, sin Mottiat, sin Van den Berghe... a todos ellos les prohibieron participar sus fabricantes franceses».

La Ronde de posguerra

El estallido de la guerra provocó que pasaran cinco años hasta la celebración de la tercera Ronde, debido también, en parte, a la controvertida decisión de la Federación Belga de Ciclismo de prohibir todo tipo de competición. Decenas de grandes nombres del ciclismo habían perecido durante la contienda y Paul Deman, primer ganador de la Ronde, estuvo a punto de ser uno de ellos.

Siguió entrenando durante las hostilidades, pero, a la vez, ejercía labores de espionaje para los aliados tras las líneas enemigas, llevando mensajes desde, y hasta, la neutral vecina de Bélgica, Holanda. En su quincuagésima misión Deman fue arrestado por los alemanes y llevado a prisión, en Lovaina. Condenado a muerte ante un pelotón de fusilamiento se salvaría gracias al armisticio, siendo condecorado más tarde por los belgas, los franceses y los británicos por sus actos durante la guerra.

Durante la misma, *Sportwereld* se vio reemplazado por *De Telegraaf*, periódico de información generalista más centrado en la guerra que en el deporte. Sin embargo Van den Haute y Van Wijnendaele consiguieron organizar una edición «sustitutiva» de la Ronde en la pista de Evergem. El 22 de agosto de 1915 26 ciclistas tomaron parte en una carrera de 150 km alrededor de una pista. Leon Buysse, quien no tenía parentesco con el vigente, entonces, campeón de Flandes Marcel, se adjudicaría la carrera. La organización de cualquier tipo de evento en los años siguientes fue misión imposible, dado que los alemanes requisaron todo el caucho necesario para la fabricación de ruedas, mientras que los velódromos de madera habían sido levantados para servir de combustible.

Al igual que la París-Roubaix, gran parte del trazado de la Ronde se encontraba en mitad de algunas de las zonas más golpeadas por la contienda, sobre todo en los alrededores de Ieper (Ypres), en Flandes Occidental, que había sido uno de los escenarios bélicos principales a lo largo de los cuatro años que duró la guerra. De acuerdo con Van Wijnendaele, la Ronde estuvo a punto de desaparecer del calendario de carreras posterior a la guerra, pero Van den Haute, de nuevo, se esforzó en sacarla adelante, «a pesar de las dificultades casi insalvables».

La tercera edición se celebró sobre un trazado recortado y golpeado por la guerra, en marzo de 1919. Henri Van Leerberghe, segundo clasificado en 1914, conseguiría la victoria tras tomar la salida con muchas cuentas que saldar. Errático en sus actuaciones, el exsoldado se había convertido en la diana de las bromas de sus rivales durante un entrenamiento en el nuevo *Palais des Sports* de Bruselas. Van Wijnendaele, quien representaba a muchos de los mejores ciclistas flamencos también estaba por allí y le aconsejó, sin rodeos, que abandonara y se dedicara a otra cosa. Por contra, Van Leerberghe, apodado el Jinete de la Muerte de Lichtervelde porque solía decirles a sus rivales durante las carreras que los mataría o moriría intentándolo, llegó a la salida de la Ronde pedaleando sobre una bicicleta de una sola velocidad que a duras penas encajaba en un trazado que ahora incluía dos ascensos adoquinados, el Tiegemberg y el Kwaremont.

Durante la segunda de estas ascensiones Van Leerberghe puso un ritmo que ninguno de sus tres compañeros en el grupo de cabeza pudo mantener. Por desgracia, después de conseguir cierta ventaja, se vio obstaculizado por un tren que se había detenido en un paso a nivel. Tal y como sucedería cuatro semanas más tarde en la París-Roubaix, cuando el trio de cabeza se enfrentó al mismo obstáculo, con toda la calma Van Leerberghe se cargó la bicicleta al hombro, atravesó el tren y siguió adelante. Terminaría casi un cuarto de hora por delante del pelotón en la pista de Gentbrugge, sobre la que pedaleó despacio, recreándose en los gritos de los aficionados y, según cuenta la mitología ciclista flamenca, aceptando una o dos cervezas cortesía del director de la pista. Al terminar se giró tras pasar la línea y gritó: «¡Voy con medio día de ventaja! ¡Pueden irse a casa!». El premio para Van Leerberghe fueron tres kilos de carne y dos botellas de vino, con los que se dice que se deleitó. A pesar de que es probable que Van Wijnendaele no aprobara la excéntrica actitud de Van Leerberghe, el vencedor de la Ronde de 1919 era la imagen prototípica que el director tenía de lo que debía ser un *flandrien*. Estos ciclistas, que en opinión de Van Wijnendaele solo podían proceder de las regiones Occidental y Oriental de Flandes, dado que los que eran de Amberes, Limburgo y la Brabante Flamenca no eran lo suficientemente duros, eran de una fortaleza brutal, nunca se quejaban y, hasta cierto punto, corrían de manera simple, confiando, sobre todo, en su fuerza descomunal. La táctica de Van Leerberghe, si se la puede llamar así, era correr tan rápido como podía durante todo el tiempo posible. Esta era una manera de correr que, por lo general, no le llevaba a ningún sitio, pero dos podios en la Ronde demostraban que su enfoque podía resultar efectivo si la carrera tenía la dureza suficiente como para estar al nivel de su ridícula táctica. Y, sobre las devastadas carreteras de la Flandes de posguerra, esta carrera tenía esa dureza.

El ideal de Van Wijnendaele sobre los *flandriens* nació en los años inmediatamente anteriores a la guerra. Van Wijnendaele había corrido en pista bajo el nombre de Mac Bolle para que su esposa no se enterara de esta aventura competitiva, aunque muy pronto pasó a representar a los ciclistas. En 1912 salió de gira con un equipo de robustos ciclistas flamencos de pista que compitieron en las principales carreras europeas de seis días. Después de la guerra amplió horizontes, viajando durante unos años a los Estados Unidos junto a sus ciclistas de pista, embarcados con la compañía naviera Red Star que zarpaba desde Amberes.

Los *flandriens* se convirtieron en una sensación en los velódromos americanos. Con su enfoque de no darse por vencidos jamás, no solo resistían a la exigencia física y mental de esas carreras de seis días de competición casi constante, sino que muchas veces se imponían. Con el declive de la escena de la pista, a partir de mediados de la década de los 20, Van Wijnendaele se centró en la ruta, donde el mítico estatus de los *flandriens* siguió creciendo, siendo objeto de bastante debate durante los 60, cuando Walter Godefroot fue uno de los ciclistas a los que se impuso este estatus. «Un auténtico *flandrien*», decía Godefroot, «es un ciclista que sabe cómo pelear, porque siempre se ha visto dominado por la voluntad de otro: los valones, que eran los dueños de las fábricas y tenían la cultura, o los holandeses y los alemanes que querían la propia tierra».

Antes de la Gran Guerra los ciclistas y equipos extranjeros, sobre todo los más ilustres en Francia, no ocultaban su desdén para con la Ronde. Cuando Buysse consiguió el título en 1914 *L'Auto* apenas le dedicó una línea a su victoria, declarando, tan solo, que «Marcel Buysse ganó el Tour de Flandes para Alcyon». Pero, después de la guerra, se vieron obligados a cambiar de actitud por el mero hecho de que en esos tiempos de apreturas los fabricantes de bicicletas necesitaban vender tantas unidades como les fuera posible, y Bélgica se estaba convirtiendo en un gran mercado. La compañía francesa J.B. Leuvet fue la primera en zambullirse en este mercado, enviando a Jean Brunier y los hermanos Henri y Francis Pélissier a Gante para la salida de la edición de 1922. Conscientes de que necesitaban algo de talento local con el que rodear a sus estrellas francesas, ficharon al campeón de la Lieja-Bastoña-Lieja de 1919, Léon Devos.

Mientras el grupo de cabeza comenzaba los 2,5 km de la ascensión al Kwaremont, Henri Pélissier se dio cuenta de la facilidad con la que el fibroso Devos se enfrentaba a esa prueba. Pedaleando a su lado, se dice que le susurró «¡Léon, hoy eres el mejor! ¡Ataca tú y yo mantendré el pelotón a raya!». Pélissier cumplió con su palabra. Devos terminó con siete minutos de ventaja mientras que los tres franceses ocupaban las siguientes tres posiciones. A pesar de que a buen seguro a Van Wijnendaele le gustó ver que su carrera atraía a ciclistas de fuera de Bélgica, su reacción a la primera victoria extranjera en la Ronde dejó patente los límites de su benevolencia para con los ciclista extranjeros. Cuando el suizo Heiri Suter venció al esprint a los ciclistas flamencos Charles de Ruyter y Albert Dejonghe en Gentbrugge en 1923, Van Wijnendaele arremetió contra los ciclistas locales por su actitud pueblerina, diciéndoles que tenían que conseguir una mayor experiencia en el extranjero. Además, criticaría sus métodos de entrenamiento, a pesar de que la «acumulación de kilómetros» hacia la que tendían era muy similar al enfoque que tenía el propio Van Wijnendaele. Tras la victoria de Suter cambió de chaqueta, insistiendo en que los ciclistas flamencos tenían que entrenar más en la pista para emular «la velocidad intrínseca» del suizo.

La postura de Van Wijnendaele perjudicó muchísimo a Suter, quien por entonces estaba considerado, con todo merecimiento, una especie de Fabian Cancellara. Vencedor de la París-Roubaix una quincena antes, se convertiría en el primer hombre en lograr el famoso doblete, igual que Cancellara hiciera en 2010 y 2013. Ambos suizos son los dos únicos hombres no nacidos en Bélgica capaces de este logro. Suter era el más joven de seis hermanos dedicados al ciclismo, y fue uno de los clasicómanos más impresionantes del periodo de entreguerras. Y lo más sorprendente es que su carrera se extendió durante todos ellos, comenzando en 1918 y terminando en 1941, cuando tenía ya 42 años. Contaba con muchísima experiencia en la pista y perfeccionó sus entrenamientos en ella: cubría distancias cortas a un ritmo altísimo, lo que pulía su velocidad en las llegadas.

Las críticas de Van Wijnendaele surtieron el efecto deseado en los ciclistas flamencos. Tendría que pasar más de un cuarto de siglo antes de que otro extranjero lograse la victoria en la Ronde. Sin embargo, el despropósito que era el calendario también ayudaba a que los flamencos mantuvieran el control sobre su carrera. Hasta 1931 la clásica flamenca solía celebrarse el mismo día, o uno o dos después de la Milán-San Remo. Esto no benefició en nada a ninguna de las dos carreras, dado que los belgas se centraban en Flandes y los italianos en la San Remo. El interés de la prensa francesa alternó entre ambas, aunque la mayoría de los fabricantes franceses, al igual que los ciclistas, se mostraban indiferentes ante ambas, dada la amplitud del calendario francés.

Esa inclinación de los franceses a mantenerse en casa también se debía a los relatos de terror que contaban los pocos franceses que se aventuraban más allá de la frontera. Hablaban de pelotones de fornidos belgas que podían pedalear todo el día en el llano, y que luego estaban bendecidos con un descomunal cambio de ritmo en el esprint. Estas eran las cualidades que más contaban en una región en la que los dos kilómetros que media la ascensión al Kwaremont la convertían en una de las más largas. Cuando el francés André Leducq recibió permiso para participar en la edición de 1926 de la Ronde durante el servicio militar, decidió poner a prueba la reputación de los ciclistas locales, preparando una estrategia con su amigo Henri Sausin. «Planeamos mantenernos un rato a rueda, para acostumbrarnos a la velocidad, y entonces, cuando ya hubiéramos calentado, nos pondríamos en cabeza y les demostraríamos a esos flamencos de lo que éramos capaces», le dijo al periodista Raymond Huttier. Pero cuando la pareja se inscribió de cara a la carrera, en Gante, pudieron hacerse una idea más certera de contra quienes se las verían. «Qué curiosos los tipos de por aquí. Todos tenían la talla de un armario ropero y, a su lado, nosotros éramos como críos. No fue nada tranquilizador».

Leducq, quien ganaría el Tour de Francia en dos ocasiones, tuvo problemas para seguir el ritmo que se puso desde el comienzo. «No podía avanzar más allá de la vigesimoquinta posición y, al final, después de alcanzar mi límite, para Sausin y para mí fue todo un alivio acompañar a Gerard Debaets, quien había decidido abandonar la carrera frente a su café en Kortrijk», dijo. Por lo menos, la dupla francesa estaba en buena compañía. Debaets se había hecho con la victoria en 1924, y repetiría en 1927, antes de irse a Estados Unidos a disfrutar de una larga carrera como ciclista en pruebas de seis días, donde ganó 17 carreras, siete de ellas en el prestigioso Madison Square Garden de Nueva York.

Colinas y adoquines

En la actualidad, la Ronde es famosa por sus *hellingen*, las 16 ascensiones de gran inclinación y adoquinadas —la mayoría— que deciden la carrera. Pero en las primeras ediciones de la Ronde el perfil era muy diferente. Apenas cuatro de esos *bergs*, o colinas, tan famosos hoy en día aparecieron en alguna edición antes de la Segunda Guerra Mundial. En 1928 el Kruisberg, en Ronse, fue añadido al trazado, con la meta siendo trasladada a Wetteren. Dos años después el Edelareberg, en Oudenaarde, también entró en la carrera. Desde 1932 hasta 1949 estas dos ascensiones, y el Kwaremont, serían las únicas de la ruta que se mantendrían adoquinadas hasta después de la Segunda Guerra Mundial.

Pero la morfología de estas piedras ha ido cambiando. Hasta el siglo XIX los adoquines eran piedras redondeadas y procedentes de las playas, siendo comunes en toda Europa y Norte América. Durante las siguientes décadas del siglo muchos de ellos fueron sustituidos por baldosas excavadas en granito, que suelen recibir el nombre de *bloque belga*, porque la mayor parte han sido extraídos allí. A diferencia de los adoquines sacados de la playa y los cauces de agua, que eran más suaves pero que a menudo tenían una superficie irregular y resbaladiza, las piedras graníticas se cortaban —a menudo de manera tosca—y se podían situar una junto a la siguiente, ajustándolas para que quedara poco espacio entre ellas, lo que facilitaba el paso de todo tipo de vehículos. La prueba de la durabilidad de estos bloques ígneos se encuentra en los atracaderos de los puertos de Nueva York y otras ciudades portuarias de los Estado Unidos, que todavía están cubiertos por «adoquines» extraídos en Bélgica.

La palabra en neerlandés para estos bloques de granito es *kassei*, y se cree que deriva de la palabra latina «via calciatta», una carretera cubierta de piedras. A pesar de que ofrecen un avance mucho más regular que el que se tiene sobre los adoquines de las playas, las carreteras cubiertas por *kassei* siguen provocando un buen tembleque cuando se circula sobre ellos en bicicleta. Los mejores ciclistas se aprovechan de la velocidad para aliviar, en la medida de lo posible, esta incomodidad, lo que explicaría por qué Leducq y Sausin se sorprendieron tanto ante la velocidad a la que los ciclistas belgas dieron comienzo a la prueba. No hay duda de que pedalear así aumentaba la dureza de la carrera, desde la perspectiva de la cantidad de kilómetros por cubrir, pero también es una razón fundamental por la que los ciclistas flamencos alcanzaron tal maestría, y siguen siendo tan buenos, sobre este tipo de superficie, dominando sobre los adoquines de Roubaix y sobre los de la Ronde.

La inmisericorde naturaleza de estas carreteras hacía que bastase con unos pocos *hellingen* adoquinados. Pero cuando los ciclistas de la Ronde llegaban a ellos, las colinas planteaban un tipo de desafío muy diferente. Las rampas inclinadas de ascensiones como el Kwaremont acaban con cualquier aceleración, sobre todo en esos ciclistas que no están en la cabeza de los grupos o no tienen el camino libre frente a su rueda delantera. El simple hecho de que la rueda de un ciclista patine un poco produce un efecto dominó a su espalda, sobre todo cuando llueve y se complica todavía más mantener la tracción sobre esa superficie desigual. Mucho antes de que se situaran vallas para controlar al público los ciclistas intentaban esquivar los adoquines durante las ascensiones, utilizando los pequeños carriles de ceniza o grava que quedaban en los extremos de la carretera, que era por donde solían caminar los peatones; esto provocaba que los aficionados que estaban situados en esos carriles tuvieran que quitarse de en medio.

Durante los años de entreguerras, las ventas del *Sportwereld* se dispararon. No era nada extraordinario que el periódico despachase 200 000 copias antes de una gran carrera o un partido de fútbol. A la vez, comenzaba a expandirse la cobertura de noticias generales y deportivas en flamenco, asistiendo al nacimiento de varias cabeceras más. A consecuencia de esto, la fama de Van Wijnendaele aumentó de manera considerable, hasta el punto en el que se convirtió en un personaje más reconocido y popular en Flandes que cualquiera de los ciclistas sobre los que escribía. Las crónicas de los años 30 hablan de multitudes a lo largo de todo el trazado de la carrera que coreaban «¡Koarle! ¡Koarle!», como era conocido Van Wijnendaele de manera familiar, al paso de su coche.

Su poder dentro del ciclismo belga también aumentó. En 1930, cuando el Tour de Francia pasó a disputarse por selecciones en lugar de por casas comerciales, se convirtió en el seleccionador y director del equipo belga. Dada la inclinación de Van Wijnendaele por todo lo que fuera flamenco, no sorprende que los ciclistas francoparlantes no aparecieran demasiado a menudo en el equipo belga, y los que lo hacían tenían instrucciones precisas de hacer todo lo que los líderes flamencos les requirieran. Van Wijnendaele no ocultaba su favoritismo, pero los resultados que cosechaba su equipo hacían complicado que se le criticase. Consiguieron la victoria en la general en 1935 y 1936 gracias a Roman Maes y Sylvère Maes. Este último también se hizo con la última edición del Tour antes de la guerra, en 1939.

Durante la década de los 30 muchos otros belgas que se dieron a conocer, en un principio, en la Ronde acabarían consiguiendo grandes logros en el Tour y otras carreras internacionales, ayudados por el hecho de que los solapamientos en el calendario eran menos frecuentes, ahora. Esto significaba, por ejemplo, que los ciclistas podían participar en la Milán-San Remo, la Ronde y la París-Roubaix en semanas sucesivas, aunque la mayoría optaba, por lo general, por correr dos de las tres. San Remo y Roubaix eran las de mayor prestigio y atraían a unos pelotones de mayor calidad, pero cada vez era mayor el convencimiento de que la Ronde era la mejor manera de preparar la Roubaix, gracias a sus adoquines y su climatología impredecible. Pero esto tampoco significaba que cualquier extranjero fuera capaz de romper el apretado lazo que unía a los flamencos con su Ronde. En Flandes había un ejército de velocistas que, a la vez, eran unos rodadores duros de roer.

El campeón de la Ronde de 1930, Frans Bonduel, era un ciclista de ese tipo, como lo era Jan Aerts, quien logró 11 etapas en el Tour de 1935 y el Mundial de aquel año. Aerts siempre tomaba la salida en Flandes como uno de los favoritos, pero jamás llegó terminar en mejor posición que la tercera, en 1931. Romain Gijssels, otro de estos *routiers-sprinteurs* flamencos, como los franceses bautizaron a los ciclistas todoterrenos que eran buenos en todos los terrenos, se impuso a Aerts y al holandés Cesar Bogaert. Gijssels se convertiría en el primer ciclista en defender el título con éxito.

Su triunfo se debió, en parte, a un grave error cometido por Bogaert. Llegando a la meta en Wetteren, el holandés comenzó a esprintar desde lejísimos, para luego darse cuenta de que la pancarta que había confundido con la meta era un anuncio de cigarrillos. Mientras las piernas de Bogaert lo traicionaban, Gijssels lo pasaba para hacerse con la victoria. Un año después no hubo tal controversia. Gijssels se marchó de sus rivales en las colinas de las Ardenas Flamencas y llegó a la meta con tres minutos de ventaja. En 1933 pudo lograr el triplete, pero falló durante el esprint, esperando demasiado antes de imprimir su aceleración final, cuando Alfons Schepers ya iba camino de la victoria.

Durante este periodo hubo un ciclista del que se hablaba más que de cualquier otro. Descrito por Pierre Chany como «el prototipo de ciclista flamenco: duro, curtido y habilidoso», Gaston Rebry ganó la París-Roubaix de 1931 y es probable que debiera ganar la Ronde antes de cuando lo hizo. Hubo un año en que se fue al suelo cuando el grupo de cabeza se dirigía al velódromo en Gentbrugge. En 1933 un pinchazo en el peor momento le condenó a la sexta posición.

Lo peculiar de Rebry en la Ronde es que siempre atacaba en el mismo lugar: en la colina de Torhout. En 1934 era de suponer que sus rivales ya se esperarían su ataque, pero solo tres de ellos fueron capaces de seguirlo. Volvió a atacar por el carril de ceniza que discurría por el Kwaremont dejando atrás a los tres, aunque pincharía en Edelaere, donde Félicien Vervaecke lo atraparía y sobrepasaría. Pero no le iban a quitar la victoria al Bulldog. Arreglado el pinchazo, volvió a la altura de Vervaecke, dejándolo atrás rumbo a la victoria. La semana siguiente consiguió la segunda edición de la París-Niza, y desde allí pasaría a hacerse con la segunda de las tres Roubaix que lograría. Su carrera se extendió hasta 1939. Después de retirarse se mudó a Wevelgem, abrió un bar llamado París-Roubaix y se dispuso a disfrutar del placer de fumarse un buen cigarro y dar cuenta de una cerveza. Para Van Wijnendaele Rebry encajaba en el molde del auténtico *flandrien*. A pesar de que Flandes seguía dando los ganadores que Van Wijnendaele quería, el director de la carrera no estaba contento. Alteraba, de manera regular, el curso de la Ronde, pero sería en 1937 cuando introdujo un cambio de gran importancia, al permitir por vez primera el uso de cambios, aunque en otras carreras ya habían sido utilizados. Su intención era evitar que la carrera se convirtiera en algo estático, de ahí que les diera a los ciclistas un rango de desarrollos mucho mayor con el que jugar. Antes de aquello, cuando los ciclistas utilizaban un solo desarrollo fijo, Rebry y otros favoritos comenzaban a un ritmo lo más alto posible con la intención de romper el pelotón antes de que la carrera llegara a la costa, donde resultaba inevitable que aumentaran su ventaja bajo el azote del viento que soplaba desde el Mar del Norte. Cualquiera que se quedara en esa sección inicial de la carrera se quedaba sin opciones de volver a pelear por la victoria.

La modificación de Van Wijnendaele derivó en un vencedor sorpresa en la figura de Michel d'Hooghe, cuya corta carrera tocó a su fin cuando murió en mayo de 1940 durante un ataque aéreo alemán sobre la ciudad de Lokeren. El director de la Ronde no tardó en darse cuenta, no obstante, de que al igual que el uso del cambio igualaba el nivel de los ciclistas, también hacía lo propio con el recorrido de la carrera. Las escasas colinas que había en la ruta perdían parte de su dureza, hasta el punto de que la edición previa a la guerra se la adjudicó un ciclista cuya especialidad era la pista.

Terminando la temporada invernal de pista de 1939, Karel Kaers tenía la esperanza de amargar a las estrellas establecidas de la ruta en la París-Roubaix. Kaers no era, tampoco, un mal ciclista de carretera. En 1934 había conseguido el Mundial en Leipzig, cuando apenas tenía 20 años, y sigue siendo el vencedor de la prenda arcoíris más joven. Pero el éxito le llegaría demasiado pronto: según una historia de la Ronde, se convirtió en el *niño bonito* del ciclismo belga. Además, su peso tampoco ayudaba. Con 85 kilos, le costaba progresar en toda carrera que no fuera llana. Por esto meditó entre toda una variedad de opciones competitivas y entrenamientos de cara a la Roubaix, antes de participar, de mala gana, en Flandes, picado en parte por su representante, Jules Deckx, quien le había retado a regresar después de que no lograse terminarla en 1937 y 1938.

Kaers condujo su coche hasta la cima del Kwaremont, que estaba más o menos en mitad del recorrido, con la intención de competir hasta allí y luego retirarse para guardar fuerzas de cara a la Roubaix, una semana más tarde. Sin embargo, el astuto Deckx se enteró de su plan y advirtió a los que lo encubrían, que a pesar de estar involucrados en la treta eran, a la vez, clientes de Deckx, «si os atrevéis a hacerlo os dejaré de hablar para siempre».

Llegando cerca de Kwaremont Kaers atacó, pensando que estaba a unos pocos kilómetros de terminar. Pero cuando no vio ni su coche ni a sus compañeros, se vio obligado a continuar. Ascendiendo el Kruisberg atacaría de nuevo, acompañado por su compañero de entrenamientos Roger Van den Driessche, el antiguo campeón del Tour Romain Maes y Edward Vissers. Kaers aguantó como una fiera. Maes parecía el más fuerte, pero su velocidad al esprint no podía compararse con la del as Kaers, quien logró una sencilla victoria por tres bicicletas de ventaja. «No me quedan fuerzas. Si esto dura cinco kilómetros más me habría derrumbado», le dijo a Van Wijnendaele. Como demostraría con su llegada a Roubaix, donde entraría en meta a un cuarto de hora del vencedor, en la posición sexagésimo séptima, de 68 ciclistas que terminaron.

LA LEYENDA DE LOS *FLANDRIENS*

A diferencia de otros monumentos —de hecho, de la mayoría de otras grandes carreras— la Ronde se siguió celebrando durante la Segunda Guerra Mundial. Por aquella época hubo quienes sugirieron, y es algo que se ha dicho en más ocasiones desde entonces, que esto fue gracias a que Karel Van Wijnendaele colaboraba con las fuerzas de ocupación nazis. Sin embargo, resulta complicado encuadrar esta acusación con el reconocimiento que recibiría Van Wijnendaele después del conflicto. El jefe de la Ronde no solo recibiría una carta de agradecimiento del mariscal de campo Bernard Montgomery por dar refugio a los pilotos aliados que habían sido derribados sobre los cielos de Bélgica, sino que también recibiría la condecoración más alta en su país, la Orden de Leopoldo, por sus actos durante la guerra.

Más bien parece que la Ronde fue una de las beneficiarias de la implementación de la *Flamenpolitik*, políticas implementadas por los nazis con el objetivo reconocido de exacerbar las divisiones entre flamencos y valones. Al principio esto tuvo como resultado la liberación de muchos oficiales flamencos del ejército belga que habían sido capturados por los alemanes de su cautiverio. Más adelante promovería todo intento de fomentar el uso del neerlandés. El objetivo de estas políticas no era el de incentivar y promover la creación de un estado flamenco independiente, sino añadir la región a otras de los Países Bajos en los que la población había sido clasificada como «racialmente germánica». Este movimiento se completaría a finales de 1944 cuando Flandes se convirtió en una parte oficial del gran Reich.

A pesar de que los partidos políticos y asociaciones flamencos fueron culpables de colaboracionismo con los nazis, algunos de ellos solo intentaban alcanzar una serie de derechos que consideraban que, hasta entonces, les habían sido hurtados, sobre todo en lo tocante al reconocimiento de su lengua y cultura. Sin embargo, hubo otros grupos que llevaron su colaboración hasta niveles mucho más siniestros, motivo por el que el nacionalismo flamenco ha sido identificado como una ideología de derechas. Sin pretender meternos demasiado en el campo de minas que es la política belga de posguerra, el problema del nacionalismo flamenco sigue siendo un asunto polémico y todavía salpica al ciclismo belga, dada la importancia de este deporte como símbolo político y cultural en Flandes.

A comienzos de 2013 el campeón del mundo belga Philippe Gilbert, valón francófono, se metió de cabeza en un enorme campo de minas cuando criticó a los aficionados que enarbolaban la bandera con el León de Flandes en las carreras. «Hay extremistas en todas partes, incluso en Valonia. Es como el Frente Nacional en Francia. La gente ya no cree en la política y le da su voto a este tipo de partidos. Es una forma de voto negativa, el electorado desconoce las políticas por las que están votando», manifestó en la revista belga *Humo*. Los políticos flamencos atacaron sus comentarios, lo que llevó a Gilbert a explicar que lo único que pretendía expresar era su deseo, como belga orgulloso de serlo, de que los aficionados belgas enarbolasen la bandera belga.

Como poco, las declaraciones de Gilbert pusieron en relieve la potencia que todavía mantiene hoy en día el símbolo del León de Flandes dentro del ciclismo flamenco. Como pudimos ver en el anterior capítulo, Van Wijnendaele se inspiró en la obra de ese título escrita por Hendrik Conscience durante el siglo XIX, mientras que los grandes campeones de la Ronde han sido, también, calificados con ese título: pese a que no todos fueran flamencos, ni tan siquiera belgas. En cuanto a la bandera, hay dos versiones de la misma: la oficial y estandarizada de Flandes, adoptada de manera legal en 1973, muestra un león rampante negro con garras y lengua rojas sobre un campo dorado. Sin embargo, los partidarios del nacionalismo flamenco —y estos aparecen en todos los puntos del espectro político, no solo en la derecha— prefieren una bandera en la que el león no tiene las garras ni la lengua rojas, por lo que no comparte los colores de la bandera nacional belga. Ambas versiones pueden verse de manera profusa durante la Ronde y otras carreras que se celebran en Flandes, y habrá quien quiera decir o dejar de decir lo que desee sobre su filiación política al ondearlas.

Sin embargo, durante el último día de marzo de 1940, los ciclistas que se inscribieron para la primera Ronde en tiempos de guerra tenían muchas otras cosas en las que pensar. A pesar de que el conflicto no se había extendido todavía por Europa Occidental, las tropas comenzaban a ser movilizadas y muchos de los que no se encontraban participando en la carrera estaban ausentes porque habían sido llamados a filas. El vigente campeón, Karel Kaers, se encontraba en la salida, como también lo estaba el primer británico en participar, Joe Bridges, de quien no hay más mención en las crónicas de la carrera o los resultados de la misma. Antes de la salida los ciclistas se detuvieron para recordar a Marcel Buysse, el campeón de 1914 que, hasta su muerte en octubre del año anterior, había dirigido un hotel frente a la estación de Gante en el que se alojaban muchos de los ciclistas.

Reducido hasta los 230 un año antes para que los ciclistas pudieran votar en las elecciones generales, el trazado se vio recortado de nuevo mientras el país se preparaba para la contienda. Los ciclistas se enfrentaron a un desafío mucho menos severo con aquellos 211 km, en un trazado que ya no pasaba por la costa, pues las defensas situadas en la misma estaban siendo fortificadas. Por ello, la pelea clave se desarrollaría en los tres *hellingen*. En el Edelareberg salieron escapados media docena de ciclistas, incluido el talentoso joven de 20 años Briek Schotte, el favorito a ganar la carrera Marcel Kint y Achiel Buysse, que no tenía relación alguna con el fallecido Marcel ni nadie de su familia, que produjo ni más ni menos que 11 ciclistas profesionales.

En la meta, los seis miembros de la escapada habían quedado en tres. Kint se había ido al suelo, mientras que Jean Staeren y Albert Hendrickx habían recibido la visita «del hombre del mazo», en palabras de una de las crónicas. Buysse contaba con la ventaja de su velocidad punta, pero no esperó a la recta final para demostrarlo. Atacó a unos pocos kilómetros, saliendo de Wetteren, y consiguió una ventaja de 20 segundos sobre Georges Christiaens y Schotte.

Buysse se convirtió en el segundo ciclista en retener el título, cuando demostró ser el más rápido en un grupo que se jugó la victoria durante la edición de 1941. Aquella edición de la Ronde, que se celebró a comienzos de mayo al volver a coincidir con las elecciones, fue la única de la historia con menos de 200 km, pero el daño producido por la contienda hizo que esos 198 kilómetros fueran tan duros como de costumbre. Los 112 que tomaron la salida acumularon la impresionante cantidad de 144 pinchazos durante los primeros 100 km de carrera, con Kaers, Hendrickx y Schotte entre los que no pudieron llegar a Wetteren.

La sabiduría popular de Schotte

Briek Schotte estaba considerado un futuro ganador de la Ronde desde que el estallido de la guerra le impidió conseguir la victoria en el Tour de l'Ouest en septiembre de 1939. Nacido en septiembre de 1919 en el pequeño pueblo de Kanegem, casi en la frontera entre Flandes Oriental y Occidental, Schotte se convertiría en el último y más famoso de los *flandriens* de Van Wijnendaele. Alcanzaría tal estatus cuando consiguió la Ronde en 1942. La carrera mostró una de las características que diferenciaban a Schotte y otros *flandriens*. Dirigiéndose hacia la meta, en la pista Kuipke de Gante, volvió a atacar una y otra vez, consiguiendo, por fin, una ventaja de 50 metros que mantuvo hasta la meta.

Su filosofía a la hora de competir era simple: «*Geen woorden, maar deden*». Nada de palabras, solo hechos. Agachado sobre el tubo horizontal de su bicicleta, con la chichonera bien calada sobre su cabeza y el extremo de la misma apuntando donde enfocaba su mirada inquebrantable, Schotte no sabía rendirse. Pese a que hay quien considera que su mejor actuación llegó cuando terminó segundo en el Tour de Francia de 1948, pese a que para nada fuera un escalador, su nombre está intrínsecamente unido al Tour de Flandes. Lo corrió en 20 ocasiones, lo ganó en dos y terminó en el podio en ocho.

En el museo del Tour de Flandes de Oudenaarde hay una amplia sección que gira en torno a Schotte, y en ella se incluyen sus diez mandamientos:

1. Confórmate con lo que tienes.
2. La determinación y la paciencia te llevarán a cualquier lado.
3. ¿Estás cansado? Entonces duerme.
4. Jamás pierdas la libertad.
5. Sé siempre tú mismo.
6. Se aprende observando.
7. Los que se dejan ir están perdidos.
8. Jamás olvides de dónde vienes.
9. No creas en sueños imposibles de conseguir.
10. Quien siembra el mal recogerá el mal.

Son cosas sencillas pero inflexibles, y resumen, de manera casi perfecta, tanto quién era Schotte como el ideal del *flandrien*. Si añadimos la descripción de Schotte que hizo Pierre Chany para *L'Équipe*, el retrato queda completo. «Es un ciclista concienzudo, feroz en la batalla, en ocasiones lento a la hora de ponerse en marcha, pero de una efectividad aplastante en los finales de carrera. Es capaz de soportar el calor y el mal tiempo, sacando el mejor partido a su vida de asceta y su compromiso con el entrenamiento. Por último, sabe sufrir como el mejor. Siempre va estirado sobre la bicicleta, con su rostro cincelado rozando el manillar, la chichonera azul calada hasta las orejas... es reconocible en la distancia».

Cuando el periodista Albert Baker d'Isy, a quien Chany consideraba el mejor escritor de ciclismo de su generación, visitó a Schotte en Flandes en 1948 después de que consiguiera su segunda victoria en la Ronde y la primera en el Mundial, realizó la descripción de un hombre que se resistía a los cambios que sacudían el ciclismo. Schotte salía a entrenar con miembros de la vieja guardia, incluido Gaston Rebry. Su objetivo era el de pedalear contra el viento de la costa y luego girar, para poner rumbo a casa, pasando el Kwaremont y el Kruisberg.

«No espere que esto dure mucho más. Ya no quedan auténticos *flandriens*», le dijo uno de los ciclistas a Baker d'Isy. «Los jóvenes están demasiado mimados. Seguidores, dinero fácil en las *kermesse*, el cada vez mayor número de carreras en toda Bélgica, la devaluación del franco francés, la falta de restricciones como resultado de la ocupación, todo ello ha contribuido. Ya no entrenan. Solo compiten. Y cuando la carrera se pone muy dura, abandonan». Pero, según escribiría Baker d'Isy, había una excepción: Schotte. Lo describió como el último *flandrien*.

Si Schotte fue el último de todos ellos, Achiel Buysse se quedó una o dos plazas por delante. En 1943 se convirtió en el primer ciclista que conseguía tres ediciones de la Ronde, logro que nadie ha mejorado. Lo curioso, si se tiene en cuenta la situación de guerra, es que aquel año el pelotón fue uno de los más internacionales que se habían visto hasta el momento, incluyendo nueve franceses, tres holandeses y Jules Rossi, primer italiano en ganar la Roubaix, en 1937. Las carreteras seguían presentando un estado atroz y, de nuevo, se cobraron un enorme peaje en cuanto a pinchazos, con Schotte siendo uno de los que quedaron eliminados.

Si Rik Van Steenbergen no disfruta del privilegio del título de *flandrien* es culpa, tan solo, de lo estrecho de los márgenes del terruño geográfico que Van Wijnendaele describió como hogar de aquellos. Procedía de Arendonk, en la parte más oriental de la provincia de Amberes, en la misma frontera con Holanda. Durante la guerra trabajó enrollando cigarrillos en la fábrica Karel I, pero cada vez alcanzaba más fama por sus actuaciones sobre dos ruedas. En 1943 consiguió el campeonato belga con 18 años, pero estuvo a punto de no llegar a la salida.

«Cuando pasé a profesionales, en 1943, no pasé a competir en el Tour de Flandes de inmediato. Había tres categorías, carretera A, carretera B y ciclistas de pista. En la federación, aparecía como ciclista de pista. Al principio no me iban a permitir correr los campeonatos nacionales. Pero Jean Van Buggenhout, el representante, consiguió que me reclasificasen el mismo miércoles previo a la carrera. Gané y me convertí en ciclista de categoría A. Eso significaba que podría competir en el Tour de Flandes del año siguiente. Tenía 19 años, así que es probable que prevalezca como el ciclista más joven en ganar», le contó Van Steenbergen a Les Woodland, el historiador del ciclismo.

Y también fue una buena carrera. Van Steenbergen ya había sorprendido a muchos observadores con su estilo agresivo sobre las ascensiones. Llegando a Gante era uno de los nueve ciclistas en el grupo principal. Schotte y Marcel Kint también estaban en ese grupo, pero ambos se fueron al suelo en las estrechas y reviradas calles que desembocaban en el velódromo Kuipke. Consiguieron reintegrarse en el grupo cabecero, pero Kint volvió a dar con los huesos en el suelo al entrar en las instalaciones del estadio. George Claes y Frans Sterckx aprovecharon la distracción, aceleraron y colisionaron entre ellos al llegar a la entrada del velódromo, dejando al joven Van Steenbergen el camino libre en cabeza, con un Schotte intentando, desesperado, neutralizar al adolescente. Pero era demasiado tarde. Van Steenbergen había logrado ventaja suficiente y contaba con una aceleración final más que robusta como para aguantar.

Hay una conocida fotografía de ambos aquel día que cuenta mucho más de lo que podría hacer crónica deportiva alguna. Van Steenbergen, con una enorme mata de pelo rizado que todavía no muestra rasgos de lo que será su característico peinado *pico de viuda*, parece superado, casi aturdido, mientras pasa el brazo izquierdo alrededor de los hombros de Schotte. Está claro que el veterano desearía estar en cualquier otro lugar que no fuera aquel. Con el rostro estólido, la furia patente en su mirada, contempla la distancia mientras aprieta los labios, decidido a no ver el más mínimo atisbo del ramo de la victoria que Van Steenbergen ha puesto, sin darse cuenta, a la altura de su regazo.

A pesar de que se podría dudar de la legitimidad de la victoria de Van Steenbergen aquel día, su superioridad cuando consiguió su segunda victoria, dos años más tarde, resultó incuestionable. Menos de un mes después de la increíble victoria de Fausto Coppi en la Milán-San Remo, Van Steenbergen dio un recital casi igual de impresionante.

La cifra récord de 218 ciclistas tomó la salida para enfrentarse a un nuevo trazado que, con 246 km, se volvía más exigente después de que se levantaran las restricciones impuestas durante la guerra. Las tres ascensiones clave diezmaron el grupo de cabeza. Después de que Schotte volara Kwaremont arriba, solo 20 ciclistas se le unieron. Repitió su despliegue de fuerzas en el Kruisberg, reduciendo el grupo cabecero hasta las siete unidades. Sobre el Edelare-berg, Louis Thiétard se convirtió en el atacante sorpresa. En la cima, los únicos que acompañaban al francés eran Schotte y Van Steen-bergen. Thiétard y Schotte eran conscientes de que no tendrían opciones de batir en un esprint a Van Steenbergen, pero tampoco este les iba a dejar comprobarlo. Mientras cruzaban el puente que salvaba el Schelde en Kwatrecht, a falta de cinco kilómetros, Van Steenbergen aceleró. Con el tronco estirado lo más bajo posible sobre su bicicleta, al más puro estilo de la pista, logró un hueco de más de un minuto sobre sus dos rivales, demostrando que tenía mucho más arsenal que un mero buen esprint. De hecho, muchos eran los que pensaban que Van Steenbergen podría haber sido un aspirante a las grandes vueltas si se hubiera centrado más en deter-minados objetivos, en lugar de tratar de conseguir todo premio económico que se pusiera en liza. Thiétard cargó en un principio con el peso de la persecución, pero cuando le hizo señas a Schotte para que relevase, el flamenco hizo un gesto que parecía decir «¿para qué?». Y tenía razón, Van Steenbergen iba a ganar.

El León de Flandes italiano

Los frecuentes solapamientos en el calendario entre la Milán-San Remo y el Tour de Flandes resultaban en una participación extranjera mínima, hasta que se presentó la Challenge Desgrange-Colombo en 1948. El nuevo formato animaba a los ciclistas a competir en sus nueve pruebas; y entre ellas estaba Flandes. En un enorme pelotón de 265 ciclistas 17 de ellos eran italianos, 18 franceses, 33 holandeses y también había un polaco y un británico, Harold Bloomfield, quien no terminó, aunque estuvo bien acompañado, ya que apenas 83 ciclistas llegaron a Wetteren, donde Schotte se hizo, por fin, con su segundo triunfo en la Ronde. Esto le ponía en una posición privilegiada de cara la victoria en la Challenge Desgrange-Colombo inaugural.

Los italianos se mostraron activos en la primera mitad de la carrera, cuando Fiorenzo Magni comenzó a animar la carrera. Pero, al final, carecían de la experiencia necesaria para plantarle cara a los flamencos sobre sus adoquines y *bergs*. Solo Pino Cerami, quien se nacionalizaría belga a mediados de los 50 —todavía existe una carrera en Valonia que lleva su nombre en la actualidad— consiguió entrar entre los 20 primeros, a apenas 30 segundos de Schotte. Del resto de sus compatriotas no quedó rastro.

Un mes después Magni, quien era un escalador decente, pero tampoco brillante, ganaba el Giro de Italia con el margen más estrecho de la historia, manteniéndose vigente en la actualidad: 11 segundos. Este éxito le debía mucho a su valentía en los descensos, a una habilidad para llevar su cuerpo al límite digna del mismísimo Schotte, y su asombrosa habilidad para leer el momento preciso en el que desfondarse; además de a sus seguidores, que lo empujaban en los grandes puertos. Hubo muchos que consideraban que aquellos empujones podían estar planeados de antemano y, de hecho, Fausto Coppi abandonaría la carrera junto a todo su equipo como protesta. Cuando Magni consiguió la etapa final y cerró el título en el velódromo Vigorelli de Milán, recibió una salva de abucheos.

Por desgracia para Magni, quien tuvo que abandonar el velódromo escoltado por la policía y entre lágrimas, era un cabeza de turco fácil. En parte, esto se debía a que él no era ni Coppi ni Bartali, los únicos ciclistas que interesaban al público y la prensa italianos durante las tres semanas de su ronda nacional. Pero, sobre todo, fue por sus actividades poco menos que cuestionables en tiempos de guerra. Magni se unió al bando fascista durante la contienda, después de ser llamado a filas en 1943. En este aspecto no difiere de tantos miles y miles de italianos, pero sus actividades durante el conflicto se vieron ensombrecidas por su supuesta participación en una masacre contra guerrilleros partisanos en Valibona, en enero de 1944.

En 1947 un tribunal italiano investigó el incidente, declarándose incapaz de decidir si Magni había participado en esa masacre, por lo que fue liberado de cargos bajo una gran amnistía. Pero en su región natal eran muchos los que todavía no estaban del todo convencidos. Sin embargo, en Bélgica Magni estaba cerca del umbral de la grandeza, gracias a una serie de actuaciones que apenas tienen parangón en los monumentos.

Cuando debutó en Flandes, en 1948, Magni contaba tan solo con cuatro compañeros de su Willier-Triestina para apoyarlo, hasta que abandonó con la horquilla partida. Un año después regresó con solo dos. Por entonces Van Wijnendaele estaba convencido de que la victoria en 1923 de Heiri Suter, la única ocasión en la que había volado de tierras flamencas, había sido poco más que una victoria de chiripa. No había opciones de que ningún extranjero consiguiera la Ronde, declaró. Pasando las tres ascensiones de las Ardenas flamencas, el grupo de 100 ciclistas saltó por los aires, quedando dos ciclistas en cabeza: Magni y el francés Louis Caput. Dándose cuenta de que estaban demasiado lejos de la meta como para mantener a raya la fuerza combinada de los belgas, levantaron el pie hasta que se les unieron otros 16 ciclistas en la aproximación a Wetteren. Durante el esprint Schotte y Valère Ollivier se vigilaron uno a otro, sin prestar atención a Magni, a quien se consideraba más un vueltómano que un esprínter. Puede que hubieran olvidado su victoria final en el Vigorelli en el Giro de 1948. Magni aceleró y siguió adelante. Schotte se le acercó, pero el italiano aguantó.

Después de aquella segunda victoria extranjera la Ronde entró en una nueva época, una de cambios radicales, no todos ellos apreciados por Van Wijnendaele y los flamencos. La primera preocupación del organizador era el celo con el que los ayuntamientos locales se aplicaban a la tarea de cubrir los adoquines con un baño de alquitrán. Como sucedería con la París-Roubaix alrededor de una década más tarde, estas superficies alisadas privaban a la Ronde de gran parte de su dureza. Sin docenas de kilómetros de adoquines, corría el peligro de convertirse en una carrera mucho más sencilla; aunque larga, eso sí. Van Wijnendaele pidió a amigos y colegas que conocían bien la red de carreteras que buscasen rutas alternativas, mientras que él escudriñaba en los mapas con la esperanza de ir un paso por delante de las cuadrillas de constructores de carretera. Durante la década de los 50 se fue dando cuenta, estando más seguro cada vez, de que las pocas secciones de adoquines que escapaban al asfaltado eran las que se encontraban en peor condición, siendo a menudo pistas que solo utilizaban los tractores.

La solución de Van Wijnendaele fue la de añadir más ascensiones a la carrera, aunque habría que esperar a 1980 para que su número alcanzase los dos dígitos. En 1950 trajo de vuelta al Tiegemberg, añadiendo el Muur de Gramont en Geraardsbergen, que pronto se convertiría en la ascensión distintiva de la Ronde. En los tiempos actuales, los ciclistas se enfrentan al Muur por la pista de adoquines que sube directa desde el centro de la ciudad, pero, al principio, llegaban desde el oeste, esquivando el centro de la misma.

Después sucedería que Van Wijnendaele no tuvo por qué preocuparse por la dureza de la carrera aquel primer año en el que apareció el Muur. Fue un día de frío, con la nieve amontonándose en varias partes del trazado y un gélido viento que hizo que el 90 por ciento de los que tomaron la salida se retirasen. Solo terminarían 22.

Magni regresó para defender su corona, de nuevo con apenas dos compañeros para ayudarlo. Ocho ciclistas se escaparon durante el paso sobre Tiegemberg y Kwaremont. En el Kruisberg, los ocho se convirtieron en once. Magni, el holandés Wim Van Est y el francés André Mahé se les unieron. La mayoría de ciclistas se habrían detenido en lugar de seguir adelante, pero no Magni. Su ritmo no decayó, y solo Van Est y Mahé tuvieron la fuerza suficiente como para mantenerse a su lado.

El esfuerzo que el trío de cabeza realizó pareció naufragar cuando Mahé pinchó y, poco después, Van Est rompió un pedal. A

70 km de la meta, Magni estaba solo. El frío era tan severo que los ciclistas abandonaban en bandadas: pero el italiano persistió, manteniendo su calva cabeza sin cubrir y con las mangas de su maillot de lana remangadas hasta los codos, a pesar del frío. En la parte alta del Muur su ventaja se había disparado hasta los cinco minutos y medio. Briek Schotte salió en su persecución, reduciendo su ventaja a dentelladas, pero no fue más que un esfuerzo de consolación. Magni seguía con más de doce minutos de ventaja tras ocho horas y cuarto de carrera.

Schotte describió al italiano como «un tren exprés sin parada. En cuanto alcanza ritmo no se detiene hasta la meta». Louis Caput, quien terminaría nueve minutos por detrás en tercera posición, ofrecería más tarde una opinión menos laudatoria pero más esclarecedora: «No hay ninguna duda de que Magni es un ciclista de calidad, un luchador increíble al final de las carreras, cuando siente que tiene la victoria al alcance de la mano; pero a menudo deja que sean los demás los que se preocupen de controlar la carrera, de provocar la selección. No es un Coppi, ni un Bartali, ni un Bobet, ni un Van Steenbergen, ni un Kübler». Puede que el análisis de Caput sea un poco despectivo, pero deja claro el punto hasta el que Magni era capaz de compensar su relativa falta de talento —en comparación con los mejores ciclistas de su época—, gracias a unas reservas de valentía y pura fuerza mental inagotables.

A pesar de que su reputación mantenía la sombra de la sospecha en su país, para las decenas de miles de italianos que habían emigrado a Bélgica en busca de trabajo en la industria siderúrgica y minera se convirtió en todo un héroe, uno de ellos, que superaba cualquier obstáculo que le ponían en su camino. Incluso los flamencos se quitaron el sombrero antes sus logros extraordinarios, bautizándolo con el apodo de León de Flandes, el mismo que le impusieron a uno de los mejores ciclistas de la Ronde. Pero lo mejor estaba todavía por llegar.

El 1 de abril de 1951, un día en que el viento y el frío superaban incluso al de 12 meses antes y los chubascos y ráfagas de nieve bañaban a los ciclistas, Magni conseguiría una tercera Ronde seguida. De nuevo atacó desde lejos, sobre el Kwaremont, escapándose junto a otros tres ciclistas: el belga Roger Decock y los italianos Loretto Petrucci y Attilio Redolfi. A falta de 70 km Magni aceleró dejando a tras a sus compañeros, siguiendo la estrategia que le había funcionado tan bien un año antes: llegar tan lejos como le fuera posible y tratar de aguantar. Teniendo apenas cuatro compañeros que carecían de experiencia en las exigencias simpares de la Ronde, no podía conformarse con quedarse en el pelotón con la esperanza de mantener controlados a todos sus rivales belgas.

Las palabras de Caput podían tener bastante fundamento, pero en esos 70 km finales Magni se sacó del sombrero una actuación digna de Coppi, Van Steenbergen o cualquiera de los grandes ciclistas de las clásicas. Terminaría cinco minutos y medio por delante del segundo, Bernard Gauthier, con Redolfi y Petrucci consiguiendo la tercera y cuarta posición, más de diez minutos por detrás. Cuando cruzaba la línea de meta Magni ya se estaba soltando las cintas de los rastrales. Se bajó de la bicicleta y declaró que no regresaría a la Ronde; era una prueba demasiado brutal.

Y nunca regresó, pero cambiaría la percepción internacional del Tour de Flandes gracias a sus tres victorias consecutivas. Los ciclistas extranjeros no solo se presentarían en mayor número a partir de ahora, sino que atacaban los adoquines y los *bergs* con el convencimiento de que podían vencer a los mejores exponentes belgas en las clásicas. Aquel año ningún belga terminó entre los cinco primeros, lo que no sucedería de nuevo hasta 1997, y desde entonces solo se ha repetido en otra ocasión más.

La siguiente temporada el francés Louison Bobet adoptó una estrategia similar a la de Magni, atacando con contundencia sobre el Muur mientras Van Steenbergen y otros lo ascendieron a pie, dejando que Bobet lograra un hueco que parecía definitivo. Sin embargo, pincharía a ocho kilómetros de la meta, lo que permitió que Roger Decock, Briek Schotte y Loretto Petrucci volvieran a la lucha, con Decock victorioso después de que los dos flamencos hicieran causa común frente al rápido italiano en la llegada. Un año más tarde sucedió lo que nadie creía posible. No solo aparecería un único belga entre los siete primeros, sino que los holandeses celebraron su primera victoria en la Ronde gracias a

Wim Van Est. Schotte seguía esforzándose por permanecer en la lucha, pero ahora parecía más bien el último de los *flandriens*. La prensa y afición flamencas despotricaron más que nunca contra la nueva generación, quejándose de que no mostraban el suficiente compromiso ni eran lo suficientemente duros, preguntándose de dónde saldría el siguiente Schotte o Van Steenbergen.

REPENSANDO LA RONDE

Parecía que Flandes había encontrado un nuevo héroe cuando Raymond Impanis consiguió la victoria de la edición de 1954. Tras quedar segundo en dos ocasiones en la Lieja-Bastoña-Lieja, Impanis llegaba a la Ronde después de conseguir la victoria en la París-Niza, y una semana después conseguiría la París-Roubaix.

Sus logros en Flandes son claro ejemplo de sus habilidades todoterreno. Podía volar en las ascensiones, marcar un ritmo duro en el llano y lucía un gran cambio de ritmo en los esprints, por lo que siempre era el favorito cuando se llegaba en grupos pequeños. Retrasado por un pinchazo en las colinas de las Ardenas flamencas —lo que significó que no ganaría la lavadora que se ofrecía como premio al hombre que coronara el Edelareberg en primera posición, siendo Désiré Keteleer quien se la llevara— alcanzó a los líderes junto a François Mahé, quien había caído en una zanja llena de estiércol.

Casi en el mismo instante en el que alcanzaron a los líderes, a falta de 27 km para la meta, Impanis atacó. Louison Bobet salió a su rueda, seguido por Mahé, quien contraatacó de manera inmediata, quitándose de encima a su compatriota Bobet, aunque no al belga, quien había llegado a la carrera como favorito, después de su triunfo en la París-Niza. El esprint a dos en Wetteren cayó del lado de Impanis, con Mahé incapaz de responder a su explosividad sobre los adoquines, descrita por Pierre Chany como «digna de la tonsura de un sacerdote».

Los franceses parecían condenados a no lograr nunca la gran victoria en la Ronde. La segunda plaza de Mahé era el cuarto podio francés en cinco años. A estos hay que añadir el inoportuno pinchazo de Bobet en 1952, que se puede considerar que fue lo que le privó de ganar. De acuerdo con Willem Van Wijnendaele, periodista de *Sportwereld* e hijo del organizador de la carrera, Bobet quedó tan destrozado por la derrota que se pasó la tarde llorando. «¡Qué injusto! Yo era el más fuerte. Dejé a todo el mundo atrás. No podía perder. Y luego voy y sufro ese maldito pinchazo a ocho kilómetros de Wetteren», lamentó ante Van Wijnendaele cuando el periodista lo visitó en su habitación. A la mañana siguiente, cuando ambos volvieron a verse para celebrar una entrevista de radio, Bobet seguía de mal humor. «¡Ustedes y su maldita carrera! ¡Su Ronde! No volveré a participar en ella. ¿Lo entiende? ¡Jamás!».

Volvería en 1954, pero tres pinchazos al comienzo, y la consecuente caza que tuvo que efectuar, le pasaron factura en el final. En 1955 regresó, esta vez como campeón del mundo. En esta ocasión siguió los consejos de Rik Van Steenbergen, retenerse todo lo posible y entregarse solo cuando estuviera seguro de que un ataque podría marcar las diferencias.

La auténtica carrera comenzó cuando el compañero de Bobet en el Mercier, Bernard Gauthier, atacó en el Muur. Bobet, Van Steenbergen y el suizo Hugo Koblet, tres de los más grandes de aquella época, alcanzaron a Gauthier, y el cuarteto unió fuerzas para afrontar los últimos 60 km hasta la meta. A pesar de que nunca lograron una ventaja superior a un minuto sobre el grupo que se esforzaba por alcanzarlos, su único momento de preocupación tuvo lugar cuando alcanzaron un paso a nivel en el que las barreras estaban bajadas, a 15 km de la meta. Todos ellos pasaron por debajo, corrieron a través de las vías y continuaron.

Gauthier siguió tirando cuanto pudo cada vez que se ponía al frente del grupo, con la misión de drenar la velocidad final de Van Steenbergen. La táctica funcionó a la perfección, con un Bobet gritando eufórico mientras pasaba como una exhalación sobre la meta, sacando una bicicleta de ventaja a Koblet y dos a Van Steenbergen, quien pagó su exceso de actividad durante los primeros

100 km de carrera. Tal vez si hubiera seguido los consejos que él mismo le había dado a Bobet...

Pero Van Steenbergen todavía se guardaba una carta bajo la manga. Mientras Willem Van Wijnendaele corría hacia él para obtener sus impresiones tras la carrera, el belga empujó a la multitud que lo rodeaba hasta abrirse camino hacia Karel Debaere, quien había logrado el esprint por la quinta plaza. «Karel, debes poner una protesta de inmediato», escucharía decir Van Wijnendaele a Van Steenbergen, su compatriota, pero que resultaba ser compañero de equipo de Bobet. «En Wichelem hemos pasado bajo las barreras de un paso a nivel que estaba cerrado. Las reglas belgas no lo permiten. Por ello, los cuatro ciclistas que han terminado por delante de ti deben ser descalificados. Y eso significa que tú serás el ganador del Tour de Flandes». Mientras Debaere salía a poner su protesta, Van Wijnendaele le dijo a uno de los comisarios de la carrera lo que había escuchado. Es imposible saber si la intervención de Van Wijnendaele tuvo algún impacto en la decisión del jurado, pero en cuestión de unos minutos se anunció que la protesta de Debaere había sido rechazada. Van Wijnendaele apuntó que la regla del paso a nivel no se aplicaba en otros países, y dijo que los comisarios de carrera que iban en motocicleta debieron impedir que los cuatro ciclistas cruzaran las vías. Tras una tensa espera, Bobet ascendió al podio para recibir los aplausos por convertirse en el primer campeón francés del Tour de Flandes.

Mientras Bobet era agasajado, Van Steenbergen se convirtió en el gran villano del día. Durante las semanas que siguieron a la Ronde corrió el rumor de que le había vendido la carrera a Bobet, lo que explicaría su nefasto esprint. Pero, si hubiera sido así, ¿por qué habría animado Van Steenbergen a Debaere a poner aquella protesta? En caso de ser aceptada, Van Steenbergen no solo habría perdido la Ronde, sino también el dinero que, en teoría, se le había prometido por perderla.

Van Steenbergen volvió a encontrarse en mitad de la polémica un año más tarde, junto a varios belgas más, cuando Jean Forestier hizo que los franceses mantuvieran la corona. Un gran grupo en el que se encontraban la mayoría de los mejores velocistas belgas llegó al Wetteren. Mientras los esprínteres se vigilaban entre sí, Forestier saltó del grupo a falta de un kilómetro, apostando a que cada uno de los belgas esperaría a que fuera otro el que saliera en su persecución. Forestier parecía en *shock* cuando cruzó la meta con 50 metros de ventaja todavía, mientras los aficionados, presas de la incredulidad, se preguntaban quién demonios era ese.

Aquel fue el último año de Van Steenbergen como favorito claro a la victoria en la Ronde. A pesar de que conseguiría un tercer Mundial en 1957, se centró, sobre todo, en las carreras de pista tras ello, consiguiendo un total de 1313 victorias sobre las tablas antes de retirarse en 1966, a la edad de 42 años. Hacía un cuarto de siglo que la escena profesional llevaba siendo el hogar de Van Steenbergen, y al dejarla atrás trató de llenar el vacío. Confesaría que empezó a vivir esa juventud de la que no disfrutó, tanto por sus obligaciones competitivas como por la guerra. Comenzó a beber, a jugar a las cartas y a frecuentar malas compañías. Despilfarró el dinero ganado hasta el punto de que en 1968 protagonizaría una película pornográfica, *Pandora*, en la que asumía el papel de un pescador griego que se ocupa de la aburrida esposa de un empresario belga.

Más tarde confesó que el matrimonio le salvó. Igual que pasara 40 años más tarde con Bradley Wiggins, nacido en Gante, Van Steenbergen encontraría el amor en una mujer de Lancashire. Doreen Hewitt no sabía nada de las gestas deportivas de Van Steenbergen pero, como el propio campeón admitió, ella le hizo regresar al buen camino, lo que le permitió disfrutar de sus últimos años como un ilustre del ciclismo. Moriría en 2003, considerado uno de los tres ciclistas belgas más grandes de la historia junto a Eddy Merckx y Rik Van Looy. Según Raphaël Geminiani, su contemporáneo, era «el típico flamenco frío, que no hablaba demasiado, cuya cabeza parecía cubierta por una nube de aburrimiento».

Mientras que Van Steenbergen y varios de sus compatriotas fueron puestos en la picota tras la victoria de Forestier en 1956, Fred de Bruyne fue una de las pocas estrellas flamencas que se libró de las críticas tras aquella debacle, ayudado por haber ganado la París-Niza y la Milán-San Remo unas pocas semanas antes.

Unas semanas después conseguiría la Lieja-Bastoña-Lieja. Un buen año para De Bruyne, aunque 1957 sería todavía mejor. Gran lugarteniente de Louison Bobet en Mercier, había fichado por el Carpano-Coppi aquel año por insistencia de Fausto Coppi, y se pudo beneficiar de los buenos consejos del capitán de ruta del equipo, Désiré Keteleer.

La pareja pasó junta las semanas previas a la Ronde, entrenando por el trazado. El día de la carrera Keteleer capitaneó a las huestes de Carpano, asegurándose en todo momento de que De Bruyne estaba bien situado y protegido. En el Muur, Keteleer cumplió con su papel. En la cima ambos estaban en cabeza, con un grupo de 12 hombres que cooperó hasta la llegada. «Fue quien abrió carrera en los últimos cinco kilómetros. Tras él, sentí como si fuera en el asiento de una moto. Nadie pudo pasarlo. Gané el esprint por veinte metros», explicaría De Bruyne.

De Rik a Rik

Tras varios años en barbecho durante comienzos y mitad de los años cincuenta los belgas, y sobre todo los flamencos, vieron sus esperanzas renovarse a finales de la década. La túnica portada por nombres consagrados como el de Schotte y Van Steenbergen pasaba, poco a poco, a manos de otra generación, por muy reacios que los veteranos se mostrasen a efectuar el cambio. Fue el caso, sobre todo, de Van Steenbergen, quien, según se dice, acumuló 1000 kilómetros de entrenamiento en una sola semana de la primavera de 1958 para vencer a un rival en progresión descrito como «el mejor del mundo». Van Steenbergen sacó partido a ese entrenamiento consiguiendo la Flecha Valona, pero esto no detuvo la llegada de ese joven que, para consternación mutua, no tardó en ser bautizado como Rik II.

Rik Van Looy creció teniendo en su paisano de Amberes a todo un ídolo, pero la veneración que sentía por Van Steenbergen no tardó en desaparecer cuando se unió al equipo Girardengo, en el que este se encontraba enrolado, en 1955. Muy pronto se hizo patente que Van Looy no estaba dispuesto a trabajar para nadie y esperar su oportunidad. Quería ser el líder desde el principio. Por esto, no resultó ninguna sorpresa que en 1956 saltara del barco para subirse al del Faema.

Durante las siguientes temporadas Van Looy se rodeó de lo que se llamaría la Guardia Roja, ciclistas fichados por Faema para hacer lo que su líder pidiera, lo que implicaba una absoluta devoción ante Van Looy en las clásicas. Van Looy, quien prefería que lo llamaran por su otro apodo, el Emperador de Herenthals, siempre insistió en que fue un dictador benévolo. Sin embargo, algunos de sus excompañeros no opinan lo mismo. El británico Vin Denson, quien corrió en el Solo de Van Looy durante los 60, le contó al historiador del ciclismo Les Woodland: «*Solo* era el nombre, y ese *solo* era el rasgo más importante de su naturaleza. Corrías para Van Looy y hacías lo que fuera que él quisiera, lo que incluía ir a conseguirle una cerveza a mitad de carrera, algo que le encantaba. Los gregarios tenían que pedalear millas y millas en solitario detrás del grupo solo porque a su señoría le apetecía tomarse una Stella».

A pesar de que Van Steenbergen intentó establecer cierta sintonía con Van Looy, el joven dejó bien claro que pretendía seguir su propio camino. Se veía a sí mismo como un líder nato, y en cuanto llegó a Faema se puso como objetivo demostrarles a sus compañeros, y al resto de gente, que lo era. Esto garantizaba los encontronazos con todos y cada uno de sus rivales en las clásicas. Con Van Steenbergen fue con quien tuvo la rivalidad más reconocida, pero también estuvo ahí De Bruyne, así como lo estuvo también Merckx, quien más adelante se uniría a la lista. En 1958 la rivalidad entre Van Looy y De Bruyne era tan enconada que se marcaron entre ellos, eliminándose de cara a la victoria en De Ronde mientras el título iba a uno de los compañeros de De Bruyne en el Carpano, Germain Derycke.

En 1959 Van Looy comenzaba a engrosar un palmarés en el que, al final, lucirían todas las grandes clásicas del calendario, gesta que ningún otro ciclista ha igualado, ni tan siquiera el gran Eddy Merckx, quien nunca logró la París-Tours. Su racha en los monumentos comenzó con la victoria en San Remo un año atrás, y admitiría que le atraía el trazado de Flandes, que se había visto endurecido con la inclusión del Valkenberg, una corta pero muy inclinada ascensión en Nederbrakel, a unos 11 km antes del Muur.

Una vez llegados a la sección más crítica de la carrera, la Guardia Roja del Faema se puso en cabeza del pelotón y marcó un ritmo que hizo que varios de los rivales de Van Looy quedaran fuera de combate. La selección continuó pasando el Valkenberg. En el Muur, el propio Van Looy se encargó de endurecer el ritmo. En la cima solo tenía un puñado de ciclistas a su rueda. Por supuesto que De Bruyne era uno de ellos. Cuando Van Looy atacó de nuevo a falta de 40 km de la meta, De Bruyne fue el único capaz de responder, pero la pareja pagó los esfuerzos. Van Looy atacaba cada vez que adelantaba a su rival, forzando a De Bruyne a esforzarse todavía más para regresar tras su rueda. Cuando este regresaba tras la rueda de su rival Van Looy desaceleraba, se quitaba de delante y se colocaba tras su compatriota, preparando la siguiente aceleración. Esta táctica de desgaste fue drenando la fuerza que había en las piernas de De Bruyne.

A pesar de que un grupo de 20 ciclistas acabó neutralizando a los favoritos, Van Looy guardaba otra carta. Sobre el circuito final en Wetteren, Gilbert Desmet, de Faema, saltó del grupo, posibilitando que su líder, Van Looy, pudiera seguir a cualquier ciclista que saliera detrás sin verse obligado a relevar. Frans Schoubben, del Peugeot, fue quien se puso a cargo de la persecución, pero, de inmediato, Van Looy se puso a su rueda. A pesar de que Schoubben alcanzó a Desmet, no tenía nada con lo que enfrentarse a Rik II cuando este lanzó su esprint a 200 m de meta. Si Van Looy veía que no podía ganar de una manera, buscaba otra forma de conseguir el éxito.

Van Looy debió retener la corona en 1960. Sin embargo, parecía decidido a que tanto él como la Guardia Roja se enfrentaran a Jacques Anquetil y el poderoso Helyett-Leroux del francés. El equipo francés ganó la batalla a los puntos, gracias al irlandés Shay Elliot y su valiente ataque en solitario que terminó apenas a cinco kilómetros de la meta y el asalto final de Anquetil, que, de haber estado en la forma en que el francés llegaba a mediados de verano, le habría dado la victoria. Pero Van Looy lo atrapó, lanzó varios contraataques y terminó, al final, tercero en el esprint por detrás del imprevisto belga Arthur De Cabooter y el purasangre del Helyett Jean Graczyck.

La Ronde era más popular de lo que jamás lo había sido; pero, a resultado de esto, volvió a ponerse de actualidad un viejo problema. Desde sus primeros años la carrera se enfrentó a un tráfico excesivo en su trazado. La primera vez en que esto se convirtió en un problema fue en la década de los 30, cuando creció el número de propietarios de coches. Los aficionados seguían el convoy de la carrera, taponando, a menudo, a los propios ciclistas que se habían caído o habían sufrido un pinchazo. Fuera del propio trazado, los dueños aparcaban sus vehículos en doble e incluso triple fila en algunos puntos clave, produciendo algunos cuellos de botella al paso de los ciclistas.

El racionamiento del petróleo redujo el problema durante la guerra, pero este regresaría durante los 50. En 1959 los organizadores intentaron enfrentarse al exceso de tráfico distribuyendo unas acreditaciones entre los coches oficiales y de prensa, pero estas eran tan numerosas que el dolor de cabeza se mantuvo hasta llegar a este siglo actual, cuando los organizadores optaron por la solución más radical de realizar la segunda mitad de la carrera en un circuito cerrado.

Pero no serían los únicos quebraderos de cabeza para la organización. La Ronde de 1961 comenzó, de nuevo, con Van Looy como máximo favorito. Pero cuando este se fue al suelo mientras giraba camino de la ascensión del Kruisberg, sufriendo heridas que le obligarían a abandonar, la carrera quedó abierta. A falta de 40 km el italiano Nino Defilippis y el británico Tom Simpson saltaron desde el pelotón hasta alcanzar a los cuatro ciclistas que iban por delante. En la nueva ascensión, al Grotenberge en Zottegem, la pareja volvió a atacar para disputarse la llegada entre ambos.

Las opciones de Simpson de lograr el título parecían remotas, incluso teniendo que batir a un solo ciclista. Defilippis era especialista en pista y tenía una aceleración final rapidísima, además de haber logrado un buen número de etapas en las tres grandes vueltas. A pesar de que Simpson no era manco al esprint, debutaba en la Ronde, una carrera en la que ninguno de los británicos que había tomado la salida había alcanzado la meta. Simpson estaba a punto de lograr eso, al menos, pero el clima estaba a punto de echarle una mano tan inesperada como bienvenida.

En la meta de Wetteren el fortísimo viento soltó uno de los cabos que sujetaban la pancarta de meta, dejándola libre y sacudiéndose a favor del viento. Los esfuerzos por controlarla fracasaron, por lo que los jueces decidieron quitarla. La mejor alternativa que pudieron encontrar con tan poco tiempo fue la de poner a un hombre enarbolando un banderín rojo indicando el lugar donde debería estar la meta.

También jugaba en favor de Simpson el hecho de que Defilippis era, a su vez, novato en la Ronde. A pesar de la enérgica manera con que fue agitado el banderín, el italiano comenzó a esprintar de cara a una línea equivocada. La alcanzaría el primero, pero el exultante Simpson, que llevaba puestas lo que parecía ser un elegante par de Rayban, surgió por su derecha para ganar por una rueda de distancia mientras pasaban junto al encargado del banderín rojo. Aquello provocó un tumulto, ¿pero qué podía hacerse? Simpson no había hecho nada malo y había ganado la carrera. Sería la meta de Wetteren la que pagara el pato. Un año después se trasladó la llegada a Gentbrugge, que ya había tenido tal honor durante la década de los 20.

Puede que hubiera cambiado el sitio que albergaba la llegada, pero Van Looy seguía siendo el favorito indiscutible, luciendo el maillot de campeón del mundo en 1962. Y ello a pesar de la nula popularidad de la que gozaba entre sus compañeros, a quienes no gustaba su actitud altiva y le habían puesto el apodo, con toda la ironía del mundo, del Caballeroso Rik. Escribiendo para *Sporting Cycling*, el periodista francés René De Latour dijo sobre Van Looy: «Más allá de sus compañeros, Van Looy no tiene amigos en el pelotón. Al contrario, tiene muchos enemigos. Todo el mundo trabaja en su contra». Todo el mundo excepto su Guardia Roja, claro, quienes pusieron un ritmo trepidante hasta la costa y luego rumbo al Kwaremont, donde la carrera se puso más seria.

El vigente campeón, Simpson, consiguió escapar de su control, pero el inglés se llevó consigo al propio Van Looy. Se les unirían otros cuatro ciclistas, incluidos dos de los compañeros de Van Looy en el Faema, quienes pasaron a secar a los rivales de su líder con un ritmo feroz y una serie de ataques cortos pero de gran dureza. Cuando Van Looy atacó por sí mismo sobre el circuito de la llegada en Gentbrugge, nadie pudo responder. Victorioso en la Gante-Wevelgem justo antes de la Ronde, Van Looy se hizo con el premio gordo. Una semana más tarde se adjudicaba la París-Roubaix. Puede que no gozara de fama, pero nadie podía cuestionar su grandeza.

Llegando a 1963 su empeño en que todo se hiciera según su voluntad provocó que quedara atrapado entre dos equipos: Flandria-Faema, de quienes había sido líder durante varios años, y GBC, quienes le ofrecían un contrato superior. Cuando Flandria emprendió acciones legales contra él por incumplimiento de contrato GBC se mantuvo al margen, al no querer meterse en todo aquel asunto. A pesar de que todo aquello quedó resuelto antes de la Ronde y Van Looy lideró al GBC en la batalla, sus antiguos lugartenientes se levantaron contra él, bajo la astuta guía del director del equipo, Lomme Driessens, quien había trabajado con Coppi y acabaría dirigiendo a Merckx, Freddy Maertens y Sean Kelly.

Van Looy rompió la carrera con un ataque en el Kruisberg, pero gastó tantas fuerzas manteniendo bajo control a sus rivales que no pudo responder cuando Simpson hizo un ataque postrero, llevando a tres ciclistas consigo, incluido Noël Foré del Flandria-Faema, quien mantuvo a raya a Frans Melckenbeeck durante el esprint, con Simpson tercero. Van Looy cambiaría de nuevo de equipo una temporada después, asumiendo el liderato del Solo-Superia. Pero la acritud que siguió a su complicada salida del Faema seguía causando rencillas. Los dos equipos se marcaron muy de cerca, dejando que el alemán Rudi Altig se escapara a 50 km de meta. Especialista en persecución en pista, Altig salió rumbo a una victoria por más de cuatro minutos de ventaja y una velocidad récord de 40,990 km/h. Era la primera victoria alemana en la Ronde, pero la manera en que los belgas se marcaron, imposibilitando que ninguno de los dos ganara, mostraba poco respeto para con Karel Van Wijnendaele, en cuya memoria se había erigido un monumento en la cima del Kwaremont, tras su muerte en diciembre de 1961.

Bélgica vuelve a tomar el mando

Así como Van Looy puso punto y final a la supremacía en las clásicas de Rik Van Steenbergen, Eddy Merckx haría lo propio con la de Van Looy. En 1965 los dos belgas acabaron juntos bajo el techo del Solo-Superia, en una improbable alianza que acabaría apenas ocho meses después, cuando Merckx fichó por Peugeot. Merckx diría más tarde sobre su compatriota: «Cuando Van Looy no podía vencer prefería que lo hiciera cualquier rival antes que un compañero». Sin embargo, este agrio análisis no es lo que se extrae de lo que sucedió en la Ronde de 1965, cuando Van Looy vigiló la caza que se hacía sobre su compañero Ward Sels, quien se había escapado junto a Jo De Roo. Por desgracia para Sels, un problema en el cambio le hizo quedar en inferioridad durante el esprint, cometiendo uno de los peores pecados que puede cometer un flamenco: perder ante un holandés. Aunque se redimiría un año después al conseguir el esprint.

A comienzos de 1967 Merckx, con apenas 21 años, se había reivindicado como favorito en cada carrera de un día en la que tomaba la salida. Después de defender con éxito su título en San Remo regresó a Bélgica, ganó la Gante-Wevelgem y se centró en Flandes. Su intención, admitió, era acabar con la amenaza que suponían los velocistas, sobre todo Walter Godefroot, nacido en Gante y, con mucho, el héroe local. La tarea propuesta por Merckx era muy complicada para su Peugeot, que presentaba solo a otros dos belgas, Ferdi Bracke y Theo Mertens, entre sus 11 hombres.

Fue una carrera extraña. Los belgas Noël Foré y Willy Monty, y el británico Barry Hoban, salieron escapados desde muy pronto. Tal era la calma que había tras ellos, con todo el mundo vigilando a Merckx, que el trío seguía en cabeza a apenas un puñado de kilómetros de la meta. Merckx consiguió romper el grupo a su espalda gracias a imponer un duro ritmo en el Muur en Geraardsbergen, pero terminó quedándose sin compañeros, llevando consigo a los italianos Felice Gimondi y Dino Zandegù, del Salvarani. Lo cierto es que el vencedor del Tour de Francia de 1965, Gimondi, no se encontraba en un gran estado de forma, pero Merckx temía la inteligencia competitiva italiana. Cuando llegaron hasta los tres líderes estaba convencido de que Gimondi era la mayor amenaza.

En esto Merckx tuvo tanta razón como se equivocó. Gimondi era consciente de que su mejor opción de victoria era irse en solitario, pero también lo era de que necesitaba aplacar un poco a Merckx antes de hacer su movimiento. Le dijo a Zandegù que atacara, esperando que el belga saliera tras él gastando unas fuerzas vitales. Pero Merckx esperaba que su compatriota Foré se convirtiera en un aliado temporal y se aviniese a intentar un ataque con el que Gimondi gastara fuerzas. Al final, cuando Zandegù atacó Foré se fue tras él, y nadie más reaccionó. Como Foré se había pasado gran parte de la carrera en cabeza, el resultado fue inevitable. Zandegù ganó con facilidad. Famoso por su voz de barítono, con la que solía entretener a sus compañeros durante los momentos más tranquilos de las carreras, los inmigrantes italianos que había entre la multitud le pidieron a Zandegù que les brindase una canción y este respondió entonando *O sole mío*. Por desgracia para el italiano, aquella actuación en el podio atrajo más atención que su victoria, conseguida de manera hermosa sobre un embravecido Merckx.

En el libro de Daniel Friebe *Eddy Merckx: The Cannibal*, el pletórico Zandegù recordaba su victoria y su actuación bastante bien, pero admitió que, al igual que el resto del pelotón, no tenía ni idea de lo que la llegada de Merckx significaría para todos. «Llegó este chaval, este chico belga, enorme y guapo, con esos pómulos —la cara de todo un atleta— y no tardamos en darnos cuenta de que sobre la bicicleta era una bestia. Y digo que no tardamos, pero tampoco lo hicimos de inmediato. Fueron necesarios un par de años. No... no teníamos ni idea, no la teníamos».

Aquella tarde, todavía desconsolado, Merckx le pidió a su representante personal, Jean Van Buggenhout, que hablara con Peugeot para que fichasen a unos cuantos ciclistas belgas: dos o tres. Si se negaban, Van Buggenhout tenía permiso para sondear a otros equipos interesados, y seguro que habría un montón. Siendo un equipo francés que se centraba, sobre todo, en el calendario francés, en Peugeot no estaban interesados en traer a un puñado de belgas por complacer a un ciclista joven a quien casi todo el mundo había catalogado como especialista en carreras de un día, pero sin opciones de luchar por las grandes vueltas. Cuando Van Buggenhout habló con el director de Peugeot, Gaston Plaud, sobre posibles fichajes para la siguiente temporada, Plaud contestó que ya tenía unos líderes con un valor de mercado de lo más rentable en las figuras de Robert Pingeon y Tom Simpson, indicándole a «Van Bug» que buscase en otro lado.

A pesar de que Plaud intentó deshacer aquel error tras la trágica muerte de Simpson en el Ventoux durante el Tour de 1967, Van Buggenhout ya había alcanzado un acuerdo con Vincenzo Giacotto, quien buscaba un líder para su nuevo equipo Faema. Cuando Merckx regresó a la Ronde un año después lo hizo como campeón del mundo, y al frente de un equipo de diez hombres que desplegaba ni más ni menos que a siete compatriotas. Pero esto seguiría sin ser suficiente para permitirle terminar en lo más alto de una Ronde cuyo trazado se había visto vigorizado.

Escribiendo en el periódico organizador, *Het Nieuwsblad-Sportwereld*, Willem Van Wijnendaele describió las modificaciones como inevitables, «por las restricciones que habían aparecido en cuanto al uso de determinadas carreteras, pero también por... las mejoras de la red vial». Realizó una comparación con la París-Roubaix, señalando que «los organizadores están encontrando cada vez más dificultades para garantizar su fisionomía "infernal". El Tour de Flandes se encuentra en la misma situación. Cada vez hay menos adoquines».

Teniendo esto en cuenta la Ronde regresó a un trazado más tradicional, incluyendo Kwaremont, Kruisberg y Edelareberg, además del Muur. Pero este ya no era el Kwaremont de siempre, con un trazado de adoquines situado en un foso y una pista de tierra al lado a la que casi cualquier ciclista podía saltar cuando quisiera. Los sauces que se elevaban sobre el pavé, haciendo que los adoquines permanecieran húmedos y fueran traicioneros mientras sus raíces destrozaban la superficie, habían sido talados. El pavé había sido restaurado, cubriendo la pista de ceniza e incorporándola a la propia estructura pavimentada. Ahora no había posibilidad de escapar de los adoquines.

Con todo, el Muur demostró volver a ser decisivo, al final. Raymond Poulidor voló sobre él, reduciendo el grupo cabecero hasta los 17 hombres. Merckx estaba ahí, junto a su compañero Guido Reybroeck, pero tenía una sombra. Allá donde iba Merckx iba Rik Van Looy, pegado a su rueda trasera como si estuviera decidido a sacarlo de quicio. A diferencia de Simpson, con quien el joven Merckx había tenido una relación cercana tanto sobre la bicicleta como bajados de ella durante su estancia en Peugeot —hasta el punto de que el belga fue el único ciclista del continente en asistir al funeral por el inglés— Van Looy jamás pronunció una palabra de ánimo o consejo cuando Merckx y él eran compañeros. Fueron rivales desde el primer instante. A pesar de que Van Looy tenía ya 35 años y había dejado atrás sus mejores días, seguía teniendo días gloriosos, y este fue uno de ellos.

Solo en una entrevista televisiva en 2010 admitiría por fin el Caballeroso Rik que aquel día se puso a rueda de Merckx de manera deliberada y con la intención de incordiarlo. No ocultaba su preferencia por su paisano flamenco Godefroot, quien acabaría consiguiendo el esprint al superar a Reybroeck, quien había sido lanzado por un enojado Merckx. El líder de Faema confesaría después que estaba desarrollando una suerte de complejo con Flandes, que se estaba convirtiendo en una obsesión tan grande que sus rivales podían jugar con ello, como había hecho Van Looy.

Regresó después de haber arrollado a sus rivales durante las primeras semanas de 1969, consiguiendo tres etapas y la general de la Vuelta a Levante y la París-Niza, antes de hacerse con su tercera San Remo en cuatro años. Pero, de cara a Flandes, rebajó las expectativas, insistiendo en que tenía problemas en una rodilla.

Sus rivales no estaban muy convencidos. Informado sobre la lesión de Merckx por un periodista, Felice Gimondi sonrió, una sonrisa preñada de conocimiento. «El año pasado, durante el Giro de Italia, le dolía la cabeza; y ganó. Y usted sabe de qué manera lo hizo, porque estaba allí. En la París-Niza tenía un apósito de algodón en su oído izquierdo: decía que había llegado con una infección de oído. Y ya sabe lo que pasó después. El día antes de la Milán-San Remo me dijeron que tenía problemas en una rodilla. Ya entonces estaba seguro de lo que iba a pasar». Tocando uno de los lados de su nariz con un dedo, Gimondi añadió: «Respeto a Merckx por sus cualidades como ciclista, pero me da igual lo que diga antes de una carrera».

Merckx olvidaría toda preocupación causada por alguna posible lesión tras leer una previa de la Ronde en *Het Nieuwsblad*. En ella se decía que carecía de las cualidades necesarias para ganar una carrera tan dura, afirmación ridícula teniendo en cuenta que ya había ganado en San Remo, Roubaix y el Giro. No era más que una declaración parcial y proflamenca contra un ciclista salido de la cosmopolita Bruselas, y resultaría en contra de aquellos a los que el artículo pretendía elogiar. «Ya lo veremos. Mientras siga el buen tiempo...», le dijo Merckx a su masajista en Faema, Guillaume Michiels. Si con aquello Merckx se refería a que quería que hiciera un frío tan brutal como fuera posible, tuvo lo que pidió. La nieve caía empujada por el cruel viento que soplaba desde el Mar del Norte.

Calculando que a final de la carrera los italianos se mostrarían fuertes les dijo a sus compañeros que marcaran un ritmo tan fuerte como pudieran antes de alcanzar el Kwaremont, tras 143 de los 259 km. El propio Merckx tomó las riendas sobre las ascensiones. En el Kwaremont y el Kluisberg hizo que el grupo de cabeza quedara en apenas 11 ciclistas, entre ellos Barry Hoban. «Pasó por el Muur como si estuviera poseído», recordaría Hoban. Mientras el grupo se esforzaba camino de la siguiente ascensión, el Valkenberg, Merckx pasó a la primera línea para ayudar con el ritmo... y se quedó solo. Todavía quedaban 70 km hasta la meta, la mayoría bajo un viento y una lluvia que no cesaban.

Parecía una locura, y desde luego que eso pensó el director deportivo de Faema, Lomme Driessens, con quien Merckx tenía una relación espinosa. Maestro de la motivación al que llamaban Lomme el Mentiroso por su propensión a exagerar las cosas incluso cuando no tenía motivos para hacerlo, Driessens condujo hasta ponerse al lado de su líder.

«*Verdomme*, Eddy! ¿Pero qué haces? ¿Es que has perdido la cabeza? ¡Has atacado desde demasiado lejos! ¡Baja un poco el ritmo!», ordenó a Merckx de malas maneras.

«¡Anda y que te den por culo!», escupió Merckx a Driessens de peores formas, todavía. «Los he dejado atrás y les va a costar la vida si quieren atraparme de nuevo. Y tampoco sopla tanto viento».

Driessens no tenía de qué preocuparse. El grupo que había por detrás de Merckx se estaba desintegrando bajo la fuerza de los elementos y el coraje de uno o dos de ellos, determinados en cazar a Merckx; sobre todo Gimondi, quien se propuso atrapar al belga en solitario. En la meta, la ventaja del italiano sobre el grupo de Hoban se había estirado hasta alcanzar los dos minutos y medio. Pero, aun así, Gimondi entro en meta cinco minutos y medio por detrás de Merckx, quien mejoraría en un segundo la mayor diferencia favorable en el periodo de posguerra. Mientras Merckx recibía los aplausos en el podio, Driessens intentó ser el centro de atención de todo aquel que quisiera prestarle atención, diciendo que la estrategia había sido cosa suya. Cuando Merckx leyó los periódicos al día siguiente, se dice que se subió por las paredes.

Había demostrado que sus habilidades en las clásicas no tenían límite. Tres meses después dominaría el Tour de Francia con la misma contundencia. A pesar de que todavía le faltaban ciertas carreras por ganar, parecía que no se le resistiría nada. Al menos, no hasta que sufrió un terrible accidente en la pista de Blois. Más adelante diría que, hasta aquello, jamás había sufrido sobre la bicicleta; se limitaba a darle a los pedales. Pero, después de Blois, a menudo se encontraba incómodo cuando pedaleaba; aunque puede que no tanto como sus rivales, dado que su ritmo de victorias no cedió.

Pero, en la Ronde, sería otro belga el que emergería como rey de los adoquines, un ciclista que no tenía, para nada, ni el talento ni la exuberancia de Merckx, pero que, de acuerdo a los estándares de Karel Van Wijnendaele, bien podía ser calificado como un *flandrien*.

¡ADELANTE CON ESOS *BERGS*!

Mientras Eddy Merckx se recuperaba de su caída en Blois la prensa belga se obsesionaba con el impacto que aquel accidente podría tener sobre el campeón. Con el arranque de la primavera de 1970 llegó la respuesta, después de que Merckx ganara tres etapas y destruyera las esperanzas de sus rivales en la París-Niza. A pesar de no correr en San Remo, donde Michele Dancelli acabó con la larga sequía italiana, Merckx acudió a Flandes rodeado de un potente equipo para mantener su corona.

Liderando la misma escuadra que el año anterior, ahora con el nombre de Faemino, no le importó enfrentarse a un frío glacial y vientos racheados, igual que doce meses atrás. El trazado también se había visto endurecido, con una cifra récord de ocho *hellingen* en el itinerario, incluido el Bosberg, cerca del Muur, y que constaba de un kilómetro de ascensión, adoquinada en su mayor parte. Para asegurarse de aprovechar estas dificultades Merckx ordenó a sus compañeros que pusieran el ritmo más fuerte que pudieran. Mientras, sus máximos rivales, en el Mars-Flandria y el Salvarani, hicieron todo lo posible por escapar del yugo del Faemino, forzando al propio Merckx a responder a varios ataques.

Mientras los belgas intentaban destrozarse los unos a los otros Roger Pingeon, ganador del Tour de Francia de 1967, consiguió un hueco bastante bueno mientras el viento lo propulsaba por el Muur y el Bosberg. Sin embargo, cuando llegó a la parte clave, en

Ninove, el francés se dio cuenta de la necedad que suponía un ataque en solitario. Sobre el Valkenberg, Merckx y Walter Godefroot atraparon a un languideciente Pingeon, y poco después había 14 ciclistas en cabeza. Merckx era el único representante del Faemino, y se enfrentaba a un cuarteto del Mars-Flandria, además de los líderes del Salvarani, Godefroot y Felice Gimondi.

Eric Leman, del Flandria, quien había sido aprendiz de carnicero y había logrado una victoria de etapa en la París-Niza, atacó, mientras Merckx y Godefroot salían tras él. Quedando representados en la fuga los equipos más poderosos gracias a este trío, los escapados no tuvieron problema para conseguir una buena ventaja en la aproximación a Gentbrugge. Además de ser el más lento de los tres en el esprint, Merckx tenía el hándicap del trabajo que había realizado al salir tras las primeras escapadas y, peor todavía, una rueda trasera que perdía aire poco a poco, lo que, sin duda, le iba a ralentizar en los adoquines de la meta.

Cuando Leman aceleró a 250 metros de la meta Godefroot salió tras su rueda, pero no logró adelantarlo. «Merckx también respondió con prontitud, pero no le quedaba nada más que dar» escribió el periodista belga René Jacobs en *Les Sports*, describiendo el grado de hostilidad que se palpaba entre muchos de los rivales belgas. «Todos ellos tenían el mismo objetivo: meter a un ciclista fresco en la lucha al final, para poder responder al desafío que presentara Merckx; y ganarlo, si fuera posible. La razón por la que Leman era el más entero de todos los que iban al frente está en que era un ciclista de talento con mucha habilidad a la hora de adivinar de dónde vendrían los ataques más peligrosos, siendo capaz, por lo tanto, de meterse en ellos sin gastar muchas fuerzas. A veces se dice que Leman es una suerte de "especulador". Digamos, más bien, que sabe sacar el mejor partido a su habilidad».

Cuando Leman regresó a defender su título era un hombre en duelo. A principios de aquel año su esposa había fallecido en un accidente de coche. A mediados de marzo, su compañero en el Mars-Flandria Jean-Pierre «Jemi» Monséré había muerto durante una carrera en Flandes Occidental. Teniendo en cuenta las circunstancias, la vigesimocuarta plaza de Leman fue una grandísima actuación. El ataque del holandés Evert Dolman, a un kilómetro de meta, le sirvió para conseguir la carrera, y por lo menos hizo que la victoria quedara en el Mars-Flandria.

Merckx se había enfrentado a un marcaje tan estrecho a lo largo de toda la carrera que dio rienda suelta a sus gregarios, llevándose una enorme decepción porque ninguno de los tres que iban en el grupo escapado consiguiera la victoria. A pesar de que en 1972 y 1973 se vio igual de marcado, en esas ocasiones no dejó tal libertad a sus compañeros. En la primera de esas dos carreras caía una lluvia tan fuerte que solo tres ciclistas consiguieron mantenerse sobre la bicicleta durante toda la ascensión al enfangado Muur, y el Caníbal no fue uno de ellos. Pero, de nuevo, volvía a estar en el grupo delantero junto a seis de sus compatriotas.

A pesar de mostrarse tan beligerante como de costumbre durante la carrera, se vio a un Merckx dubitativo, tras una caída masiva en un esprint durante la París-Niza de un par de semanas atrás. Tal y como sucediera aquel día en St-Etienne, Eric Leman saltó del grupo para ganar, aunque se movería de manera súbita a la derecha durante el esprint para asegurarse de que Frans Verbeeck no tenía hueco para sobrepasarlo. «Me da miedo caerme», confesaría Merckx antes de quejarse. «Las llegadas al esprint ya son lo suficientemente peligrosas como para convertirlas en una batalla de kamikazes, con todos esos que, como no pueden ganar con las piernas, se dedican a dar tirones de los maillots de los demás».

En 1973 hizo todo lo que pudo para quitarse de en medio a los esprínteres en otro día de perros, liderando al paso del Kwaremont, el Kruisberg y el Muur, dando continuos relevos al frente del pelotón para que los que venían retrasados no se reintegrasen. Sin embargo, la introducción de un circuito de llegada en la nueva meta de Meerbeke, al oeste de Bruselas, no le beneficiaba, porque los kilómetros finales no eran tan duros como lo fueran antes. A pesar de que solo tres ciclistas sobrevivieron a los continuos apretones de Merckx, dos de ellos eran los esprínteres Leman y Freddy Maertens. Descrito por la leyenda flamenca Briek Schotte como «el perfecto prototipo de ciclista del Tour de Flandes», Leman batió a Maertens, con Merckx en una distante tercera posición.

Cuando Merckx terminó en el grupo liderado por el esprínter holandés Cees Bal en 1974, hubo quien se preguntó si volvería a ganar la Ronde. Pero esa esquiva segunda victoria no tardaría en llegar. Un año después, luciendo el maillot de campeón del mundo por tercera vez, Merckx sentía que estaba a punto de conseguir algo especial cuando se hizo con su sexta victoria en San Remo. Pese a todo, era consciente de que la Ronde sería más difícil, por el número de velocistas con aguante al que se tendría que enfrentar. Hablando antes de la carrera, el campeón de la edición de 1963, Noël Foré, quien había asumido el papel de asistente de la dirección de la Ronde, explicó que Merckx solo tenía una oportunidad de ganar. «Tendrá que endurecer la carrera e intentar escaparse de sus rivales a mucha distancia de la meta».

Y eso era justo lo que Merckx no había logrado en las tres ediciones anteriores. Para evitar un nuevo fracaso, dijo que tenía que librarse de todos los esprínteres antes de la cima de la ascensión final. Discutió su estrategia con los directores de su Molteni, Giorgio Albani y Bob Lelangue. Albani le sugirió que se mantuviera tapado todo el tiempo que le fuera posible, pero Merckx consideraba que eso es lo que mejor les vendría a sus rivales. Insistió en que necesitaba atacar desde lejos, decidiendo que el lugar ideal para realizar ese primer movimiento era el Oude Kwaremont, aunque estuviera a 100 km de la meta.

El clima fue el típico de Flandes: un frente frío hacía que cayeran copiosos chaparrones e incluso algún que otro copo de nieve sobre el pelotón, mientras este se acercaba a los brillantes adoquines y embarrados surcos del Kwaremont. A los pies de la ascensión Marc Demeyer, del Flandria, silbó para avisar a su compañero y amigo íntimo Freddy Maertens, señalando con la cabeza hacia donde estaba Merckx. Pero antes de que Maertens pudiera maniobrar por el pavé para acercarse a la rueda de su rival, Merckx ya había acelerado, bajo la estrecha atención de Frans Verbeeck. Mientras ambos pasaban frente a la estatua en recuerdo de Karel Van Wijnendaele en la cima del Kwaremont, contaban con 200 metros de ventaja y un solo escapado por delante de ellos, Dirk Baert. Merckx tiraba de Verbeeck mientras rebasaban a Baert al paso sobre el Kruisberg.

Los dos líderes apretaron la marcha, con Merckx marcando el ritmo en casi todo momento y Verbeeck, cuyo rostro denotaba el dolor, aguantando como podía, capaz de dar apenas relevos muy escasos. Cuando alcanzaron la cima del Taaienberg Lelangue, quien había hecho la goma entre los líderes y sus perseguidores, se puso a la altura de Merckx para informarle de que contaban con una ventaja de un minuto sobre los perseguidores; y que esta iba a más. En lugar de relajarse, el campeón del mundo tiró todavía más fuerte, cruzando el Eikenberg, el Volkegemberg y el Varentberg con un Verbeeck que a cada *berg* parecía perder años de vida, apareciendo cada vez más y más arrugas en su rostro demacrado. De alguna manera logró mantenerse a rueda de Merckx al paso por el Muur y el Bosberg, pero no pudo responder a la aceleración del Caníbal cuando este apretó los pedales con furia a cinco kilómetros de la meta, decidido a evitar el esprint a toda costa. El hueco entre ambos, en la meta, era de 30 segundos. Pasaron cinco minutos antes de que Demeyer entrara en tercera posición.

«Jamás he ido con tanta facilidad», declararía Merckx. Después de que un espectador lo ayudara a bajarse de la bicicleta Verbeeck murmuró: «Merckx iba cinco kilómetros por hora más rápido de lo que el resto podemos soportar. No he podido hacer nada. Es de otro mundo. No creo que haya estado tan fuerte nunca».

Maertens, el «vencedor moral»

Sería el último destello de Merckx en la Ronde. A pesar de que corrió dos años más, se vería desarbolado por la nueva ascensión de la Ronde, de 682 metros de longitud y una pendiente media del 10%, subiendo hasta la cresta de las Ardenas Flamencas desde Melden, al sudoeste de Oudenaarde. En 1976 el Koppenberg sería otro de los diez *hellingen* —cifra récord— presentes en la última configuración del trazado, pero en la meta sería la única ascensión de la que todo el mundo hablaba. La insignificante suma de cinco ciclistas da número a los ciclistas que pudieron llegar a la cima sobre sus máquinas: Demeyer, Roger De Vlaeminck, Walter Planckaert y el joven italiano Francesco Moser. Ciento sesenta y dos serían los que echaran pie a tierra, Merckx entre ellos, lanzando la famosa queja: «Meter esta ascensión en la ruta es una irresponsabilidad. Ya puestos, que hagan ascender a los ciclistas por escaleras con las bicicletas colgándoles del cuello».

Los cinco conquistadores del Koppenberg no volverían al pelotón, y Planckaert ganaría el esprint. A pesar de las muchas quejas, la ascensión permanecería en la ruta durante más de una década. En 1977 Merckx fue capaz de liderar la carrera al paso por la misma, atacando antes con el objetivo de hacerlo así. Poco después se le unieron dos de los ciclistas que superaron el Koppenberg un año antes, De Vlaeminck y Maertens, quien entre tanto había conseguido el Mundial.

Maertens, con su pecho como un barril y su actitud pendenciera, había conseguido 15 victorias al llegar a la Ronde, sumadas a las 54 de la temporada anterior, y confiaba en conseguir la victoria en Flandes. Antes del arranque del Koppenberg se bajó de su bicicleta para subirse a una más ligera con la que le esperaba su masajista, Jef D'hont. Después de que Maertens y De Vlaeminck llegaran por fin hasta Merckx y lo dejaran atrás, tras lo que Merckx abandonaría en la que sería su última participación en la Ronde, el comisario de la UCI Jos Fabri se puso junto a ambos, informando a Maertens de que había efectuado un cambio de bicicleta contrario a las reglas. «Nada de cambios de bicicleta en el Koppenberg», gritó, diciendo al belga que estaba descalificado.

Sin que Maertens se enterara la UCI había celebrado una reunión con los directores de los equipos un día antes de la Ronde, en la que anunciaron que no se permitía que se cambiase de bicicleta antes del Koppenberg, para evitar posibles cuellos de botella. El director de Maertens, el bien pagado de sí mismo Lomme Driessens, no se dignó en presentarse a dicha reunión, y gracias a esta estúpida incomparecencia autorizó el cambio prohibido.

Mientras Fabri gesticulaba, Maertens insistió en que continuaría y que apelaría la decisión. Pues no vas a hacer otra cosa que malgastar el aliento en ambos casos, le dijo Fabri. A pesar de que la había fastidiado, Driessens todavía consideraba que Maertens podía aprovecharse de la situación. Quedaban 60 km para la meta y no parecía muy probable que De Vlaeminck mantuviera la ventaja si iba solo. Por eso Driessens le propuso algo a Maertens, quien rodaba detrás de De Vlaeminck: «¿Qué te parecen 300 000 francos belgas, Roger?, le preguntó.

De Vlaeminck accedió, decidido después a que Martens sudase cada franco al sentarse a su rueda durante la mayor parte de lo que faltaba de carrera. Y a Maertens esto le pareció perfecto. No tenía ya ninguna opción de victoria, pero por lo menos iba a terminar el día con un buen fajo de billetes en el bolsillo después de demostrar quién había sido el más fuerte ese día. En la recta de meta De Vlaeminck, quien un año antes había dicho que Walter Planckaert no era más que un «chuparruedas», se puso por fin en cabeza y consiguió la victoria ante los abucheos del público.

Como era de esperar, la apelación de Maertens fue rechazada, aunque los comisarios le respetaron su segunda plaza «como gesto de piedad por sus esfuerzos». La federación belga se mostró menos benévola, descalificándolo cuando se confirmó que el cambio de bicicleta había sido, claramente, parte de un plan preconcebido, con la participación de un miembro del equipo técnico del Flandria-Velda. Varios días más tarde se supo que dos de los tres que habían subido al podio habían dado positivo por Stimul, una anfetamina. El tercero, Walter Planckaert, fue descalificado, mientras que De Vlaeminck siguió siendo el vencedor. No se hizo mención alguna a Maertens, pero a todos los efectos había sido descalificado dos veces en una misma carrera, pese a que todavía son muchos quienes lo consideran el verdadero vencedor, siendo su «victoria» conmemorada con una placa extra en el muro de los vencedores que se construyó en el Museo del Tour de Flandes en Oudenaarde. Bajo el año y el nombre se lee: «vencedor moral». Tal vez influya que Maertens trabaje en ese museo como guía…

Manteniendo todavía su aspecto poderoso, Maertens se muestra amistoso y accesible, encantado de hablar sobre sus días de competición, aunque es mejor no sacar a relucir el asunto del trato alcanzado con De Vlaeminck. Ambos admitieron que alcanzaron algún tipo de acuerdo, pero De Vlaeminck insiste en que él no compró ninguna carrera. Por su parte, Maertens se tiró más de tres décadas quejándose de que De Vlaeminck solo le pagó la mitad de lo acordado. En 2010, el «conseguidor» más famoso de todo lo que tenga que ver con el ciclismo profesional belga, Noël Demeulenaere, redactó un contrato por el que ambos hombres acordaban no volver a mencionar el incidente, pero la acritud sigue cociéndose a fuego lento.

Maertens nunca conseguiría la victoria que más deseaba, por encima de cualquier otra. De hecho, la sorprendente segunda victoria de Godefroot en 1978, una década después de la primera, marcó el final de la superioridad flamenca en la Ronde. Durante las siguientes 34 ediciones hubo tantos extranjeros en lo alto del podio como belgas, y los aficionados pertenecientes al ala más dura entre los flamencos consideran el éxito conseguido en 1987 por el valón Claude Criquielion como un éxito más extranjero que propio.

Godefroot sugeriría más tarde que una de las razones para esta disminución se debe a la integridad. Todo un *flandrien*, según el molde de Schotte, aunque bendecido con un esprint final mucho mejor, Godefroot diría que el ciclismo le ofreció la posibilidad de ascender por la escala social, no solo económica, pero que para ello se precisaba de un compromiso absoluto, fueran los que fueran los obstáculos a superar. «Cuando tenía dieciséis años trabajaba entre cincuenta y sesenta horas semanales, como carpintero, y después todavía era capaz de sacar cuatro horas un par de días para entrenar. "¿Qué padre permitiría hoy en día a su hijo hacer algo así?"».

A finales de los 70 y comienzos de los 80 había maneras mucho más sencillas con las que ganarse bien la vida en Flandes, que reemplazaba a Valonia como centro financiero y de negocios. Mientras en la parte flamenca del país emergían las nuevas industrias más tecnológicas, las industrias pesadas del sur francófono comenzaron un paulatino declive.

El primer indicador del cambio en la balanza de poder en la Ronde llegó en 1979, cuando Jan Raas, el holandés con gafas, consiguió la victoria en solitario. A pesar de que sus enormes gafas le daban aspecto de ser un bicho raro, Raas era uno de los pocos ciclistas de fuera de Flandes que, probablemente, habría encontrado el favor de Van Wijnendaele. Hijo de un granjero que tuvo diez vástagos, Raas se crio a menos de quince kilómetros de Flandes, en la provincia holandesa de Zelanda, y estaba considerado como uno de los tipos más duros del pelotón. Cinco veces ganador de la Amstel Gold Race, la mayor carrera de un día en los Países Bajos, era un rodador supremo que lo pasaba mal en casi todas las ascensiones, pero que en las rampas cortas y de gran inclinación de la Amstel y Flandes se encontraba como pez en el agua. Sus poderosas aceleraciones en el Koppenberg hicieron saltar por los aires al grupo en 1979, 1980 y 1983, cuando conseguiría su segunda victoria en la Ronde.

Su director en el Ti-Raleigh era el también irreductible Peter Post, antiguo ciclista holandés de pista apodado como el emperador de los Seis Días. Post tomó las riendas del Ti-Raleigh en 1974. Durante sus primeros años en el mismo la plantilla presentaba varios ciclistas británicos, incluido el liverpuliano Bill Nickson, quien se unió a la escuadra en 1977 tras vencer en la Milk Race, que a todos los efectos era la vuelta nacional británica. «Estuve un año con Peter Post; bueno, un año y un par de meses. Esos meses significaron mi final», recordaría Nickson. «Para ser sincero, nunca tuve ningún encontronazo con Post, pero le resultaba imposible comprender que yo quisiera regresar a Inglaterra para asistir a la boda de mi hermana, que coincidía con la París-Roubaix. No le cabía en la mollera que yo prefiriera ir a la boda de mi hermana en lugar de correr la París-Roubaix. Pero supongo que eso define lo intensos que eran aquel tipo y el ciclismo».

«No podías esperar mucho de él, y para ser sincero, él tampoco esperaba mucho de ti. Los británicos éramos como carne de cañón, de eso no cabe la más mínima duda. Post tenía que dirigir un equipo y contaba con un presupuesto para hacerlo. Era un administrador duro, y así actuaba. Te decía lo que tenías que correr y tú te las tenías que apañar». La opinión de otro de los británicos del Raleigh, Sid Barras, de Yorkshire, acerca de Post es irreproducible en este libro. No hace falta decir que la palabra de Post era sagrada, lo que más tarde le llevaría a un enfrentamiento de dimensiones homéricas con Raas, enfrentamiento que acabaría dividiendo en dos al ciclismo holandés.

Post armó un equipo hecho con ciclistas holandeses, casi en su mayoría, y con él dominaría el ciclismo de finales de los 70 y principios de los 80. Además de contar con el hueso que era Raas, el Ti-Raleigh tenía un puñado de tipos duros como el pedernal, entre los que estaban Gerrie Knetemann, Henk Lubberding, Hennie Kuiper y Bert Oosterbosch. A pesar de que algunos, incluido el vencedor de la Ronde de 1981 Kuiper, conseguirían sus mayores éxitos después de abandonar el Ti-Raleigh, Post fue quien los puso rumbo a ellos, inculcándoles una ética de trabajo y de equipo sin parangón. Pero, de acuerdo con Nickson, todo ello tenía su lado oscuro, también. «Por entonces ocurrían ciertas cosas, y en muchas de ellas me negué en redondo a involucrarme. En aquel momento pensé "bueno, son unos tipos duros", y me limité a seguir. Y lo eran, superfuertes...».

En la Ronde de Kuiper, en 1981, los holandeses coparon el podio, con Frits Pirard venciendo a Raas en el esprint por la segunda plaza. A pesar de que los flamencos contraatacaron con René Martens y su bonita victoria en solitario de un año después, este no era, para nada, una estrella, y nunca llegaría a conseguir un estatus como ese. De hecho, el ciclismo flamenco estaba estancado. Godefroot se había retirado, De Vlaeminck estaba en declive y no había nombres obvios que pudieran salir a reemplazarlos. En 1983 y 1984 el equipo de Post partía como favorito, consiguiendo victorias en solitario en ambas ocasiones —gracias a Raas y Johan Lammerts— después de que los gregarios del Raleigh sometieran al resto del pelotón.

La estrategia volvió a dar frutos en 1985, cuando los elementos, descritos por un periódico como «un apocalipsis meteorológico», hicieron que las ascensiones adoquinadas fueran casi imposibles de ascender, convirtiendo los tramos llanos en pistas de derrapaje enfangados. Un día para los ciclistas más valientes y resistentes, un día en el que *flandriens* como Schotte o Van Steenbergen habrían disfrutado. Y, como no podía ser de otra manera, eso fue lo que hizo uno de sus sucesores más jóvenes.

El trazado presentaba ahora una serie de nuevos añadidos, incluidos el Molenberg y el Kapelmuur, la carretera que continúa más allá del Muur, subiendo alrededor de la loma sobre la que se asienta la Capilla de la Virgen, antes de bajar de nuevo hasta Geraardsbergen pasando el castillo de Oudeberg y la Orangerie des Roses, sede central de una empresa auditora, en la actualidad. En un principio, el antiguo miembro del Ti-Raleigh Hennie Kuiper aumentó el ritmo, provocando una escisión sobre el Oude Kwaremont, para escaparse de un grupo de 12 miembros después, en el Varentberg. Kuiper estaba en gran estado de forma tras ganar la San Remo tres semanas atrás. Cuando su ventaja comenzó a agrandarse el dúo de Panasonic-Raleigh formado por Phil Anderson y Eric Vanderaerden salió en su persecución.

El tenaz australiano y el belga de pelo rizado que en 1979 ganara la edición júnior de la Ronde atraparon a Kuiper en el Muur. Con cientos de aficionados animándolo durante toda la ascensión hasta la capilla de la cima, Vanderaerden atacó, mientras Anderson se quedaba a rueda de un Kuiper cuyas fuerzas se desvanecían por momentos. Cuando la ventaja de Vanderaerden alcanzó el punto en el que tenía la victoria asegurada, Anderson aceleró dejando a Kuiper atrás y asegurándose la segunda plaza.

Al ser preguntado por las condiciones climáticas infernales que provocaron que apenas 24 de los 173 que tomaron la salida terminaran, Vanderaerden respondió: «Lo más peligroso no es el mal tiempo. Lo que te vuelve majara es el estrés al que te ves sometido en las ascensiones. Te tienes que convertir en un trapecista. De repente te ves ahí en mitad de no sabes dónde, luego empiezas a empujar, utilizas tus codos, maldiciendo y haciendo todo tipo de cosas inadecuadas. Todo el mundo está listo para la batalla. Hay que estar un poco loco para hacer cosas como esta».

La caída del Koppenberg

Parecía que ni tan siquiera esta manera de aplastar a los mejores profesionales del mundo fuera suficiente para los organizadores de la Ronde. Un año después introdujeron una nueva ascensión, el Paterberg, que se eleva sobre Berchem, ofreciendo una bonita vista de la estación eléctrica que hay cerca de la ciudad, en los bancos del Schelde. Con una media de casi el 13 por ciento, sigue siendo la ascensión de mayor inclinación de las que aparecen en la carrera.

Por una vez, los Panasonic de Post estaban fuera de combate. No hay duda de que su consternación por este hecho fue todavía mayor porque Adrie van der Poel consiguiera la victoria defendiendo los colores del equipo Kwantum, fundado en 1984 por Jan Raas cuando este se retiró. Raas completó su formación con antiguos compañeros del Ti-Raleigh, movimiento que aseguraba que su equipo sería muy competitivo, pero que, además, garantizaba la ira de Post.

Los dos equipos se marcaron de manera tan cerrada un año después que apenas se dieron cuenta de que Claude Criquielion se había escapado para convertirse en el primer valón que ganaba en Flandes. Pero la astuta maniobra de Criq no sería lo que centraría las mayores discusiones tras la carrera. Más bien, la atención se centró en el poco conocido ciclista danés Jesper Skibby y el infame Koppenberg. El deteriorado estado del pavé de aquella ascensión se convirtió en el objeto de muchas quejas durante los años previos, sobre todo en 1984, cuando Raas y Anderson fueron los únicos ciclistas en completar el ascenso sobre sus bicicletas. Tres años después Skibby sería el único superviviente de una escapada que, tras salir a comienzos de carrera, alcanzó el Koppenberg, con el pelotón cerrando el hueco a toda marcha. Mientras el danés alcanzaba la mitad de la ascensión al Koppenberg, donde los bancos que hay a los lados de la carretera se elevan creando un estrecho paso, comenzó a perder velocidad, zigzaguear por la calzada hasta que, por fin, cayó al suelo. Quedándose enganchado a sus calapiés Skibby y su bicicleta bloquearon casi todo el paso, lo que llevó al conductor del coche de la organización que iba tras el danés a enfrentarse a un dilema. ¿Seguía adelante y pasaba por encima de Skibby o se detenía, bloqueando el paso del pelotón que llegaba por detrás? Optó por la opción A, pasando por encima de la rueda delantera de Skibby pero, no se sabe bien cómo, esquivando el pie del danés, que no dejaba de chillar. Mientras el público abucheaba varios aficionados bajaron a los adoquines para rescatar al ciclista derribado.

Aquello significó el final del Koppenberg, que desaparecería del nuevo trazado para no regresar jamás, en principio. Era casi imposible pedalear por su superficie, deformada por las raíces de los sauces y el paso de los tractores. El más mínimo incidente resultaba en que alguien tuviera que detenerse o cayera al suelo, provocando un efecto dominó que dejaba a los mejores ciclistas del mundo resbalando por todos lados sobre las calas de metal de su calzado, en una escena bufonesca y bastante degradante. A pesar de que hubo algunas voces que se quejaron de que ahora el trazado era más sencillo, el Koppenberg no tardó en quedar en el olvido, en parte gracias a la aparición de una nueva generación de estrellas flamencas en las carreras de un día.

Fichado por Jan Raas en 1987 cuando Superconfex tomó el sitio dejado por Kwantum como patrocinador principal del holandés, Edwig Van Hooydonck destacó gracias a su altura, su cabello rojo y su habilidad como *puncheur*. Vencedor de la edición sub-23 de la Ronde de 1986 Van Hooydonck apenas dejó destellos en sus primeras dos participaciones en la carrera, pero se convertiría en un héroe flamenco en la tercera, además de darle cierto lustre a una de las ascensiones menos conocidas de la carrera. Bajo una lluvia torrencial Van Hooydonck se encontraba en el pequeño grupo de ciclistas que sobrepasó en el Muur a Marco Lietti, quien iba escapado. Acercándose a la capilla el noruego Dag-Otto Lauritzen, exparacaidista que siempre brillaba cuando hacía mal tiempo, a pesar de admitir que no tenía ninguna predilección por ese clima, se fue en solitario. El gigantesco Van Hooydonck fue el único capaz de seguirlo.

La pareja no abrió un hueco demasiado grande y estaban a punto de ser alcanzados de nuevo por sus antiguos compañeros de aventura durante la ascensión final, el Bosberg, cuando Van Hooydonck pisó el acelerador. Nadie pudo seguirlo y se marchó en solitario para conseguir la victoria con apenas 22 años.

Su desastrosa defensa del título en 1990 sugería que Van Hooydonck sería flor de un día, aunque no fue, para nada, el único belga que resultaba un fiasco en el día en que Moreno Argentin se convirtió en el tercer italiano que ganaba en Flandes tras Fiorenzo Magni y Dino Zandegù. Parece que la presión pudo con el modesto y bastante tímido Van Hooydonck, al menos hasta que dio una segunda demostración de su increíble fuerza en el Bosberg, en 1991. Después de provocar una selección en cabeza de carrera con una aceleración en la ascensión de Berendries, Van Hooydonck se quedó con apenas tres ciclistas más como compañía cuando se acercaban al Muur: Rolf Gölz y Sørensen del Ariostea de Argentin y el flamenco Johan Museeuw, del Lotto.

El cuarteto se mantuvo unido mientras pasaban sobre el Muur, quedando tras ello el único escollo del Bosberg antes de la llegada en Meerbeke. Es de suponer que los rivales de Van Hooydonck sospecharían lo que estaba a punto de suceder, pero cuando este puso un 42x15 de desarrollo y atacó con todo lo que tenía, ninguno pudo seguirlo y «Eddy Bosberg» se dirigió a por su segunda victoria. «Me conozco esa ascensión como la palma de mi mano», dijo. «En ella hay un árbol y siempre lo utilizo como punto de referencia».

La prensa belga se preguntaba si su victoria significaría la llegada de un segundo «ogro», comparándolo con Eddy Merckx, tal fue la manera en que Van Hooydonck se había quitado a todo el mundo de su rueda. Pero el joven flamenco rebajó los ánimos. «Nuestro país siempre se ve atenazado por el mismo problema. En cuanto un ciclista belga enseña un poco la cara en cabeza de alguna carrera todo el mundo corre a establecer comparaciones con Eddy. Y resulta halagador, ¿pero creen que sea razonable?».

Seguro que de no haber sido por dos inconvenientes, habría conseguido mayores éxitos. El primero de estos inconvenientes era físico. Sus rodillas no dejaron de causarle problemas; las cubría con unos culotes que le tapaban las rodillas y que se convirtieron en su rasgo distintivo, y que usaba en lugar de utilizar vendajes. También se negó a hacer como muchos de sus compañeros y suministrarse la nueva generación de fármacos para potenciar el rendimiento, sobre todo el «estimulante sanguíneo» EPO. Van Hooydonck se retiró en abril de 1996 con 29 años, cuando se suponía que estaba en su plenitud.

Cambió el sospechoso mundo del ciclismo profesional de los noventa por el hipócrita mundo de la política, convirtiéndose en diputado del parlamento por el partido liberal VLD. En 2007 mostró su hostilidad para con Museeuw, el ciclista que reclamó el estatus de León de Flandes al que Van Hooydonck parecía llamado. En una entrevista con la *Gazet van Antwerpen* Van Hooydonck explicaba que en 1996 se enfrentó a la decisión de suministrarse EPO o acabar con su carrera, recordando la carrera de la Flecha Brabanzona de aquel año en la que se encontraba en el grupo de cabeza con Museeuw.

«Unos días antes él había ganado la GP E3, una carrera en la que yo no había participado, y me dije "soy el que está más fresco, tengo verdaderas opciones de ganar". Y entonces vi a ese tipo moviendo un desarrollo tres dientes más largo que el mío en el Alsemberg, y dejándome atrás. Años más tarde escuchamos a Museeuw asegurar que solo se dopó durante su último año en el pelotón. ¡Valiente montón de mierda! Ese tío fue hasta arriba durante toda su carrera, así de simple». Museeuw contraatacó diciendo que le dolía escuchar a un «dos veces ganador del Tour de Flandes haciendo acusaciones infundadas y falsas». Sin embargo, cinco años más tarde, en una entrevista con el mismo periódico, Museeuw confesaría que se dopó durante toda su carrera, admitiendo que «por entonces, el dopaje era parte del día a día de casi todo el mundo».

Van Hooydonck debió sumar otra victoria en Flandes en 1992. Sin embargo, tanto él como el resto de aspirantes no calcularon bien la persecución de un cuarteto de ciclistas que salieron, como kamikazes, desde el mismo inicio de la carrera. Entre ellos estaba el francés Jacky Durand, ciclista que reaccionaba a las banderas ondeantes que daban la salida en las carreras igual que un *cocker spaniel* reacciona cuando su dueño le lanza un palo. Casi en el mismo momento en que terminaron de agitar la bandera «Dudu» salía disparado, haciendo muecas como un bobo y corriendo de la misma manera, también.

Por lo general, las fugas de Durand no llegaban a nada, aunque sus patrocinadores siempre estaban encantados con la publicidad que les proporcionaba. Pero, en esta ocasión, saltó la banca. Con la única compañía del suizo Thomas Weigmuller cuando llegaron al Bosberg, donde sus 23 minutos de ventaja se habían visto reducidos hasta menos de tres, Durand atacó y se convirtió en el primer francés que ganaba la Ronde desde Jean Forestier, en 1956. Van Hooydonck terminaría tercero, siendo el mejor de los favoritos tras Wegmuller.

Museeuw vs Van Petegem

Durante el resto de la década la Ronde estuvo dominada por un hombre y un equipo. Esprínter cuando apareció en la escena profesional, Johan Museeuw nació en Gistel, en las tierras llanas de Flandes, cerca del Mar del Norte. Conocido en un principio como esprínter, su carrera como aspirante a las clásicas despegó cuando se unió al GB-MG dirigido por Patrick Lefevere, paisano de Flandes Occidental que se hizo camino entre los directores de equipo tras una corta carrera como profesional, con el único destello de su victoria en la edición de 1978 de la Kuurne-Bruselas-Kuurne, una «semi-clásica» que es una de las carreras preparatorias para Flandes. Amalgama del equipo belga GB y el italiano MG, la escuadra de Lefevere contaba con varios ciclistas que se convertirían en mitos de las carreras de un día, entre ellos Andréi Tchmil, Franco Ballerini y Mario Cipollini, además de Museeuw.

Sería Museeuw quien diera comienzo a la racha de éxitos de Lefevere cuando ganó a Frans Maassen al esprint en 1993. El holandés se había negado a colaborar con Museeuw cuando ambos se marcharon en solitario a falta de 25 km, pero, pese a ello, no logró derrotarlo. Museeuw describiría la victoria como la mejor de su carrera, diciendo que no podía haber nada más grande para un flamenco que ganar en la Ronde. Pero, después de ese momento álgido, experimentaría uno de los peores bajones 12 meses más tarde, cuando acertó con su estrategia al dejar a Gianni Bugno liderar el esprint, pero no supo calcular la velocidad final del italiano. Fueron dos centímetros los que lo separaron de la victoria. Rodeado por la prensa tras la debacle, Museeuw apenas podía articular palabra, con la cara blanca por la sorpresa.

No sorprende que Museeuw se negara a una nueva llegada al esprint cuando, un año después, se encontró con otro italiano a su lado durante los últimos 25 km. Fue una sabia elección, pues Fabio Baldato contaba con un buen historial en llegadas masivas y es probable que no hubiera sido posible batirlo en un cara a cara. Museeuw atacó con dureza en el Muur, volviendo loca a la afición flamenca en el Bosberg cuando salió en solitario rumbo a la victoria. De no haber sido por aquellos dos centímetros por los que perdió contra Bugno, pudo ser el primer ciclista en igualar a Fiorenzo Magni al conseguir tres Rondes seguidas.

Completaría su triplete de victorias en 1998, cuando la salida cambió de sede, llevándola desde Sint-Niklaas a su localización actual en el centro histórico de Brujas. Su ataque en el Tenbosse en Brakel, a 26 km de la meta, le dejaría de nuevo solo en cabeza, con la multitud quitándose a su paso mientras, luciendo su característica *badana* blanca en la cabeza que en cierto momento cubrió sus rizos —pero que ahora cubría una enorme tonsura en su calva coronilla— pasaba en solitario por el Muur y el Bosberg, uniendo su nombre al de Achiel Buysse, Magni y Eric Leman en lo más alto de la lista de vencedores.

Parecía casi seguro que sobrepasaría a este trío de ilustres, pero nunca llegaría a hacerlo. Estuvo cerca en 1999, cuando lo vencieron al esprint los belgas Peter Van Petegem y Frank Vandenbroucke, y en 2002, cuando terminó en una lacrimógena segunda posición tras al vencedor en solitario, Andrea Tafi. Teniendo en cuenta lo que acabaría admitiendo, puede que sea positivo que la racha de Museeuw terminara cuando lo hizo.

La túnica de favorito del público local pasó a hombros de Peter Van Petegem, cuya cetrina figura no solía aparecer en cabeza de ninguna carrera hasta que de verdad era el momento. Nacido en Brakel, cerca de la ascensión al Tenbosse, Van Petegem fue acercándose poco a poco al podio de la Ronde. Décimo en 1996, noveno un año más tarde y quinto otros 12 meses después, contaba con todas las características que se le pedían a un favorito y, por encima de todo, un enorme conocimiento local. Andreas Klier, un alemán tan enamorado de Flandes que se mudó a Dendermonde, en el mismo corazón de la región, diría de su gran amigo y compañero de entrenamientos: «Peter se conoce estas carreteras mejor que nadie. Lo aprendí todo de él. Pasaban 220 kilómetros y todavía no lo habías visto por ninguna parte; de repente, ahí estaba. Tenía mejor olfato que nadie».

Klier subrayaría el gran provecho que el belga sacaba durante la Ronde a sus conocimientos sobre Flandes, al explicar: «Los tramos entre ascensiones que la gente no conoce son los que a menudo pueden resultar cruciales. Tienes que saber de dónde viene el viento en cada carretera».

Tras su victoria en 1999, Van Petegem explicó su enfoque en la Ronde. «Si quieres ganarla, tienes que mantenerte fresco, relajado y atento. Lo último que debes hacer es mostrar tus fuerzas demasiado rápido, demasiado pronto. Los días en los que Eddy Merckx podía atacar e irse en solitario durante más de cien kilómetros son cosa del pasado. Hoy en día, para ganar una clásica, hay que saber esperar y escoger el momento», decía. «Estaba seguro de que ganaría. Museeuw seguía con problemas en una rodilla, así que era consciente de que no tendría mayores problemas para vencerlo, y Vandenbroucke ha estado todo el día en cabeza de carrera».

Si aquella primera victoria supo bien, la segunda dejó a Van Petegem en éxtasis. Atacó en el Tenbosse, una ascensión que ha pedaleado desde que era un crío. «En 2003 no había nadie que pudiera ganarme; nadie. Era mi momento, en el Tenbosse. Y lo hice. Solo Vandenbroucke pudo seguirme, pero yo estaba seguro de que ganaría el esprint».

Una nueva Ronde toma forma

Durante los años que separaron las dos victorias de Van Petegem (1999 y 2003) los ciclistas asistieron al regreso de una vieja pesadilla: el Koppenberg. El 1 de abril de 1997[5] *Het Nieuwsblad* publicó que sus adoquines estaban a punto de ser recubiertos de

---

[5] N del T: Nótese que el 1 de abril se celebra en ciertos países el día que en la tradición española correspondería con los Santos Inocentes, siendo la noticia de *Het Nieuwsblad* una broma, si bien afortunada.

asfalto, haciendo una llamada a los aficionados a salir a protestar contra este hecho. Más de mil personas, que no se dieron cuenta de la fecha de la noticia, acudieron a la llamada, incluido el alcalde de Melden. Se realizó una cuestación y, sin quererlo, aquella broma acabó provocando el reacondicionamiento del quebrado *berg*, cuya superficie fue remozada con piedras traídas de Polonia. La ascensión volvió a la carrera en 2002, pero cuatro años más tarde fue sacada de nuevo cuando un ciclista cerca de la cabeza del pelotón acabó con la rueda metida en el hueco que queda entre los adoquines, lo que obligó a todos los que venían por detrás a seguir a pie. Nuevos trabajos de mejora llevaron al uso de argamasa entre las piedras, para fijarlas en su lugar. La ascensión regresó al trazado en 2008, permaneciendo desde entonces y siendo parte integral del recorrido.

El formidable regreso del *berg* en 2002 coincidió con la llegada de una nueva generación de especialistas en las clásicas de adoquines, una generación que, en gran parte, permanecía limpia. Como había sucedido cuando Museeuw apareció a comienzos de los 90, el hombre tras todos ellos era Patrick Lefevere, director que parece un Midas cuando se trata de identificar y desarrollar aspirantes a las clásicas. En cabeza de estos se encontraba Tom Boonen.

A pesar de ser de Mol, en la provincia de Amberes, por lo que queda fuera de las estrictas fronteras establecidas por el fundador de la Ronde, Karel Van Wijnendaele, para obtener el estatus de *flandrien*, *Tornado* Tom se convirtió en la mayor estrella que el ciclismo belga haya visto. Puede que palidezca en la comparación con Eddy Merckx cuando se habla de habilidades o resultados, pero en la era de internet, cuando cada movimiento de los mejores ciclistas queda grabado y es sometido a escrutinio, Boonen fue como el David Beckham de Bélgica.

Con una altura de metro noventa y tres, simpático y agradable a la vista, Boonen es hijo de André, un exprofesional que corrió en pequeños equipos belgas de los 80. Descubierto por el director deportivo Dirk Demol cuando todavía era un adolescente, Boonen pasaría a profesionales con el US Postal de Demol en 2002. Aquella primavera realizó una impresionante exhibición en la París-Roubaix, terminando tercero. Seducido por Lefevere y su héroe de la infancia, Museeuw, se unió al Quick Step en 2003. Museeuw señaló a Boonen como su sucesor, y el paso del testigo tuvo lugar en 2005.

Siendo uno de los seis ciclistas que contaban con una buena ventaja al coronar el Bosberg, Boonen tenía un esprint lo suficientemente rápido como para batirlos a todos en una llegada normal, pero tras 16 ascensiones y 250 km los esprints no tienen nada de predecible, sobre todo cuando el dos veces campeón Van Petegem y el seis veces ganador del maillot verde de los puntos en el Tour de Francia, Erik Zabel, se encontraban entre los rivales del joven belga de 24 años. Boonen era consciente de que el compañero de Zabel en el T-Mobile, Andreas Klier, intentaría agotarlo atacando hasta la meta, así que pilló a todos sus rivales desprevenidos cuando continuó uno de los ataques de Klier a falta de nueve kilómetros.

El belga regresaría un año después luciendo el maillot arcoíris de campeón del mundo, y retuvo su corona de manera igual de impresionante. Apoyándose en un Quick Step poderosísimo, Boonen fue el único ciclista capaz de seguir a Leif Hoste cuando este atacó en el Valkenberg, a falta de 30 km, deshaciéndose de su compatriota con facilidad en la meta al esprint de Meerbeke.

Aunque ahora vivía en la nada *flandrien* Mónaco, Boonen siguió acumulando títulos, aunque pronto se hizo patente que tenía una afición similar por la cocaína. Entre noviembre de 2007 y abril de 2009 daría positivo por el uso de esta droga recreativa hasta en tres ocasiones. A pesar de que los positivos no acarreaban suspensión, dado que la cocaína no está considerada una droga que aumente el rendimiento de los deportistas, el estatus de Boonen como fuerza dominante del ciclismo en las clásicas de adoquines quedó en entredicho dentro incluso de su propio equipo, cuando Stijn Devolver consiguió dos ediciones seguidas de la Ronde, en 2008 y 2009. Pero, hasta cierto punto, Devolder, salido de Flandes Occidental, tenía que agradecer sus victorias al estrecho marcaje al que se vio sometido Boonen por los rivales del Quick Step.

Tras cuatro victorias en cinco años el Quick Step se encontró con un nuevo desafío a su hegemonía. Conocido en un principio por su calidad en las contrarrelojes, lo que le valió cuatro mundiales y una victoria olímpica, Fabian Cancellara tenía muchos rasgos en común con Boonen, aunque diferían en la manera en que descerrajaban el tiro de gracia. Boonen era mejor en el esprint, y a menudo confiaba en esta suerte, mientras que las facultades casi incomparables de Cancellara en la lucha contra el reloj le hacían optar por correr de manera más agresiva, con el objetivo de realizar ataques en solitario que nadie más pudiera seguir. A pesar de que fuera de la bicicleta se llevaban bien, eso no significa que sus batallas sobre la bicicleta no fueran espectaculares. La más conocida sucedió en Flandes, en 2010. Por mucho que se hubiera exagerado en las semanas que llevaron a la carrera, la pelea superó las expectativas. Ambos lucían los colores de campeones nacionales de sus respectivos países, y se vigilaron muy de cerca. En el Molenberg, a 40 km de la meta, Cancellara aceleró y Boonen salió tras él. Todo lo que pasara por detrás quedó, pronto, en la más profunda irrelevancia. La pareja colaboró hasta que llegaron al Muur. Cancellara se puso en cabeza mientras giraban a la derecha, frente al bar 'T Kapelleke, en las inclinadas rampas que salen de Oudenbergstraat, pasando las tres estatuas de bronce de Willie Verhegghe que representan a aficionados tocados con unas gorras, y camino de la cerrada curva a derechas que lleva al Kapelmuur.

En el punto en el que la carretera comienza a virar a la izquierda rodeando el montículo en el que se asienta la capilla que hay en la cima, cuando los adoquines aumentan su inclinación, Cancellara apretó con más fuerza los pedales, despegándose de Boonen, cuyo rostro representaba el más vivido tormento mientras veía cómo se le escapaba la victoria con cada pedalada de su rival. En la cima, la ventaja de Cancellara era de doce segundos; en la meta había sumado otro minuto. «No lo tenía planeado. Miré atrás, vi que había un hueco y tiré un poco más», dijo Espartaco. «Ganar, atacando en el Muur y dejando atrás a Tom Boonen, el Rey de Bélgica… cuando sea viejo y lo cuente… El escenario perfecto».

La victoria de Cancellara provocó la más ridícula de las historias, pues algunos ciclistas aseguraron que habían escuchado un extraño zumbido que provenía de la bicicleta de Cancellara, bicicleta que le fue entregada por su coche cuando se acercaban al final de la carrera. Comenzaron los rumores sobre «dopaje mecánico». El profesional francés Anthony Roux le dijo al *Le Républican Lorrain*: «Se habla de ello en el pelotón. Todo el mundo pensó que aquello fue increíble, pero nos preguntamos si fue real o no, y si había un motor en su bicicleta». La cadena de televisión italiana RAI analizó los movimientos de Cancellara, diciendo que eran sospechosos y acusándolo de estar poniendo en funcionamiento el motor. La UCI dijo que investigaría aquello, llegando al punto de introducir escáneres que monitorizaban las bicicletas a la salida del Tour de Francia, donde Cancellara bromeó: «Mejor que me escaneéis a mí, porque aquí es donde encontrareis el motor: soy yo».

Después de que Nick Nuyens recuperara el título para los belgas en 2011, los organizadores de la Ronde desvelaron el mayor cambio que había visto la carrera en su trazado. Dos fueron los motivos para llevarlo a cabo: el primero tenía que ver con la seguridad de cara a los aficionados, el segundo con la salud económica de la carrera. Desde los años de entreguerras la Ronde había visto un número excesivo de vehículos, tanto en la misma carrera como, y sobre todo, alrededor de la misma. En el siglo XXI, el decimocuarto domingo del año se había convertido, ni más ni menos, que en una gigantesca edición de *Los autos locos*. ¿La solución? Se introdujo un circuito final en el que los aficionados podrían ver la carrera tres veces.

A la vez, el director de la carrera, Wouter Vandenhaute, admitió que la organización de la carrera sacaría grandes beneficios por la venta de paquetes VIP en dicho circuito, sobre todo gracias a una carpa VIP de 250 metros erigida en el Oude Kwaremont, en la que más de 5000 personas comerían y beberían. Si aquello sonaba mal a oídos de los aficionados de la Ronde más tradicionalistas, lo peor estaba todavía por llegar: cuando Vandenhaute desveló el nuevo trazado, este presentaba tres ascensiones al Oude

Kwaremont y el Paterberg, aunque esquivaba por completo el Muur.

Iracundos seguidores de la carrera firmaron una petición en la que exigían que el Muur permaneciera en el trazado, mientras que 500 personas fueron un paso más allá celebrando un fingido funeral por el Muur en Geraardsbergen. Seis hombres vestidos de ciclistas, con el rostro tapado por unas máscaras con la cara de Vandenhaute, portaban un ataúd. Sonaban las trompetas mientras este ataúd era llevado hasta la cima de la ascensión, antes de ser depositado en la capilla, donde la gente hizo cola para rendir un último homenaje y firmar en un libro de condolencias. Muchos fueron los que desenterraron adoquines de la ascensión como recuerdo.

Las opiniones entre los profesionales estaban divididas. Devolder, dos veces ganador de la carrera, dijo: «Creo que no es una gran idea cambiar las cosas en el ciclismo cuando estas funcionan; y el Muur y el Bosberg en el Tour de Flandes eran una combinación especialmente exitosa». Devolder hablaba en boca de muchos cuando añadió: «Lo que está claro es que va a ser una carrera muy dura. Puede que el nuevo trazado sea demasiado duro y haga que los chicos no quieran atacar».

El vigente campeón Nuyens se mostró más receptivo, diciendo: «Creo que se puede ver una similitud entre las duplas Muur-Bosberg y Kwaremont-Paterberg: largas y de gran inclinación… En realidad, no cambia demasiado. Siguen siendo dieciséis ascensiones: llegas a una, la completas, descansas un poco y luego te enfrentas a la siguiente; lo único que cambia es el orden. Para mí, sigue siendo la carrera más bonita de todas».

Retirado de la competición, Peter Van Petegem, quien para muchos sigue siendo todavía la persona que mejor se conoce esas carreteras, ofreció la que, tal vez, era la opinión mejor razonada. «El día del Tour de Flandes gira en torno a la carrera: da igual por donde pase. Tienes que pasar por adoquines, ascensiones y carreteras estrechas: esa es la identidad de la carrera. Si pasas por el Muur, el Koppenberg o el Paterberg después de 250 kilómetros, todos ellos serán muy duros. Cada ascensión cuenta con sus propias características, pero, a la vez, vienen a ser lo mismo», dijo.

«Si este cambio de trazado se hubiera hecho hace cosa de 30 años, puede que por entonces no se hubiera armado tanto revuelo; pero la carrera, hoy en día, es internacional, aparece en televisión, por todo el mundo, y todo el que tiene algo que ver con el ciclismo habla de ella».

Al final, la mayoría se convenció de que se había tomado la mejor decisión. Los *frietkraam* que vendían patatas fritas por todo el trazado siguieron haciendo el agosto, igual que los bares espontáneos que surgieron en garajes y jardines que había en las ascensiones. Y, lo más importante, Tom Boonen resurgió tras dos años de sufrimientos para conseguir su tercera victoria, venciendo a dos italianos al esprint en la nueva llegada de Oudenaarde, a unos pocos metros del Museo del Tour de Flandes. «Tengo que darle las gracias a Tom Boonen por ganar. Si llegan a hacerlo Ballan o Filippo Pozzato, los ánimos en Flandes habrían estado caldeados», admitió un valiente Vandenhaute.

La victoria de Cancellara en 2013 daba la razón a Vandenhaute cuando insistía en que este trazado permitiría el lucimiento de los mejores ciclistas, pero eso no evitó que realizara nuevas modificaciones en 2014. Los VIP de Oudenaarde seguirían viendo el paso de la carrera en tres ocasiones, pero los pasos por el Paterberg se quedarían en dos, solo uno en el Koppenberg. ¿Y qué pasó? Tercera victoria para Cancellara, cuyo estatus como *flandrien* de adopción no se vio dañado porque hubiera derrotado a tres ciclistas locales en un esprint a cuatro. Un año después el suizo no pudo hacer acto de presencia, perdiendo con ello la oportunidad de emular a Fiorenzo Magni al ganar tres ediciones consecutivas de la Ronde, después de fracturarse dos vértebras tras una caída en el GP E3. En su ausencia, el título pondría rumbo a Noruega por primera vez. Aleksander Kristoff se unió a Niki Terpstra cuando este atacó sobre el Kruisberg, a 28 km de la meta. La pareja siguió colaborando hasta el último kilómetro, cuando el holandés comenzó las hostilidades. Terpstra dejó de relevar y se puso a rueda de su rival hasta que quedaron 200 metros, pero Kristoff seguía teniendo demasiada velocidad punta en sus piernas como para que el holandés pudiera hacer algo.

En 2016 la edición centenaria de Flandes comenzó con el pelotón en duelo tras la reciente pérdida de dos de sus miembros. Antes de la salida se guardó un minuto de silencio en recuerdo de Antoine Demoitié, quien había fallecido tras colisionar con una motocicleta de la organización durante la Gante-Wevelgem una semana antes. En Hooglede, tras 25 km recorridos, el pelotón rebajó su ritmo para rendir homenaje al ciclista profesional local Daan Myngheer, quien moriría un día después que Demoitié por un ataque al corazón durante el Critérium Internacional.

El movimiento que decidió la victoria llegó durante el acercamiento al Kruisberg, a falta de 30 km, cuando Michał Kwiatkowski y el campeón del mundo, Peter Sagan, atacaron saliendo de un grupo de favoritos. Se les uniría Sep Vanmarcke, pero Cancellara, quien disputaba su última Ronde, fracasó en su intento de unirse a este ataque y perdió, con ello, las opciones de conseguir una cuarta victoria. El trío atrapó a los supervivientes de la escapada cuando llegaban al Oude Kwaremont, donde Sagan y Vanmarcke seguían marcando el ritmo mientras Cancellara trataba de contrarrestar la desventaja, desesperado, pero incapaz de conseguirlo. En la ascensión al Paterberg Sagan abrió gas y dejó atrás a Vanmarcke, quien no tardó en encontrar la compañía de Cancellara. A pesar de que ambos colaboraron en su intento de atrapar al eslovaco, sus esfuerzos resultaron en vano, pues Sagan pudo disfrutar de los aplausos de una enorme multitud en la meta, además de celebrar la victoria con un caballito marca de la casa mientras cruzaba la línea.

Después de albergar la salida de la carrera durante 19 años Brujas cedió el testigo a Amberes para la edición de 2016. Esta mudanza permitiría a los organizadores de la carrera renovar el trazado una vez más y traer de nuevo al Muur y Tenbosse. «El Muur de Geraardsbergen es una de las maravillas del mundo del ciclismo de competición, trascendiéndolo, incluso», diría el director de Flanders Classics, Wim Van Herreweghe. «El regreso de esta ascensión mítica es algo con lo que ambas partes salen ganando: la Ronde le da prestigio a la ciudad de Geraardsbergen; el Muur le da una aura fascinante a *Vlaanderens Mooiste*». Ambas ascensiones quedaron situadas casi al comienzo del último tercio de la carrera, con la ascensión de Tenbosse llegando antes que la de Kapelmuur, antes de que los ciclistas se adentraran en el circuito final, que había sido aceptado ya por completo. Hubo quien se quejó de que al llegar a 95 km de la meta el Muur seguía siendo irrelevante, sobre todo teniendo en cuenta el peso que tuvo en su momento como punto sobre el que se erigían o quedaban enterrados los sueños en la Ronde, pero lo que sucedió aquel día demostró más bien lo contrario, en una de las ediciones más extraordinarias de la carrera.

Llegando a los adoquines del Muur Tom Boonen, quien participaba en la que sería su Ronde de despedida, pasó al frente del grupo de favoritos y puso un ritmo tan demoledor que apenas quedó un pequeño grupo de ciclistas por delante al coronar esta ascensión emblemática, con sus compañeros en el QuickStep Julian Alaphilippe y Matteo Trentin a su lado, pero con otros favoritos como Sagan o Greg Van Avermaet lejos. Los escapados mantuvieron una estrecha ventaja hasta el Oude Kwaremont, a falta de 55 km, donde Gilbert, enfundado en el maillot de campeón belga, salió en solitario, animado por el rugir de los aficionados locales. Su ataque parecía prematuro, sobre todo cuando Sagan, Van Avermaet y varios otros consiguieron reintegrarse en el grupo que lo perseguía llegado el Paterberg.

Gilbert conservaba una ventaja de un minuto al llegar a la tercera y última ascensión al Oude Kwaremont, mientras Sagan salía en su persecución bajo la atenta mirada de Van Avermaet y Oliver Naesen. Mientras progresaban por la orilla izquierda de la calzada, pegados a la barrera que mantenía alejados a los aficionados, el manillar de Sagan se enganchó con el abrigo de un espectador y el eslovaco rodó por los adoquines, haciendo caer también a los dos ciclistas que iban pegados a su rueda trasera. En lo que tardaron en levantarse de nuevo y volver a ponerse en marcha Gilbert siguió adelante, con un liderato inalcanzable, ya. Disfrutó de la algarabía generalizada que lo recibió en la meta, desenganchándose de los pedales antes de realizar los dos últimos metros de la carrera caminando, mientras elevaba su bicicleta por encima de su cabeza. Niki Terpstra, tercero aquel año por detrás de su compañero en el QuickStep, intercambiaría las posiciones con Gilbert en 2018, convirtiéndose en el primer holandés que lograba la Ronde desde que lo hiciera Adrie van der Poel en 1986. Después de atacar en el Kruisberg terminaría una docena de segundos por delante de Mads Pedersen, con Gilbert tercero.

A lo largo de su historia la Ronde no se ha caracterizado por dar vencedores inesperados, sobre todo en los últimos años; por eso, casi nadie hubiera pensado que el italiano Alberto Bettiol tenía opciones de victoria en 2019. Bettiol no había quedado jamás entre los diez primeros en ningún monumento a sus 25 años, y ni tan siquiera había conseguido ninguna victoria como profesional. A lo largo de la primavera había mostrado destellos de estar en gran forma, terminando 11° en la carrera por etapas de una semana Tirreno-Adriático; pero si en su EF Education First tenían que apostar por alguno de sus ciclistas, las elecciones más obvias habrían sido otros ciclistas como Sebastian Langeveld o Sep Vanmarcke, habituales contendientes en Flandes.

Con todo, cuando los favoritos ascendían el Oude Kwaremont por última vez el italiano seguía a rueda de Van Avermaet. Contó que se centró en responder a la aceleración del belga, pero que como esta no llegaba hizo caso de las indicaciones de Andreas Klier, su muy experimentado director deportivo, quien animó a su ciclista a atacar si se veía con buenas piernas. Bettiol saltó justo antes de la sección más llana que conduce hacia la cima de la ascensión, manteniendo una magra ventaja de poco más de una docena de segundos en la cima del Paterberg, con 14 kilómetros todavía por cubrir. Contaba con tres aspectos a su favor: viento a favor, la presencia de Vanmarcke y Langeveld en el grupo que los seguía y las tácticas de contención que estos estaban aplicando, además de su propia habilidad como contrarrelojista, que ya había quedado patente en la Tirreno cuando terminó a apenas un segundo de la victoria en la corta crono final del último día. A pesar de la entregada persecución que llevó a cabo otra estrella en ciernes de las clásicas, el danés Kasper Asgreen, Bettiol aguantó.

En una entrevista poscarrera su antiguo compañero Greg Van Avermaet sugirió que el italiano poseía «un enorme talento, pero que también era un poco vago. El año pasado estaba demasiado gordo». El propio Bettiol admitiría que nunca había creído del todo en sí mismo. Resulta interesante también detenerse en los comentarios que hizo sobre la Ronde en 2017, en una entrevista con *Cyclingtips*. «Es muy complicado ganar una carrera como el Tour de Flandes, pero si te encuentras en buena forma, tampoco es una carrera tan dura. Es la más fácil, de hecho, porque la gente que no tiene demasiada pericia en los adoquines se queda a la cola, y si sabes ver cuál es el mejor momento para pasar adelante te puedes quedar en cabeza durante kilómetros y kilómetros, por la estrechez de sus carreteras. Si consigues subir cerca de la cabeza, ya te quedas allí. Luego llega el momento en el que se hace la selección y todo depende de las piernas que tengas. No tienes que hacer gran cosa, tan solo asegurarte de estar en cabeza y moverte». Esa era la receta para ganar en Flandes, y dos años después lo demostró.

Esta carrera también mostró al mundo el potencial de Mathieu van der Poel, el hijo del vencedor de la edición de Flandes de 1986, Adrie van der Poel, y nieto del vencedor de la edición de 1961 de la Milán-San Remo, Raymond Poulidor. Cuarto en Oudenaarde a pesar de darse un espectacular revolcón durante la última aproximación al Oude Kwaremont, se convertiría en uno de los actores principales de la edición de 2020, que tuvo que ser pospuesta hasta finales de octubre a resultado de la pandemia de la Covid, además de ver cómo se le quitaban 29 kilómetros hasta quedar en 241, para reducir con ello la exigencia física de unos ciclistas que se enfrentaban a un periodo competitivo de una intensidad inusitada, siendo el Muur la víctima de este recorte.

El desencadenante de lo que sería el movimiento vencedor llegaría sobre el Koppenberg, de piernas de un debutante en Flandes como Julian Alaphilippe, que dividió al grupo de favoritos. Cuando el francés, portando el maillot arcoíris de campeón del mundo, volvió a atacar en la siguiente ascensión, Steenbeekdries, solo Van der Poel fue capaz de salir tras él en un principio, pero Wout van Aert surgió para cerrar el hueco con la pareja poco después. Un par de kilómetros más tarde, mientras Van Aert marcaba el ritmo en cabeza del trío, el belga tuvo que hacer un súbito quiebro para esquivar a una motocicleta, pilotada por un comisario de carrera, que se encontraba detenida. Van der Poel, quien iba a rueda de Van Aert, tuvo que hacer una maniobra evasiva más violenta, si cabe, pero Alaphilippe, quien iba en última posición del trío, no tuvo tiempo de reaccionar y arremetió contra la moto. Tras la seca colisión el francés golpeó el suelo y, a consecuencia del impacto, se rompió una mano. Los dos líderes, que llevaban viéndose las caras desde que eran adolescentes y eran, ambos, múltiples campeones mundiales de ciclocrós, miraron un momento atrás y siguieron pedaleando, abriendo un hueco de más de un minuto sobre sus perseguidores. Esta ventaja disminuyó en picado cuando ambos comenzaron a jugar al gato y el ratón en el kilómetro final. A falta de 200 metros Van Aert trató de despegarse de la rueda de Van der Poel, se puso a la altura del holandés pero cruzó la línea media rueda por detrás.

El trío de actores principales en esta carrera volvió a verse envuelto en el desenlace de la siguiente edición de la carrera, poco más de seis meses después; pero la victoria quedaría fuera del alcance de ninguno de ellos. El ataque de Van der Poel durante la segunda ascensión al Oude Kwaremont le dio una breve ventaja junto a Kasper Asgreen. Alaphilippe repitió su ataque del año anterior sobre el Koppenberg, lo que provocó que se formara un grupo de nueve en cabeza. Poco después del Kruisberg Asgreen saltó de nuevo, seguido apenas por Van der Poel y Van Aert, aunque este último cedió terreno cuando su enemigo íntimo realizó un durísimo ataque en la última ascensión al Oude Kwaremont. Aquello desembocó en que el holandés se encontrara en la misma posición en que se había visto en 2020, en cabeza de carrera a falta de 200 metros y con un ciclista a su rueda. El esprint final estuvo de lo más igualado hasta la marca de 50 metros para la meta, cuando Van der Poel se sentó sobre el sillín completamente exhausto. No le quedaba nada en las piernas. El grito de alegría de Asgreen en una recta de meta desierta por culpa de las restricciones por el Covid presentó el segundo éxito danés en la Ronde desde la victoria de Rølf Sørensen en 1997.

Dice la sabiduría popular en Flandes que si un ciclista aspira a tener alguna opción en la Ronde, la experiencia resulta vital. Alaphilippe estuvo a punto de echar por tierra esa creencia con su espectacular debut en 2019. Tres años más tarde Tadej Pogačar la enterraría con una descarada primera aparición en la que todo le salió a pedir de boca; todo, excepto sellar la victoria, claro. El primer atisbo de lo cómodo que se encontraba sobre los adoquines llegó en la segunda ascensión al Oude Kwaremont, donde realizó el movimiento que puso por delante a los favoritos. Unos pocos kilómetros más adelante, después de que el joven británico Fred Wright y el holandés Dylan van Baarle disfrutaran de un rato en cabeza, Pogačar llegó a su rueda acompañado de Mathieu van der Poel y Valentin Madouas.

En ese momento fue cuando Pogačar marcó el ritmo que quería, consiguiendo quitarse de encima a todos a excepción de Van der Poel durante la última ascensión al Oude Kwaremont, y estando cerquísima de acabar también con el campeón de 2020 sobre el Paterberg, poco después. Sorprendentemente, los ataques cesaron ahí y la pareja rodó hasta la meta, donde redujeron el ritmo mientras esperaban a que fuera el otro el que tomara las riendas. Sus titubeos permitieron que Van Baarle y Madouas llegaran hasta ellos, mientras Van der Poel lanzaba, por fin, el esprint desde la primera posición. El camino de Pogačar hasta la meta desapareció de repente. El holandés aguantó para hacerse con la victoria; su compatriota Van Baarle sería segundo, mientras que un desairado Pogačar entró cuarto haciendo aspavientos, quejándose de que le habían cerrado el paso.

Hay que señalar que el Muur no regresó al trazado en ninguna de estas emocionantes ediciones que siguieron a la edición acortada por culpa de la Covid en 2020. Condenado una década atrás, en la actualidad ha quedado superada su ausencia, aunque muchos siguen lamentándola. Y lo que es más, se puede argumentar que este trazado moderno, con sus circuitos y sus zonas VIP, es tan bueno o incluso mejor que el trazado tradicional. Lo que está claro es que resulta menos caótico ahora que ya no hay aficionados capaces de entrar en el trazado con sus coches y motocicletas, mezclándose incluso con el convoy de la carrera, como solía pasar. La inmensa popularidad, cada vez más creciente, de la Ronde es otra prueba más de su éxito. Atrayendo a 800 000 aficionados a presenciar una carrera que no solo es el mayor espectáculo deportivo de toda Bélgica, sino también un evento de enorme significado para los flamencos, sigue siendo una carrera única, que forma parte del tejido cultural local como ninguna otra del calendario; sigue siendo *Vlaanderens Mooiste*.

EPÍLOGO

MONUMENTALES

«Estas carreras son de una dureza brutal, son sucias, son largas. Todo el mundo sabe que cualquiera que gane una carrera de estas es un tipo duro, duro de verdad. Cuando reflexionas sobre la historia de estas carreras lees los grandes nombres que las han ganado en el pasado, y te das cuenta de lo que significaría ganar alguna, que tu nombre aparezca junto al de todas esas leyendas del ciclismo. Me encanta correrlas».

Las palabras de Thor Hushovd resumen el respeto que la mayoría de los ciclistas profesionales sienten por los monumentos. El noruego, vencedor del Mundial en 2010, confesaría que con gusto cambiaría una de sus ocho victorias de etapa en el Tour por la victoria en un monumento.

Aunque queda fuera de toda discusión que los monumentos y, de hecho, cualquier otra carrera ciclista de renombre, siempre quedarán a la sombra del Tour de Francia, tal es la escala épica y el alcance de este evento extraordinario, las carreras de un día que presentan los mayores retos del ciclismo son pilares esenciales de este deporte. Hasta cierto punto, su estatus se sustenta en su longevidad e ilustre historia. Pero resulta más importante el hecho de que ofrezcan algo que el Tour no puede ofrecer: un desafío clásico al alcance de cualquiera de los ciclistas que toman partida en ellas.

En el Tour siempre prevalece la ley del más fuerte, y casi siempre son unos pocos ciclistas los que cuentan con alguna opción de conseguir el legendario maillot amarillo. Por su parte, el terreno de juego sobre el que se desarrollan los monumentos ofrece mayores oportunidades, dando a cada uno de los 200 ciclistas que toman la salida un poco de esperanza, la creencia de que podrían emular la victoria de Jacky Durand en el Tour de Flandes de 1992, al vencedor de Lombardía de 2011 Olivier Zaugg o el de la Roubaix de 2016, Mat Hayman, desafiando la jerarquía establecida en el ciclismo y uniendo su nombre a la lista de los Merckx, De Vlaeminck, Coppi, Girardengo o Kelly. En pocas palabras, a diferencia de la mayoría de ediciones del Tour, presentan esa cualidad esencial requerida para cualquier título deportivo en liza: son impredecibles. Esta aleatoriedad esencial queda también reflejada en su evolución a lo largo del último siglo. De las cinco, la que ha resultado más lineal de todas ellas ha sido la San Remo. El trazado de la *Classicissima*, toda una anomalía en el ciclismo actual pero, a la vez, uno de los factores que la hacen tan atractiva, quedó establecido en su primerísima edición y apenas ha sufrido alteraciones, más allá de pequeños desvíos con los que nivelar un poco el mismo para favorecer las opciones de un número mayor de aspirantes. Y lo que es más, siempre ha atraído grandes pelotones. Mientras que la Roubaix presume de tener este mismo poder de convocatoria, lo cierto es que la modernización de la red vial francesa durante las dos décadas que siguieron a la Segunda Guerra Mundial casi provocó que el Infierno del Norte desapareciera del mapa, además de sufrir una modificación radical del desafío que presentaba. Por suerte, pudo esquivar esta amenaza a su legitimidad y, más allá del Tour de Francia, se puede afirmar que es la carrera más esperada del año, cada temporada.

Por su parte, Flandes, Lieja y Lombardía sufrieron para superar una vulnerabilidad que resultaba mucho más fundamental: el reconocimiento. La primera fue siempre una carrera local hasta que Fiorenzo Magni se abrió camino por su laberinto de *straats* y *bergs*, abriéndole el paso a los ciclistas extranjeros gracias a su triplete de victorias durante el cambio a la década de los 50. Gracias a esto la carrera vio subir su popularidad como la espuma, en gran parte debido a quedar hermanada con la Roubaix como las grandes clásicas de los adoquines. Su magnitud como evento deportivo, a la par que seña de identidad cultural para el pueblo flamenco, también fueron importantes para su vitalidad. A pesar de que la Lieja era la carrera de más antigüedad en este quinteto, tuvieron que pasar más de seis décadas para que se la considerase a la par que el resto de los monumentos, y es probable que se hubiera hundido, también, de no haber sido porque ASO se unió a la misma como coorganizadores, primero, en 1990 y más tarde como propietarios.

De vuelta a Lombardía, su prestigio se vio afectado, casi siempre, por lo aislada que quedaba respecto a sus compañeras al ser la carrera que ponía el punto final a la temporada, lo que resulta perverso puesto que esto fue lo que le hizo ganarse su popularidad, en primera instancia. Sus penurias fueron un reflejo de las penurias que sufría un deporte tan centrado en el Tour de Francia, evento deportivo culminante de la temporada que se celebra justo en mitad del calendario. Durante el periodo que ocupó las dos décadas que presenciaron el final de un milenio y el comienzo de otro, años en los que la UCI intentó reestructurar el calendario gracias a la introducción, en primer lugar, de la Copa del Mundo y más tarde del ProTour con la intención de incentivar la participación del mayor número de grandes ciclistas como fuera posible, Lombardía tuvo las de perder. Se podría decir que la carrera acabó convirtiéndose en una prueba prácticamente doméstica, tal y como sucediera durante sus primeros años de vida. Esta deriva, provocada en parte por los problemas organizativos que sufrió, también ponía de relieve uno de los fallos inherentes al pretender aplicar el modelo de la F1 al ciclismo. En la F1 la gloria se la lleva el que gana la clasificación final, no carreras individuales, mientras que en el ciclismo es justo lo contrario. Ningún ciclista cambiaría la victoria en ninguno de los monumentos por el éxito en la clasificación del WorldTour.

Pero la menguante fortuna de Lombardía comenzó a cambiar a finales de la primera década del siglo, justo antes de que el ProTour se convirtiera en el WorldTour, en 2011. Un motivo clave para esto fue la aceptación de los monumentos como colectivo engrosado por las cinco carreras de un día más reconocidas. Hasta entonces habían sido premios muy codiciados; pero lo mismo había sucedido con otras carreras como la Amstel Gold Race, la París-Tours, la París-Bruselas, la Flecha Valona o el Campeonato de Zúrich. Pero la denominación de monumento —presentada, recordemos, por la propia UCI— situó a estas carreras un nivel por encima y en un estrato especial diferente al resto de clásicas. Este término tuvo una repercusión. A la vez, los principales equipos se iban haciendo cada vez más y más internacionales. Sus patrocinadores se centraban en mercados más globales, quedándose pequeña la esfera nacional, y sus plantillas y objetivos comenzaron a reflejar esta tendencia de manera cada vez más obvia. A consecuencia de esto, las victorias en estas carreras de elite comienzan a cobrar una importancia mucho mayor, sobre todo gracias al rápido crecimiento de la audiencia televisiva interesada en el ciclismo, que se extendió más allá de sus plazas fuertes tradicionales para calar, sobre todo, en esas naciones donde el mercado del deporte televisado es muy competitivo; estamos hablando de países como Australia, Sudáfrica, Canadá, los EEUU, Oriente Medio y Asia.

Los monumentos están en la vanguardia de las carreras beneficiadas por esta nueva demanda. No solo atraen a algunos de los pelotones de mayor calidad de la temporada ciclista, incluidos algunos ciclistas con los que cualquiera que siga el Tour de Francia en julio estará familiarizado, sino que también ofrecen una perspectiva muy diferente, aunque igual de emocionante, de lo que es este deporte. ¿Quién podría resistirse al espectáculo de presenciar la pelea entre varios ciclistas, o contra los adoquines y el clima en Roubaix? ¿O la pelea entre velocistas y rematadores en la San Remo? ¿O el desafío que plantean muros tan terribles como puedan ser el Koppenberg, La Redoute y el Sormano?

Encarando el futuro, el estatus mítico de estas cinco grandes carreras parece asegurado y radiante. Pero siguen surgiendo algunas preguntas. ¿Por qué no tiene su edición femenina ninguno de los dos monumentos italianos?, por ejemplo. En caso de que no se corrija esta torpeza ¿sería necesario pensar en la inclusión de otras dos pruebas que erradicasen esta disparidad? Es más, ¿debería considerarse un sexto monumento? Ha habido una enorme presión por parte de algunos ciclistas y aficionados para que la Strade Bianche entre en este grupo selecto. Desde su concepción, en 2007, esta carrera que recorre las blancas carreteras de tierra de la Toscana ha disfrutado de un incremento estratosférico en su popularidad. Celebrada en marzo, un fin de semana antes de la Milán-San Remo, atrae grandes pelotones, tanto a la carrera masculina como a la femenina, además de tener ese regusto anómalo y anacrónico que sazona los monumentos. Pero los que se niegan a aceptarla argumentan que no tiene ni la longitud ni la historia necesarias como para ser merecedora de este honor. Termine este debate como termine, no deja sino de engordar el aura emblemática de estas carreras maravillosas.

Al igual que las reviradas calles del Gran Premio de Mónaco en la F1 o los hoyos junto al mar en los que se disputa el Open Británico de golf, la naturaleza única de los monumentos es lo que los hace tan atractivos. Como sucede con estos dos eventos, los monumentos no son sino una anomalía en el deporte moderno, pero siguen ofreciendo la forma más pura de poner a prueba las habilidades de los ciclistas. A diferencia de las grandes vueltas, donde se puede compensar un mal día con otro día brillante, las carreras de un día castigan todo lo que no sea un esfuerzo superlativo.

Puede que el Tour ofrezca fama y fortuna, pero los monumentos ofrecen su propia gloria y una conexión indeleble con los grandes campeones del pasado, esos ciclistas cuyas gestas convirtieron en lugares especiales sitios como el Poggio, el Kwaremont, Arenberg, La Redoute y Ghisallo, lugares tan reconocibles como cualquiera de los lugares más legendarios del deporte.

APÉNDICE

Lieja-Bastoña-Lieja
Fundada: 1892
Organizador: ASO
Distancia cubierta (2023): 258,1 km

Ascensiones clave (2023):
  69,7 km: Côte de La Roche-en-Ardenne, 2,8 km a una media del 6,2 %.
  120,9 km: Côte de Saint Roch,1 km a una media del 11 %.
  164,8 km: Côte de Mont-le-Soie, 4 km a una media del 6,1 %.
  173,1 km: Côte de Wanne, 2,7 km a una media del 7,3 %.
  179,6 km: Côte de Stockeu, 1 km a una media del 12,2 %.
  183,8 km: Côte de la Haute Levée, 3,6 km a una media del 5,7 %.
  198,1 km: Col du Rosier, 4,4 km a una media del 5,9 %.
  211,4 km: Côte de Desnié, 1,6 km a una media del 8,1 %.
  224,2 km: Côte de La Redoute, 2 km a una media del 8,8 %.
  234,8 km: Côte des Forges, 1,3 km a 7,8 %.
  244,8 km: Côte de la Roche-aux-Faucons, 1,5 km a una media del 9,3 %.

Ruta seguida por la primera edición:
  Lieja, Angleur, Esneux, Aywaille, Barvaux, Hotton, Marche, Bande, Champlon y Bastogne, y regreso por el mismo trazado a Lieja (250 km).

Velocidad media más rápida del vencedor:
  41,397 km/h por Remco Evenepoel en 2022.

Velocidad media más lenta del vencedor:
  23,32km/h por Léon Houa in 1892.

Vencedor en cada edición:

1892 Léon Houa (Bel)	1924 René Vermandel (Bel)
1893 Léon Houa (Bel)	1925 Georges Ronsse (Bel)
1894 Léon Houa (Bel)	1926 Dieudonné Smets (Bel)
1895 No celebrada	1927 Maurice Raes (Bel)
1896 No celebrada	1928 Ernest Mottard (Bel)
1897 No celebrada	1929 Alfons Schepers (Bel)
1898 No celebrada	1930 Herman Buse (Bel)
1899 No celebrada	1931 Alfons Schepers (Bel)
1900 No celebrada	1932 Marcel Houyoux (Bel)
1901 No celebrada	1933 François Gardier (Bel)
1902 No celebrada	1934 Théo Herckenrath (Bel)
1903 No celebrada	1935 Alfons Schepers (Bel)
1904 No celebrada	1936 Albert Beckaert (Bel)
1905 No celebrada	1937 Eloi Meulenberg (Bel)
1906 No celebrada	1938 Alfons Deloor (Bel)
1907 No celebrada	1939 Albert Ritserveldt (Bel)
1908 André Trousselier (Fra)	1940 No celebrada
1909 Victor Faste (Bel)	1941 No celebrada
1910 No celebrada	1942 No celebrada
1911 Joseph Van Daele (Bel)	1943 Richard Depoorter (Bel)
1912 Omer Verschoore (Bel)	1944 No celebrada
1913 Maurits Moritz (Bel)	1945 Jean Engels (Bel)
1914 No celebrada	1946 Prosper Depredomme (Bel)
1915 No celebrada	1947 Richard Depoorter (Bel)
1916 No celebrada	1948 Maurice Mollin (Bel)
1917 No celebrada	1949 Camille Danguillaume (Fra)
1918 No celebrada	1950 Prosper Depredomme (Bel)
1919 Léon Devos (Bel)	1951 Ferdi Kübler (Sui)
1920 Léon Scieur (Bel)	1952 Ferdi Kübler (Sui)
1921 Louis Mottiat (Bel)	1953 Aloïs Den Hertog (Bel)
1922 Louis Mottiat (Bel)	1954 Marcel Ernzer (Lux)
1923 René Vermandel (Bel)	1955 Stan Ockers (Bel)

1956 Fred De Bruyne (Bel)

1957 F. Schoubben (Bel) y G. Derijcke (Bel)

1958 Fred De Bruyne (Bel)

1959 Fred De Bruyne (Bel)

1960 Albertus Geldermans (Hol)

1961 Rik Van Looy (Bel)

1962 Jos Planckaert (Bel)

1963 Frans Melckenbeeck (Bel)

1964 Willy Bocklant (Bel)

1965 Carmine Preziosi (Ita)

1966 Jacques Anquetil (Fra)

1967 Walter Godefroot (Bel)

1968 Valere Van Sweevelt (Bel)

1969 Eddy Merckx (Bel)

1970 Roger De Vlaeminck (Bel)

1971 Eddy Merckx (Bel)

1972 Eddy Merckx (Bel)

1973 Eddy Merckx (Bel)

1974 Georges Pintens (Bel)

1975 Eddy Merckx (Bel)

1976 Joseph Bruyère (Bel)

1977 Bernard Hinault (Fra)

1978 Joseph Bruyère (Bel)

1979 Dietrich Thurau (Ale)

1980 Bernard Hinault (Fra)

1981 Jozef Fuchs (Sui)

1982 Silvano Contini (Ita)

1983 Steven Rooks (Hol)

1984 Sean Kelly (Irl)

1985 Moreno Argentin (Ita)

1986 Moreno Argentin (Ita)

1987 Moreno Argentin (Ita)

1988 Adrie van der Poel (Hol)

1989 Sean Kelly (Irl)

1990 Erik Van Lancker (Bel)

1991 Moreno Argentin (Ita)

1992 Dirk De Wolf (Bel)

1993 Rolf Sørensen (Den)

1994 Evgeni Berzin (Rus)

1995 Mauro Gianetti (Sui)

1996 Pascal Richard (Sui)

1997 Michele Bartoli (Ita)

1998 Michele Bartoli (Ita)

1999 Frank Vandenbroucke (Bel)

2000 Paolo Bettini (Ita)

2001 Oscar Camenzind (Sui)

2002 Paolo Bettini (Ita)

2003 Tyler Hamilton (EEUU)

2004 Davide Rebellin (Ita)

2005 Alexandre Vinokourov (Kaz)

2006 Alejandro Valverde (Esp)

2007 Danilo Di Luca (Ita)

2008 Alejandro Valverde (Esp)

2009 Andy Schleck (Lux)

2010 Alexandre Vinokourov (Kaz)

2011 Philippe Gilbert (Bel)

2012 Maxim Iglinsky (Kaz)

2013 Daniel Martin (Irl)

2015 Alejandro Valverde (Esp)

2016 Wout Poels (Hol)

2017 Alejandro Valverde (Esp)

2018 Bob Jungels (Lux)

2019 Jakob Fuglsang (Din)

2020 Primož Roglič (Slo)

2021 Tadej Pogačar (Slo)

2022 Remco Evenepoel (Bel)

2023 Remco Evenepoel (Bel)

Victorias por naciones:

61	Bélgica	3	Luxemburgo
12	Italia	2	Alemania
6	Suiza	2	Dinamarca
5	Francia	2	Eslovenia
4	Holanda	1	Rusia
4	España	1	Estados Unidos
3	Irlanda	1	Australia
3	Kazajistán		

Múltiples victorias:

5 victorias:
Eddy Merckx (Bel) 1969, 1971–3, 1975.

4 victorias:
Alejandro Valverde (Esp) 2006, 2008, 2015, 2017.
Moreno Argentin (Ita) 1985–7, 1991.

3 victorias:
Léon Houa (Bel) 1892–4.
Alfons Schepers (Bel) 1929, 1931, 1935.
Fred De Bruyne (Bel) 1956, 1958, 1959.

2 victorias:
Louis Mottiat (Bel) 1921, 1922.
René Vermandel (Bel) 1923, 1924.
Richard Depoorter (Bel) 1943, 1947.
Prosper Depredomme (Bel) 1946, 1950.
Ferdi Kübler (Sui) 1951, 1952.
Joseph Bruyère (Bel) 1976, 1978.
Bernard Hinault (Fra) 1977, 1980.
Sean Kelly (Irl) 1984, 1989.
Michele Bartoli (Ita) 1997, 1998.
Paolo Bettini (Ita) 2000, 2002.
Alexandre Vinokourov (Kaz) 2005, 2010.
Remco Evenepoel (Bel) 2022, 2023.

París–Roubaix

Fundada: 1896

Organizador: ASO

Distancia cubierta (2023): 256,6 km

Sectores adoquinados (2023, los asteriscos evalúan la dificultad de los tramos, siendo cinco de estos los tramos de mayor dificultad):

Sector 29, 96,3 km: Troisvilles a Inchy, 2,2 km ★★

Sector 28, 102,8 km: Viesly a Quiévy, 1,8 km ★★★

Sector 27, 105,4 km: Quiévy a St-Python, 3,7 km ★★★★

Sector 26, 110,1 km: St-Python, 1,5 km ★★

Sector 25, 117,2 km: Vertain a Saint-Martin-sur-Écaillon, 2,3 km ★★★

Sector 24, 127,2 km: Verchain-Maugré a Quérénaing, 1,6 km ★★★

Sector 23, 129,9 km: Quérénaing a Maing, 2,5 km ★★★

Sector 22, 133 km: Maing a Monchaux-sur-Écaillon, 1,6 km ★★★

Sector 21, 139,6 km: Haspres a Thiant, 1,7 km ★★★

Sector 20, 153,1 km: Haveluy a Wallers, 2,5 km ★★★★

Sector 19, 161,3 km: Trinchera de Arenberg, 2,4 km ★★★★★

Sector 18, 167,4 km: Wallers a Hélesmes, 1,6 km ★★★

Sector 17, 174,1 km: Hornaing a Wandignies-Hamage, 3,7 km ★★★★

Sector 16, 181,6 km: Warlaing a Brillon, 2,4 km ★★★

Sector 15, 185,1 km: Tilloy a Sars-et-Rosières, 2,4 km ★★★★

Sector 14, 191,4 km: Beuvry-la-Forêt a Orchies, 1,4 km ★★★

Sector 13, 196,5 km: Orchies, 1,7 km ★★★

Sector 12, 202,6 km: Auchy-lez-Orchies a Bersée, 2,7 km ★★★★

Sector 11, 208 km: Mons-en-Pévèle, 3 km ★★★★★

Sector 10, 214 km Mérignies a Avelin, 0,7 km ★★

Sector 9, 222,8 km: Pont-Thibault a Ennevelin, 1,4 km ★★★

Sector 8, 222,8 km: Templeuve a L'Épinette, 0,2 m ★ y 223,3 km: Templeuve a Moulin-de-Vertain, 0,5km ★★

Sector 7, 229,8 km: Cysoing a Bourghelles, 1,3 km ★★★

Sector 6, 232,3 km: Bourghelles a Wannehain, 1,1 km ★★★

Sector 5, 236,7 km: Camphin-en-Pévèle, 1,8 km ★★★★

Sector 4, 239,5 km: Carrefour de l'Arbre, 2,1 km ★★★★
Sector 3, 241,8 km: Gruson, 1,1 km ★★
Sector 2, 248,4 km: Willems a Hem, 1,4 km ★★
Sector 1, 255,2 km: Roubaix, 0,3 km ★
TOTAL 54,5 km

Ruta seguida por la primera edición:
Paris, Rueil, St–Germain, Pontoise, Beauvais, Breteuil, Amiens, Doullens, Arras, Hénin–Liétard, Carvin, Seclin, Lesquin, Roubaix. (280 km).

Velocidad média más alta para el vencedor:
46,84 km/h por Mathieu van del Poel en 2023.

Velocidad media más lenta del vencedor:
22,857 km/h, Henri Pélissier en 1919.

Vencedor en cada edición:

1896 Josef Fischer (Ale)	1914 Charles Crupelandt (Fra)
1897 Maurice Garin (Fra)	1915 No celebrada
1898 Maurice Garin (Fra)	1916 No celebrada
1899 Albert Champion (Fra)	1917 No celebrada
1900 Emile Bouhours (Fra)	1918 No celebrada
1901 Lucien Lesna (Fra)	1919 Henri Pélissier (Fra)
1902 Lucien Lesna (Fra)	1920 Paul Deman (Bel)
1903 Hippolyte Aucouturier (Fra)	1921 Henri Pélissier (Fra)
1904 Hippolyte Aucouturier (Fra)	1922 Albert Dejonghe (Bel)
1905 Louis Trousselier (Fra)	1923 Heiri Suter (Sui)
1906 Henri Cornet (Fra)	1924 Jules Van Hevel (Bel)
1907 Georges Passerieu (Fra)	1925 Félix Sellier (Bel)
1908 Cyrille Van Hauwaert (Bel)	1926 Julien Delbecque (Bel)
1909 Octave Lapize (Fra)	1927 Georges Ronsse (Bel)
1910 Octave Lapize (Fra)	1928 André Leducq (Fra)
1911 Octave Lapize (Fra)	1929 Charles Meunier (Bel)
1912 Charles Crupelandt (Fra)	1930 Julien Vervaecke (Bel)
1913 François Faber (Lux)	1931 Gaston Rebry (Bel)

1932 Romain Gijssels (Bel)

1933 Sylvère Maes (Bel)

1934 Gaston Rebry (Bel)

1935 Gaston Rebry (Bel)

1936 Georges Speicher (Fra)

1937 Jules Rossi (Ita)

1938 Lucien Storme (Bel)

1939 Émile Masson Jr (Bel)

1940 No celebrada

1941 No celebrada

1942 No celebrada

1943 Marcel Kint (Bel)

1944 Maurice Desimpelaere (Bel)

1945 Paul Maye (Fra)

1946 Georges Claes (Bel)

1947 Georges Claes (Bel)

1948 Rik Van Steenbergen (Bel)

1949 André Mahé (Fra) y
   Serse Coppi (Ita)

1950 Fausto Coppi (Ita)

1951 Antonio Bevilacqua (Ita)

1952 Rik Van Steenbergen (Bel)

1953 Germain Derycke (Bel)

1954 Raymond Impanis (Bel)

1955 Jean Forestier (Fra)

1956 Louison Bobet (Fra)

1957 Fred De Bruyne (Bel)

1958 Leon Vandaele (Bel)

1959 Noël Foré (Bel)

1960 Pino Cerami (Bel)

1961 Rik Van Looy (Bel)

1962 Rik Van Looy (Bel)

1963 Emile Daems (Bel)

1964 Peter Post (Hol)

1965 Rik Van Looy (Bel)

1966 Felice Gimondi (Ita)

1967 Jan Janssen (Hol)

1968 Eddy Merckx (Bel)

1969 Walter Godefroot (Bel)

1970 Eddy Merckx (Bel)

1971 Roger Rosiers (Bel)

1972 Roger De Vlaeminck (Bel)

1973 Eddy Merckx (Bel)

1974 Roger De Vlaeminck (Bel)

1975 Roger De Vlaeminck (Bel)

1976 Marc Demeyer (Bel)

1977 Roger De Vlaeminck (Bel)

1978 Francesco Moser (Ita)

1979 Francesco Moser (Ita)

1980 Francesco Moser (Ita)

1981 Bernard Hinault (Fra)

1982 Jan Raas (Hol)

1983 Hennie Kuiper (Hol)

1984 Sean Kelly (Irl)

1985 Marc Madiot (Fra)

1986 Sean Kelly (Irl)

1987 Eric Vanderaerden (Bel)

1988 Dirk Demol (Bel)

1989 Jean-Marie Wampers (Bel)

1990 Eddy Planckaert (Bel)

1991 Marc Madiot (Fra)

1992 Gilbert Duclos-Lassalle (Fra)

1993 Gilbert Duclos-Lassalle (Fra)

1994 Andrei Tchmil (Ucr)

1995 Franco Ballerini (Ita)

1996 Johan Museeuw (Bel)

1997 Frédéric Guesdon (Fra)

1998 Franco Ballerini (Ita)

1999 Andrea Tafi (Ita)

2000 Johan Museeuw (Bel)

2001 Servais Knaven (Hol)

2002 Johan Museeuw (Bel)

2003 Peter Van Petegem (Bel)

2004 Magnus Bäckstedt (Sue)

2005 Tom Boonen (Bel)

2006 Fabian Cancellara (Sui)

2007 Stuart O'Grady (Aus)

2008 Tom Boonen (Bel)

2009 Tom Boonen (Bel)

2010 Fabian Cancellara (Sui)

2011 Johan Vansummeren (Bel)

2012 Tom Boonen (Bel)

2013 Fabian Cancellara (Sui)

2015 John Degenkolb (Ale)

2016 Mat Hayman (Aus)

2017 Greg Van Avermaet (Bel)

2018 Peter Sagan (Esq)

2019: Philippe Gilbert (Bel)

2020: No celebrada por Covid

2021: Sonny Colbrelli (Ita)

2022: Dylan van Baarle (Hol)

2023: Mathieu van der Poel (Hol)

Victorias por naciones:

57 Bélgica

28 Francia

14 Italia

8 Holanda

4 Suiza

2 Irlanda

2 Alemania

2 Australia

1 Eslovaquia

1 Luxemburgo

1 Moldavia

1 Suecia

1 Ucrania

Múltiples victorias:

4 victorias

Roger De Vlaeminck (Bel) 1972, 1974, 1975, 1977.

Tom Boonen (Bel) 2005, 2008, 2009, 2012.

3 victorias

Octave Lapize (Fra) 1909–11.

Gaston Rebry (Bel) 1931, 1934, 1935.

Rik Van Looy (Bel) 1961, 1962, 1965.

Eddy Merckx (Bel) 1968, 1970, 1973.

Francesco Moser (Ita) 1978–80.

Johan Museeuw (Bel) 1996, 2000, 2002.

Fabian Cancellara (Sui) 2006, 2010, 2013.

2 victorias

Maurice Garin (Fra) 1897, 1898.

Lucien Lesna (Fra) 1901, 1902.

Hippolyte Aucouturier (Fra) 1903, 1904.

Charles Crupelandt (Fra) 1912, 1914.

Henri Pélissier (Fra) 1919, 1921.

Georges Claes (Bel) 1946, 1947.

Rik Van Steenbergen (Bel) 1948, 1952.

Sean Kelly (Bel) 1984, 1986.

Marc Madiot (Fra) 1985, 1991.

Gilbert Duclos-Lassalle (Fra) 1992, 1993.

Franco Ballerini (Ita) 1995, 1998.

Giro de Lombardía

Fundada: 1905
Organizador: RCS Sport
Distancia cubierta (2023): 238 km

Ascensiones clave (2021):

38,3 km, Madonna del Ghisallo: 8,6 km a una media del 6,2 %.

100,9 km Roncola: 9,4 km a una media del 6,6 %.

129 km, Berbenno: 6,8 km a una media del 4,6 %.

161,9 km, Passo della Crocetta: 11 km a una media del 6,2 %.

174,7 km, Zambla Alta: 9,5 km a una media del 3,5 %.

206,6 km, Passo di Ganda: 9,2 km a una media del 7,3 %.

Ruta seguida por la primera edición:

Milán, Rogoredo, Melegnano, Lodi, Crema, Bergamo, Lecco, Erba, Como, Varese, Gallarate, Legnano, Rho, Milán (230 km).

Velocidad media más rápida del vencedor:

43,32 km/h por Giani Faresin en 1995.

Velocidad media más lenta del vencedor:

24,970 km/h por Giovanni Gerbi en 1905.

Vencedor en cada edición:

1905 Giovanni Gerbi (Ita)
1906 Giuseppe Brambilla (Ita)
1907 Gustave Garrigou (Fra)
1908 François Faber (Lux)
1909 Giovanni Cuniolo (Ita)
1910 Giovanni Michelotto (Ita)
1911 Henri Pélissier (Fra)
1912 Carlo Oriani (Ita)
1913 Henri Pélissier (Fra)
1914 Lauro Bordin (Ita)
1915 Gaetano Belloni (Ita)
1916 Leopoldo Torricelli (Ita)
1917 Philippe Thys (Bel)
1918 Gaetano Belloni (Ita)
1919 Costante Girardengo (Ita)
1920 Henri Pélissier (Fra)
1921 Costante Girardengo (Ita)
1922 Costante Girardengo (Ita)
1923 Giovanni Brunero (Ita)
1924 Giovanni Brunero (Ita)
1925 Alfredo Binda (Ita)
1926 Alfredo Binda (Ita)
1927 Alfredo Binda (Ita)
1928 Gaetano Belloni (Ita)
1929 Piero Fossati (Ita)
1930 Michele Mara (Ita)
1931 Alfredo Binda (Ita)
1932 Antonio Negrini (Ita)
1933 Domenico Piemontesi (Ita)
1934 Learco Guerra (Ita)
1935 Enrico Mollo (Ita)
1936 Gino Bartali (Ita)
1937 Aldo Bini (Ita)
1938 Cino Cinelli (Ita)

1939 Gino Bartali (Ita)
1940 Gino Bartali (Ita)
1941 Mario Ricci (Ita)
1942 Aldo Bini (Ita)
1943 No celebrada
1944 No celebrada
1945 Mario Ricci (Ita)
1946 Fausto Coppi (Ita)
1947 Fausto Coppi (Ita)
1948 Fausto Coppi (Ita)
1949 Fausto Coppi (Ita)
1950 Renzo Soldani (Ita)
1951 Louison Bobet (Fra)
1952 Giuseppe Minardi (Ita)
1953 Bruno Landi (Ita)
1954 Fausto Coppi (Ita)
1955 Cleto Maule (Ita)
1956 André Darrigade (Fra)
1957 Diego Ronchini (Ita)
1958 Nino Defilippis (Ita)
1959 Rik Van Looy (Bel)
1960 Emile Daems (Bel)
1961 Vito Taccone (Ita)
1962 Jo De Roo (Hol)
1963 Jo De Roo (Hol)
1964 Gianni Motta (Ita)
1965 Tom Simpson (GB)
1966 Felice Gimondi (Ita)
1967 Franco Bitossi (Ita)
1968 Herman Van Springel (Bel)
1969 Jean-Pierre Monseré (Bel)
1970 Franco Bitossi (Ita)
1971 Eddy Merckx (Bel)
1972 Eddy Merckx (Bel)

1973 Felice Gimondi (Ita)

1974 Roger De Vlaeminck (Bel)

1975 Francesco Moser (Ita)

1976 Roger De Vlaeminck (Bel)

1977 Gianbattista Baronchelli (Ita)

1978 Francesco Moser (Ita)

1979 Bernard Hinault (Fra)

1980 Fons De Wolf (Bel)

1981 Hennie Kuiper (Hol)

1982 Giuseppe Saronni (Ita)

1983 Sean Kelly (Irl)

1984 Bernard Hinault (Fra)

1985 Sean Kelly (Irl)

1986 Gianbattista Baronchelli (Ita)

1987 Moreno Argentin (Ita)

1988 Charly Mottet (Fra)

1989 Tony Rominger (Sui)

1990 Gilles Delion (Fra)

1991 Sean Kelly (Irl)

1992 Tony Rominger (Sui)

1993 Pascal Richard (Sui)

1994 Vladislav Bobrik (Rus)

1995 Gianni Faresin (Ita)

1996 Andrea Tafi (Ita)

1997 Laurent Jalabert (Fra)

1998 Oscar Camenzind (Sui)

1999 Mirko Celestino (Ita)

2000 Raimondas Rumsas (Lit)

2001 Danilo Di Luca (Ita)

2002 Michele Bartoli (Ita)

2003 Michele Bartoli (Ita)

2004 Damiano Cunego (Ita)

2005 Paolo Bettini (Ita)

2006 Paolo Bettini (Ita)

2007 Damiano Cunego (Ita)

2008 Damiano Cunego (Ita)

2009 Philippe Gilbert (Bel)

2010 Philippe Gilbert (Bel)

2011 Oliver Zaugg (Sui)

2012 Joaquim Rodríguez (Esp)

2013 Joaquim Rodríguez (Esp)

2015 Vincenzo Nibali (Ita)

2016 Esteban Chaves (Col)

2017 Vincenzo Nibali (Ita)

2018 Thibaut Pinot (Fra)

2019 Bauke Mollema (Hol)

2020 Jakob Fuglsang (Din)

2021 Tadej Pogačar (Esl)

2022 Tadej Pogačar (Esl)

2023 Tadej Pogačar (Esl)

Victorias por naciones:

69 Italia

12 Bélgica

12 Francia

5 Suiza

4 Irlanda

4 Holanda

3 Eslovenia

2 España

1 Lituania

1 Luxemburgo

1 Rusia

1 Gran Bretaña

1 Colombia

1 Dinamarca

Múltiples victorias:

5 victorias

Fausto Coppi (Ita) 1946−9, 1954.

4 victorias

Alfredo Binda (Ita) 1925−7, 1931.

3 victorias

Henri Pélissier (Fra) 1911, 1913, 1920.

Gaetano Belloni (Ita) 1915, 1918, 1928.

Costante Girardengo (Ita) 1919, 1921, 1922.

Gino Bartali (Ita) 1936, 1939, 1940.

Sean Kelly (Irl) 1983, 1985, 1991.

Damiano Cunego (Ita) 2004, 2007, 2008.

Tadej Pogačar (Esl) 2021, 2022, 2023.

2 victorias

Giovanni Brunero (Ita) 1923, 1924.

Aldo Bini (Ita) 1937, 1943.

Mario Ricci (Ita) 1941, 1945.

Jo De Roo (Hol) 1962, 1963.

Franco Bitossi (Ita) 1967, 1970.

Felice Gimondi (Ita) 1967, 1973.

Eddy Merckx (Bel) 1971, 1972.

Roger De Vlaeminck (Bel) 1974, 1976.

Francesco Moser (Ita) 1975, 1978.

Gianbattista Baronchelli (Ita) 1978, 1986.

Bernard Hinault (Fra) 1979, 1984.

Tony Rominger (Sui) 1989, 1992.

Michele Bartoli (Ita) 2002, 2003.

Paolo Bettini (Ita) 2005, 2006.

Philippe Gilbert (Bel) 2009, 2010.

Joaquim Rodríguez (Esp) 2012, 2013.

Vincenzo Nibali (Ita) 2015, 2017.

Milán–San Remo

Fundada: 1907

Organizador: RCS Sport

Distancia cubierta (2023): 294 km

Ascensiones clave (2023):
 144,4 km, Passo del Turchino:
 25,8 km a una media del 1,4 %.
 242,5 km, Capo Mele:
 2,5 km a una media del 5,2 %.
 247,4 km, Capo Cervo:
 2,5 km a una media del 4,1 %.
 255,2 km, Capo Berta:
 3 km a una media del 4,3 %.
 272,4 km, Cipressa:
 5,7 km a una media del 4,1 %.
 288,5 km, Poggio di Sanremo:
 3,7 km a una media del 3,7 %.

Nota: En 2014 RCS sustituyó Le Manie por el Salita di Pompeiana, que llega entre la Cipressa y el Poggio. Tiene una longitud de 5 km y una pendiente media del 5%.

Ruta seguida por la primera edición:
Milán, Pavia, Novi Ligure, Ovada, Passo del Turchino, Voltri, Arenzano, Savona, Finale Ligure, Alassio, Capo Cervo, Capo Berta, San Remo (288 km).

Velocidad media más rápida del vencedor:
45,806 km/ h por Gianni Bugno en 1990.

Velocidad media más lenta del vencedor:
22,496 km/ h por Gaetano Belloni en 1917.

Vencedor en cada edición:

1907 Lucien Petit-Breton (Fra)	1911 Gustave Garrigou (Fra)
1908 Cyrille Van Hauwaert (Bel)	1912 Henri Pelissier (Fra)
1909 Luigi Ganna (Ita)	1913 Odile Defraye (Bel)
1910 Eugène Christophe (Fra)	1914 Ugo Agostoni (Ita)

1915 Ezio Corlaita (Ita)

1916 No celebrada

1917 Gaetano Belloni (Ita)

1918 Costante Girardengo (Ita)

1919 Angelo Cremo (Ita)

1920 Gaetano Belloni (Ita)

1921 Costante Girardengo (Ita)

1922 Giovanni Brunero (Ita)

1923 Costante Girardengo (Ita)

1924 Pietro Linari (Ita)

1925 Costante Girardengo (Ita)

1926 Costante Girardengo (Ita)

1927 Pietro Chesi (Ita)

1928 Costante Girardengo (Ita)

1929 Alfredo Binda (Ita)

1930 Michele Mara (Ita)

1931 Alfredo Binda (Ita)

1932 Alfredo Bovet (Ita)

1933 Learco Guerra (Ita)

1934 Joseph Demuysère (Bel)

1935 Giuseppe Olmo (Ita)

1936 Angelo Varetto (Ita)

1937 Cesare Del Cancia (Ita)

1938 Giuseppe Olmo (Ita)

1939 Gino Bartali (Ita)

1940 Gino Bartali (Ita)

1941 Pierino Favalli (Ita)

1942 Adolfo Leoni (Ita)

1943 Cino Cinelli (Ita)

1944 No celebrada

1945 No celebrada

1946 Fausto Coppi (Ita)

1947 Gino Bartali (Ita)

1948 Fausto Coppi (Ita)

1949 Fausto Coppi (Ita)

1950 Gino Bartali (Ita)

1951 Louison Bobet (Fra)

1952 Loretto Petrucci (Ita)

1953 Loretto Petrucci (Ita)

1954 Rik Van Steenbergen (Bel)

1955 Germain Derycke (Bel)

1956 Fred De Bruyne (Bel)

1957 Miguel Poblet (Esp)

1958 Rik Van Looy (Bel)

1959 Miguel Poblet (Esp)

1960 René Privat (Fra)

1961 Raymond Poulidor (Fra)

1962 Emile Daems (Bel)

1963 Joseph Groussard (Fra)

1964 Tom Simpson (GB)

1965 Arie Den Hartog (Hol)

1966 Eddy Merckx (Bel)

1967 Eddy Merckx (Bel)

1968 Rudi Altig (Ale)

1969 Eddy Merckx (Bel)

1970 Michele Dancelli (Ita)

1971 Eddy Merckx (Bel)

1972 Eddy Merckx (Bel)

1973 Roger De Vlaeminck (Bel)

1974 Felice Gimondi (Ita)

1975 Eddy Merckx (Bel)

1976 Eddy Merckx (Bel)

1977 Jan Raas (Hol)

1978 Roger De Vlaeminck (Bel)

1979 Roger De Vlaeminck (Bel)

1980 Pierino Gavazzi (Ita)

1981 Alfons De Wolf (Bel)

1982 Marc Gomez (Fra)

1983 Giuseppe Saronni (Ita)

1984 Francesco Moser (Ita)

1985 Hennie Kuiper (Hol)

1986 Sean Kelly (Irl)

1987 Erich Mächler (Sui)

1988 Laurent Fignon (Fra)

1989 Laurent Fignon (Fra)

1990 Gianni Bugno (Ita)

1991 Claudio Chiappucci (Ita)

1992 Sean Kelly (Irl)

1993 Maurizio Fondriest (Ita)

1994 Giorgio Furlan (Ita)

1995 Laurent Jalabert (Fra)

1996 Gabriele Colombo (Ita)

1997 Erik Zabel (Ale)

1998 Erik Zabel (Ale)

1999 Andrei Tchmil (Bel)

2000 Erik Zabel (Ale)

2001 Erik Zabel (Ale)

2002 Mario Cipollini (Ita)

2003 Paolo Bettini (Ita)

2004 Óscar Freire (Esp)

2005 Alessandro Petacchi (Ita)

2006 Filippo Pozzato (Ita)

2007 Oscar Freire (Esp)

2008 Fabian Cancellara (Sui)

2009 Mark Cavendish (GB)

2010 Oscar Freire (Esp)

2011 Matthew Goss (Aus)

2012 Simon Gerrans (Aus)

2013 Gerald Ciolek (Ale)

2015 John Degenkolb (Ale)

2016 Arnaud Démare (Fra)

2017 Michał Kwiatkowski (Pol)

2018 Vincenzo Nibali (Ita)

2019 Julian Alaphilippe (Fra)

2020 Wout van Aert (Bel)

2021 Jasper Stuyven (Bel)

2022 Matej Mohorič (Esl)

2023 Mathieu van der Poel (Hol)

Victorias por naciones:

51 Italia

22 Bélgica

14 Francia

7 Alemania

5 España

4 Holanda

2 Irlanda

2 Suiza

2 Reino Unido

2 Australia

1 Noruega

1 Polonia

1 Eslovenia

Múltiples victorias:

7 victorias
Eddy Merckx (Bel) 1966, 1967, 1969, 1971, 1972, 1975, 1976.

6 victorias
Costante Girardengo (Ita) 1918, 1921, 1923, 1925, 1926, 1928.

4 victorias
Gino Bartali (Ita) 1939, 1940, 1947, 1950.
Erik Zabel (Ale) 1997, 1998, 2000, 2001.

3 victorias
Fausto Coppi (Ita) 1946, 1948, 1949.
Roger De Vlaeminck (Bel) 1973, 1978, 1979.
Oscar Freire (Esp) 2004, 2007, 2010.

2 victorias
Gaetano Belloni (Ita) 1917, 1920.
Alfredo Binda (Ita) 1929, 1931.
Giuseppe Olmo (Ita) 1935, 1938.
Lorenzo Petrucci (Ita) 1952, 1953.
Miguel Poblet (Esp) 1957, 1959.
Laurent Fignon (Fra) 1988, 1989.
Sean Kelly (Irl) 1986, 1992.

Tour de Flandes
Fundada: 1913
Organizador: Flanders Classics
Distancia cubierta (2023): 273,4 km

Ascensiones clave (2023):
114, 2 km, Korte Ast: 450 a una media de 5,5 %.
136,8 km, Oude Kwaremont: 2200 m (1500 m adoquinados) a una media del 4 %.
147,3 km, Kortekeer: 1000 m a una media del 6,4 %.
155 km, Eikenberg: 1200 m (1200 m adoquinados) a una media del 5 %.
159,1 km, Wolvenberg: 666 m, a una media del 6.8 %.
171,6 km, Molenberg: 463 m (300 m adoquinados) a una media del 7 %.
176,5 km, Marlboroughstraat: 2040 m a una media del 4 %.
179,6 km: Berendries: 940 m a una media del 7 %.

184,9 km, Valkenberg: 540 m a una media del 8,1 %.

197,4 km, Berg Ten Haute: 1100 m a una media del 6 %.

202,9 km, Kanarieberg: 1000 m a una media del 7,7 %.

218,8 km, Oude Kwaremont: 2200 m (1500 m adoquinados) a una media del 4 %.

222,3 km, Paterberg: 360 m (todos adoquinados) a una media del 12,9 %.

228,8 km, Koppenberg: 600 m (todos adoquinados) a una media del 11,6 %.

234,2 km, Steenbeekdries: 700 m a una media del 5,3 %.

236,6 km, Taaienberg: 530 m (500 m adoquinados) a una media del 6,6 %.

246,9 km, Kruisberg/Hotond: 2500 m a una media del 5 %.

256,7 km, Oude Kwaremont: 2200 m (1500 m adoquinados) a una media del 4 %.

260,1 km, Paterberg: 360 m (todos adoquinados) a una media del 12,9 %.

Otras ascensiones de renombre ascendidas en ediciones anteriores:

Achterberg: 1300 m a una media del 5 %.

Bosberg: 986 m a una media del 6 %.

Edelareberg: 1425 m a una media del 5 %.

Kaperij: 1250 m a una media del 5 %.

Kluisberg: 926 m a una media del 7 %.

Leberg: 700 m a una media del 6,1 %.

Muur (por Kloosterstraat desde 1950): 750 m a una media del 9 %.

Muur-Kapelmuur (por Kloosterstraat desde 1981): 825 m a una media del 9 %.

Muur-Kapelmuur (por el centro de Geraardsbergen desde 1998): 1075 m a una media del 9,5 %.

Tenbosse: 454 m a una media del 7 %.

Varentberg: 809 m a una media del 8 %.

Volkegemberg: 1007 m a una media del 5 %.

Ruta seguida por la primera edición:

Gante, Sint-Niklaas, Dendermonde, Aalst, Zottegem, Oudenaarde, Kortrijk, Ieper, Veurne, Ostend, Torhout, Roeselare, Bruges, Eeklo, Mariakerke (Gante) (324 km).

Velocidad media más rápida del vencedor:

43,576 km/ h por Gianluca Bortolami en 2001.

Velocidad media más lenta del vencedor:

25,167 km/ h por René Vermandel en 1921.

Vencedor en cada edición:

1913 Paul Deman (Bel)

1914 Marcel Buysse (Bel)

1915 No celebrada

1916 No celebrada

1917 No celebrada

1918 No celebrada

1919 Henri Van Leerberghe (Bel)

1920 Jules Van Hevel (Bel)

1921 René Vermandel (Bel)

1922 Léon De Vos (Bel)

1923 Heiri Suter (Sui)

1924 Gerard Debaets (Bel)

1925 Julien Delbecque (Bel)

1926 Denis Verschueren (Bel)

1927 Gerard Debaets (Bel)

1928 Jan Mertens (Bel)

1929 Jef Dervaes (Bel)

1930 Frans Bonduel (Bel)

1931 Romain Gijssels (Bel)

1932 Romain Gijssels (Bel)

1933 Alfons Schepers (Bel)

1934 Gaston Rebry (Bel)

1935 Louis Duerloo (Bel)

1936 Louis Hardiquest (Bel)

1937 Michel D'hooghe (Bel)

1938 Edgard De Caluwé (Bel)

1939 Karel Kaers (Bel)

1940 Achiel Buysse (Bel)

1941 Achiel Buysse (Bel)

1942 Briek Schotte (Bel)

1943 Achiel Buysse (Bel)

1944 Rik Van Steenbergen (Bel)

1945 Sylvain Grysolle (Bel)

1946 Rik Van Steenbergen (Bel)

1947 Emiel Faignaert (Bel)

1948 Briek Schotte (Bel)

1949 Fiorenzo Magni (Ita)

1950 Fiorenzo Magni (Ita)

1951 Fiorenzo Magni (Ita)

1952 Roger Decock (Bel)

1953 Wim van Est (Hol)

1954 Raymond Impanis (Bel)

1955 Louison Bobet (Fra)

1956 Jean Forestier (Fra)

1957 Fred De Bruyne (Bel)

1958 Germain Derycke (Bel)

1959 Rik Van Looy (Bel)

1960 Arthur De Cabooter (Bel)

1961 Tom Simpson (GB)

1962 Rik Van Looy (Bel)

1963 Noël Foré (Bel)

1964 Rudi Altig (Ale)

1965 Jo De Roo (Hol)

1966 Edward Sels (Bel)

1967 Dino Zandegù (Ita)

1968 Walter Godefroot (Bel)

1969 Eddy Merckx (Bel) 1970

1970 Eric Leman (Bel)

1971 Evert Dolman (Hol)

1972 Eric Leman (Bel)

1973 Eric Leman (Bel)

1974 Cees Bal (Hol)

1975 Eddy Merckx (Bel)

1976 Walter Planckaert (Bel)

1977 Roger De Vlaeminck (Bel)

1978 Walter Godefroot (Bel)

1979 Jan Raas (Hol)

1980 Michel Pollentier (Bel)

1981 Hennie Kuiper (Hol)

1982 René Martens (Bel)

1983 Jan Raas (Hol)

1984 Johan Lammerts (Hol)

1985 Eric Vanderaerden (Bel)

1986 Adri van der Poel (Hol)

1987 Claude Criquielion (Bel)

1988 Eddy Planckaert (Bel)

1989 Edwig Van Hooydonck (Bel)

1990 Moreno Argentin (Ita)

1991 Edwig Van Hooydonck (Bel)

1992 Jacky Durand (Fra)

1993 Johan Museeuw (Bel)

1994 Gianni Bugno (Ita)

1995 Johan Museeuw (Bel)

1996 Michele Bartoli (Ita)

1997 Rolf Sørensen (Din)

1998 Johan Museeuw (Bel)

1999 Peter Van Petegem (Bel)

2000 Andrei Tchmil (Bel)

2001 Gianluca Bortolami (Ita)

2002 Andrea Tafi (Ita)

2003 Peter Van Petegem (Bel)

2004 Steffen Wesemann (Ale)

2005 Tom Boonen (Bel)

2006 Tom Boonen (Bel)

2007 Alessandro Ballan (Ita)

2008 Stijn Devolder (Bel)

2009 Stijn Devolder (Bel)

2010 Fabian Cancellara (Sui)

2011 Nick Nuyens (Bel)

2012 Tom Boonen (Bel)

2013 Fabian Cancellara (Sui)

2015 Alexander Kristoff (Nor)

2016 Peter Sagan (Svk)

2017 Philippe Gilbert (Bel)

2018 Niki Terpstra (Hol)

2019 Alberto Bettiol (Ita)

2020 Mathieu van der Poel (Hol)

2021 Kasper Asgreen (Din)

2022 Mathieu van der Poel (Hol)

2023 Tadej Pogačar (Esl)

Victorias por naciones:

69 Bélgica

12 Holanda

11 Italia

4 Suiza

3 Francia

2 Alemania

2 Dinamarca

1 Gran Bretaña

1 Noruega

1 Eslovaquia

1 Eslovenia

Múltiples victorias:

3 victorias

Achiel Buysse (Bel) 1940, 1941, 1943.

Fiorenzo Magni (Ita) 1949–1951.

Eric Leman (Bel) 1970, 1972, 1973.

Johan Museeuw (Bel) 1993, 1995, 1998.

Tom Boonen (Bel) 2005, 2006, 2012.

Fabian Cancellara (Sui) 2010, 2013, 2014.

2 victorias

Gerard Debaets (Bel) 1924, 1927.

Romain Gijssels (Bel) 1931, 1932.

Rik Van Steenbergen (Bel) 1944, 1946.

Briek Schotte (Bel) 1942, 1948.

Rik Van Looy (Bel) 1959, 1962.

Eddy Merckx (Bel) 1969, 1975.

Walter Godefroot (Bel) 1968, 1978.

Jan Raas (Hol) 1979, 1983.

Edwig Van Hooydonck (Bel) 1989, 1991.

Peter Van Petegem (Bel) 1999, 2003.

Stijn Devolder (Bel) 2008, 2009.

Mathieu van der Poel (Hol) 2020, 2022.

Ciclistas que han ganado 3 o más monumentos

Ciclista	MSR	Flandes	Roubaix	Lieja	Lombardia	Total
Eddy Merckx (Bel)	7	2	3	5	2	19
Roger De Vlaeminck (Bel)	3	1	4	1	2	11
Costante Girardengo (Ita)	6	-	-	-	3	9
Fausto Coppi (Ita)	3	–	1	-	5	9
Sean Kelly (Irl)	2	–	2	2	3	9
Rik Van Looy (Bel)	1	2	3	1	1	8
Gino Bartali (Ita)	4	–	-	-	3	7
Tom Boonen (Bel)	–	3	4	-	-	7
Henri Pélissier (Fra)	-	1	-	2	3	6
Alfredo Binda (Ita)	2	–	-	-	4	6
Fred De Bruyne (Bel)	1	1	1	3	-	6
Francesco Moser (Ita)	1	–	3	-	2	6

APÉNDICE

Ciclista	MSR	Flandes	Roubaix	Lieja	Lombardia	Total
Moreno Argentin (Ita)	–	1	–	4	1	6
Johan Museeuw (Bel)	–	3	3	–	–	6
Fabian Cancellara (Sui)	1	2	3	–	–	6
Gaetano Belloni (Ita)	2	–	–	–	3	5
Rik Van Steenbergen (Bel)	1	2	2	–	–	5
Bernard Hinault (Fra)	–	–	1	2	2	5
Michele Bartoli (Ita)	–	1	–	2	2	5
Paolo Bettini (Ita)	1	–	–	2	2	5
Philippe Gilbert (Bel)	–	1	1	1	2	5
Tadej Pogačar (Esl)	–	1	–	1	3	5
Alfons Schepers (Bel)	–	1	–	3	–	4
Louison Bobet (Fra)	1	1	1	–	1	4
Germain Derycke (Bel)	–	1	1	1	1	4
Felice Gimondi (Ita)	1	–	1	–	2	4
Walter Godefroot (Bel)	–	2	1	1	–	4
Hennie Kuiper (Hol)	1	1	1	–	1	4
Jan Raas (Hol)	1	2	1	–	–	4
Erik Zabel (Ale)	4	–	–	–	–	4
Alejandro Valverde (Esp)	–	–	–	4	–	4
Mathieu van der Poel (Hol)	1	2	1	–	–	4
Octave Lapize (Fra)	–	–	3	–	–	3
Giovanni Brunero (Ita)	1	–	–	–	2	3
Romain Gijssels (Bel)	–	2	1	–	–	3
Achiel Buysse (Bel)	–	3	–	–	–	3
Fiorenzo Magni (Ita)	–	3	–	–	–	3
Jo De Roo (Hol)	1	–	–	–	2	3
Emile Daems (Bel)	1	–	1	–	1	3
Tom Simpson (GB)	1	1	–	–	1	3
Eric Leman (Bel)	–	3	–	–	–	3
Peter Van Petegem (Bel)	–	2	1	–	–	3
Andrea Tafi (Ita)	–	1	1	–	1	3
Andrei Tchmil (Bel)	1	1	1	–	–	3
Oscar Freire (Esp)	3	–	–	–	–	3
Damiano Cunego (Ita)	–	–	–	–	3	3
Vincenzo Nibali (Ita)	1	–	–	–	2	3

BIBLIOGRAFÍA

Buceé de manera entusiasta en el catálogo de la revista *Procycling,* con la que he mantenido una larga asociación y que sigue siendo la mejor publicación en este deporte. Entre otras publicaciones y periódicos a los que recurrí durante mi investigación, me gustaría recomendar *Coups de Pédales, La Stampa, Le Soir, La Dernière Heure, Het Nieuwsblad, L'Équipe y La Gazzetta dello Sport.* Las webs cycling-news.com y memoire-du-cyclisme.eu también me resultaron vitales y una fuente muy fiable y detallada.

Para obtener un mayor conocimiento sobre estas ilustres carreras, también me gustaría recomendar los siguientes libros:

Baroni, Enzo and Pesenti, Cesare, I*l Lombardia: Una Corsa, 100 Storie*, RCS Sport, Milan, 2006.
—*Milano Sanremo: 100 Anni Leggendari,* RCS Sport, Milan, 2007.

Chany, Pierre, *La Fabuleuse Histoire des Grandes Classiques et des Championnats du Monde*, Éditions ODIL, Paris, 1979.

Dargenton, Michel and Degauquier, Claude, 'La Merveilleuse Histoire du Tour des Flandres', *Coup des Pédales,* N° 16, Dic. 2004, Seraing.

L'Équipe, *Belles d'un Jour: Histoires des Grandes Classiques,* Paris, 2007.
—*Paris Roubaix: Une Journée en Enfer,* Paris, 2006.

Fignon, Laurent, *We Were Young and Carefree,* Yellow Jersey Press, London, 2010 (*Éramos jóvenes e inconscientes*, Cultura Ciclista, 2013).

Fleuriel, Sébastien (ed.), *100 Paris–Roubaix: Patrimoine d'un Siècle,* Septentrion, 2002.

Foot, John, *Pedalare! Pedalare!* Bloomsbury, London, 2011.

Fotheringham, William, *Put Me Back On My Bike: In Search of Tom Simpson,* Yellow Jersey Press, London, 2002.

Friebe, Daniel, *Eddy Merckx: The Cannibal,* Ebury Press, London, 2012.

Howard, Paul, *Sex, Lies and Handlebar Tape: The Remarkable Life of Jacques Anquetil*, Mainstream Publishing, London, 2011.

Kelly, Sean, *Hunger,* Peloton Publishing, London, 2013.

Leblanc, Jean-Marie, *Le Tour de Ma Vie,* Solar, 2007.

Roche, Stephen, *Born a Ride,* Yellow Jersey Press, London, 2012.

Sergent, Pascal, *Paris–Roubaix: Chronique d'une Légende*, tome I, Édition Véloclub de Roubaix, 1989.

—*Paris–Roubaix: Chronique d'une Légende,* tome II, Édition Véloclub de Roubaix, 1991.

Vanwalleghem, Rik, *100x De Ronde,* Pinguin Productions-CRVV, Bélgica, 2013.

Voet, Willy, *Breaking the Chain,* Yellow Jersey Press, London, 2002.

Woodland, Les, *Cycling Heroes: The Golden Years,* McGann Publishing, Cherokee Village, Arkansas, 2011.

—*Paris–Roubaix: The Inside Story,* McGann Publishing, Cherokee Village, Arkansas, 2013.

AGRADECIMIENTOS

En consonancia con las carreras que aparecen en estas páginas, escribir este libro ha requerido un ingente esfuerzo, y no lo habría completado sin el gran apoyo recibido a lo largo de todo su recorrido. Mi gratitud especial ha de ir para Charlotte Atyeo, mi editora en Bloomsbury, quien supo ver el atractivo de estas grandes carreras y me mantuvo siempre en el buen camino, ofreciéndome una comprensión durante todas las etapas de la elaboración de estas páginas que no puedo dejar de agradecer. También quisiera expresarle mi gratitud a mi agente, David Luxton, quien jugó un papel clave a la hora de levantar este libro, me consiguió un tiempo extra cuando más lo necesité y no cejó en sus palabras de ánimo. Hay un pastel de carne en Elland Road esperando a tu nombre, David. Decenas de compañeros del periodismo me dieron sus consejos, contactos y sabiduría durante mis viajes por toda Italia, Francia y Bélgica. Me gustaría dar las gracias a Daniel Benson, Barry Ryan, Stephen Farrand, Jane Aubrey, Lionel Birnie, Andy Hood, Marco Pastonesi, Gregor 'Burgundy' Brown, Sophie Smith, Kenny Pryde, Pierre Carrey y Jan Pieter de Vlieger. Gracias en especial a Brecht De Caluwe, quien supo reírse de las masacres a las que sometí al neerlandés y me dio una información sin par sobre Flandes, los flamencos y la Ronde.

También quiero agradecerles a todos los jefes de prensa que aceptaron mis peticiones para llevar a cabo entrevistas, que, por lo general, fue siempre cuando más ocupados estaban; entre ellos están Philippe Maertens, Sean Weide, George Lüchinger, Chris Haynes, Bryan Nygaard, Xylon Van Eyck y Marya Pongrace.

Gracias también a los ciclistas y personal de los equipos que me ofrecieron parte de su tiempo y puntos de vista de experto sobre los monumentos, entre ellos a Thor Hushovd, Dirk Demol, Fabian Cancellara, Taylor Phinney, Philippe Gilbert, Luca Guercilena, Barry Hoban, Hendrik Redant, Gerald Ciolek, Jaco Venter y Dan Martin.

Tengo una deuda considerable con Phil Liggett, Andy Sutcliffe y Robert Garbutt por darme mis primeras oportunidades en el mundo del periodismo ciclista. En los últimos años he tenido el placer de trabajar con Sven Thiele y Stephen Roche, además de en *Procycling*, donde me he beneficiado del profesionalismo y la amistad de Paul Godfrey, Pete Goding, Ellis Bacon y, sobre todo, de Daniel Friebe, cuya ayuda durante mi investigación para este libro resulta imposible de valorar en su justa medida. También debo destacar en mis agradecimientos a Jeremy Whittle y James Poole, con quien algún día ascenderé por el Mont Ventoux.

Y, cómo no, agradecer a mi padre y mi madre, y a mis hermanas Vicky y Evie, por todo su apoyo. Por último, mi cariño y gratitud son para mi esposa, Elaine, y mis hijos, Lewis y Eleanor, a quienes dedico este libro. Me hicisteis seguir adelante durante los frenéticos meses que dediqué a este proyecto, ofreciéndome vuestro amor incondicional y vuestros ánimos, además de mucho café y galletas digestivas. ¡Cómo podré agradecéroslo!

ÍNDICE ONOMÁSTICO

R

W

Z